Hermann Robolsky

Bismarck in Versailles

Hermann Robolsky

Bismarck in Versailles

ISBN/EAN: 9783743386648

Hergestellt in Europa, USA, Kanada, Australien, Japan

Cover: Foto ©ninafisch / pixelio.de

Manufactured and distributed by brebook publishing software (www.brebook.com)

Hermann Robolsky

Bismarck in Versailles

Bismarck in Versailles.

✿✿✿

Erinnerungen an Versailles
1870—1871.

Von * ⁎ *

✿✿

Mit einem Titelbild.

— ⫸⬥⫷ —

Leipzig 1886.
Rengersche Buchhandlung
Gebhardt & Wilisch.

Inhalt.

Anhang.

Generalregister

zu

Vorwort.

Mit dem hier vorliegenden Buche schließt sich die Reihe der seit 1883 von dem Verfasser veröffentlichten Bismarckbücher zu einem vollständigen Ganzen ab. Die bisher erschienenen Bücher: „Bismarck nach dem Kriege", „Zwölf Jahre deutscher Politik", „Bismarck in Frankfurt", „Bismarck in Petersburg—Paris—Berlin" lassen für die Zeit während des französischen Krieges, der die diplomatische Thätigkeit des deutschen Staatsmannes in hervorragendster Weise herausforderte, eine Lücke, die hier ausgefüllt ist. Das Buch „Bismarck in Versailles" hat sich als erste Aufgabe die Darstellung der schweren Kämpfe gestellt, welche Fürst Bismarck während des französischen Krieges mit den sogenannten Neutralen zu bestehen hatte, und die den Ausbruch wie das Fortschreiten des Krieges neben den Friedensverhandlungen mit dem Feinde fast unausgesetzt begleiteten.

Mit einiger, vielleicht auffallender Ausführlichkeit hat der Verfasser den Hintergrund gezeichnet, dessen Vorderszene von jener diplomatischen Thätigkeit Bismarcks ausgefüllt ist, den Hintergrund nämlich, den das belagerte Paris dazu bildet. Die Darstellung desselben umfaßt das gesamte Material über die Verproviantierung und Magenwiderstandskraft der Pariser, das während der Okkupation von Versailles aus im Großen Hauptquartier so genau täglich angesammelt wurde, wie die militärischen Operationen des Feindes oder die Wirkungen des erst spät erfolgenden Bombardements auf die belagerte Stadt. Für die Kriegführung und die Diplomatie

waren die Ernährungsverhältnisse von Paris von gleich entscheiden=
der Wichtigkeit, und das um so mehr, als den anfangs gehegten
Erwartungen die Wirklichkeit nicht entsprach.

Der Verfasser, der jene Zeit in Versailles im Verkehr mit
hervorragenden Persönlichkeiten zugebracht hat, hofft, dem Leser
manches Neue, wenn auch in dem Rahmen bekannterer Dinge, ge=
boten zu haben.

Potsdam, 15. Februar 1886.

*   *   *

Die Liga der Neutralen.

Als während des Krieges von 1870—71 der Bundeskanzler Graf Bismarck mit dem Großen Hauptquartier des Königs sich in Versailles installierte — am 5. Oktober — war ein lebhafter diplomatischer Feldzug im Gange, der an die resultatlosen Verhandlungen des Grafen Bismarck mit Jules Favre in Ferrières anknüpfte und mit den Waffenstillstands-Verhandlungen zwischen dem Bundeskanzler und Thiers in der ersten Woche des Monats November einen vorläufigen, ebenso resultatlosen Abschluß fand. Erst wenige Tage vor dem Eintreffen des Großen Hauptquartiers in Versailles, nachdem seit dem 20. September bereits der Kronprinz von Preußen daselbst sein Quartier aufgeschlagen hatte, hatte Frankreich einen Hilferuf an die Neutralen erhoben. In einer Depesche aus Tours, vom 27. September, berichtete der englische Botschafter, Lord Lyons, an Lord Granville:

Graf Chaudordy habe vermittelst Ballonbrief aus Paris einen Bericht Favres über seine Unterredung mit dem Grafen Bismarck erhalten, Preußens Prätensionen seien nach der Ansicht Favres derart, daß Frankreich sich ihnen niemals fügen könne; derselbe fühle sich daher berechtigt, an den Rest der Welt um Hilfe zu appellieren. Die Zeit für bloße Vermittelung sei vorüber. Die Mächte sollten jetzt zu Preußen in einem Tone sprechen, der nicht mißverstanden werden könnte, und sie sollten Maßregeln ergreifen, welche dafür bürgten, daß man ihnen Gehör schenke. Herr Jules Favre habe alles Mögliche gethan, um dauerhafte Friedensbedingungen zu erzielen; er sei zu jedem vernünftigen Opfer bereit, um solche Bedingungen zu erlangen. Es sei nicht sein Fehler und auch nicht der Fehler Frankreichs, wenn der Krieg fortdauere und er fühle sich berechtigt, mit Vertrauen die aktive Intervention Europas anzurufen.

Dieser Hilferuf blieb nicht unerhört, wenn auch erfolglos. In den ersten Anfängen der kriegerischen Verwickelungen hätten die unbeteiligten Mächte Dienste leisten können, aber die Gelegenheit wurde mit nichtigen Verhandlungen versäumt. Einige Entschieden- heit von ihrer Seite hätte, wenigstens für dieses Mal, den Krieg verhüten können. Aber sie waren zu behutsam. Ihre stärkere Sprache verschwendeten sie, England an der Spitze, an den Teil, welchem sie das Zeugnis nicht versagen konnten, daß er den Frieden erhalten wolle und ohnehin bis an die gestattete Grenze nachzugeben bereit sei, aber der französischen Reizbarkeit gingen sie nachgiebig aus dem Wege. England vermittelte die Entsagung des Prinzen von Hohenzollern, sobald es aber den festen Entschluß Frankreichs erkannte, den Krieg um jeden Preis zu beginnen, da erlahmte seine Thätigkeit, von da ab war es nur noch geschäftig, um den Schein zu wahren. Jetzt gerade war es an der Zeit, Frankreich durch eine entschlossene Haltung abzuschrecken, aber eben jetzt wurden die eng- lischen Ratschläge äußerst behutsam und der Botschafter in Paris versicherte, während er einige unfreundliche Worte überbrachte, daß die englische Regierung unter allen Umständen die freundschaftlichen Beziehungen in ungeschwächtem Grade zu erhalten wünsche. Das war eine schlechte Art, die Kriegberauschten von ihrem Taumel zu- rückzurufen. In den Aktenstücken des englischen Blaubuchs finden wir nur einen zweckmäßigen Anlauf; es war der Vorschlag des russischen Botschafters in London, daß die Großmächte an Frank- reich erklären, es sei mit dem Rücktritt des Prinzen von Hohen- zollern seinen billigen Ansprüchen Genüge geschehen. Aber dieser einzige Lichtblick verschwindet bald hinter dem mangelnden Willen der englischen Regierung. Hätten auch nur Rußland und England über diese gemeinsame Erklärung nach Paris sich geeinigt, so war noch eine vernünftige Aussicht vorhanden, daß Frankreich vor der Größe der Gefahr seine Unbesonnenheit noch einmal sich überlegen würde. Erhoben sich gar diese beiden Mächte oder auch nur Eng- land allein zu dem bestimmten Entschluß, den ursachlosen Friedens- bruch nicht zu dulden, so war die Kriegsgefahr abgewendet. Aber die englische Regierung war von einem solchen Entschluß weit ent- fernt, nicht einmal der von dem russischen Botschafter vorgeschlagene Versuch behagte ihr, weil er zu ernsten Verpflichtungen führen konnte und die englischen Minister wollten über schickliche Worte nicht hinausgehen. Selbst den Schutz der belgischen Neutralität zögerten sie aufs neue zu übernehmen; sie ließen sich von der öffentlichen Meinung erst zwingen, als die ernste Gefahr vorüber schien. Die Sympathie und das Interesse Englands, Österreichs, Italiens standen auf Seiten Frankreichs. Das konnte sie nicht zu brauchbaren neutralen Vermittlern machen. Österreich und Italien standen sogar zu derselben Zeit, nämlich im Monat Juli, wo sie mit England gemeinsam das Werk der Friedensvermittelung betrieben, in lebhaftester diplomatischer Unterhandlung mit Frankreich wegen der Bedingungen, unter denen sie als seine Alliierte gegen Preußen— Deutschland zu den Waffen greifen wollten. Der sehr geheime Hintergrund, auf dem sich damals die österreichische und italienische Politik vollzog, ist sehr viel später aufgeklärt worden. Im April 1878 erschien in der Revue des deux mondes ein Artikel des Prinzen Napoleon über die Vorgänge, die auf dem diplomatischen Gebiete dem Kriege vorausgingen. Dieser Artikel rief eine pseudonyme Erwiderung in der Revue de France hervor, die aus der Feder des Herzogs von Gramont herrührte. Beide Enthüllungen ergänzen sich zu einem Ganzen. Schon in den Jahren 1868 und 1869 waren zwischen den Monarchen Napoleon, Franz Joseph und Viktor Emanuel Verhandlungen wegen eines Schutzbündnisses angeknüpft, das zu einem Trutzbündnisse weiter geführt werden könne. Die Verhandlungen stockten, weil der König von Italien die Übergabe Roms an Italien verlangte, wozu Napoleon sich nicht entschließen konnte. Im Juli 1870 knüpfte dieser wieder an und schickte den General Türr als seinen Agenten nach Wien und Florenz. Gramont beginnt in dem oben erwähnten Aufsatz seine Darstellung mit der Behauptung, nicht der französische Kaiser, sondern Österreich und Italien hätten in der ersten Juliwoche des Jahres 1870 die Allianzverhandlungen erneuert. Er fügt hinzu: Napoleon III. habe einen Brief an Viktor Emanuel gerichtet, worin er diesem anzeigte, die französische Brigade werde aus Civitavecchia abberufen werden, und seiner Ehre und Loyalität das Schicksal des Papsttums anvertraute. Der König von Italien antwortete am 21. Juli, daß er über den Kirchenstaat wachen werde.

Sofort begannen in Paris die Verhandlungen über die Tripel= Allianz Österreichs, Frankreichs und Italiens zwischen dem Fürsten Metternich, dem Grafen Vitzthum, dem Herzog von Gramont und dem Grafen Vimercati, Österreich und Italien sollten zuerst eine diplomatische Intervention zu Gunsten Frankreichs versuchen, und wenn diese scheiterte, das Schwert ziehen. Man entschied sich, auf den Rat Metternichs, in folgender Weise vorzugehen: Österreich und

Italien sollten die Aufforderung an Preußen richten, es möge sich
zur genauen Einhaltung des status quo in Deutschland nach den
Bestimmungen des Prager Friedens verpflichten. Im Falle der
Weigerung Preußens, die man als sicher annahm, sollten dann
beide Mächte in das Feld rücken. König Viktor Emanuel erklärte,
daß er sofort 60,000 und in einigen Wochen weitere 40,000 Mann
stellen könne. Österreichs Armee sollte anfangs September bereit
sein. Auch der gemeinsame Kriegsplan ward bereits verabredet.
Die hunderttausend Italiener sollten durch Tirol auf München
marschieren, die Österreicher in Böhmen starke Defensivstellungen
einnehmen. Alles schien geordnet, Graf Vitzthum reiste nach Wien,
Vimercati nach Florenz zurück, als plötzlich die römische Frage
wieder auftauchte.

Merkwürdiger Weise war es nach der Versicherung Gramonts
Graf Beust, der sie zuerst aufwarf. Am 20. Juli schrieb er in
einem nach Paris abgegangenen Briefe folgenden Satz: „An dem
Tage, an welchem die Franzosen den Kirchenstaat verlassen, müssen
die Italiener mit vollem Rechte, unter Zustimmung Österreichs und
Frankreichs, dort einrücken können." Fürst Metternich teilte das
dem französischen Kabinett „mit Erstaunen und Bedauern" mit und
meinte, diese Forderung des Grafen Beust sei auf geheime Schritte
des Florentiner Kabinetts in Wien zurückzuführen. Am 25. Juli
sagte Viktor Emanuel dem französischen Gesandten, Baron Malaret,
Kaiser Napoleon sollte so viel Vertrauen in seine Ehrenhaftigkeit
haben, um ihm zu erlauben, im Falle einer revolutionären, den
Papst bedrohenden Bewegung im Kirchenstaat diesen zu besetzen.
Malaret meinte, das käme der Vernichtung der September-Konvention von 1864 gleich, denn wenn italienische Truppen einmal
auch nur ein Stück des Kirchenstaates besetzten, so würden sie nicht
mehr fortgehen. Der König mußte das zugeben und meinte zum
Schlusse der Unterredung, die römische Frage sollte den Verhandlungen über die Tripel-Allianz fern bleiben, denn die letzteren wolle
er zu Ende führen.

Vierundzwanzig Stunden später erfuhr man in Paris durch
ein Telegramm Viktor Emanuels an Napoleon III., daß man ihm
von Wien aus einen Vertrag zum Zwecke bewaffneter Neutralität
zwischen Österreich und Italien vorgeschlagen habe. Der König
setzte hinzu, daß sich aus diesem Vertrage ganz leicht die gewünschte
Tripel-Allianz entwickeln könne, und schloß mit den Worten: „Haben
Euer Majestät Vertrauen zu mir, der ich Ihr bester Freund bin

und bleiben werde." Am 28. Juli ward infolge wiederholter Unterredungen Malarets mit dem Könige und den italienischen Ministern offiziell konstatiert, daß die italienische Regierung darauf verzichte, von Frankreich etwas andres als die einfache Rückkehr zur Konvention vom 15. September 1864 zu verlangen. Am nämlichen Tage teilte Metternich in Paris ein Telegramm Beusts mit, worin es hieß: "Cavaliere Artom hat uns den Gedanken nahe gelegt, Italien in der römischen Frage unsere guten Dienste zu gewähren. Vimercati hat ebenfalls unsere guten Dienste im Namen des Königs in Anspruch genommen." Metternich fügte hinzu: "Sie sehen, wie Recht ich hatte, als ich sagte, die Sache ginge von Florenz aus." Auf der italienischen Gesandtschaft erklärte man umgekehrt, Beust habe die Idee angeregt. Gramont verlangte Aufklärungen von Nigra und sofort schickte Visconti-Venosta eine Depesche nach Paris, worin er beteuerte, daß Italien strikte an der September-Konvention festhalten werde. Darauf hin erklärte der französische Botschafter in Wien, seine Regierung sei zufrieden gestellt.

In diesem Augenblicke traf ein Brief des Generals Türr an den Kaiser in Paris ein, worin der General riet, den Italienern wegen Roms Konzessionen zu machen. Gramont meinte, der Brief sei zu sehr ungelegener Zeit gekommen. Er habe dem Botschafter in Wien Folgendes telegraphiert: "Es scheint mir, daß Türr in Florenz mehr geschadet, als genützt hat, und ich fürchte, dasselbe möchte in Wien der Fall sein. Schicken Sie sofort nach seiner Ankunft an ihn und sagen Sie ihm in meinem Namen, daß wir um keinen Preis die September-Konvention aufgeben werden; er soll nicht einmal davon reden."

Am 2. August kam Vimercati nach Paris zurück und brachte einen Vertragsentwurf in vier Artikeln mit, der sich aber nur auf die Allianz zwischen Österreich und Italien bezog und von dem früheren Projekte wesentlich abwich, auch einen auf Rom bezüglichen Artikel enthielt. Auf Gramonts Bemerkungen erwiderten ihm der italienische Unterhändler und Fürst Metternich, da Frankreich sich bereits im Kriege mit Preußen befinde, so würde der Abschluß einer Tripel-Allianz für Österreich und Italien den unmittelbaren Beginn der Feindseligkeit mit Preußen, vielleicht auch mit Rußland bedeuten, und die österreichische Armee sei nicht fertig. Übrigens würde sich die bewaffnete Neutralität der beiden Mächte in eine wirkliche Kooperation zu Gunsten Frankreichs verwandeln.

Vimercati hielt sich in Paris nur wenige Stunden auf und
reiste sodann in das Hauptquartier nach Metz, um den Vertrags=
entwurf Napoleon III. vorzulegen. Dieser stellte zwei Bedingungen:
erstens, daß die Zeit, bis zu welcher sich die bewaffnete Neutralität
Italiens und Österreichs in wirklichen Beistand verwandeln sollte,
genau angegeben und möglichst abgekürzt würde; zweitens, daß der
Artikel, kraft dessen sich Österreich verpflichtete, im Verein mit
Italien die Revision der September=Konvention zu fordern, aus dem
Vertrage ausgemerzt würde. Der Artikel stand allerdings im Wider=
spruch mit den oben citierten Äußerungen Visconti=Venostas, aber
er war bei der Stellung Italiens so natürlich, daß man kaum be=
greift, wie sich Gramont darüber verwundern konnte. Wie die
Klausel in den Vertragsentwurf gekommen, darüber Auskunft zu
geben, erklärt er sich außer stande. Sie hat ihn jedenfalls über=
rascht und es scheint, daß er die Ansicht Napoleons III. vollkommen
teilte. Darauf deutet des Letzteren Brief an Gramont, der nach
des Ex=Ministers Versicherung nicht vom 3., wie der Prinz Napoleon
behauptet hatte, sondern vom 4. August datiert war, und in bezug
auf die schwebende Allianzfrage nur den Satz enthielt: „Ich habe
Vimercati gesehen und in dem, was zwischen uns vereinbart worden,
nicht nachgegeben."

Es ist fast ein Wunder, daß trotz dieser bestimmten Weigerung
Napoleons, den Papst aufzugeben, die Allianz=Verhandlungen in
Florenz fortgesetzt wurden. Aber Victor Emanuel hatte sich die
Allianz in den Kopf gesetzt und nahm persönlich an den Beratungen
mit Vitzthum und Vimercati Anteil. Er wollte sofort losschlagen
und verlangte, Österreich solle seinen Truppen den Durchmarsch
nach Bayern gewähren. Österreich aber verweigerte dies als eine
halbe Maßregel und behielt sich vor, den Zeitpunkt der Eröffnung
der Feindseligkeiten zu bestimmen. Den Artikel wegen Rom ließ
man in Wien fallen, nachdem man ihn in Florenz selbst aufgegeben.
Nun schien alles für Frankreich günstig, von einem Tage zum
andern erwartete man den förmlichen Abschluß der Allianz — da
kam der 6. August mit dem deutschen Doppelschlage. Am 9. trat
das Ministerium in Paris zurück „und nun war," schließt Gramont
mit einem melancholischen Stoßseufzer, „aller Wahrscheinlichkeit nach
von dem österreichisch=italienischen Vertrage, der sich zur Tripel=
Allianz entwickeln sollte, gar nicht mehr die Rede." In bezug auf
den verabredeten Feldzugsplan verdient aus dem jüngst erschienenen
Werke des bekannten französischen Diplomaten und Schriftstellers

Rothan l'Allemagne 1870/71 die folgende Stelle wohl einer be=
sondern Beachtung.

Nach Anleitung des gemeinsamen, im Februar 1870 zwischen
dem französischen Generalstabe und dem Erzherzog Albrecht während
dessen Anwesenheit in Paris erörterten Operationsplanes, sollte
Frankreich innerhalb dreizehn Tagen viermalhundert Tausend Mann
mobil machen und in drei Armeen formieren: die der Mosel, befehligt
von Marschall Bazaine, die Armee von Chalons, auch Reservearmee
genannt, unter dem Marschall Canrobert und die Rheinarmee unter
dem Befehle des Marschalls Mac Mahon. Die erste, weil stärkste,
sollte das Gros der preußischen Streitkräfte im Schach halten, die
beiden anderen sollten die Offensive ergreifen und ihre Vereinigung
mit der österreichischen Armee bewerkstelligen. Österreich, das zur
Mobilisierung seiner Truppen eines Zeitraumes von zwei und vierzig
Tagen bedurfte, verpflichtete sich, vom Beginne des Feldzuges an
vierzigtausend Mann bei Püllna (Brüx) nahe der sächsischen Grenze
und weitere vierzigtausend Mann bei Olmütz aufzustellen; Italien
sollte vierzigtausend Mann nach Bayern werfen.

Anfang Juni 1870 wurde der französische General Lebrun
nach Wien gesandt, um diesen Plan mit dem österreichischen General=
stabe näher zu vereinbaren. Zehn Tage nach seiner Rückkehr von
dort platzte die Hohenzollernsche Thronfolgefrage und der Krieg
wurde erklärt, bevor man noch Zeit gehabt hatte, die von dem
General aus Wien mitgebrachten Vorschläge zu prüfen und ernst=
haft zu diskutieren. Man wiegte sich in Hoffnungen und gefiel sich,
im Vertrauen auf die Diplomatie des Grafen Beust und die Ver=
sprechungen der österreichischen Kriegspartei, zu glauben, daß Öster=
reich nicht zögern würde, vom Beginn der Feindseligkeiten an gemein=
same Sache mit Frankreich zu machen. Diese Überzeugung, welche
die nachfolgenden Ereignisse so wenig rechtfertigen sollten, bestimmte
insbesondere den Herzog von Gramont, die Neutralität der süd=
deutschen Königreiche in die Schanze zu schlagen. Er hielt es für
richtiger, Bayern und Württemberg gegenüber keinerlei Verpflichtungen
einzugehen, um den französischen Armeen den Weg offen zu halten,
auf dem sie sich mit den österreichischen Streitkräften vereinigen
könnten.

Am 15. Juli, dem Tage, an welchem sich die Kammern zum
Kriege hinreißen ließen, war keine Art von Allianz abgeschlossen.
Es konnte also keine Rede davon sein, den mit dem Erzherzog
Albrecht erörterten Plan ins Werk zu setzen. Man griff nun auf

den Operationsplan zurück, den der General Frossard 1867 unter den
Augen des Kaisers ausgearbeitet hatte, indem man die in dem Mobil=
machungsplan des Marschall Niel aufgestellten Ziffern und Daten
zu Grunde legte. Man glaubte, daß neun Tage genügen würden,
um 150 000 Mann an die Grenze zu werfen, und daß am drei=
zehnten Tage die ganze im Elsaß und in Lothringen versammelte
Armee imstande sein würde, den Rhein zu überschreiten. Aber das
Projekt der Bildung dreier selbständiger Armeeabteilungen wurde
alsbald wieder aufgegeben. Unter dem Drucke seiner Umgebung
entschloß sich der Kaiser, den Oberbefehl zu übernehmen. Diese
Änderung in extremis brachte alles in Verwirrung. Vor der über=
raschenden Schnelligkeit der deutschen Mobilmachung (man hatte
auf Grund eines ungedruckten Berichts vom 15. Juli 1869 noch
am Vorabende der Kriegserklärung eine Frist von einundzwanzig
Tagen dazu für erforderlich gehalten) mußte man auf die Offen=
sive verzichten, um der Armee Zeit zu lassen, sich zu komplettieren
und ihre Vorbereitungen zu beendigen.

Im „Budapester Tageblatt" veröffentlichte erst vor kurzem
(August 1885) ein ungarischer Magnat, Graf Nikolaus Bethlen,
seine Memoiren, in denen sich auch interessante, aber wohl mit
einiger Vorsicht aufzunehmende Enthüllungen aus dem Jahre 1870
vorfinden.

Wie diesen zu entnehmen ist, telegraphierte nach der französi=
schen Kriegserklärung Beust an Andrassy folgendes: „Im heutigen
Ministerrate Kriegsaktion im Einvernehmen mit Frankreich be=
schlossen", u. s. w. Andrassy antwortete telegraphisch, „daß der
Ministerrat einen solchen Beschluß ohne Zustimmung des ungarischen
Ministerpräsidenten nicht fassen könne; er protestiere gegen ein
solches Vorgehen und reise abends nach Wien, um das Weitere
dort zu besprechen." In Wien frohlockten die Franzosenfreunde
und Beust, denn durch den Beschluß des Ministerrates war eine
Thatsache geschaffen, die der Einfluß Andrassys kaum mehr rück=
gängig machen konnte, Andrassy erkannte sofort die Lage; alle
Argumente, Verfassungsverletzung und Ungarns Interesse waren
bereits überwundene Standpunkte am Wiener Hofe. Andrassy stellte
sich daher auf den rein militärischen Standpunkt. Er sagte dem
Monarchen: „Die Armee ist nicht kampffähig, und sie kann es vor
sechs Monaten nicht werden." Dem entgegen behauptete der Kriegs=
minister, daß die Armee in vier Wochen kampffähig sein werde.
Da erklärte Andrassy, daß er mittelst offizieller Daten und Ziffern

binnen zehn Tagen den Beweis liefern werde, daß die Armee sechs
Monate zur Vollendung der Mobilisierung brauche, Graf Lonyay,
damals gemeinsamer Finanzminister, bestätigte die Behauptung
Andrassys. Lonyay reiste nach Ungarn und in zehn Tagen war
die versprochene Beweisführung dem König unterbreitet.

Die Kriegsaktion unterblieb.

Im übrigen waren von bedeutsamem Einfluß die Berichte des
nunmehr verstorbenen Grafen Uxküll-Gyllenband, des damaligen
Militär-Attachés der österreichischen Botschaft in Paris, auf Öster=
reichs zögernde Haltung. Der Graf war kurz vor Ausbruch des
Krieges nach Wien gekommen und hatte hier jedermann, der nur
hören wollte, erzählt, daß die französische Armee dem Kriege
mit Deutschland nicht im mindesten gewachsen sei — dank der
Militärverwaltung des zweiten Kaiserreichs, das leichtsinnig in einen
ungeheuren Kampf ging, weil es darauf rechnete, von fremder Hilfe
gerettet zu werden, und kläglich zusammenbrach, als diese ausblieb.

Während im Hintergrunde sich diese kriegerischen Machinationen
vollzogen, wurde öffentlich am Frieden zwischen Preußen und Frank=
reich gearbeitet. Österreich betonte sein „eminentes Friedensbedürfnis",
Herr von Beust ließ zwischen dem 10. und 12. Juli über die
Stellung des österreichischen Kabinetts eine Inspiration in eine Reihe
von Provinzialblättern gleiten, aus denen dann die „Wiener Abend=
post" sie wieder abdruckte. In dieser Inspiration war gesagt:
„Die hohenzollernsche Thronkandidatur in Spanien hat sich durch
die Haltung der beiden, bei derselben zunächst beteiligten Mächte
Frankreich und Preußen, zu einer Angelegenheit von nicht geringer
politischer Tragweite entwickelt. Die Kandidatur selbst war schon
seit Wochen bekannt; was jedoch überraschte und namentlich in
Paris überraschen mußte, war, daß in dieser Affaire schon bestimmte
Abmachungen getroffen worden waren, ohne daß vorher eine Aus=
einandersetzung mit den Großmächten darüber stattgefunden hätte.
Soweit sich die neueste Zeitgeschichte im Fluge überblicken läßt,
war keine Kandidatur aufgestellt oder inszeniert worden, ohne früher
die Zustimmung der Großmächte für dieselbe zu gewinnen und ge=
nügt diesfalls der Hinweis auf die Besetzung des Fürstenstuhls in
Athen, um diese internationale Usance historisch zu begründen. Das
Tuilerienkabinett hat sich durch diesen Versuch, in der spanischen
Königsfrage ein fait accompli zu schaffen, um so peinlicher berührt
gefunden, als es aus seiner Haltung bei der Installierung des
Fürsten Karl von Hohenzollern in Rumänien allein schon eine

größere Rücksichtnahme auf seine Großmachtstellung fordern durfte, namentlich in einer Frage, welche, wie die vorliegende, die nationalen Aspirationen des Landes in empfindlichster Weise tangiert. Von Paris aus wurde demgemäß auch die Forderung an Preußen gestellt, diese Kandidatur eines dem preußischen Königshause so nahestehenden Prinzen, wie der Erbprinz von Hohenzollern, zu desavouieren und zu hindern. Inwiefern man in Berlin geneigt sein dürfte, diese Wünsche Frankreichs zu berücksichtigen, läßt sich aus dem gegenwärtigen Stande der Dinge schwer beurteilen, jedoch so viel läßt sich nach der in Paris und Frankreich herrschenden Stimmung mit Sicherheit behaupten, daß der Schwerpunkt der Situation einzig und allein in Berlin liegt. Die Kabinette von Wien, London, Florenz und St. Petersburg werden gewiß eifrig bemüht sein, in Berlin wie in Paris ihren vermittelnden Einfluß geltend zu machen und auf eine friedliche Lösung der Kontroverse hinzuwirken.

„Das eminente Friedensbedürfnis Österreichs macht es erklärlich, wenn unser Kabinett die lebhaftesten Hoffnungen an das Gelingen des Vermittelungswerkes knüpft, jedoch kommen hier Leidenschaften und Empfindungen in Betracht, die, wenn sie nicht rechtzeitig zum Schweigen gebracht werden, die Intervention der Kabinette resultatlos machen könnten. Die Situation trägt einen ernsten Charakter; diesen zu leugnen, wäre ein totales Verkennen derselben. Man muß sich in solchen Momenten von einer allzu optimistischen Auffassung der Lage ebenso fern halten, wie von einer allzu pessimistisch gefärbten; beide behindern ein klares Urteil und setzen die öffentliche Meinung der Gefahr aus, ein Spielball jener zu werden, die derartige Situationen zu Gunsten ihrer eigenen Interessen gerne ausbeuten möchten."

Wie man sieht, ließ der Artikel die Sympathien des Wiener Kabinetts für Frankreich im Eingange so stark als möglich durchleuchten, deutete aber schließlich an, daß man eine neutrale Haltung zu beobachten beabsichtige.

Bereits unter dem 6. Juli hatte Graf Beust an den österreichischen Geschäftsträger, Baron von Münch, in Berlin depeschiert: Die Kandidatur des Prinzen Leopold schließe die Gefahr ernster Störungen ein, man vertraue aber, daß die Friedensliebe und die hohe Einsicht Sr. Majestät des Königs verhüten werde, daß in die europäische Politik ein neues und so mächtig wirkendes Element des Unfriedens eintrete. Baron v. Münch wurde ermächtigt, dem

Staatssekretär v. Thile eine Abschrift dieser Depesche zu überlassen. Der österreichische Gesandte in Madrid, Graf v. Dubsky, wurde gleichzeitig beauftragt, der spanischen Regierung die gefährlichen Folgen einer Wahl zu bezeichnen, „welche imstande ist, die nationale Empfindlichkeit in Frankreich aufzustacheln und eine europäische Frage aus einer Angelegenheit zu machen, die so hätte geführt werden sollen, daß sie nur Spanien allein betreffe.“ An den Fürst Metternich in Paris schrieb Graf Beust: „Wir haben nicht gezaubert, die Sache des Friedens zu vertreten, indem wir versuchten, einen Anlaß zu beseitigen, über den die französische Regierung sich nicht ohne Grund erregt zeigt.

„Wir wissen, daß die englische Regierung in Berlin eine der unsrigen fast gleiche Sprache geführt hat, und wir sind überzeugt, daß die anderen Kabinette nicht säumen werden, diesem Beispiele zu folgen, wenn sie es nicht schon nachgeahmt haben. Wir zweifeln nicht, daß die vereinten Stimmen Europas sich zu Gunsten der Erhaltung des Friedens werden vernehmen lassen, und es scheint uns einleuchtend, daß die Zurückziehung der Kandidatur des Prinzen von Hohenzollern, welche noch nicht der Gegenstand einer feierlichen Manifestation der spanischen Nation geworden ist, und welche keineswegs in einer ernsten Notwendigkeit der Lage begründet ist, die einfachste Lösung der Schwierigkeit sein würde, welche heute mit vollem Rechte ganz Europa beschäftigt.“

Die gleichzeitigen Schritte Englands in der Angelegenheit der Friedenserhaltung wurden bereits in der letzten Woche des Monats Juli öffentlich bekannt, indem dem englischen Parlamente die betr. Aktenstücke in Gestalt eines Blaubuches von 77 Seiten mit 124 einzelnen Dokumenten vorgelegt wurden. Sie erstreckten sich über den kurzen Zeitraum von zwanzig Tagen, so daß ihrer durchschnittlich etwa ein halbes Dutzend auf den Tag kamen.

Es sollte durch diese Aktenstücke hauptsächlich gezeigt werden, daß die englische Regierung und auch Rußland und Österreich alles gethan hätten, um den bedrohten Frieden zu erhalten. Im übrigen ging aus dem Depeschenbündel hervor, daß Frankreich den Krieg gewollt, daß es von Anfang an auf einen Vorwand zum Kriege hinarbeitete und sich selbst durch die unumwundene Betonung eines veränderten Standpunktes seitens des englischen Botschafters und der englischen Regierung nicht bewegen ließ, die Zurückziehung der Thronkandidatur des Erbprinzen von Hohenzollern als genügend anzusehen. Andrerseits ersah man aus den Aktenstücken, daß Graf

Bismarck die wahre Absicht der französischen Regierung von vornherein durchschaut und seine Schritte darnach gerichtet, daß er dem englischen Botschafter in Berlin, Lord Augustus Loftus, kein Hehl daraus gemacht hatte, jede erniedrigende Zumutung seitens Frankreichs werde von Deutschland einstimmig und prompt abgewiesen werden.

Das erste wichtigere Aktenstück ist eine Depesche Granvilles an Lord Lyons, d. d. 8. Juli, in welcher der Minister des Auswärtigen dem Botschafter in Paris eine Unterredung mit dem preußischen Botschafter in London, Grafen Bernstorff, mitteilt. Der letztere bemerkte bei dieser Gelegenheit: „Die norddeutsche Regierung wünsche sich nicht in die Angelegenheit der Thronkandidatur zu mischen, sondern überlasse es der französischen Regierung, den von ihr passend befundenen Weg einzuschlagen, und der preußische Vertreter in Paris sei angewiesen worden, sich aller Einmischung zu enthalten. Die norddeutsche Regierung habe kein Verlangen nach einem Thronfolgekrieg, wenn aber Frankreich gegen sie Krieg führen wolle, auf Grund einer von Spanien getroffenen Königswahl, so werde dies ein Verlangen nach einem Kriege ohne jede gerechte Ursache zeigen ..., wenn Frankreich durchaus Norddeutschland angreifen wolle, so werde dieses bereit sein, sich zu verteidigen."

In einer Depesche vom 8. Juli teilt Lord Lyons dem Lord Granville mit, daß Gramont ihm (Lyons) in einer Unterredung bemerkt, „Preußen habe noch keine Antwort auf die Forderung Frankreichs gegeben, letzteres dürfe infolge dessen mit seinen militärischen Vorbereitungen nicht länger zögern. Einige Schritte in dieser Richtung seien bereits geschehen und morgen müßten die Behörden allen Ernstes beginnen ... Als ich dann mein Erstaunen und Bedauern über die Schnelligkeit ausdrückte, mit welcher die französische Regierung vorzugehen scheine, bestand Herr v. Gramont darauf, daß ein längerer Aufschub unmöglich sei ... Man könne nicht sagen, daß Frankreich den Streit suche, von der Schlacht bei Sadowa bis zu dieser Thronkandidatur habe die französische Regierung eine Geduld, eine Mäßigung, einen versöhnlichen Geist entwickelt, der nach der Meinung vieler Franzosen zu weit gegangen sei ... Es stehe ernstlich zu hoffen, daß der König von Preußen dem Prinzen offen verbieten werde, nach Spanien zu gehen. Es gebe indessen noch eine andere Lösung der Frage, auf welche er (Gramont) die englische Regierung besonders aufmerksam machen wolle. Der Prinz von Hohenzollern könnte seine Prätensionen auf

den spanischen Thron aus eigenem Antriebe aufgeben ... Ein frei=
williger Rücktritt seitens des Prinzen würde seiner (Gramonts)
Ansicht nach eine höchst glückliche Lösung schwieriger und verwickelter
Fragen sein, und er bitte die englische Regierung, allein ihren Ein=
fluß aufzubieten, um eine solche Lösung zuwege zu bringen.

Die englische Regierung that dies, ließ aber zugleich die fran=
zösische Regierung zur Mäßigung auffordern. Ihre militärischen
Rüstungen jedoch wollte letztere nicht aufgeben. In einer Depesche
von Lyons an Granville vom 10. heißt es: Gramont bemerkte,
„daß einfache Vorsicht gebiete, mit den militärischen Vorbereitungen
nicht zurück zu sein ... Es sei nötig, daß Frankreich wenigstens eben=
soweit sei, wie Preußen ... Die französische Regierung wolle auf
eine kurze Zeit (z. B. 24 Stunden) jene großen, ostensiblen Kriegs=
vorbereitungen (wie Einberufung der Reserven), welche die öffent=
liche Stimmung in Frankreich in Brand stecken (inflame) würden,
verschieben. Alle wesentlichen Vorbereitungen indes müßten unver=
zögert ausgeführt werden. Die französischen Minister würden un=
weise sein, wenn sie es darauf ankommen lassen wollten, Preußen
durch ausweichende Vorwände einen Zeitgewinnst zu gestatten ...
Wenn der Prinz jetzt auf den Rat des Königs von Preußen hin
seine Kandidatur zurückzöge, so würde die ganze Angelegenheit er=
ledigt sein ... Wenn aber der Prinz nach seiner Beratung mit dem
König darauf beharre, als Kandidat für den spanischen Thron auf=
zutreten, dann werde Frankreich sofort gegen Preußen den Krieg
erklären.“

Am 12. meldet Lord Lyons dem Earl Granville, daß laut
einer Mitteilung des Herzogs von Gramont der Fürst von Hohen=
zollern die Kandidatur seines Sohnes in aller Form zurückgezogen
habe. Jetzt wechselt die französische Diplomatie die Karten, und
die folgende Stelle aus der erwähnten Depesche des englischen Bot=
schafters in Paris gehört zu den bemerkenswertesten aus dem ganzen
Blaubuche. „Herr von Gramont sagte, daß dieser Zustand der
Dinge (die Zurückziehung der Thronkandidatur) die französische
Regierung sehr in Verlegenheit setze. Auf der einen Seite sei die
öffentliche Meinung in Frankreich so aufgeregt, daß es zweifelhaft
sei, ob das Ministerium nicht morgen gestürzt werde, wenn es nach
der Kammer ginge und die Angelegenheit als erledigt ankündigte,
ohne eine vollständige Genugthuung von Preußen erlangt zu haben.
Anderseits mache der Rücktritt des Prinzen Leopold der ursprüng=
lichen Ursache des Streites ein Ende ... Spanien sei jetzt jedenfalls

aus der Streitfrage heraus, und der Streit — wenn es Streit
gebe — beschränke sich auf Frankreich und Preußen. Ich verhehlte
dem Herrn v. Gramont mein Erstaunen und Bedauern nicht, daß
die französische Regierung einen Augenblick zögern könne, den Rücktritt des Prinzen als Beilegung der Angelegenheit anzunehmen.
So dringend, wie ich konnte, hob ich alle die Gründe hervor, welche
ein Zurückgehen seinerseits von der früher gemachten Versicherung
für die englische Regierung peinlich und beunruhigend machen würde.
Überdies wies ich darauf hin, wie der Rücktritt des Prinzen die
Situation Frankreichs gänzlich änderte. Wenn jetzt ein Krieg aus-
breche, so würde ganz Europa sagen, Frankreich trage die Schuld,
Frankreich habe sich ohne substantielle Ursache hineingestürzt, bloß aus
Stolz und Empfindlichkeit ... Preußen dürfe dann wohl den Beistand
von ganz Deutschland erwarten, um einem Angriffe Widerstand zu
leisten, dem man keinen andern Beweggrund unterschieben könne als
die Eifersucht Frankreichs und eine leidenschaftliche Begierde, seinen
Nachbar zu demütigen. Ich sagte geradezu, Frankreich würde die öffentliche Meinung in der ganzen Welt gegen sich haben, und sein Gegner
all den Vorteil jemandes, der augenscheinlich zur Selbstverteidigung,
um einen Angriff abzuwehren, zum Kriege gezwungen wird. Nach
einiger Erörterung sagte Gramont: ein Endentschluß hänge von
einem Ministerrate ab, welcher morgen in Gegenwart des Kaisers
abgehalten werden solle, und dessen Resultat der Kammer unmittelbar darauf mitgeteilt werden müsse. Gegen 3 Uhr morgen werde
die Welt wissen, welchen Weg Frankreich einzuschlagen gedenke. Er
werde nicht imstande sein, mich zwischen dem Ministerrate und seinem
Erscheinen in der Kammer zu sehen, aber er versichere mich, daß
auf die Ansicht, welche ich im Namen der englischen Regierung abgegeben habe, das nötige Gewicht gelegt werden solle."

In Erwiderung auf diese Depesche drückt auch Lord Granville
sein Bedauern aus, daß der Rücktritt des Prinzen nicht als Erledigung der Angelegenheit angenommen worden sei, und stellt in
Abrede, daß die englische Regierung — wie Gramont dies im gesetzgebenden Körper angedeutet hatte — die Forderungen Frankreichs für berechtigt (legitimate) anerkannt habe. Tags darauf ersucht Granville den Lord Lyons, auf eine bestimmte Erklärung der
französischen Regierung zu bringen, was diese denn eigentlich als
eine endgültige Beilegung der Angelegenheit zu acceptieren gesonnen sei.

Die bezügliche Unterredung von Lord Lyons mit dem Herzog
von Gramont ist in einer Depesche niedergelegt, worin es heißt:

„Der König von Preußen habe — so wiederholte Gramont —
nichts, absolut nichts gethan... Alles was Frankreich jetzt ver=
lange, sei, daß der König von Preußen dem Prinzen verbiete, seinen
Entschluß bezüglich des Rücktritts von der Thronkandidatur in Zu=
kunft zu ändern. Es sei natürlich nur vernünftig, daß Frankreich
einige Vorsichtsmaßregeln gegen eine Wiederholung dessen ergreife,
was sich ereignete, als der Bruder des Prinzen Leopold nach Buka=
rest ging... Wenn der König von Preußen dies thun wollte, so
würde die ganze Angelegenheit absolut erledigt sein... Er nahm
dann ein Stück Papier und schrieb das folgende Memorandum
nieder, welches er mir übergab: „Nous demandons du Roi de
Prusse de défendre au Prince de Hohenzollern de revenir sur
sa résolution. S'il le fait, tout l'incident est terminé"...
Schließlich fragte Gramont, ob Frankreich auf die Unterstützung
Englands zur Erreichung dieses Verbots vom König von Preußen
zählen könne. Ich sagte, nichts könne den Wunsch meiner Regierung,
eine Versöhnung zwischen Frankreich und Preußen herbeizuführen,
übersteigen; ich könne mich aber natürlich nicht unterfangen, so auf
der Stelle, ohne mich zuerst mit der englischen Regierung in Be=
ziehung zu setzen, eine so spezifizierte Frage zu beantworten."

Aber auch hierzu willigte die englische Regierung ein und
empfahl dem König von Preußen am 14., seine Zustimmung zum
Rücktritte des Prinzen Leopold Frankreich mitzuteilen, der Vorschlag
wurde abgelehnt, und Granville meldet darüber an Lyons...
„Graf Bernstorff drückte mir sein Bedauern aus, daß die englische
Regierung einen Vorschlag gemacht habe, den er dem Könige un=
möglich zur Annahme empfehlen könne. Preußen habe unter einer
öffentlichen Drohung von Frankreich eine Ruhe und Mäßigung
gezeigt, welche jede weitere Konzession als eine Demütigung er=
scheinen lassen müsse,... und die öffentliche Meinung in Deutsch=
land beweise, daß ein Krieg selbst unter den schwierigsten Verhält=
nissen einem Nachgeben seitens des Königs vor den ungerechtfertigten
Forderungen Frankreichs vorzuziehen sei."

Daß Lord Granville sich zuletzt sogar herbeiließ, die franzö=
sische Zumutung zu unterstützen, welche dem König von Preußen
eine Abbitte auferlegen wollte, legte die ganze Gefügigkeit bloß,
welche dieser Minister Frankreich gegenüber stets bewiesen hat.
Eine Vermittelung von solcher Gattung konnte natürlich den Hoch=
mut Napoleons nur immer mehr aufstacheln.

Als dies geschah und der Herzog von Gramont nun unum=

wunden erklärte, diese Verzichtleistung sei ihm recht unangenehm,
da Frankreich sich doch damit nicht begnügen könne und vom König
von Preußen Garantien für die Zukunft fordern müsse, erkannte
Lyons, der englische Botschafter in Paris sofort, daß dies unab=
wendbar zum Krieg führen müsse. Er ließ es daher an beweg=
lichen Vorstellungen nicht fehlen und sagte offen, daß alle Welt
Frankreich für den Friedensbrecher erklären werde. Napoleon
aber kannte seine Leute; er wußte, daß dies alles nur hohle Worte
waren, denen die englische Regierung in ihrer „Krämerpolitik" nicht
den geringsten Nachdruck geben werde. Der Strafrede des Lord
Lyons konnte keine verächtlichere Abfertigung werden, als daß der
Herzog von Gramont am andern Tage dem englischen Botschafter
erklärte, Frankreich bleibe nicht nur bei seiner weiteren Zumutung
an den König von Preußen stehen, sondern es rechne auf Englands
Unterstützung für ihre Durchsetzung. Und Napoleon hatte sich nicht
verrechnet. Lord Lyons wies das Verlangen, sich zum Mitschul=
digen des französischen Faustschlags gegen Deutschland zu machen,
nicht kurz zurück, sondern berichtete darüber nach London. Und
Graf Granville beeilte sich aufs dienstfertigste, sich einer Forderung
anzunehmen, die sein Gesandter in Paris unmittelbar zuvor als
Kriegserklärung gegen Deutschland bezeichnet hatte. Er drang in
diesem Sinne sofort in den preußischen Gesandten, Grafen Bern=
storff, der sich aber entschieden weigerte, dergleichen auch nur nach
Berlin zu übermitteln. Diese Unterredung fand, wie schon er=
wähnt, in London am 14. Juli statt. Wir setzen nun die Aus=
züge fort.

Eine Depesche des englischen Botschafters in Berlin, Lord
Augustus Loftus, an Earl Granville ist vom Tage vorher,
dem 13. Juli datiert und lautet in ihren Hauptstellen folgender=
maßen: „Ich hatte heute eine Unterredung mit dem Grafen Bis=
marck und gratulierte Sr. Exzellenz zu der bevorstehenden Lösung
der schwebenden Krise durch den freiwilligen Rücktritt des Prinzen
von Hohenzollern. Se. Exzellenz schien etwas in Zweifel darüber
zu sein, ob sich diese Lösung als Beilegung der Differenz mit
Frankreich ausweisen werde. Er sagte mir, daß die vom Könige
von Preußen bewiesene Mäßigung gegenüber dem drohenden Tone
der französischen Regierung in Preußen allgemeine Entrüstung her=
vorgerufen habe. Graf Bismarck drückte dann den Wunsch aus,
die englische Regierung sollte eine Gelegenheit ergreifen, um mög=
licherweise durch eine Erklärung im Parlament ihre Zufrieden=

stellung mit der Lösung der spanischen Schwierigkeit durch den
Rücktritt des Prinzen Leopold auszudrücken und öffentlich Zeugnis
abzulegen über die ruhige und weise Mäßigung des Königs von
Preußen, der Regierung und der Presse... Graf Bismarck bemerkte
dann, von Paris sei — wiewohl nicht offiziell von Baron Wer=
ther — die Nachricht eingetroffen, daß diese Lösung der spanischen
Schwierigkeit nicht hinreichen werde, die französische Regierung zu=
friedenzustellen, und daß diese neue Ansprüche geltend machen wolle.
Sei dies der Fall, dann liege es klar zu Tage, daß die spanische
Thronfolgerfrage ein bloßer Vorwand gewesen und es der wirkliche
Zweck Frankreichs sei, für Königgrätz Rache zu nehmen. Die
deutsche Nation fühle, daß sie vollständig imstande sein würde,
es mit Frankreich aufzunehmen und sie vertraue so sehr auf mili=
tärischen Erfolg, wie die französische nur könne. Aber — sagte
Se. Exzellenz — wir wünschen den Krieg nicht, und wir haben
unsere friedliche Gesinnung bewiesen, werden auch fortfahren, sie zu
beweisen, doch können wir den Franzosen, was Rüstungen angeht,
nicht erlauben, einen Vorsprung vor uns zu haben. „Ich habe,“
so sagte Se. Exzellenz, „positive Information, daß in Frankreich
Kriegsrüstungen betrieben worden sind und augenblicklich betrieben
werden. Wenn diese fortgesetzt werden, werden wir uns genötigt
sehen, die französische Regierung um Aufklärung über deren Zweck
und Bedeutung anzugehen.“ Graf Bismarck sagte ferner, daß die
preußische Regierung, falls Frankreich den europäischen Mächten
jetzt nicht eine Versicherung, eine Erklärung gebe, daß es die Lösung
der Frage für endgültig halte, und keine anderen Ansprüche geltend
machen wolle, wofern weiter Frankreich die drohende Sprache des
Herzogs von Gramont nicht zurücknehme oder genügende Er=
klärungen abgebe — daß die preußische Regierung sich genötigt
sehen würde, eine Aufforderung an Frankreich zu richten... Es
scheint mir (Lord A. Loftus) gewiß, daß Graf Bismarck und das
preußische Ministerium die Haltung des Königs dem Grafen Bene=
detti gegenüber bedauern (die endliche Abweisung Benedettis wurde
bekanntlich erst am 13. Juli Abends auf telegraphischem Wege in
Berlin bekannt) und daß sie angesichts der öffentlichen Meinung
in Deutschland entscheidende Maßregeln zu Wahrung der nationalen
Ehre für notwendig erachten.“

Es leuchtet ein, daß Graf Bismarck der englischen Regierung
den einzigen Weg andeutete, auf welchem sie anständiger Weise ihre
Vermittlerrolle üben konnte, ohne daß er ihr mehr als einen rein

moralischen Druck auf Frankreich zumutete. Indessen hatte man
sich ja in London bereits entschlossen, entgegen der nebenher ein=
gestandenen besseren Überzeugung, diesen moralischen Druck lieber
auf Preußen zu üben, um es trotz der offenbaren Kriegsabsicht
Frankreichs aus einer Demütigung in die andere zu stürzen.

Die Sachen standen jetzt schon so, daß die englische Regierung
nur noch einige bedeutungslose Formalien zu erledigen hatte. Lord
Granville machte die englischen Botschafter in Paris und Berlin
in einer identischen Depesche vom 15. Juli (Nr. 57) auf das
23. Protokoll der Pariser Konferenz von 1856 aufmerksam. Die
englische Regierung machte auf Grund dessen Frankreich und Preußen
den Vorschlag, und zwar in identischen Ausdrücken, daß sie sich der
Vermittelung einer freundlichen Macht oder freundlicher Mächte,
welche beide annehmbar sind, bediene, „und wollen Ew. Exzellenz
bemerken, daß die englische Regierung bereit ist, irgend einen Anteil
an der Angelegenheit zu nehmen, der etwa gewünscht werden sollte.“
Aber schon an dem nämlichen Tage, wo die obige Depesche das
auswärtige Amt verließ (15. Juli), gab Ollivier im gesetzgebenden
Körper eine Erklärung ab, welche mit einer Kriegserklärung gleich=
bedeutend war. Kurz darauf hatte Lord Lyons eine Unterredung
mit dem Herzog von Gramont, über welche ersterer noch am näm=
lichen Tage dem Earl Granville Mitteilung machte (Nr. 63):
… „Gramont beauftragte mich, der englischen Regierung den Dank
der kaiserlichen Regierung für die freundlichen Bemühungen um
eine friedliche Lösung der Frage mit Preußen zu übermitteln. Die
freundliche Vermittelung sei aber durch die letzten Schritte der
preußischen Regierung unmöglich geworden. Diese habe Frankreich
insultiert, indem sie dem Publikum erklärte, der König habe den
französischen Botschafter beleidigt … Der König habe in der That
den Herrn Benedetti nicht einmal mit der rohen Unhöflichkeit be=
handelt, mit welcher die preußische Regierung prahle … Aber
diese habe es jetzt gut befunden, Deutschland und Europa zu erklären,
daß Frankreich in der Person seines Botschafters beleidigt worden
sei. Und gerade dieses Sich=Brüsten mache die Beleidigungen aus.
Frankreich könne daher den von England vorgeschlagenen Modus
zur Ausgleichung der ursprünglichen Streitfrage nicht annehmen …
Was nun die Behauptung des Herrn von Gramont betrifft, daß
alle Kabinette, an die er sich gewandt, die Klagegründe Frankreichs
als berechtigt anzuerkennen schienen, so versichere er mich (Lord Lyons),
daß er ganz gewiß beabsichtigte, die Regierung Großbritanniens in

diese Behauptung einzuschließen, und daß er noch immer denke, er sei hierzu berechtigt gewesen. Die Behauptung sei bei einem verhältnismäßig frühen Stadium der Unterhandlungen gemacht worden und vor jener Beleidigung, welche extreme Maßregeln notwendig machte ... Ich sagte, daß die englische Regierung nicht imstande gewesen sei, genau dieselbe Ansicht von diesem unglückseligen Streite zu gewinnen, wie die Regierung des Kaisers ... Ich könnte nicht leugnen, daß die englische Regierung Grund habe, sich enttäuscht, um nicht zu sagen, verletzt zu fühlen. Man habe sie zu dem Glauben gebracht, daß der Rücktritt des Prinzen Leopold von allen Ansprüchen auf den spanischen Thron alles sei, was Frankreich verlange. Die englische Regierung habe sich aufs äußerste angestrengt, um dies zu verlangen, und jetzt sage man ihr, Frankreich verlange mehr. Wie dem auch sein möge, sagte ich zum Schluß, die freundschaftliche Stimmung, welche das glückliche Ergebnis eines langjährigen herzlichen Einverständnisses zwischen den beiden Regierungen und den beiden Nationen sei, habe keine Schmälerung erlitten." — Man muß sagen, daß Lord Lyons die fast ans Ironische streifenden Bemerkungen des Herzogs von Gramont mit recht gutem Humor aufnahm. „Obgleich ihr es bestreitet, sagt der französische Minister, bleiben wir doch dabei, daß ihr unser Vorgehen gebilligt habt." Und Lord Lyons antwortet: „Obgleich wir fortfahren es zu bestreiten, bleibt doch unser herzliches Einvernehmen ungetrübt bestehen." Es wird dann noch die Depesche des Lord Loftus an den Grafen Bismarck, sowie dessen Antwort mitgeteilt. Graf Bismarck lehnte die englische Vermittelung ab, da ihm ja bereits bekannt sei, daß Frankreich ihm darin vorangegangen sei.

Es bleibt noch übrig, diejenigen Stellen aus dem Blaubuche über die diplomatischen Verhandlungen vor der Erklärung des Krieges hervorzuheben, welche auf die Bemühungen Österreichs zur Erhaltung des Friedens Bezug haben. Hierhin gehören im ganzen fünf Depeschen. Drei von Earl Granville an den englischen Botschafter in Wien, Lord Bloomfield, und zwei von letzterem an ersteren.

Das erste dieser Aktenstücke, am 9. Juli von Wien abgeschickt und am 18. in dem auswärtigen Amte eingetroffen, berichtet über eine Unterredung Lord Bloomfields mit dem Grafen Beust:

„Ich stattete dem Grafen Beust einen Besuch ab und fand Se. Exzellenz sehr besorgt bezüglich der Wirkung, welche die Mitteilung aus Paris hinsichtlich der Kandidatur des Prinzen Leopold von Hohenzollern hervorgebracht haben werde. Er sagte, die

2*

Sprache, in welcher die Vorstellungen der französischen Regierung
übermittelt worden seien, dürfte nicht darnach angethan sein, eine
Beilegung zu erleichtern, aber er wolle noch immer das Beste hoffen,
und er habe Herrn v. Münch, den österreichischen Geschäftsträger
in Berlin, instruiert, alles zu thun, um die Aussichten einer friedlichen Lösung der zwischen Frankreich und Preußen bestehenden
Schwierigkeiten zu fördern. Er fügte hinzu, er habe von diesem
noch nichts gehört, hoffe aber, daß in dem Interesse der Erhaltung
des Friedens die englische Regierung nicht abgeneigt sein werde,
als Vermittlerin zwischen Frankreich und Preußen zu handeln. Ich
sagte Sr. Exzellenz ... ich hege keinen Zweifel, daß Sie (Earl
Granville) geneigt sein würden, alles in Ihren Kräften Liegende
zu thun, um die ernstlichen Verwickelungen von Europa abzuwenden
zu suchen, von welchen dieses bedroht zu sein scheine; daß aber, ehe
eine Vermittelung begonnen oder selbst vorgeschlagen werden könne,
zuerst eine Basis für dieselbe festgestellt werden müsse. Wir unter-
hielten uns darauf im allgemeinen über diese unglückselige Angelegenheit, bei welcher Gelegenheit Graf Beust seine Mißbilligung
und sein Bedauern ausdrückte über die übereilte Art und Weise,
in der die französische Regierung in der Kammer gesprochen habe;
dieselbe diene dazu, die Schwierigkeiten und Gefahren der Situation
bedeutend zu vermehren und eine freundschaftliche Lösung um so
schwieriger zu machen."

Zwei Tage darauf hatte Lord Bloomfield abermals eine Unterredung mit dem Grafen Beust, in welcher der österreichische
Reichskanzler seine Überzeugung aussprach, daß England unter den
Umständen nicht mehr hätte thun können, als was es gethan.
Er sagte, „von Paris sei ihm nicht ein ermutigendes Wort zu
Ohren gekommen, von Berlin wisse er einfach nichts; die Verhöhnung oder doch offenkundige Ironie, mit welcher die preußische Presse
die Angelegenheit behandle, habe nur dazu gedient, die Gereiztheit
in Paris zu steigern (!) Fürst Metternich scheine das Schlimmste
zu besorgen und er könne mir nicht verheimlichen, daß, wenn der
König von Preußen sich weigern sollte, die Kandidatur des Erbprinzen von Hohenzollern zu desavouieren, er keine Möglichkeit sehe,
einen Kompromiß zwischen den beiden Mächten zuwege zu bringen.
Im gegenwärtigen Augenblicke sehe alles dunkel und hoffnungslos
aus. Es thue ihm leid, sagen zu müssen, daß trotz allen lobens-
werten Bestrebungen der Mächte es gegenwärtig nicht wahrscheinlich sei, daß diese von Erfolg gekrönt würden."

Die beiden vorstehenden Unterredungen hatten, wie aus Datum und Inhalt hervorgeht, stattgefunden, als Prinz Leopold noch der Kandidat für den spanischen Königsthron war. Inzwischen kündigte der Fürst von Hohenzollern den Rücktritt seines Sohnes an, und nun berichtet Lord Bloomfield abermals über eine Unterredung, welche er am 13. mit dem Grafen Beust gehabt:

„Se. Exzellenz schien durch den Rücktritt des Prinzen Leopold etwas beruhigt, aber er schien nicht überzeugt zu sein, daß diese Erklärung hinreichen werde, die Forderungen (requirements) der französischen Regierung zufrieden zu stellen. Er wiederholte, was er schon bei anderen Gelegenheiten gesagt hatte, daß er alles Mögliche gethan habe, um Frankreich davon abzubringen, die Angelegenheit zum äußersten zu treiben, aber er schien nicht viel Vertrauen auf seine Macht zu setzen, viel zuwege zu bringen, und sein Eindruck ist der, daß nichts imstande sein wird, den Fortgang der Ereignisse zu hindern. Se. Exzellenz fügte hinzu, daß vielleicht niemand besser imstande sei, die Stimmung in den süddeutschen Staaten zu beurteilen, als er selber, und daß er überzeugt sei, Frankreich mache einen großen Fehler, wenn es auf die Sympathien dieser Staaten für seine Sachen rechne. In der Absicht daher, um Frankreich in etwaigen Erwartungen auf Unterstützung von dieser Seite zu entmutigen, habe er es im Interesse des Friedens für gut erachtet, diese seine Überzeugung zur Kenntnis der französischen Regierung zu bringen.“

Auch diese letztere Depesche traf am 18. im englischen Ministerium des Auswärtigen ein, und tags darauf schickte Earl Granville in Erwiderung zwei Depeschen an Lord Bloomfield. In der ersteren berichtet Earl Granville über eine Unterredung mit dem Grafen Apponyi, welche die Bemühungen der österreichisch-ungarischen Regierung in Berlin zur Erhaltung des Friedens zum Gegenstand hatte. Diese Unterredung fand am 15. statt, und Graf Apponyi verlas eine Depesche des Grafen Beust an den österreichischen Botschafter in Berlin, welche das vorliegende Aktenstück folgendermaßen im Auszuge wiedergibt.

„Graf Beust bemerkte, als die österreich-ungarische Regierung vor einiger Zeit hörte, daß der spanische Thron möglicherweise dem Prinzen Leopold von Hohenzollern angeboten werden dürfte, habe sie es nicht für angezeigt gehalten, eine Ansicht über den Gegenstand abzugeben; nachdem sie aber jetzt vernommen habe, daß die Kandidatur eine feststehende Thatsache sei, habe sie sich verpflichtet ge-

fühlt, ihre Ansichten und bis zu einem gewissen Grade ihre Be=
fürchtungen auszubrücken.   Die französische Nation, welche ihre
durch die Vergrößerung Preußens aufgestachelte Empfindlichkeit bis=
her unterdrückt habe, würde durch jeden Versuch Preußens, Einfluß
über Spanien zu gewinnen, indem es einen mit der preußischen
Königsfamilie, kollateral verwandten Prinzen auf den Thron setze,
ernstlich beunruhigt werden ... Angesichts dieser Eventualitäten
brückte Graf Beust seine besondere Genugthuung über die ihm ge=
wordene Mitteilung aus, daß der Kaiser Napoleon auf die freund=
lichste Weise dem Könige von Preußen Vorstellungen über den
Gegenstand machen ließ, mit einem Ausbruck der Überzeugung, daß
es der Weisheit Sr. Majestät und seinem Einflusse als Haupt des
Hauses Hohenzollern vorbehalten sei, einer so ernstlichen Verwickelung
vorzubeugen.   So stark war das Verlangen der österreichisch=un=
garischen Regierung nach Frieden, und so tief ihre Furcht vor den
Folgen einer Annahme des Thrones seitens des Prinzen von Hohen=
zollern, daß sie sich verpflichtet fühlte, sich in solchem Sinne auszu=
sprechen.   Baron Münch wurde deshalb instruiert, auf der einen
Seite den preußischen Staatsmännern die Ansicht der österreichisch=
ungarischen Regierung, daß die Kandidatur des Prinzen Leopold
mit großer Gefahr verbunden sei, nicht zu verhehlen und andrerseits
das feste Vertrauen auszubrücken, daß die Friedensliebe und das
gesunde Urteil des Königs von Preußen der Verwirrung der
europäischen Politik durch ein neues und gewaltiges Element der
Zwietracht vorbeugen werden.   Graf Apponyi versicherte mich, daß
von seiten der österreichischen Regierung keine Mühe gespart werden
solle, um den Frieden Europas zu wahren."

Die folgende, wie bereits bemerkt, vom nämlichen Datum her=
rührende Depesche berichtet über eine vom Grafen Apponyi in der
nämlichen Unterredung verlesene Note des Grafen Beust an den
Fürsten Metternich in Paris.

„... In dieser Note, sagte Graf Beust, sobald er von dem
Wunsche des Herzogs von Gramont, daß er im Interesse der Ver=
söhnung in Berlin wirken solle, Kenntnis erhalten, habe er In=
struktionen in diesem Sinne an den Baron Münch geschickt, und
zu gleicher Zeit die spanische Regierung auf die Gefahr des von
ihr verfolgten Weges aufmerksam gemacht ... die Stimme Europas
werde sich zweifelsohne für den Frieden erheben und es scheine klar,
daß die einfache Lösung der Frage in dem Zurückziehen der Kandidatur
des Prinzen Leopold liege, welche in Spanien nicht mit Begeisterung

aufgenommen worden sei und keine von den Haupterfordernissen
der Nation befriedige ... Die österreichisch-ungarische Regierung
setzt hinreichendes Vertrauen auf die Weisheit der preußischen Regierung, um zu glauben, daß diese nicht zögern werde, einen end-
gültigen Beweis von ihrer friedlichen Stimmung zu geben, indem
sie nicht allein ihre Unkenntnis mit den Vorgängen in Spanien
erkläre, sondern auch allen ihren Einfluß benutze, um die Zurückziehung einer Kandidatur zu bewirken, welche in einer ebenso unerwarteten, wie ungelegenen Weise in Madrid aufgestellt worden
sei. Auf der andern Seite sei die österreichisch-ungarische Regierung
überzeugt, daß Frankreich, während es seine eigene Würde eifersüchtig
zu schützen wisse, es vermeiden werde „die Gefahren der Situation
zu vermehren."

Bemerkenswert ist, daß man in Wien wie in London sich die
äußerste Mühe gab, die Verzichtleistung des Prinzen Leopold zu er-
wirken. Als aber Frankreich sich damit nicht zufrieden stellte, warf Graf
Beust, wie Lord Granville, ohne weiteres die Flinte ins Korn; wenn
Napoleon den Krieg einmal wolle, so sei dagegen nichts zu machen. Darin
hat die ganze Weisheit des „europäischen Areopag" bestanden gegenüber dem frivolsten Friedensbruch, den das 19. Jahrhundert aufweist.

Ebenso verfehlte die Enthüllung des räuberischen Anschlags
gegen Belgien, in welchen Napoleon Jahre lang Preußen zu verwickeln bestrebt war, zwar seinen Eindruck auf die Volkskreise in
England und Österreich nicht; die den beiden Regierungen nahestehenden Blätter aber waren emsig bemüht, diese Wirkung abzuschwächen; sie wollten den Zusammenhang der Angelegenheit nicht
vollständig übersehen und was dergleichen hohle Reden mehr waren.
Wollten sie loyal handeln, so mußten sie ja freilich den, der solche
Pläne geschmiedet, aus dem „europäischen Konzert" ausstoßen. Dagegen wurde versucht, Napoleon so weit rein zu waschen, daß irgend
ein, dem bisherigen ähnliches Vermittelungsgeschäft auch ferner mit
ihm möglich blieb.

Unter solchen Umständen hatte der Vermittelungsversuch, welchen
England noch am 17. Juli in Berlin und Paris machte, für
Preußen wenig Verlockendes. Auf das Schreiben des Lord Loftus
erwiderte Bismarck am 18. Juli, daß die Möglichkeit zur Anknüpfung
solcher Verhandlungen nur durch vorgängige Feststellung der Bereitwilligkeit Frankreichs gewonnen werden könnte. „Frankreich
hat die Initiative zum Kriege ergriffen und an derselben
festgehalten, nachdem die erste Komplikation auch nach

Englands Meinung materiell beseitigt war. Eine von unserer Seite jetzt zu ergreifende Initiative zu Verhand= lungen würde von dem nationalen Gefühle der Deutschen, nachdem dasselbe durch Frankreichs Drohungen tief ver= letzt und aufgeregt worden, mißverstanden werden. Unsere Stärke liegt in dem nationalen, dem Rechts= und Ehr= gefühl der Nation, während die französische Regierung bewiesen hat, daß sie dieser Stütze im eigenen Lande nicht in gleichem Maße bedarf."

Am 20. Juli ließ Graf Beust die folgende Zirkular=Depesche vom Stapel:

„Sobald die Frage der Kandidatur des Prinzen von Hohen= zollern zum spanischen Throne in einer für die Ruhe Europas so bedrohlichen Weise auftauchte, war es unsre angelegentlichste Sorge, an der Aufrechthaltung des Friedens zu arbeiten. Unsere Stimme ließ sich gleichmäßig in Paris, Berlin und Madrid vernehmen, um zu Gunsten der Versöhnlichkeit zu plaibieren. Wir durften nicht daran denken, in einer so unvermutet entstandenen Differenz uns zum Schiedsrichter aufzuwerfen, noch weniger aber hätte es uns geziemt, über den Wert der gegenseitig beigebrachten Allegationen ein Urteil abzugeben. Wir mußten uns darauf beschränken, von dem Festhalten einer Kandidatur abzuraten, gegen welche sich ernste Einwendungen erhoben. Ohne sich früher hierüber verständigt zu haben, befolgten größtenteils die übrigen Kabinette ein ähnliches Vorgehen und die k. k. Regierung vereinigte mit denselben ihre Bemühungen, welche von verschiedenen Seiten zur Herbeiführung einer Beschwichtigung unternommen wurden. Gänzlich in Anspruch genommen von dieser Sorge, der wir uns mit lebhaftem Eifer hin= gaben, und aufrecht erhalten durch die Hoffnung, die Lage ihre Spannung verlieren zu sehen, haben wir es bis jetzt vermieden, uns über die Haltung auszusprechen, welche wir im Falle, daß der Krieg zwischen den beiden in diesem beklagenswerten Konflikt engagierten Mächten unvermeidlich werden würde, einzunehmen hätten. Zu unserm großen Bedauern müssen wir jetzt aber gestehen, daß unsere, und die Anstrengungen der anderen Mächte keinerlei Aussicht auf Erfolg haben. Der Streit hat, anstatt sich abzuschwächen, sich nur noch mehr erbittert und zwar in der Art, daß die entfesselten Leiden= schaften keine Möglichkeit zu einer wirksamen Vermittelung mehr ab= sehen lassen. Die Kriegserklärung Frankreichs wurde bereits in Berlin übergeben und angesichts eines so entscheidenden Aktes will ich nicht länger zögern, Ihnen die Pflichten auseinander zu setzen, die sich der k. k. Regierung bei der sorgfältigen Überwachung der Interessen und der Würde der österreichisch=ungarischen Monarchie aufdrängen. Wenn es uns auch nicht vergönnt war, Europa und uns selbst peinliche Aufregungen zu ersparen, welche der unvermeid= liche Gegenstoß des Zusammentreffens zweier mächtiger Nationen sind, so wünschen wir dennoch die Wirkungen desselben abzuschwächen. Um dieses Ergebnis zu erzielen, muß die k. k. Regierung unter den gegenwärtigen Verhältnissen eine passive Haltung beobachten, die Neutralität ist ihr daher geboten. Diese Haltung schließt sicherlich die Pflicht nicht aus, über die Sicherheit der Monarchie zu wachen und deren Interessen zu beschützen, wenn man sich in die Verfassung versetzt, dieselbe vor jeder möglichen Gefahr sicher zu stellen.

Wir sehen selbst Länder, deren Stellung durch internationale Festsetzungen garantiert ist, nicht vor beträchtlichen Opfern zurück= schrecken, um in der Lage zu sein, allen Forderungen der Sachlage gerecht zu werden und sich selbst zu beschützen. Dergleichen Bei= spiele können nicht unbeachtet bleiben; sie beweisen, wie allgemein die Überzeugung ist, daß es nicht genügt, neutral bleiben zu wollen, sondern daß man im Notfalle seine Unabhängigkeit respektieren lassen muß. In so kritischen Momenten, wie die gegenwärtigen, kann die Schwäche ebenso, wie die Leidenschaftlichkeit eine Ursache werden, um den Ländern sowohl wie den Regierungen Gefahren zu bereiten. Es sind dies zwei Klippen, welche eine Nation zu um= schiffen suchen muß, um schließlich nicht aus dem Wege geschleudert zu werden, den ihr ihre eigenen Interessen vorzeichnen. Die öster= reichisch=ungarische Monarchie muß ebenso gut jedem Drucke, wie jeder unüberlegten Neigung Widerstand leisten können, wenn sie Herrin ihrer Geschicke bleiben und nicht der Spielball der Ereignisse werden will. Der innigste Wunsch der k. k. Regierung geht dahin, die Monarchie vor den Wechselfällen sicher zu stellen, denen ein großer Teil von Europa sich ausgesetzt sehen wird. Wir werden nicht aufhören, unser Augenmerk auf dieses Ziel zu richten, und alle von uns zu ergreifenden Maßregeln werden nur von dem ein= zigen Wunsche geleitet sein, gleichzeitig die Ruhe und die Interessen der Bevölkerungen des Reiches zu sichern."

An demselben Tage, von welchem diese Depesche datiert ist, richtete Graf Beust ein Schreiben an den Fürsten Metternich in Paris, welches erst vier Jahre später bekannt wurde, und einem liberalen Blatte in Wien Anlaß zu den folgenden Bemerkungen gab:

„Diese Depesche macht es klar, daß Graf Beust nach Wien berufen worden war, um die Revanche für 1866 durchzuführen. Der Ausgleich mit Ungarn wurde geschlossen, um den Staat zu kräftigen, und die Versöhnung mit den slawischen Nationalitäten sollte ebenfalls die große Aktion vorbereiten. Man betrachtete das Hinausdrängen Österreichs aus Deutschland als eine dauernde Gefahr für den Bestand der Monarchie; man wollte Preußen demütigen und die Stellung in Deutschland wieder erobern. Durch die Politik des Liberalismus, der Vorurteilslosigkeit sollten die notwendigen moralischen Sympathien erobert werden. Beust wählte die besten Mittel, um einem verwerflichen Zwecke nachzustreben. Seine Rechnungen hatten indessen ein Loch, denn weder die Ungarn, die sich des dominierenden Einflusses bemächtigt hatten, noch die Deutschen, die sich der Hegemonie in Cisleithanien erfreuten, hatten irgend welche Lust zu einem Kriege gegen Deutschland. Im Gegenteil empfanden die Deutschen einen wahren Abscheu vor der napoleonischen Allianz ... Bedenklich im höchsten Grade war die französische Allianz, hier mußte Österreich seine deutschen Traditionen verleugnen und das Gefühl empört sich bei dem Gedanken, daß nach dem Beustschen Telegramm Österreich und Frankreich über Deutschland herfallen wollten, um es zu erwürgen. Aber wenn Graf Beust sich auch über alle Pflichten der Nationalität hinwegsetzte, so vermag er doch noch immer den Ton nicht zu entschuldigen, in dem die Depesche vom 20. Juli 1870 abgefaßt ist. Diese Hingebung an Frankreich, dieser Enthusiasmus für die Unterbrückung des deutschen Volks, die Empfindungen des Mitleids haben hier das passende Wort auszusprechen. Beust hat in Österreich viele wohlthätige Schöpfungen zurückgelassen. Aber der Gedanke an den letzten Zweck, der verfolgt wurde, zerstört die Dankbarkeit für unbestrittene Verdienste.“

Nachdem die im Monat Juli eifrig betriebene Tripel=Allianz Österreich, Italien, Frankreich durch die schnellen Siege der Deutschen in den ersten Augusttagen auseinander gefallen, das Netz der zwischen den drei Mächten gegen Preußen gesponnenen Ränke zerrissen war, trat an die Stelle der genannten Allianz=Konstellation die Neutralitäts=Liga, wie sie sich nannte, eigentlich eine Interventions=Liga. Gleich nach Wörth drangen Nachrichten von der Bildung einer solchen zwischen Österreich, Italien, England in die Öffentlichkeit. „Der erste Schritt — so wurde die Sache von Wien her in einem etwas späteren Stadium (Ende August) unter Beustscher Inspiration dargestellt — eine Verständigung zwischen den Neutralen gegenüber dem ausgebrochenen Kriege anzubahnen, ging von England aus: dieses seinerseits gab aber hierin nicht sowohl seiner eigenen Initiative, sondern der des florentinischen Kabinetts Folge, welches sich zu dem Ende nach London gewendet hatte. Italien hatte allerdings in seiner politischen und geographischen Lage und in seinen jüngsten Allianzen Gründe genug, um zu wünschen, gegenwärtig in einem engen Zusammengehen mit den anderen unbeteiligten Mächten einen sicheren Rückhalt für seine eigene Neutralität zu erhalten. Wir brauchen nicht auseinanderzusetzen, warum es in erster Linie den gleichzeitigen Druck beider kriegführender Teile fürchtete, vielleicht zu fühlen begann. Es konnte nicht hoffen, einem solchen Drucke durch seine eigene Kraft auf die Länge widerstehen zu können. Um sich der französischen und preußischen Bewerbungen zu erwehren, mußte es des Beistandes der Neutralen sicher sein. In London fand es bereitwilliges Entgegenkommen. Um das Terrain für seine Bemühungen zu erweitern, wendete sich Lord Granville zunächst nach Wien. Hier trat ihm ein richtiges Verständnis der Situation Visconti-Venostas und der lebhafte Wunsch entgegen, für die Beziehungen der Neutralen zu einander eine feste, den Interessen derselben nach allen Seiten entsprechende Grundlage zu gewinnen. Es entspann sich ein gegenseitiger Austausch von Ideen, der zeitweise auch durch Spezial-Bevollmächtigte vermittelt wurde.

„Das österreichische Kabinett war nun zunächst der Ansicht, das Programm für ein Abkommen zwischen den Neutralen habe auszusprechen, daß deren Bemühungen auf Lokalisierung des Krieges gerichtet sein müßten. Eine vermittelnde Aktion, falls sie früher oder später nötig erscheinen sollte, dürfe von keiner der neutralen Mächte vereinzelt, sondern müsse von allen gemeinsam vorgenommen werden, nachdem man sich über ein gemeinsames Programm für die Vermittelung verständigt hätte. Der letzteren endlich müsse eine hinreichende Bereitschaft von materiellen Mitteln zur Seite stehen, um der Aktion der Neutralen den entsprechenden Nachdruck zu verschaffen. Der letztere Vorschlag sprach nur die Notwendigkeit von Maßregeln aus, welche die Mächte jede für sich, den möglichen Eventualitäten Rechnung tragend, schon früher getroffen hatten. Italien war damals schon ziemlich weit in seinen Rüstungen vorgeschritten und ist es heute noch mehr. Von England wußte man dasselbe; Rußland war gleichfalls nicht unvorbereitet; in Österreich hatte man wenigstens soweit Sorge zu tragen angefangen, um von den Ereignissen nicht überrascht zu werden.

„In London fand man diesen Vorschlag, wenn man so sagen darf, zu positiv. Man machte den Gegenvorschlag einer Neutralitäts-Liga. Die Mächte sollten sich verpflichten, ihre neutrale Haltung nicht ohne vorhergehende Kündigung aufzugeben, und bei Gelegenheit dieser Kündigung ihre Motive zur Wiederaufnahme der Aktionsfreiheit zu dem Ende auseinander zu setzen, damit ein gegenseitiger Ideenaustausch über dieselben ermöglicht werde.

„Inzwischen waren die diplomatischen Verhandlungen in eine weitere Phase getreten. Aus Petersburg war, und zwar als Ausdruck der besonderen Wünsche des Zars, die Mitteilung nach Wien gelangt, daß man dort großen Wert darauf lege, bei allen Vereinbarungen zwischen den Neutralen und bei allen Schritten, welche etwa infolge solcher Vereinbarungen würden getroffen werden, sich in vollem Einvernehmen und in gleicher Linie mit Österreich zu wissen. Insbesondere betonte Rußland sein lebhaftes Interesse daran, daß eine etwaige Mediation nur gemeinsam und auf gemeinsamer Basis erfolge. Den nämlichen Vorschlag hatte Österreich, wie oben erwähnt, vor kurzem an England gelangen lassen; man mußte es daher in Wien nur erwünscht finden, gleichen Intentionen in Petersburg zu begegnen. Erst der Beitritt Rußlands gab der angestrebten Neutralitäts-Liga die hochwillkommene Vervollständigung. Das Wiener Kabinett ergriff sofort die ihm in solcher Weise gebotene Gelegenheit, die Verhandlungen zwischen den Neutralen zu einem erschöpfenden, nach allen Seiten hin befriedigenden Abschluß zu bringen. Graf Chotek wurde nach Wien berufen, um hier persönlich Informationen zu erteilen und zu empfangen. Die Unterhandlungen, hierdurch erleichtert und beschleunigt, führten rasch zu dem von beiden Seiten angestrebten Resultate. Als es erreicht war, erhielt der k. k. Botschafter in London, Graf Apponyi, den Auftrag namens seiner Regierung der Londoner Erklärung über eine Neutralitäts-Liga beizutreten. Die österreichisch-ungarische Regierung knüpfte jedoch den Beitritt an die Voraussetzung: die kontrahierenden Mächte würden in den von ihnen eingegangenen wechselseitigen Verpflichtungen auch die direkte Zusicherung enthalten erachten, daß keine derselben in eine einseitige Mediation ohne Verständigung der anderen eintrete. Die im Londoner Protokolle stipulierte Kündigung müsse daher ebenso auf den Mediationsfall, wie auf die Neutralität überhaupt ausgedehnt werden. Jede Macht habe demgemäß, ehe sie etwa zu einem einseitigen Vermittelungsakte schreite, diesen ihren Entschluß und dessen Motive den anderen Mächten zur vorläufigen Anzeige zu bringen und mit ihnen darüber in Verhandlung zu treten.

„Daß eine Vermittelungs-Aktion besonders bei der riesigen Machtentwickelung auf dem Kriegsschauplatze ohne militärischen Rückhalt keine Aussicht auf Erfolg hätte, läßt sich begreifen. Diese Anschauung wird auch in England, Rußland und Italien geteilt; Österreich würde sich nur zur Bedeutungslosigkeit verurteilen, wollte es hinter der Haltung der übrigen Neutralen wesentlich und auffallend zurückbleiben. Allein was sich erwarten, ja bestimmt verlangen läßt, ist, daß unsere Staatsmänner mit der gewissenhaftesten Rücksicht auf unsere Finanzlage vorgehen. Es ist zu verlangen, daß sie sich in diesem Punkt die größte Mäßigung auferlegen und den militärischen Apparat auf den Grad der strengsten Notwendigkeit beschränken. Die Bedenken, welche eine Annäherung an Rußland in Österreich-Ungarn hervorzurufen geeignet ist, beziehen sich auf die innere und auf die äußere Politik. In dieser mögen die österreichischen Interessen zwar mit den russischen zusammenfallen, soweit es sich um den preußisch-französischen Krieg handelt, nicht aber in anderen Fragen. Das soeben angebahnte nähere Einvernehmen mit Rußland soll alle anderen Angelegenheiten ausscheiden und sich ausschließlich auf die schwebende Hauptfrage beschränken. Die Verschiedenheit der inneren Politik bietet kein Hindernis für Allianzen nach außen, wie die vereinigten Staaten von Nordamerika beweisen, deren Interessen bei ihren guten Beziehungen zu Rußland ihre Rechnung gefunden haben."

In dieser Darstellung wurde das Verlangen Rußlands, daß jede Mediation nur eine gemeinsame sein solle, als mit der gleichen Forderung Österreichs identisch aufgefaßt, während Rußland dabei nur daran dachte, Österreichs Ungestüm zu zügeln. Im übrigen entspricht jener Darstellung der Depeschenwechsel zwischen Beust und der englischen Regierung. Am 17. August richtete Lord Granville an den österreichischen Botschafter Apponyi eine Note, in der er sagte: „Ihrer Majestät Regierung hat mit vieler Befriedigung die Mitteilung von dem durch Ihre Regierung angekündigten Entschluß, in dem unglücklicherweise zwischen Preußen und Frankreich ausgebrochenen Kriege eine strenge Neutralität zu beobachten, empfangen, und es scheint Ihrer Majestät Regierung, daß dieser Entschluß, der von ihr selbst geteilt wird, noch befestigt

und gesichert werden dürfte, wenn alle neutralen Mächte ein be=
sonderes Abkommen unter einander mit bezug auf die Aufrecht=
erhaltung ihrer gemeinsamen Neutralität abschlössen. Ihrer Majestät
Regierung ist der Meinung, daß es in dem jetzigen Augenblicke
nicht angemessen wäre, daß die neutralen Mächte eine förmliche
oder bestimmte Verpflichtung wegen der Erhaltung der Neutralität
eingehen sollten, noch hält sie es für notwendig oder wünschens=
wert, daß das besondere Übereinkommen, von welchem ich sprach,
die Form eines feierlichen Traktats annehme, oder auch nur zu
Protokoll gebracht werde, sondern sie hält es für hinreichend und
in der That vorzuziehen, daß es bloß durch Schreiben abgeschlossen
werde, die zwischen den verschiedenen Teilen gewechselt werden und
bestätigen, daß keine von den beiden Mächten, zwischen denen ein
solcher Austausch stattgefunden hat, von ihrer Neutralität im gegen=
wärtigen Kriege abgehen solle, ohne vorhergehende Mitteilung der
Absichten und die gegenseitige Ankündigung einer Änderung in der
Beobachtung ihrer Neutralität."

Lord Granville fügte hinzu, daß die Regierungen von Ruß=
land und Italien ihre Zustimmung zu diesem Verfahren gegeben
hätten. Graf v. Beust schrieb dem Grafen Apponyi: „Wir können
uns in der That nur mit Befriedigung jedem Plane anschließen,
der zum Zweck hat, die Stellung der neutralen Mächte zu stärken.
Nur betrachtet es die k. k. Regierung, um diesen Zweck besser zu
erreichen und zugleich die geschlossene Verbindung fester und er=
sprießlicher zu machen, als selbstverständlich, daß keine der sich ver=
bindenden Mächte einen vereinzelten Vermittelungsversuch machen
werde, ohne sich mit den anderen zu verständigen, und daß, wenn
eine solche Vermittelung stattfände, die anderen Mächte sogleich
ihre volle und gänzliche Freiheit des Handelns wiedererhalten
würden." England und Österreich kamen darauf überein, daß „weder
England noch Österreich=Ungarn während des gegenwärtigen Krieges
aus ihrer Neutralität heraustreten sollen, ohne sich ihre Ansichten
mitgeteilt, und einander gegenseitig jede Veränderung angekündigt
zu haben, die ihre Neutralität erleiden könnte." In einer Note
des Grafen Beust an den Grafen Apponyi vom 29. September,
bedauerte sodann der erstere, daß die getroffene Maßregel zu einer
gemeinsamen Bemühung für die Wiederherstellung des Friedens
nicht geführt habe, da die englische Regierung es vorzog, daß jede
Macht ihrerseits frei handeln könne; seitdem habe jede einzelne
Macht fruchtlose Versuche gemacht, um eine Annäherung unter den

Kriegführenden anzubahnen. Österreich sei gehindert, die Initiative zu ergreifen, da man ihm Hintergedanken unterlege, was bei England und Rußland wegfiele.

Seitens Englands war es die Beunruhigung über das Bekanntwerden von den Verhandlungen zwischen Frankreich und Preußen, welche die Neutralität und Sicherheit Belgiens gefährdet hatten, weshalb es sich vom Parlament die Mittel der Rüstung votieren ließ. Faktisch war auch bei Österreich die Neutralität eine bewaffnete, nur daß hier gegenüber der allgemeinen Forderung der Deutsch=Österreicher nach einer strikten, d. h. unbewaffneten Neutralität ein anderer Name der Sache gegeben wurde. Man nannte die Neutralität eine „unbewaffnete, aber beobachtende" (neutralité attentive). Als im November 1870 den Delegationen ein Nachweis über die von Österreich bei Ausbruch des deutsch=französischen Krieges vorgenommenen militärischen Vorbereitungen gegeben wurde, wurden diese folgendermaßen motiviert: „Die tiefe Erschütterung des Friedens, den man allerwärts als einen gesicherten und dauernden zu betrachten sich gewöhnt hatte — so heißt es darin — mußte naturgemäß in den meisten Staaten einen Zustand der Unsicherheit, der ernsten Erwägung der allgemeinen Lage, der sorgfältigen Prüfung der eigenen Machtstellung herbeiführen, einen Zustand, der in der Vorbereitung umfangreicher militärischer Maßregeln fast überall verschiedenen Ausdruck fand. Die Solidarität der europäischen Friedensinteressen ist eine so anerkannte Thatsache der modernen politischen Entwickelung, daß auch die vereinzeltste Störung dieser Interessen als gemeinsamer Grund der Besorgnis und der Bedrohung empfunden wird. Eine außerordentliche Anspannung der Wehrkraft in der überwiegenden Mehrzahl der europäischen Staaten war daher die unmittelbare Folge der kriegerischen Ereignisse." Die Denkschrift wies in dieser Beziehung auf England, Italien, Holland, Belgien und die Schweiz hin und fuhr dann fort: „Die österreichisch=ungarische Monarchie ist von dieser allgemeinen Bewegung nicht in gleichem Maße und nur bis zu einem gewissen Grade mitergriffen und zu umfassenderen Maßregeln gedrängt worden. So lebhaft die kaiserlich=königliche Regierung die Unterbrechung des Friedenszustandes vom Standpunkte der speziellen Interessen Österreichs beklagen, so lebhaft sie im allgemeinen den blutigen Streit zwischen zwei Kulturvölkern ersten Ranges bedauern mußte, so bestimmt vermochte sie nur in der Aufrechterhaltung der ausgesprochenen unbewaffneten Neutralität den

Schwerpunkt der ihr zugewiesenen Aufgaben zu erkennen. Nur in
dieser Stellung glaubte sie auf die Anerkennung der europäischen
Mächte, auf die Zustimmung der Völker Österreich-Ungarns rechnen
zu können. Die Erreichung der vollen Defensivkraft der Monarchie
erschien ihr als die äußerste Grenze, aber auch als das strenge
Gebot für den Umfang der alsbald einzuleitenden Vorkehrungen."

Von Andrassy, dem ungarischen Ministerpräsidenten, wird erzählt, daß er im August 1867 bei der Kaiserzusammenkunft in
Salzburg, als Graf Beust mit dem Kaiser Napoleon „arbeitete",
die Illusionen des letzteren mit den Worten zerstörte: „Graf Beust
macht viel Lärm von sich, das mag für seine persönliche Stellung
gut sein, aber es ist meine Pflicht, Ew. Majestät zu erklären, daß
Sie nie einen Vertrag mit uns gegen Preußen erlangen werden.
Und wenn Sie ihn selbst in der Tasche hätten, so bedeutet er
nichts. Denn ein Vertrag gilt nur insoweit, als er ausführbar ist
und ich bürge Ihnen dafür: Ungarn wird nie gestatten, daß Österreich-Ungarn Deutschland den Krieg erkläre." Die gebietende
Stellung Ungarns datiert eben von dem erzwungenen Austritt des
Kaiserreichs aus dem deutschen Bunde und ein Krieg, um diesen
Austritt wieder rückgängig zu machen, konnte schon einem ungarischen Patrioten als der Widersinn selber erscheinen. Gleichwohl
hat Graf Andrassy im Sommer 1870 mit Macht gerüstet, die
Bauern von der Erntearbeit hinweg zu den Honvedübungen berufen, vom gehorsamen Reichstag sich Rüstungskredite bewilligen
und in der hochoffiziösen „Pester Korrespondenz" verkünden lassen:
„Der Alliierte Rußlands, wer er auch immer sei, wird unser Feind
sein. Ungarn hat nur einen natürlichen Gegner, und das ist Rußland. Wir werden ihn bekämpfen, wo und mit wem wir ihn finden
und wer unser Bundesgenosse gegen Rußland sein will, der ist uns
willkommen." Rüstete Graf Beust auf den Krieg, um Rache zu
nehmen für Königgrätz, so rüstete Graf Andrassy, um den Verbündeten Rußlands zu bekämpfen.

Auf eine Interpellation der Herren Madaras und Tisza im
ungarischen Unterhause motivierte Graf Andrassy in der folgenden
Weise seine Rüstungen. „Er habe schon früher Gelegenheit gehabt,
den Standpunkt der Regierung zu bezeichnen, bevor noch der Krieg
ausgebrochen war, damals nämlich, als er erklärte, daß die Frage,
welche zum Ausbruche dieses Krieges Veranlassung bot, nach der
Ansicht des gemeinsamen Ministeriums des Auswärtigen Österreich-
Ungarn unmittelbar nicht berühre und nur hauptsächlich vom Ge-

ſichtspunkte der Erhaltung des Friedens intereſſiere. Heute, wo
der Krieg bereits ausgebrochen ſei — und alle Bemühungen des
gemeinſamen auswärtigen Miniſteriums, die es zur Erhaltung des
Friedens bis zum letzten Momente fortgeſetzt habe, erfolglos geblieben ſeien, könne bloß ſoviel geſagt werden, daß die Stellung der
Regierung in dieſer Beziehung ſich weſentlich nicht geändert habe.
Es erwächſt nur eine neue Verpflichtung für die Regierung, diejenige nämlich, daß ſie, wenn es ihr ſchon nicht gelang, den Krieg
zu verhindern, die ſtets betrübenden Wirkungen desſelben möglichſt
mildere, andrerſeits aber dafür ſorge, daß die Intereſſen der Monarchie durch die Vorfälle des Krieges nicht überraſcht und gefährdet werden.

„In dieſer Beziehung iſt am 20. Juli, mithin an dem Tage,
an welchem der Krieg amtlich notifiziert wurde, vom gemeinſamen
Miniſterium des Auswärtigen ein Zirkularſchreiben an alle euro-
päiſchen Höfe gerichtet worden, in welchem die Neutralität Öſter-
reichs und Ungarns ausgeſprochen iſt. Zugleich erklärte dieſe
Zirkularnote auch, daß dieſe neutrale Stellung die Regierung von
der Pflicht nicht entbindet, die für die Sicherheit der Monarchie
erforderlichen Verfügungen zu treffen. Wenn daher über Neutralität und das, was infolge der Neutralität gethan werden muß,
gemeingültig feſtgeſtellte Begriffe vorhanden wären, ſo würde ich als
Antwort auf die Interpellation nur auf die erwähnten Zirkularſchreiben verweiſen; da jedoch über die Verpflichtungen der Neutralität die entgegengeſetzteſten Anſichten herrſchen, ſo halte ich es
bei dieſer Gelegenheit für notwendig, die Stellung der Regierung
in dieſer Beziehung den abweichenden Anſichten gegenüber zu prä-
ziſieren.

„Ich glaube, daß die Regierung den Intereſſen der Monarchie
nicht entſprechen und mit der öffentlichen Meinung nicht überein-
ſtimmen würde, wenn ſie unter den jetzigen Verhältniſſen der Neutralität eine ſolche Form geben wollte, die welche Macht immer
berechtigen würde, hierin mit Grund eine Provokation zu erblicken.
Sowie ich aber einerſeits dies offen ausſpreche, halte ich es für
meine Pflicht, andrerſeits auch zu erklären, daß die Regierung,
meiner Anſicht nach, ihrem Berufe, ihrer Pflicht und den Erwartungen, ſowie den Intereſſen der Monarchie ebenſo wenig entſprechen würde, wenn ſie in entgegengeſetzter Richtung, von dem
Standpunkte ausgehend, daß ihre Verteidigungsanſtalten die Empfindlichkeit irgend einer Macht wecken möchten, unthätig und un-

bewaffnet die möglichen Vorfälle des Krieges abwarten wollte. Der
richtige Weg liegt in der Mitte. Es ist die Pflicht der Regierung,
die Bedingungen der Neutralität bei jeder Gelegenheit vor Augen
zu halten, zugleich aber auch dafür zu sorgen, daß die Sicherheit,
die Unabhängigkeit und die Interessen der Monarchie durch die
Chancen des Krieges nicht gefährdet werden, sowie auch dafür, daß
diese Interessen nicht vom guten Willen irgendwessen, sondern nur
von der eigenen Kraft der Monarchie abhängen.

„Dies ist die Stellung, welche die Regierung einnimmt, und
ich glaube, daß sie auf diesem Terrain auf die Unterstützung der
gesamten öffentlichen Meinung zählen kann.

„Der Herr Abgeordnete hat in seiner Interpellation auch der
Besorgnis Ausdruck gegeben, ob es nicht geschehen könnte, daß die
Regierung die Chancen des Krieges dazu benützen würde, um für
Österreich seine in Deutschland vor 1866 innegehabte und damals
aufgegebene Stellung wieder zu gewinnen. In dieser Beziehung
halte ich es für meine Pflicht, zu erwidern, daß, sowie die Regie=
rung, wie ich bereits die Ehre hatte zu erklären, entschlossen ist,
die Unabhängigkeit, die Sicherheit und die Interessen der Monarchie
nach allen Richtungen zu verteidigen, ebenso bei der Regierung
und in den entscheidenden Kreisen überhaupt die Absicht nicht vor=
handen ist, die im Jahre 1866 in Deutschland aufgegebene Stel=
lung wieder zu erlangen, welche übrigens meiner Ansicht nach der
Monarchie keinen Nutzen, wohl aber Verluste und Nachteile bringen
könnte.“

Die englische Regierung sah sich indessen genötigt, den Rüstungs=
eifer der österreichisch=ungarischen Regierung etwas zu temperieren
und zog sich dadurch bei den Franzosenfreunden im Westminster=
Palast den Vorwurf zu, ein Bündnis zwischen Österreich und
Frankreich verhindert zu haben, ebenso wie sie Italien von einer
wirksamen Hilfe für Frankreich zurückgehalten hätte. „Österreich
wurde allerdings, bemerkte Gladstone darauf, von Lord Granville
gemahnt, daß Umstände vorlägen oder doch als vorliegend ange=
nommen würden, welche einen Verdacht auf seine Neutralität
werfen könnten. Unter welchen Verhältnissen aber wurde diese
Warnung an Österreich gerichtet? Unter den folgenden: Wir waren
über eine gewisse Neigung auf Österreichs Seite im Klaren, zwar nicht
allein handelnd aufzutreten, aber falls sich die Ereignisse günstig
gestalten sollten, sich an Frankreich anzulehnen. Wir wußten aber
auch, daß das erste Anzeichen einer entschiedenen Absicht in dieser

Richtung Rußland auf Seiten Deutschlands in den Kampf geführt
hätte. War das nicht eine höchst furchtbare Möglichkeit für Europa?
War es nicht die Pflicht Lord Granvilles, so weit als möglich
auf freundschaftlichem Wege Österreich die Folgen eines solchen
Vorgehens und die unzweifelhafte Erweiterung des Krieges zu einem
europäischen vorzuhalten? Auf Seiten unsrer Ankläger scheint man
es für ein Vergehen oder einen Fehler zu halten, daß Lord Granville
als Neutraler auch der Neutralität andrer förderlich zu sein suchte.
Ist das eine gerechte Anklage? Ich für meine Person bin fest
überzeugt davon, daß der Entschluß der Regierung, der so schnell
als möglich dem Hause kund gethan wurde, darauf hinauslief, den
Krieg auf einen möglichst engen Raum zu beschränken und seine
Ausbreitung zu verhindern."

Noch nach dem Kriege hatte Graf Andrassy im ungarischen
Unterhause den Vorwurf der äußersten Linken abzuwehren, daß er
aus Furcht neutral geblieben sei. Der Minister wies nach, daß
für jede der drei Arten der diplomatischen Intervention zwischen
den kriegführenden Mächten: den Schiedsspruch, die Vermittelung
und die Anbietung der guten Dienste die thatsächlichen Voraus=
setzungen gefehlt hätten. Gegen die Angriffe des Herrn Iranyi
brauche er die Regierung nicht weiter zu verteidigen; allein nicht
mit dem gleichen Stillschweigen könne er über das Motiv hinweg=
gehen, welches man der Haltung der Regierung unterschieben wolle.
„Wenn die Regierung sich wirklich von der Furcht hätte beraten
lassen, so hätte sie die Monarchie unvermeidlich in den Krieg ge=
schleudert. Denn in der Regel bestimmen zwei Ursachen einen
Staat, freiwillig Krieg zu beginnen: Angriffs= und Eroberungs=
absicht, oder Furcht. Der erstere Beweggrund birgt weit weniger
Gefahren in sich als der letztere. Denn wenn man erobern will,
so benützt man den günstigen Moment für sich; wenn man dagegen
einen Krieg beginnt, weil man fürchtet, daß der betreffende Staat
nach einem noch wütenden Kriege von seiten des Siegers Gefahren
ausgesetzt sein werde, so ist das sehr gefährlich, weil man da in
der Regel nicht den günstigsten Moment wählen kann, sondern das
Schwert ziehen muß, wenn man dazu vielleicht am wenigsten vor=
bereitet ist. Die Regierung hat sich aber nicht von der Furcht
bestimmen lassen, sondern von der Politik des Selbstgefühls und
des Vertrauens in die Kraft der Nation. Dieses Vertrauen hat
ihr die Kraft gegeben, mit Ruhe die Ereignisse und sogar die
Eventualität des Krieges abzuwarten. Herr Simonyi hat sich

übrigens nicht darauf beschränkt, von Furcht zu sprechen, sondern
er hat ganz konkret gesagt: „Die Regierung habe sich durch die
Furcht vor Rußland zur Unthätigkeit verdammen lassen." Dieses
soll auch Herr Cremieux dem englischen Gesandten in Frankreich
gesagt haben, mindestens steht es in einer Depesche des englischen
Blaubuches. Nun, dem gegenüber will ich Fakta anführen. Ruß=
land konnte unsere Monarchie nicht zur Unthätigkeit zwingen, es
konnte uns nicht verhindern, am Kriege teilzunehmen, weil man
zunächst nur den an etwas verhindern kann, der etwas thun will.
Da aber die österreichisch=ungarische Monarchie von dem Augenblicke
an, wo ihre Neutralitäts=Erklärung veröffentlicht wurde, niemals
auch nur einen Augenblick lang an die Intervention dachte, so
konnte man sie auch nicht an dieser verhindern. Ferner aber hatten
wir gar keine Ursache, Rußland zu fürchten; denn wir waren zwar
nicht gerüstet, das ist wahr, allein wir wußten auch fortwährend,
und ich konstatiere es hier, daß Rußland noch viel weniger kriegs=
bereit war; es fehlte also die physische Bedingung, die uns Schranken
ziehen konnte. Im Verlaufe des Krieges wurden wir von Rußland
aufgefordert, im Interesse der Homogenität des Vorgehens unsere
damals sehr geringe bewaffnete Macht weder um einen Mann noch
um ein Pferd zu vermehren. Wir waren nicht in der Lage, diesen
Vorschlag annehmen zu können. Wir antworteten also: Rußland
könne dies allerdings thun, denn der größte Teil seiner Grenzen
sei durch asiatische Wüsten gedeckt, welche niemand angreifen wolle.
Allein wir seien infolge unserer geographischen Lage gezwungen,
zu rüsten, nicht als hätten wir die Absicht, uns in den Krieg zu
mischen, sondern um unserer eigenen Sicherheit willen und wenn
Rußland gleichfalls rüsten wolle, so werde bei uns niemand darin
eine gegen uns gerichtete Provokation sehen, sondern sich nach dem
Grundsatze beruhigen, daß jeder Staat selbst am besten beurteilen
könne, welche Rüstungen zu seiner eigenen Sicherheit unumgänglich
notwendig sind."

Während der Minister in solcher Weise die Insinuation zurück=
wies, als wäre die Neutralität der Monarchie ein Ergebnis der Furcht
vor Rußland gewesen, atmete die magyarische Zeitungspresse fast durch=
gehend, namentlich im Anfange des Krieges, eine bis zur Raserei ge=
steigerte französenfreundliche Gesinnung. Die „Reform" und der „Pester
Lloyd" faßten ihr Credo in das Schlagwort zusammen: „Frankreichs
Siege sind unsre Siege!" Die Stimmen der übrigen magyarischen
Blätter waren nur Variationen dieses Themas; sie zeterten über den

„deutſchen Raubkrieg", „die preußiſchen Brandſchatzungen im Elſaß", ſie waren unermüdlich in der Ausſchmückung erdichteter „deutſcher Grauſamkeiten" und begleiteten das Bombardement Straßburgs mit dem Entrüſtungsgeſchrei: „Da wagen dieſe Vandalen noch über die Kriegsweiſe der Franzoſen loszuſchimpfen!" Peſti Naplo vom 3. September 1870 ſchmähte den „Preußenkultus" der Wiener. „Vier Wochen lang ſchwankten die Herren Wiener, wohin ſie ſich eigentlich wenden ſollten; da kamen die franzöſiſchen Niederlagen, und flugs fanden ſie ein Vaterland und ſie ſingen ſeitdem gar ihr „Lieb Vaterland kannſt ruhig ſein," und wer weiß, ob man morgen nicht an den „König im Silberhaar" eine Ode dichten wird mit dem Refrain: „In deinem Lager iſt Öſterreich!" An demſelben Tage wiederholte die „Reform" ihren ſeit dem Ausbruch des Krieges unabläſſig erhobenen Ruf, dem kämpfenden Deutſchland den Dolch in den Rücken zu ſtoßen: „Wenn es aufs äußerſte ankommen ſollte, dann werden wir den Kampf des franzöſiſchen Volkes als einen heiligen betrachten; denn er wird für uns ebenſo geführt, wie die großen franzöſiſchen Kämpfe für Europa geführt wurden, und für jene Ideen, von dem Europa heute ſein Heil erwartet." Die Nach= richt über die Kataſtrophe von Sedan war ein Donnerſchlag für die magyariſchen Kreiſe. Als der erſte betäubende Schrecken über= wunden war, appellierten die magyariſchen Blätter, die regierungs= freundlichen und die oppoſitionellen, an die „Pflicht Europas", ſich zwiſchen Paris und die ſiegreiche Armee zu werfen, „bevor der Kampf weiter raſt" ... Tag für Tag wurde mit der Inbrunſt glühenden Haſſes der Kriegsgott zu Gunſten Frankreichs angerufen. Noch am 28. September 1870 hoffte „Peſti Naplo", daß es dem Heroismus des franzöſiſchen Volkes gelingen werde, den preußiſchen Übermut zu beſtrafen. Die Gambettaſchen Lügentelegramme über franzöſiſche Siege fanden nirgends ſo andächtige Gläubige, und hinterließen nirgends eine ſo ſchmerzliche Enttäuſchung als in Ungarn. Es iſt nicht wahr, daß Koloman von Tisza, damals übrigens nur als Führer der oppoſitionellen Minderheit, beim Aus= bruch des Krieges einer wohlwollenden Neutralität zu Gunſten Deutſch= lands im magyariſchen Parlamente das Wort geredet habe. Zu= dem erklärte noch am 13. September ſein Organ, der Ellenor: „Die öffentliche Meinung fordert immer lauter die Einſtellung des Blutvergießens und wendet ſich beſtimmt gegen Preußen, deſſen Eroberungspolitik der einzige Grund iſt, daß der Friede nicht zu ſtande kommt.". Noch nach der Beendigung des Krieges, im Jahre

1871, konnte sich der damalige Präsident des ungarischen Abge=
ordnetenhauses Paul von Somssich nicht enthalten, in der Rede,
mit welcher er einen Sessionsabschnitt des Parlaments schloß, seinem
tiefen Schmerze über die Niederlagen Frankreichs Ausdruck zu geben.
Noch in der allerjüngsten Zeit, im Jahre 1882, berief sich der
Referent über die bosnische Kreditvorlage im ungarischen Abge=
ordnetenhause, Ludwig Lang, der Redakteur des Regierungsblattes
Nemzet, auf die Sympathie der magyarischen Nation für Frankreich.

Dieser Sturm der Begeisterung für Frankreich hinderte die
größeren magyarischen Kreise keineswegs, sehr bald in ihrem politischen
Handeln zur Besinnung zu kommen. Sie dachten nicht daran, die
Extremen ausgenommen, der Verwickelung näher zu treten. Diesseit
und jenseit der Leitha verschmolz die öffentliche Meinung, so sehr
auch zu Anfang die Nationalitäten und innerhalb derselben die
Parteien schmollten, allmählich zusammen, höchstens sehnten sich noch
unter den Polen die Anhänger Smolkas nach einer Bundesgenossen=
schaft mit Frankreich. „Aber, sind wir sicher — sagte man in
Deutschland — daß die Grafen Beust und Andrassy den Wunsch
der Völker immer zu Rate ziehen werden? An entgegengesetzten
Versuchen haben sie es nicht fehlen lassen und auch gegenwärtig
sind sie nicht sonderlich bemüht, das Zutrauen der Deutschen zu
ihrem guten Willen zu befestigen. Auf den wiederholten Andrang
der Abgeordneten hat der ungarische Ministerpräsident sich für ganz
solidarisch erklärt mit der auswärtigen Politik des Grafen Beust:
der gemeinsame Minister für die auswärtigen Angelegenheiten ver=
trete die vereinbarte Politik der beiden Regierungen. Graf Beust
vertritt also den Staatswillen des gesamten Reiches und dies
hebt uns keineswegs über alle Besorgnisse hinweg, daß wir nicht vor
dem Ende der Entscheidung mit den verschiedenartigsten Versuchen
belästigt werden. Die Sorge Europas war darauf gerichtet, den
Krieg zu lokalisieren, aber Graf Beust will beteiligt sein. Die
Lage hat ihn gezwungen, die Neutralität zu verkünden, aber es liegt
nicht in seiner Gewohnheit, eine schwebende Frage rund und klar
abzuschließen; einige Sorge muß Europa sich machen, das Rätsel
des großen Staatsmannes zu lösen. Er will keine bewaffnete Neu=
tralität und keine unbewaffnete, sondern Österreich muß sich rüsten,
um sich nicht überraschen zu lassen, um seine Interessen wahrzu=
nehmen. Welches sind die Interessen Österreichs im deutsch=fran=
zösischen Kriege? Das ist das Geheimnis des großen Staatsmannes,
und Europa mag zusehen, wie das Rätsel zu lösen.

„England gibt einige Millionen Pfund aus, wirbt Soldaten und rüstet seine Flotte mit dem ausgesprochenen Ziele, Belgien zu schützen; jede andere Absicht der Rüstung verleugnet es. Die italienische Regierung selbst, welche dem Kaiser Napoleon gern beigesprungen wäre, nimmt doch Rom zur Ausrede; mit dieser nationalen Aufgabe entschuldigt es die Einberufung beurlaubter Militärs und Reserven. Aber wozu stürzt Österreich sich in Unkosten? An Belgien grenzt es weder zu Meer noch zu Lande, es würde kein Hilfsheer dorthin senden können, außer durch deutsches Gebiet. Niemand fordert von ihm Schutz für Belgien, dieses Land ist durch Deutschland und England völlig sicher gestellt. Die Grenzen Österreichs sind nirgends bedroht; mit Italien, welches unter Umständen die halb und ganz italienischen Grenzstriche unsicher machen könnte, lebt es in dem freundschaftlichsten Verhältnisse, eine Belästigung von unserer Seite liegt außer jeder denkbaren Möglichkeit. Von Rußland hat es für jetzt am wenigsten zu befürchten, wenn es zur aufrichtigsten und völlig uninteressierten Neutralität sich bekennt. Von dort droht die geringste Gefahr, wenn Österreich sich nicht in Abenteuer stürzt; eine offene und unzweideutige Friedenspolitik entfernt jede Ursache der Eifersucht, welche die feindliche Stimmung einzuleiten pflegt. Auch mit Rußland unterhält Österreich jetzt freundschaftlichere Beziehungen als sonst; der rätselhafte Interessenschutz hat also keinen anderen Sinn, als daß Graf Beust auf irgend eine Weise irgend einen Vorteil aus dem gegenwärtigen Kriege zu ziehen hofft. Aber welchen Vorteil und auf welche Weise, bleibt gleich rätselhaft.

„Die Zeit der Allianz mit Frankreich ist vorüber; die Kriegsereignisse haben die vorhandenen Neigungen unterdrückt. Jahre hindurch war Österreich in Paris diplomatisch so vertreten, daß die französische Regierung in ihren feindseligen Absichten gegen Deutschland bestärkt wurde und auf freundlichsten Beistand Österreichs zählte. Im letzten Augenblick ließ Graf Beust über die Aussichten in Süddeutschland richtigen Aufschluß geben, aber der Rat kam zu spät, nachdem die falschesten Hoffnungen durch die Schuld des österreichischen Staatsmannes groß gezogen waren. Dasselbe täuschende Spiel wird jetzt unter anderem Namen fortgesetzt. An die Stelle der Allianz tritt die Vermittelung. Läßt Graf Beust durchblicken, daß er zu vermitteln gedenke, so kann Frankreich nach allem, was bisher vorgegangen ist, dies nur zu seinem Vorteil auslegen. Eines ungewollten und unfruchtbaren Beistandes wegen setzt sich kein Ver-

nünftiger in Mühe und Unkosten. Die Vermittelung Österreichs
könnte nur zu Gunsten Frankreichs geschehen; freilich nicht ohne
Selbstinteresse, sondern Graf Beust hofft, daß die Neutralen nach
dem erschöpfenden Kampfe beider Nationen mit leichter Mühe sich
zu Herren der Lage machen und den Friedensschluß beherrschen
werden. Allein dieser abenteuerliche Plan ist ein bloßer Abklatsch
der napoleonischen Politik von 1866, welche so viel Unheil über
Frankreich gebracht hat. Wenn das Beispiel nicht von Hause aus
belehrt, so sollte doch seitdem Graf Beust die Einsicht gewonnen
haben, daß der Krieg einen ähnlichen Verlauf nimmt, wie der von
1866. Jetzt läßt sich mit durchschnittlicher Klugheit leicht über=
sehen, daß Deutschland nicht erschöpft aus dem Felde gehen wird.
Wir sind stark genug zur Abwehr unberechtigter Ansprüche, noch
während wir es mit französischen Armeen zu thun haben, und das
Verhältnis wird sich sicher noch günstiger für uns gestalten, wenn
wir in Paris über die Friedensbedingungen unterhandeln. Wer
von unserer Schwäche ein Zugeständnis erwartet, rechnet gegen das
Gewicht offenkundiger Zahlen. Wozu also diese Täuschung? Die
Tage kommen, an denen Frankreich mit größerem Ernst, als bisher,
über seine wahre Lage nachdenken muß. Es geschieht weder ihm
noch uns ein Gefallen, wenn es, an der Kraft seines eigenen Wider=
standes verzweifelnd, der neuen Einbildung sich hingibt, daß die
Neutralen in den letzten Stunden ihm rettenden Beistand leisten
werden. Durch die wechselseitigen Täuschungen ist genug Unheil
angestiftet worden; es ist endlich Zeit, bei der aufrichtigsten Wahr=
heit Rettung zu suchen. Will Graf Beust sich ein wirkliches Ver=
dienst erwerben, so muß er den glänzenden Träumen entsagen und
der Welt kund thun, daß er in dem gegenwärtigen Kriege auf jede
Rolle verzichte. Diese freimütige Politik würde Österreich weniger
kosten, Frankreich nützlicher sein und dem zukünftigen Frieden besser
dienen, als die Rätsel, mit denen er uns gegenwärtig beschäftigt."

Wurde bei solchem Raisonnement England einigermaßen in
Schutz genommen, so sollte sich bald gegen dasselbe das verletzte
Nationalgefühl der Deutschen noch energischer erheben. Die eng=
lische Regierung beleuchtete ihre Vermittelungsbestrebungen sehr grell,
indem sie eine Neutralität ausübte, welche England während des
Kampfes zum Arsenal Frankreichs machte und den französischen
Prisen=Gerichten das Urteil darüber in die Hand legte, ob dieses
Entgegenkommen ein völkerrechtlich zu rechtfertigendes sei. Es wurde
bekannt, daß englische Geschäftsleute die französische Flotte mit

Kohlen versorgten und französische Agenten unter den Augen und mit Vorwissen der englischen Regierung viele tausende von Hinterladern mit der dazu gehörigen Munition ankauften, um damit das französische Heer zu bewaffnen und damit vielleicht die Bildung neuer Heereskörper zu ermöglichen. Die öffentliche Meinung Englands selber mißbilligte dieses Verfahren. War auch nach dem formalen Rechte der Sache nicht beizukommen, so konnten die meisten Engländer doch nicht recht eine derartige Ausfüllung der Lücken in den Rüstungen einer kriegführenden Partei mit ihren Begriffen von strenger Neutralität vor ihrem Rechtsgefühl vereinbaren. Der „Morning Advertiser" rief aus: „Unsere Minister thun alles, was sie können, die Franzosen zu begünstigen unter dem Vorwande einer strengen Beobachtung der Neutralitätsgesetze, deren schmählichste Verletzung sie zulassen. So ist es notorisch, daß sie es dulden, daß eine Flotte englischer Kohlenschiffe den französischen Kriegsschiffen als Vorratsschiffe folgen, um diese mit Dampfkohle zu versehen. Wohl mag die preußische Regierung ihrem Unwillen ob solch offenkundiger Verletzung der Neutralitätsgesetze Ausdruck geben, und sie als einen neuen Alabamafall charakterisieren ..."

Die englischen Gesetze reichten für die offenkundigsten und natürlichsten Pflichten der Neutralität nicht aus. Aber das diente nicht zur Entschuldigung, wo das englische Parlament versammelt war, und das ergänzende Gesetz in wenigen Tagen vereinbart sein konnte, wenn die Regierung nur die ernste Absicht hatte. Die „Times" selbst hatte dies in betreff des Handels mit Kriegsmunition gefordert, jedoch vergeblich. Sie erinnerte an die Worte, welche Lord John Russel in betreff des Alabama-Falles äußerte. Er gebe zu, daß die Gesetze nicht ausreichend gewesen, die Auslieferung des Schiffes zu verhindern, aber dieser gesetzliche Zustand sei eine Schande und müsse abgeändert werden. Nach der parlamentarischen Gewohnheit Englands lasse sich im Falle des dringenden Bedürfnisses jedes Gesetz in wenigen Tagen vom versammelten Parlament verlangen, abgesehen davon, daß die Regierung in dringenden Fällen selber berechtigt sei, provisorisch auf eigene Hand ein später zu genehmigendes Gesetz zu erlassen.

Eine weitläufige diplomatische Korrespondenz zwischen Graf Bernstorff und Lord Granville knüpfte sich an das Verhalten Englands, eine Note des letzteren wich von den gewöhnlichen Aktenstücken dadurch ab, daß sie mehr an die öffentliche Meinung, als an die Regierungen sich richtete und von der „Unparteilichkeit des

Urteils, welche die Deutschen auszeichnet", beifällige Zustimmung
erwartete. Im wesentlichen stützte sich der Minister darauf, daß
das Verfahren den Gebräuchen des internationalen Rechtes und
dem Herkommen entspreche. Preußische Schriftsteller von bedeuten=
dem Rufe halten Kohlen für keine Kontrebande, und wenn man
die Lieferung für die Kriegsflotte auch für ungestattet halte, so
lasse doch die Zweckbestimmung sich nicht kontrollieren. Dasselbe
gelte in einem noch höheren Grade von Pferden. Munition aber
halte selbst die nordamerikanische Regierung nicht für Kriegskontre=
bande, und während des Krieges sei aus Preußen Kriegsmunition
stark nach der Krim eingeführt worden. Die Worte des Ministers
konnten leicht durch sein eigenes Verhalten widerlegt werden. Wäh=
rend Kohlen gar keine Kriegskontrebande sein sollten, hatte die
englische Regierung sie dafür erklärt, falls sie für die Kriegsflotte
angeschafft würden. Das völkerrechtliche Herkommen hatte also nicht
ausgereicht. Freilich war die Anordnung der englischen Regierung
nur von scheinbarem Wert, wenn sie den Zweck der Kohlenver=
sendung nicht kontrollierte, und auf bloßen Verdacht hin nicht ein=
schritt. Sie entschuldigte dies mit der Schwierigkeit der Aufsicht,
aber gleichzeitig hatte sie Amerika zu Liebe für den Bau der Kriegs=
schiffe diese Aufsicht übernommen, obschon von den Gegnern des
Gesetzes die Hemmnisse des Verkehrs und die schwierige Aufsicht
entgegengestellt wurden. Der Bestimmungsort eines Kohlentrans=
portes ist noch leichter zu kontrollieren als der schließliche Zweck
eines erst im Bau begriffenen Schiffes.

Vollends Waffen und Geschosse konnten unter keinem vernünf=
tigen Vorwande von Kriegskontrebande ausgenommen werden. War
die nordamerikanische Regierung anderer Ansicht, so mag dies ihren
Interessen gedient haben. Wenn Preußen und Belgien Waffen
und Munition während des Krimkrieges an Rußland verkauft
haben, dann hätten sich die Westmächte beschweren sollen. Ver=
mutlich lag ihnen wenig daran, und ohne Kläger gibt es keinen
Richter. Aber es widerstreitet geradezu dem gesunden Menschen=
verstande, Waffen und Geschosse nicht für Kriegskontrebande zu
halten. Die englische Regierung wollte die Entscheidung den fremden
Prisengerichten überlassen, aber es konnte doch keinem Zweifel
unterliegen, daß jede kriegführende Macht die Zufuhr von Waffen
an den Feind auch auf neutralen Schiffen verhindern würde. Ein
Kriegsschiff ist doch kein gefährlicheres Kriegsmittel, als die Waffen
der Soldaten. Man darf sich doch das Völkerrecht nicht als eine

offenbare Thorheit vorstellen. Eine neutrale Regierung, welche
nicht bloß ihren Handelsvorteil im Auge hat, wird jedenfalls den
Vorwurf einer befreundeten Regierung vermeiden, daß sie dem
Feinde den wirksamsten Dienst geleistet und dessen Heere bewaffnet
hat. Dieser Fall lag aber thatsächlich vor. Der französische Kriegsminister hatte soeben in dem gesetzgebenden Körper mitgeteilt, daß
er 40000 Gewehre in England angekauft habe, welche in den
nächsten Tagen eintreffen sollten. Diese Nachricht hatte in Paris
sehr beruhigt, weil Frankreich einen empfindlichen Mangel an
Waffen litt. Unter diesen Umständen bedeutete der Erwerb von
40000 brauchbaren Gewehren beinahe so viel, wie die Stellung
eines Hilfskorps. Mit den frisch aus England bezogenen Gewehren
sollten die Soldaten bei Paris gegen die deutschen Reihen kämpfen.
Und dies sollte dem Völkerrecht entsprechen und mit einer unpar-
teiisch gehandhabten Neutralität vereinbar sein? Das mochte
glauben, wer ein Interesse daran hatte; die öffentliche Meinung in
Deutschland ließ sich dadurch nicht täuschen, so viele „Präzedenz-
fälle" der Advokat der englischen Krone auch aufstellte. Hatten doch
die besonnenen Blätter in England selbst, die Deutschland nicht par-
teiisch zugeneigte „Times" an der Spitze, das Verbot der Ausfuhr
von Waffen und Munition auf das Dringendste gefordert, und
die Behauptung, daß diese unmittelbarsten Werkzeuge des Krieges
keine Kriegskontrebande seien, für widersinnig erklärt. Was für das
englische Publikum ein theoretischer Satz, empfand man in Deutschland als schweren Schaden, und man war hier deshalb noch weniger in der Stimmung, sich durch Spitzfindigkeiten täuschen zu lassen,
den Schaden mußten die Deutschen für jetzt tragen, aber sie wollten
nicht noch obendrein für Gimpel gehalten werden.

Die Aufregung in Deutschland gegen England erreichte den
höchsten Grad. „Es wird hoffentlich, sagte man, eine der Wirkungen
des gegenwärtigen großen Krieges sein, daß dem nur zu gutmütigen
deutschen Volke endlich, endlich ein Licht aufgehen wird über sein
wahres Verhältnis zu England. Der Anfang, den die Engländer
bereits gemacht haben, indem sie die Franzosen mit Pferden, Patronen und Kohlen gegen Deutschland ausrüsten, entspricht unsern
Erwartungen und dient unserem Verlangen nach Licht. Und indem
wir noch mehr Licht wünschen, haben wir nicht erst nötig, die Engländer zu ermahnen: nur so weiter! Sie werden auch ohne dies auf
ihrem Wege fortfahren. Dann wird nach Wochen oder Monaten
der Krieg, der beendete Krieg, sich nochmals, wie schon so oft, als

größter Lehrer und Aufklärer der Völker erweisen, welcher die
Weisheit der Schule zu Schanden macht, und das deutsche Volk,
durch keine dazwischen liegenden Nebel mehr behindert, wird mit
klaren Augen hinüberblicken auf das wirkliche Britannien. Für
dieses Jahr 1870 werden wir uns an dieser Ernte genug sein
lassen; bis einst das Jahr kommt, wo die Deutschen nach der ge=
wonnenen Erkenntnis handeln werden.

„In der englischen Geschichte giebt es einen Mann, wie später
dort keiner gewachsen ist; er war unvergleichlich — auch in seiner
Stellung zu Preußen. Leider ist das der deutschen Gelehrsamkeit
lange entgangen und sie war schuld daran, daß viele Deutsche sich
an den Glauben gewöhnten: was Chatham mit weiser Festigkeit
für Friedrich den Großen that, dessen könne Preußen so ziemlich
von einem jeden englischen Minister sich versehen. Weil ein ein=
ziges Mal ein Engländer die Unterstützung Preußens für die beste
Staatskunst seines Landes gehalten hatte, ist in zahllosen unserer
Bücher England zum „treuen", zum „beständigen", zum „natür=
lichen" Verbündeten unseres Staates erhoben worden, während doch
in Wahrheit die Engländer den vielen Nutzen, den sie von uns
gezogen, uns in jeder, außer in Chathams Zeit, sehr schlecht ver=
golten haben. Wir wollen nicht von ihrem Geiz z. B. im Feld=
zuge von 1794 sprechen, einer Zeit, da unsere eigene Haltung eine
unerfreuliche war; doch war es jedenfalls ein echt britisches Ver=
langen, daß Preußen den Ein= und Durchbrüchen der französischen
Flut Dämme ziehen sollte, wohlgemerkt! mit Schonung des briti=
schen Geldbeutels. Das Andenken an jene Zeit wird ausgelöscht
durch die Jahre 1814 und 1815. Nach der zweimaligen Besiegung
Napoleons ist der britische Standpunkt dieser: Preußen hat fortan
das neu zu schaffende Königreich der Niederlande gegen Frankreich
zu verteidigen; Preußen hat auch Hannover und sonstige deutsche
Kleinstaaten zu decken; aber weder darf es sein Ostfriesland zurück
erhalten, noch darf es in Luxemburg, in Lothringen Fuß fassen,
und Elsaß muß den Franzosen, den besiegten Räubern, nun erst
recht zugesichert werden. In allen diesen Geboten und Verboten
ist keiner unserer Verbündeten so eifrig und uns so mißgünstig wie
England.

„Beschränken wir aber unsere Betrachtung auf die letztverflossenen
zwei Jahrzehnte, beginnend mit dem zweiten Dezember! Ein Sturm
zieht herauf, ein Bonaparte erklimmt den französischen Thron.
Einer Seemacht, die wenig Soldaten hat, ist es vielleicht nicht zu

verübeln, wenn sie sich vornimmt, sich in dieser Zeit des Sturmes, die nicht ewig dauern wird, vorsichtig zu verhalten. Einstweilen · muß man sich schon dazu verstehen, den Abenteurer in Paris glimpflich anzufassen; mit der Zeit wird er sich durch seine eigenen Fehler zu Grunde richten und man wird ihn wieder los sein. Gut! Aber die unanständige Hast, mit der Palmerston, zu allererst in Europa, ihn anerkennt und ihn begrüßt, ist nicht die Haltung einer Macht ersten Ranges. Vorsichtig, geschmeidig, liebedienerisch war das gehandelt, aber großmächtig nicht. Von da an wird England als gewichtigste Macht zweiten Ranges von zwei Bewerbern gesucht. Zu seinem Gesandten spricht herablassend der russische Kaiser: wenn wir beide miteinander einverstanden sind, so haben die anderen allesamt nichts zu sagen. So hat denn England jetzt die Wahl: es kann Frankreich und es kann Rußland dienen, und es zieht den französischen Dienst vor. Es wird in die Krim mitgeschleppt, wo= selbst es mit einigen zehntausend Mann eine recht achtungswerte Rolle neben Türken und Piemontesen als französische Hilfstruppe spielt, jedoch, wie billig, mit der Einschränkung, daß Napoleon Frieden schließt in dem Augenblicke, wo es ihm paßt. Noch in= dessen ist der Brite stolz genug, um sich über seinen Dienst für Frankreich gegen Rußland etwas zu ärgern, und was thut er? Der Preuße (denkt er sich aus) soll mir die Schande abnehmen, soll sie auf sich nehmen, damit die meinige sich der allgemeinen Aufmerksamkeit entziehe! Ich habs gefunden, der Preuße soll auf dem Landwege in Rußland einfallen, und wenn ers nicht thut, so nenne ich ihn feige Tag für Tag. Einen Knecht Rußlands nenn' ich ihn laut und lauter, bis alle Welt darüber vergißt, daß ich selbst ein französischer Knecht bin. Es kann zwar dem Preußen für seine Person nicht sehr angenehm sein, wenn nach einem all= gemeinen Kriege die Karte umgezeichnet wird nach Pariser Angaben. Da wird Napoleon den Rhein für sich fordern und den Preußen auf Warschau anweisen, auch hat er bereits in Kopenhagen ange= klopft, vermutlich nicht um die Herzogtümer den Dänen abzunehmen. Das alles kümmert aber mich, den Briten, nicht; ich verlange, daß mir der Preuße über Rußland siegen hilft, oder ich nenne ihn feige und tief gesunken.

„So kam denn eines Tages nach Berlin John Russell, und jahrelang überschüttete die englische Presse Preußen und das ge= samte Deutschland mit Schmähungen, wie (es will viel sagen) noch nie zuvor. Es war noch ärger, als was sie seit 1848 in unserem

Streite mit Dänemark wider uns verübt hatte; damals, als die
englische Regierung nach Rußlands Willen und zu seinem Vorteil
Deutschland kränken half. Als späterhin (1863) der dänische Streit
wieder auflebte und in die entscheidende Wendung trat, da konnten
die Engländer keine russische Politik mehr treiben, denn Rußland
hatte aufgehört, unser Gegner zu sein. So suchten sie denn nunmehr Frankreich gegen uns zu hetzen, forderten Napoleon förmlich
zum Kriege gegen Deutschland auf, und wenn der nicht in Mexiko
beschäftigt gewesen wäre, und namentlich, wenn er nicht (wie wir
seit einigen Tagen wissen) darauf gesonnen hätte, die Lösung der
deutschen Wirren auf eine ganz andere Weise für sich auszubeuten,
so würde es auf englische Aufmunterung geschehen sein, wenn er
uns angegriffen hätte. Das englische Parlament konnte sich aber
über den Dänenkrieg lange nicht trösten. Im Oberhause beschimpfte
manch einer von der Gattung, die einst der Amerikaner Franklin
gekennzeichnet hat, unsern Namen und unsere Waffenthaten; im
Unterhause kam erst dann ein friedfertiger Mehrheitsbeschluß zustande, als England schlechterdings nicht vermochte, uns Schaden
zuzufügen. Jener John Russell aber, der alle Vierteljahr eine
andere Lösung der schleswig-holsteinischen Frage ausgeheckt hatte,
die ihn nichts anging, er fuhr so lange fort, uns zu schulmeistern,
bis seine Landsleute selbst es nicht mehr anhören konnten und ihm
den Mund schlossen. Er hatte die englische Regierung in den Ruf
gebracht, ihr Grundsatz heiße: Bellen und nicht beißen; die Nation
fing endlich an, sich dessen zu schämen, und nachdem sie bald Rußland, bald Frankreich dienstbar gewesen, und zwar mit immer
bösem Willen, aber ohnmächtig nachgestellt hatte uns Deutschen,
schien sie der Meinung zu werden, der beste Grundsatz für Groß-
britannien im neunzehnten Jahrhundert heiße: Maul halten.

„Sie fing erst wieder an zu sprechen nach dem Tage von
Königgrätz. Preußen empfing jetzt ihre Glückwünsche, wie es vorher ihren Geifer zu genießen bekommen hatte. Wir aber in diesen
Spalten rufen heut das Zeugnis jedes Lesers dafür an, daß wir
niemals diese englischen Huldigungen eines Blickes gewürdigt haben.
Wir legten keinerlei Wert darauf, als englische Offiziere sich zu
den Übungen in Pommern einfanden, denn seit hundert und mehr
Jahren kennen wir diese Nation. Sich darüber freuen, daß neben
dem gefürchteten Frankreich ein starkes Deutschland ersteht, ja, das
ist echt englisch; aber auch nur einen kleinen Finger rühren, um
irgend etwas zu thun, was die gefürchteten Franzosen übel nehmen

könnten, das wäre ebenso unenglisch. Es versteht sich von selbst, daß die Engländer nicht zu jeder Zeit so kaufmännisch furchtsam, so schmiegsam gegen die Mächtigen, so unkriegerisch gewesen sind wie in unserer Zeit; denn mit ihren heutigen Eigenschaften würden sie nimmermehr eine große Macht geworden sein. Die Rede ist hier nur von der Gegenwart, und da ist eingetroffen, was wir geahnt haben: die Engländer haben noch nicht einmal so viel Mut gegen die Franzosen, um uns eine ehrliche Neutralität zu bewahren. Wollt ihr, deutsche Landsleute, aber wissen, woher es kommt, daß die Engländer sich vor der französischen Macht mehr fürchten, als vor der unsrigen, von welcher sie doch auch seit Königgrätz eine sehr hohe Meinung haben, so glauben wir euch mit der Auflösung dieses Rätsels dienen zu können. Hier ist sie: wenn die Engländer sich gegen die Franzosen das Geringste herausnehmen, so wissen sie, es wird ihnen angestrichen, und der schwarze Mann Napoleon ist ja noch immer nicht tot. Wenn sie hingegen uns beleidigen, uns beschädigen, uns das Unsrige vorzuenthalten suchen, so kommt oder sagen wir lieber so kam bis vor kurzem der deutsche Professor und sprach seine Hochachtung und seine Bewunderung aus für den „gesunden Egoismus" der Briten. Dieser Edle hatte Tag und Nacht zu thun, um die Briten zu preisen und zu bewundern. Hatte er sich von der Betrachtung ihres „gesunden Egoismus" über und über gesättigt, so feierte er sie zur Abwechselung als unsere treuen, fast uneigennützigen Verbündeten und lieben Vettern seit Hengst und Horsa. Als beides ihm etwas langweilig wurde und abgedroschen war, fing er nun an — ein unerschöpfliches Feld — sich in ihre Selbstverwaltung, ihre Friedensrichter und Konstabler bewundernd zu verlieben, ein anderer Mann im Schlafrocke kam ihm zu Hilfe und bewunderte ihre Theekessel, ein dritter ihren „praktischen Geist" schlechthin, und so waren sie bei aller Ungebühr, die sie sich erlaubten, nicht nur der deutschen Bescheidenheit, sondern selbst der deutschen Verehrung sicher. Wir selbst haben sie verwöhnt und ihren Übermut gegen Deutschland, den sie ungestraft fort und fort verüben durften, großgezogen.

„Der gesunde Egoismus der Briten: ja, wenn dies Ding nicht längst eine Mythe wäre! Egoisten sind die heutigen Briten wohl; gesunder aber nicht, als Karthago war, da es sank. Es ist möglich, daß sie sich dereinst noch einmal aufraffen und noch einmal steigen; wir wissen es nicht. Was die Gegenwart anlangt, so schaue man aber darauf hin (es ist unter allen Kennern Asiens nur eine

Stimme darüber), daß sie sich gegen die Russen nicht gut halten. Ihre Politik im Osten ist seit Jahrzehnten weit mehr Kleinmut, Kurzsichtigkeit und Thorheit, als Kraft und Verstand; auf ein ge= scheites Jahr kommen zehn thörichte. Mögen sie es treiben, wie sie wollen; wir sagen heute beim Beginn des großen Krieges gegen Frankreich nur eins. Es handelt sich in diesem Kriege um die Erhebung Deutschlands zu einer Macht ersten Ranges. Wir werden künftig fragen: welches sind die andern Mächte ersten Ranges und wie haben wir uns zu ihnen zu stellen? England werden wir be= trachten und behandeln als eine Macht zweiten Ranges, die offen= bar die Selbständigkeit einer großen Macht nicht mehr hat."

In denselben Tagen, in welchen diese geharnischte Sprache in Deutschland gegen England gehört wurde, erging seitens einer Reihe von Berliner und anderen Notabeln der folgende Aufruf an das deutsche Volk:

„Während der bewaffnete Teil des Volkes auf fremdem Boden den uns zugedachten Angriff abwehrt und seinen Siegeslauf mit seinem Herzblut besiegelt, rüstet sich die Diplomatie fremder Mächte, uns im entscheidenden Zeitpunkt die Bedingungen des Friedens aufzuerlegen. Schon einmal, nach den glorreichen Kämpfen von 1813, 14 und 15 ist das deutsche Volk durch fremde Mißgunst um den vollen Lohn seiner Siege, um die Erfüllung seiner heißesten Wünsche betrogen worden. Der besiegte Feind wurde über sein eigenes Erwarten geschont und begünstigt, die deutschen Grenzen blieben gefährdet und der erneuten Angriffslust ausgesetzt; statt der Einheit des deutschen Reiches wurde uns die Schwäche des alten Bundes auferlegt. Ein halbes Jahrhundert hat Europa im bewaffneten Frieden die Schuld der Diplomatie gebüßt. Während jetzt die gleiche Gefahr droht, darf das deutsche Volk nicht schweigen. Die Welt muß erfahren, daß Herrscher und Volk entschlossen sind, nachzuholen, was 1815 uns vorenthalten worden ist: ein freies, einiges Reich und geschützte Grenzen.

In der nachstehenden Adresse an Se. Majestät den König haben wir den einfachsten Ausdruck unserer Gesinnungen niedergelegt. Mögen die Unterschriften aus dem gesamten Deutschland darthun, daß wir die Gesinnungen des ganzen Volkes wiedergeben.

Berlin, den 30. August 1870.

Zu den Unterzeichnern dieses Aufrufs gehörten: Seydel, Ober= bürgermeister, v. Unruh, Regierungsrat a. D., Löwe (Kalbe), Dr. med., Achenbach, Geh. Regierungsrat, v. Bernuth, Mitglied des

Reichstages, Delbrück, Bankier, K. Frenzel, Dr. phil., Halske, Kauf=
mann, Hardt, Abgeordneter, v. Hennig, Abgeordneter, Fürst zu
Hohenlohe, Herzog von Ujest, Dr. v. Holtzendorff, Professor v.
Kirchmann, Abgeordneter, Dr. Lasker, Abgeordneter, Löwe, Stadt=
rat, Makower, Rechts=Anwalt, Miquel, Oberbürgermeister, Momm=
sen, Professor, Freiherr v. Stauffenberg, Abgeordneter, Professor
Virchow, Abgeordneter, Dr. Wehrenpfennig, Mitglied des Reichs=
tages, Dr. Zabel, Redakteur, Dr. Droysen, Professor, Twesten, Ab=
geordneter, Dr. Lisco, Prediger, Dr. v. Römer, Abgeordneter.

Die Adresse hatte den folgenden Wortlaut:

„Um Ew. Majestät und deren Verbündete scharte sich, als der Krieg
unvermeidlich war, einmütig die Nation. Sie gelobte, treu auszuharren
in dem Kampfe für die Sicherheit, Einheit und Größe des deutschen
Vaterlandes. Gott hat die Waffen gesegnet, welche für die gerechte Sache
mit unübertroffener Tapferkeit geführt werden. Mit Strömen des edelsten
Blutes sind die Siege errungen worden, doch unerwartet schnell haben
sie dem vorgesteckten Ziele uns nahe gebracht. Gewaltige Anstrengungen
stehen noch bevor; das deutsche Volk ist zu jedem Opfer entschlossen,
welches den höchsten nationalen Aufgaben gewidmet ist. Aber in der
Mitte der ernsten und gehobenen Stimmung werden wir beunruhigt
durch die immer wiederkehrenden Berichte, daß fremde Einmischung, die
doch die Schrecken des Krieges nicht abzuwenden wußte, jetzt bemüht sei,
den Preis unserer Kämpfe nach ihrem Ermessen zu begrenzen. Das
Andenken an die Vorgänge nach der glorreichen Erhebung unserer Väter
lebt frisch in unserem Gedächtnis und mahnt Deutschland, daß es die
Forderungen seiner Wohlfahrt allein berate. Darum nahen Ew. Majestät
wir abermals mit dem Gelöbnis, treu auszuharren, bis es der Weisheit
Ew. Majestät gelingt, unter Ausschluß jeder fremden Einmischung,
Zustände zu schaffen, welche das friedliche Verhalten des Nachbarvolkes
besser, als bisher, verbürgen, die Einheit und Freiheit des gesamten
deutschen Reiches begründen und gegen jede Anfechtung sicher stellen.“

Dieser Protest fand allenthalben in der patriotischen Presse
einen ebenso begeisterten als energischen Kommentar. Es wurde
u. a. bemerkt: „Als vor länger denn einem halben Jahrhundert
Frankreich niedergeworfen zu den Füßen des verbündeten Europas
lag, war der Friedensschluß ein schwieriges Werk. Unzählige
Ansprüche, die zum großen Teil einander stracks entgegen liefen,
waren zu berücksichtigen. Denn eine Vielzahl von Mächten beteiligte

sich an den Verhandlungen; und es bestand unter ihnen eine Eifer=
sucht und diese schuf Gegensätze, welche an Schärfe und Sprödig=
keit selbst die zum gemeinsamen besiegten Feinde bei weitem über=
trafen.

„Heute liegen die Dinge — und es darf das wohl vom deut=
schen Standpunkte allein mit größter Genugthuung betont werden —
genau umgekehrt. Weder Frankreich noch Deutschland ist mit Ver=
bündeten in den Kampf eingetreten. Der gegenwärtige Kampf hat
militärisch und politisch seine Reinheit bewahrt, als ein von fran=
zösischer Seite heraufbeschworener Waffenstreit zwischen beiden Na=
tionen, und hat seinen Verlauf genommen als ein allereinfachster
Streit zwischen zwei Völkern.

„Auf diese Umstände kann man nicht genug Gewicht legen.
Während die durch den Gegensatz der mitratenden Mächte bedingte
Aufgabe der Diplomaten auf dem Wiener Kongreß eine ausnehmend
verwickelte war und eben darum nicht nur die Verständigung er=
schwerte, sondern selbst während der Verhandlungen beinahe zum
Bruch zwischen den Bundesgenossen führte, scheint es, als müsse
die einfache Lage der heutigen Verhältnisse den Friedensschluß sehr
erleichtern und beschleunigen. Daß dies geschehe, mit anderen
Worten, daß man rasch sich einige, ist eben von ganz außerordent=
licher Bedeutung — und es ist zugleich heute um vieles wichtiger,
als es damals gewesen. Denn unsere Zeit ist eine andere wie jene.
Die Gesittungsstufe, auf welcher der Weltteil sich heute befindet,
ist für politische Ungewißheiten empfänglicher und empfindlicher, als
diejenige irgend einer anderen Zeit gewesen. Es ist unser Zeit=
alter im besonderen Grade ein Zeitalter des wirtschaftlichen Auf=
schwunges. Von eben diesem hängt das Heil für die Hunderte von
Millionen ab, die den Erdteil bewohnen. Niemals war das wirt=
schaftliche Leben größer nach Bedeutung und Umfang, als eben jetzt,
und es litt unter politischen Wirren und Störungen in keiner
anderen Zeit mehr, tiefer und empfindlicher als eben gegenwärtig.
Das liegt zum Teil in dem Umstande begründet, daß die Völker
und Staaten durch Neuerungen, wie Dampfschiffe, Eisenbahnen und
Telegraphen, einander nicht nur näher gerückt worden sind, sondern
daß, eben infolge dieser Annäherung, zugleich ein Zusammengreifen
ihrer Zwecke bis zur völligen Gemeinsamkeit derselben geschaffen
worden ist. Europa, wenn auch mannigfach geschieden durch die
Verschiedenheit der Völker und politisch durch das, was die eine
Macht im Gegensatz zur anderen anstrebt, fühlt sich gleichwohl in

anderer Hinsicht bereits als ein Ganzes. Handel und Verkehr sind mächtige Hebel, um diese Richtung zu unterstützen. Diese Richtung hält sich aber gegensätzlich zum Kriege oder zu einer Verlängerung des Kriegszustandes. Allerwärts mithin, wo der Frieden unter= brochen ist, drängt die gemeinsame europäische Wohlfahrt zum Frieden hin, aber mit dem Vorbehalt, daß er auf Grundlagen zustande komme, die seine Dauer verbürgen.

„Des heute zwischen Deutschland und Frankreich einfach liegen= den und eine rasche Verständigung begünstigenden Verhältnisses darf sich mithin nicht der Sieger allein, sondern der Weltteil im allgemeinen wird sich seiner erfreuen. Umgekehrt, wenn durch eine unberufene Einmischung der dem Kampfe fern gebliebenen Mächte in die Friedensunterhandlungen diese Gunst der Umstände, wie es denn nicht ausbleiben könnte, verloren gehen sollte: so würde es nicht Deutschland allein sein, welches darunter litte, sondern die europäische Wohlfahrt im allgemeinen, so weit sie eben eine ge= meinschaftliche ist, würde dadurch in starke Mitleidenschaft gezogen werden.

„Noch einen anderen Gesichtspunkt gibt es, unter welchem eine solche Einmischung als geradezu verhängnisvoll erscheint. Was nicht nur Deutschland, sondern was der Weltteil mit ihm vom dem= nächstigen Friedensbeschluß erwarten muß, das ist dies: daß er zu einer Anordnung führe, welche die allersichersten Bürgschaften gegen die Wiederkehr einer Zeit bietet, während welcher die Sicherheit und Ruhe der europäischen Staatengemeinschaft ohne Unterlaß durch Frankreich gefährdet wurden. Bei einer Rückschau auf den weiten Zeitraum, der zwischen unseren jüngsten Tagen und denen des Wiener Kongresses gelegen ist, verhehlt sich wohl niemand, daß der Hauptfehler der damals die europäischen Verhältnisse neu ord= nenden Staatsmänner darin bestand, Frankreich, gegenüber dem Weltteil, in demselben Machtverhältnis belassen zu haben, in wel= chem die Revolution es vorgefunden hatte. Die französische Re= publik und das erste Kaiserreich haben, während eines beinahe fünfundzwanzigjährigen Zeitraums, ganz Europa nur darum um seine Ruhe, seinen Frieden und seine innere Entwickelung bringen können, weil die Machtverhältnisse Frankreichs zu den übrigen Staaten es möglich machten. Das Werk des Wiener Kongresses sollte diesen Zeitraum der Bekriegung und Knechtung des Weltteils durch eine Macht für immer abschließen; allein, so unbegreiflich es scheinen mag, unter seinen vielen Festsetzungen fehlte gerade die=

jenige, welche zu diesem Zwecke die allerwirksamste gewesen sein
würde. Anstatt Elsaß und Lothringen von Frankreich abzureißen,
ihm damit seine Stellung am Oberrhein, und die andere, mit der
es den Niederrhein bedroht, zu nehmen, ließ man beide, Deutsch=
land schmählicherweise entwendete Provinzen in seinen Händen.
Eben dadurch ist es möglich geworden, daß gleichsam den Fest=
setzungen des Wiener Kongresses zum Hohn, ein zweites napoleo=
nisches Kaiserreich aufgerichtet werden konnte und dieses Wege ein=
schlagen durfte, die, der Absicht des neuen Gewalthabers entsprechend,
zu einer abermaligen Überwältigung des Weltteils hinführen soll=
ten. Was damals geschah, weil zahlreiche Nebenzwecke die auf dem
Wiener Kongreß vertretenen Mächte teilten, und nicht zu dem ge=
meinsamen Erfassen des einen Hauptzweckes, dauernd den Weltfrieden
durch eine Schwächung Frankreichs sicher zu stellen, kommen ließen,
das könnte sich heute wiederholen, wenn in die bevorstehenden
Unterhandlungen die Neutralen mit eintreten wollten. Es ist von
Wichtigkeit für sie selbst, daß sie davon ausgeschlossen bleiben. Nicht
dies letztere indes allein ist es, was wir hier hervorzuheben haben.
Bedeutender für die Frage, um welche es sich handelt, ist jedenfalls
die Thatsache, daß die deutschen Regierungen, unter Preußens
Führung, nur einen politischen Willen haben, und vor allem einig
sind in dem Entschlusse: eine solche Einmischung nimmermehr zu
dulden. Die betreffende Verwahrung ist diplomatisch noch nicht
offenkundig eingelegt worden, allein kein Zweifel kann darüber be=
stehen, daß sie in dem Augenblick zu gewärtigen ist, wo eine un=
befugte Hand, sei es die eines einzelnen Kabinetts, oder mehrerer,
oder endlich selbst aller, in die Unterhandlungen eingreifen wollte.
Möge Europa es wissen, daß es sich bei der von deutscher Seite
zu erhebenden Forderung der Herausgabe von Elsaß und Lothringen,
die ohnedies beide sich bereits in unseren Händen befinden, mittelst
des Friedensschlusses, nicht um ein Werk der Kabinettspolitik han=
delt, sondern daß hinter ihr der einmütige und starke Wille der
deutschen Nation steht! Unser Vaterland hat eine Streitmacht von
mehr als einer Million Männer unter seinen Fahnen versammelt,
um den frechsten und mutwilligsten Angriff zurückzuweisen. Und
dieser Kraftaufwand hat ausgereicht, uns den Sieg zu verschaffen,
den Feind in den Staub zu werfen, — endlich das fest wieder in
die eigene Hand zu nehmen, um das uns im Laufe der letzten
Jahrhunderte französische List und Gewaltthat gebracht hatten. Die
Rücknahme des verloren Gewesenen ist vollzogen. Nur auf die Be=

siegelung des wiederhergestellten, unveräußerlichen Besitzrechtes durch den Friedensschluß kommt es noch an; und wir werden sie durch- zusetzen wissen. Denn gleichwie keine Macht auf Erden einen Rechtstitel dafür aufzuweisen hat, uns daran zu hindern, ist keine auch ausreichend groß und stark genug, um solch unbefugtes Wag- nis auf sich zu nehmen. Sollte indes, aller Voraussicht entgegen, ein solcher Versuch dennoch gewagt werden, so mögen die fremden Kabinette es wissen, daß Deutschlands Volk zu noch größeren Leistungen bereit ist, als die, welche es bis dahin auf sich ge- nommen. Dank unserer Wehrverfassung ist der Nachschub, über den wir zu verfügen haben, ein unerschöpflicher. Nicht wir, sondern die europäischen Mächte sind es, die zu erwägen haben, ob es in ihrem Vorteil gelegen sein kann, einen Kampf von größerem Um- fang hervorzurufen, und in den wir mit dem festen und nicht zu brechenden Entschlusse eintreten würden: darin unsere Forderung zu verteidigen und sie durchzusetzen mit Aufwendung der ganzen Volkskraft, nicht der Landwehr und Linie, wie sie heute fertig sind, allein, sondern der gesamten waffenfähigen Mannschaft eines Volkes von 40 Millionen. Was dagegen uns angeht, so würden wir, wie friedlich sonst auch immerhin unsere Absichten und Wünsche als Staatenbund und Nation sind, keinen Augenblick Anstand nehmen, den Handschuh aufzuheben, der uns aus solchem Anlaß hingeworfen würde. Ein jeder Deutsche trägt in den heutigen Tagen die un- erschütterliche Überzeugung davon in der Brust, daß sein Vaterland sich bereit halten und in jenem Falle ohne jedes Bedenken schnell- stens entscheiden müsse, einen letzten Gang zu wagen und jeder fühlt wie alle! Dennoch können wir nicht umhin, dem Auslande gegenüber, auf die Folgen aufmerksam zu machen, die ein solcher Kampf, welcher sich außerhalb alles seitherigen Kriegsumfanges hielte, notwendig mit sich bringen müßte. In dem Weltteil, wie er heute politisch geordnet ist, steht neben dem neuen manches alte, was morsch und hinfällig ist. Nicht die deutschen Staaten sind es gewesen, vor allen war es nicht Preußen, welches die bestehende Welt bedroht hat. Daß die heutige leitende deutsche Macht sich von einer durchaus entgegengesetzten Gesinnung bestimmen ließ, da- für hat sie, namentlich im Jahre 1866, einen schlagenden Beweis gegeben, der unvergessen bleiben sollte. Als damals Österreich durch den Blitzschlag von Königgrätz bis zu seinen Grundfesten hin er- schüttert war, that Preußen mit Rücksicht auf die europäische Ord- nung dem eigenen Siegeslauf Einhalt. Die Annahme, daß die

französische Einmischung hierzu bestimmt habe, ist unrichtig. Preußen
verblieben noch genug Kräfte, um, nachdem der eine Gegner bis
hinter die Donaulinie zurückgeworfen war, dem anderen entgegen
zu treten. Außerdem war der unberechenbare Vorteil einer über=
legenen Bewaffnung damals noch ausschließlich auf seiner Seite.
Rücksichten der konservativsten Art und zugleich die höchsten, welche
die Politik eines Staates bestimmen können, gewannen es dennoch
über Preußen, daß es den Verlockungen, mit denen eine nie dage=
wesene Lage an es herantrat, nicht nachgab. Preußen war damals
wie heute vorwiegend seiner Pflichten als europäische Macht einge=
denk. Die selbstlose Erwägung derselben brachte es zu dem Ent=
schlusse, auf den Gewinn unermeßlicher Erfolge freiwillig zu ver=
zichten, weil nicht feststand, ob sie mit dem europäischen Gemeinwohl
zu vereinbaren sein würden. Auch heute noch wird Preußen und
werden mit ihm die übrigen deutschen Staaten von ebenso hochge=
legenen Gesichtspunkten geleitet. Allein die Lage der Sache ändert
sich sofort, wenn die auswärtigen Mächte sich unterfangen, den sehr
mäßigen Preis, den wir, nach einem Kampf ohnegleichen, bean=
spruchen und der nichts andres in sich begreift, als was uns früher
gehörte und nur durch Raub und List abhanden gekommen war,
uns zu bestreiten. Deutschland, in seiner Einigung und im Be=
wußtsein seiner Kraft, ist zu stark, um vom Auslande noch einmal
wie in den Tagen seiner Schwäche (1814, 1815) nach ähnlichem
Kampf und Siege ein Gesetz sich aufnötigen zu lassen, dessen Rechts=
kraft es leugnet."

Für den schweren diplomatischen Kampf, den Bismarck mit
fast ganz Europa (denn auch Rußland ließ seine wohlwollende
Haltung Deutschland nicht ohne Ansprüche auf ein Äquivalent
zuteil werden) zu bestehen hatte, war der von der deutschen Nation
in Adressen und in der Presse laut erhobene Protest eine will=
kommene Unterstützung, zumal da bald nach Sedan die Haltung
der Neutralen dem leitenden Staatsmanne Deutschlands eine ge=
nauere Kundgebung seiner Forderungen den Ansprüchen jener gegen=
über auferlegte. In Proklamationen aller Art verlangte das
deutsche Volk fast einstimmig die verfassungsmäßige Einigung der
süddeutschen Staaten mit dem Norddeutschen Bund, die Herstellung
geschützter Grenzen durch Wegnahme des Elsaß und Deutsch=
Lothringens und die Zurückweisung jeder fremden Einmischung. In
Paris wurde am 4. September die Dynastie Napoleon für abgesetzt
erklärt, die Republik proklamiert und die „Regierung der nationalen

Verteidigung" errichtet. Jules Favre, welcher das Ministerium des Auswärtigen übernahm, richtete am 6. September ein Rundschreiben an die Vertreter Frankreichs, worin er erklärte, daß die neue Regierung nichts als den Frieden wolle, aber, falls der Krieg fortgesetzt werde, ihre Pflicht bis zu Ende thun und „keinen Zoll breit Erde, keinen Stein unserer Festungen" abtreten werde.

Als am 6. September Herr de Lavalette die französische Botschaft in London verließ und die Geschäfte in die Hände Tissots gab, trat für die Beziehungen zwischen England und den Kriegführenden ein vollständiger Wendepunkt ein. Von hier ab wird Lord Granville fast unaufhörlich unter der einen oder anderen Form ersucht, sich einzumischen, indem er Preußen Vorschläge mache. Schon in den ersten Tagen nach Proklamierung der Republik hatte Favre gegen Lord Lyons geäußert, Frankreich werde in einen Waffenstillstand willigen, wenn der Vorschlag von einer neutralen Macht ausgehe, und es werde ihn freuen, wenn Preußen ein Vermittelungsvorschlag vorgelegt würde auf Basis der Integrität des französischen Gebietes. Aber wie bisher erwiderte Granville am 7. September, daß ein Vermittelungsversuch mehr schaden als nützen würde, wenn nicht Grund zu der Annahme vorhanden sei, daß die Basis beiden Kriegführenden annehmbar erscheine. Inzwischen erklärte sich Granville bereit, die Vermittelung irgend einer Kommunikation zu übernehmen, welche zum Frieden führen könnte. Favre nahm dies bereitwillig an und am 9. September überbrachte Fürst Metternich einen Brief Favres an Lord Lyons, welcher ersuchte, dem Grafen Bismarck sofort folgende Frage vorzulegen: „Ist Graf Bismarck gewillt, mündliche Unterhandlungen für einen Waffenstillstand und für eine Konferenz zur Feststellung der Friedensbedingungen einzugehen; und mit wem schlägt er vor, diese Konversation zu halten?" Diese Frage wurde sofort an ihre Adresse befördert; aber die durch den Krieg nötig gewordenen Umwege verzögerten die Antwort sehr, und Lord Lyons hatte nicht wenig Mühe, Favre zu einem ruhigen Abwarten der Antwort zu bewegen. Dieser machte inzwischen mehrere Versuche, England zu einer aktiven Beförderung des Waffenstillstandsprojekts zu bewegen, und wie er, so erzielte auch Thiers auf seiner Londoner Mission wiederholt die nämliche Antwort, daß England keinerlei Vorschläge machen könne, deren Basis nicht die Wahrscheinlichkeit einer beiderseitigen Annahme in sich schließe. Endlich kam Bismarcks Antwort auf die Frage Favres, welche Granville am 13. nach Paris beförderte. Das Aktenstück hob her-

vor, daß Eröffnungen seitens der augenblicklichen Regierung von
Paris nicht als Eröffnungen seitens der Regierung von Frankreich
anerkannt werden könnten, weil Frankreich die Regierung noch nicht
anerkannt habe, und weil der Kaiser Napoleon für die auswärtigen
Mächte noch immer der Träger der Souveränität sei. Aber schon
als diese Depesche an Favre noch unterwegs war, wurde Granville
durch Lyons davon in Kenntnis gesetzt, daß Favre beabsichtige, zu
Bismarck selber zu gehen, um offen herauszusagen, daß die Regierung dem Resultat des Feldzuges ihre Augen nicht verschlossen
habe, und bereit sei, in fast alles einzuwilligen, vorausgesetzt, daß
die Integrität des Gebietes gewahrt werde. Dann folgte das Rundschreiben Bismarcks von Rheims, in welchem er erklärte:

Rheims, den 13. September 1870.

„Durch die irrtümlichen Auffassungen über unser Verhältnis zu
Frankreich, welche uns auch von befreundeten Seiten zukommen,
bin ich veranlaßt, mich in Folgendem über die von den verbündeten
deutschen Regierungen geteilten Ansichten Sr. Majestät des Königs
auszusprechen.

Wir hatten in dem Plebiszit und den darauf folgenden scheinbar befriedigenden Zuständen in Frankreich die Bürgschaft des
Friedens und den Ausdruck einer friedlichen Stimmung der französischen Nation zu sehen geglaubt. Die Ereignisse haben uns eines
anderen belehrt, wenigstens haben sie gezeigt, wie leicht diese Stimme
bei der französischen Nation in ihr Gegenteil umschlägt. Die der
Einstimmigkeit nahe Mehrheit der Volksvertreter, des Senates und
der Organe der öffentlichen Meinung in der Presse haben den Er-
oberungskrieg gegen uns so laut und nachdrücklich gefordert, daß
der Mut zum Widerspruch den isolierten Freunden des Friedens
fehlte, und daß der Kaiser Napoleon Seiner Majestät keine Un-
wahrheit gesagt haben dürfte, wenn er noch heute behauptet, daß
der Stand der öffentlichen Meinung ihn zum Kriege gezwungen habe.

Angesichts dieser Thatsache dürfen wir unsere Garantien nicht
in französischen Stimmungen suchen. Wir dürfen uns nicht darüber
täuschen, daß wir uns infolge dieses Krieges auf einen baldigen
neuen Angriff von Frankreich und nicht auf einen dauerhaften
Frieden gefaßt machen müssen, und das ganz unabhängig von den
Bedingungen, welche wir etwa an Frankreich stellen möchten. Es
ist die Niederlage an sich, es ist unsere siegreiche Abwehr ihres
frevelhaften Angriffs, welche die französische Nation uns nie verzeihen wird. Wenn wir jetzt, ohne alle Gebietsabtretung, ohne jede

Kontribution, ohne irgend welche Vorteile als den Ruhm unserer
Waffen aus Frankreich abzögen, so würde doch derselbe Haß, die=
selbe Rachsucht wegen der verletzten Eitelkeit und Herrschsucht in
der französischen Nation zurückbleiben, und sie würde nur auf den
Tag warten, wo sie hoffen dürfte, diese Gefühle mit Erfolg zur
That zu machen. Es war nicht der Zweifel in die Gerechtigkeit
unserer Sache, und nicht Besorgnis, daß wir nicht stark genug sein
möchten, welche uns im Jahre 1867 von dem uns schon damals
nahe genug gelegten Kriege abhielt, sondern die Scheu, gerade durch
unsere Siege jene Leidenschaften aufzuregen und eine Ära gegen=
seitiger Erbitterung und immer erneuter Kriege heraufzubeschwören,
während wir hofften, durch längere Dauer und aufmerksame Pflege
der friedlichen Beziehungen beider Nationen eine feste Grundlage
für eine Ära des Friedens und der Wohlfahrt beider zu gewinnen.
Jetzt, nachdem man uns zu dem Kriege, dem wir widerstrebten,
gezwungen hat, müssen wir dahin streben, für unsere Verteidigung
gegen den nächsten Angriff der Franzosen bessere Bürgschaften als
die ihres Wohlwollens zu gewinnen.

Die Garantien, welche man nach dem Jahre 1815 gegen die=
selben französischen Gelüste und für den europäischen Frieden in
der heiligen Allianz und anderen im europäischen Interesse ge=
troffenen Einrichtungen gesucht hat, haben im Laufe der Zeit ihre
Wirksamkeit und Bedeutung verloren; so daß Deutschland allein
sich schließlich Frankreichs hat erwehren müssen, nur auf seine eigene
Kraft und seine eigenen Hilfsmittel angewiesen. Eine solche An=
strengung, wie die heutige, darf der deutschen Nation nicht dauernd
von neuem angesonnen werden; und wir sind daher gezwungen,
materielle Bürgschaften und die Sicherheit Deutschlands gegen
Frankreichs künftige Angriffe zu erstreben, Bürgschaften zugleich für
den europäischen Frieden, der von Deutschland eine Störung nicht
zu befürchten hat. Diese Bürgschaften haben wir nicht von einer
vorübergehenden Regierung Frankreichs, sondern von der franzö=
sischen Nation zu fordern, welche gezeigt hat, daß sie jeder Herr=
schaft in den Krieg gegen uns zu folgen bereit ist, wie die Reihe
der seit Jahrhunderten von Frankreich gegen Deutschland geführten
Angriffskriege unwiderleglich darthut.

Wir können deshalb unsere Forderungen für den Frieden ledig=
lich darauf richten, für Frankreich den nächsten Angriff auf die
deutsche und namentlich die bisher schutzlose süddeutsche Grenze da=
durch zu erschweren, daß wir diese Grenze und damit den Aus=

gangspunkt französischer Angriffe weiter zurückzulegen und die
Festungen, mit denen Frankreich uns bedroht, als defensive Boll=
werke in die Gewalt Deutschlands zu bringen suchen."

Als Bernstorff dieses Zirkular dem Earl Granville vorlegte,
fragte dieser: „ob die preußische Regierung zu einem Ausdruck der
Ansicht über den Inhalt einlade." Die Antwort lautete verneinend,
und die ganze Zeit über zeigte Deutschland sich wenig geneigt, Eng=
land oder irgend eine andere Macht um ihre Ansicht zu fragen.

Inzwischen ging die neue republikanische Regierung damit um,
die neutralen Mächte behufs Anerkennung und Intervention an=
zurufen. Sie besaß eine usurpierte Macht. Nur eine freigewählte
Nationalversammlung konnte über das Schicksal der französischen
Nation entscheiden. Diese sollte dann auf den 16. Oktober ein=
berufen werden. Aber es war den Herren, die das Regiment an
sich gerissen hatten, kein rechter Ernst damit. Eine revolutionäre
Diktatur, wie sie namentlich Gambetta im Auge hatte, sollte zuvor
die Republik befestigen und womöglich zugleich den Frieden herbei=
führen. Drei Mitglieder der Regierung (Crémieux, Fourichon und
Glais=Bizoin) wurden noch vor der gänzlichen Einschließung der
Hauptstadt als besondere Delegation nach Tours beordert, um die
Verbindung mit den Provinzen aufrecht zu erhalten. Zugleich
wurde der Versuch gemacht, die Großmächte, die an dem Kriege
unbeteiligt waren, zu einer Intervention und zur Anerkennung der
neuen republikanischen Staatsordnung zu bewegen. Denn wenn
auch die europäischen Höfe ihre Gesandten nicht abberiefen und die
diplomatischen Verbindungen fortbestehen ließen, so erfolgten doch
nur von Amerika, der Schweiz und Spanien offizielle Anerkennungen,
die übrigen Regierungen beobachteten eine zuwartende Haltung.
Zu der wichtigen und delikaten Mission wurde der greise Staats=
mann und Historiker Thiers ausersehen, der auch trotz seiner drei=
undsiebzig Jahre sofort die beschwerliche Reise an die Höfe von
London, St. Petersburg, Wien, Florenz antrat. Die Ankunft in
London erfolgte am 13. September. Gleichzeitig wurde im großen
Hauptquartier des Königs Wilhelm das Rundschreiben bekannt,
welches Jules Favre als Minister des Auswärtigen an die Ver=
treter Frankreichs unterm 6. September gerichtet hatte, und worin
er erklärte, daß die neue Regierung nichts als den Frieden wolle,
aber, falls der Krieg fortgesetzt werde, ihre Pflicht bis zu Ende
thun und „keinen Zoll breit Erde, keinen Stein unsrer Festungen
abtreten werde." Das Rundschreiben Bismarcks vom 16. September

(von Meaux aus) war eine Antwort darauf und sollte der Mission, welche Thiers übernommen hatte, die Spitze abbrechen. Von dem letzteren sagte er, es ließe sich voraussehen, er werde es sich zur Aufgabe machen, einerseits den Glauben an die Friedensliebe der jetzigen Pariser Regierung zu erwecken, andrerseits die Intervention der neutralen Mächte zu Gunsten eines Friedens zu erbitten, welcher Deutschland der Früchte seines Sieges berauben und jeder Friedens= basis, welche eine Erschwerung des nächsten französischen Angriffs auf Deutschland enthalten könnte, vorbeugen soll. Dann fuhr er fort: „An die ernstliche Absicht der jetzigen Pariser Regierung, dem Kriege ein Ende zu machen, können wir nicht glauben, so lange dieselbe im Innern fortfährt, durch ihre Sprache und ihre Akte die Volksleidenschaft aufzustacheln, den Haß und die Erbitterung der durch die Leiden des Krieges an sich gereizten Bevölkerung zu steigern, und jede für Deutschland annehmbare Basis als für Frank= reich unannehmbar im voraus zu verdammen. Sie macht sich dadurch selbst den Frieden unmöglich, auf den sie durch eine ruhige und dem Ernst der Situation Rechnung tragende Sprache das Volk vorbereiten müßte, wenn wir annehmen sollten, daß sie ehrliche Friedensverhandlungen mit uns beabsichtige. Die Zumutung, daß wir jetzt einen Waffenstillstand ohne jede Sicherheit für unsere Friedensbedingungen abschließen sollten, könnte nur dann ernsthaft gemeint sein, wenn man bei uns Mangel an militärischem und politischem Urteil oder Gleichgültigkeit gegen die Interessen Deutsch= lands voraussetzt.

„Daneben besteht ein wesentliches Hindernis für die Franzosen, die Notwendigkeit des Friedens mit Deutschland ernstlich ins Auge zu fassen, in der von den jetzigen Machthabern genährten Hoffnung auf eine diplomatische oder materielle Intervention der neutralen Mächte zu Gunsten Frankreichs. Kommt die französische Nation zur Überzeugung, daß, wie sie allein den Krieg willkürlich herauf= beschworen hat, und wie Deutschland ihn allein hat auskämpfen müssen, so sie auch mit Deutschland allein ihre Rechnung abschließen muß, so wird sie dem jetzt sicher nutzlosen Widerstande bald ein Ende machen. Es ist eine Grausamkeit der Neutralen gegen die französische Nation, wenn sie zulassen, daß die Pariser Regierung im Volke unerfüllbare Hoffnungen auf Intervention nähre und dadurch den Kampf verlängere.

„Wir sind fern von jeder Neigung zur Einmischung in die inneren Verhältnisse Frankreichs. Was für eine Regierung sich

die französische Nation geben will, ist für uns gleichgültig. Formell
ist die Regierung des Kaisers Napoleon bisher die allein von uns
anerkannte. Unsere Friedensbedingungen, mit welcher zur Sache
legitimierten Regierung wir dieselben auch mögen zu verhandeln
haben, sind ganz unabhängig von der Frage, wie und von wem
die französische Nation regiert wird, sie sind uns durch die Natur
der Dinge und das Gesetz der Notwehr gegen ein gewaltthätiges
und friedloses Nachbarvolk vorgeschrieben. Die einmütige Stimme
der deutschen Regierungen und des deutschen Volkes verlangt, daß
Deutschland gegen die Bedrohungen und Vergewaltigungen, welche
von allen französischen Regierungen seit Jahrhunderten gegen uns
geübt wurden, durch bessere Grenzen als bisher geschützt werde.
So lange Frankreich im Besitz von Straßburg und Metz bleibt,
ist seine Offensive strategisch stärker als unsere Defensive bezüglich
des ganzen Südens, und des linksrheinischen Nordens von Deutschland. Straßburg ist, im Besitze Frankreichs, eine stets offene Aus-
fallspforte gegen Süddeutschland. In deutschem Besitze gewinnen
Straßburg und Metz dagegen einen defensiven Charakter; wir sind
in mehr als 20 Kriegen niemals die Angreifer gegen Frankreich
gewesen, und wir haben von letzterem nichts zu begehren als unsere
von ihm so oft gefährdete Sicherheit im eigenen Lande. Frankreich
dagegen wird jeden jetzt zu schließenden Frieden nur als einen
Waffenstillstand ansehen und uns, um Rache für seine jetzige
Niederlage zu nehmen, ebenso händelsüchtig und ruhelos wie in diesem
Jahre, wiederum angreifen, sobald es sich durch eigene Kraft oder
fremde Bündnisse stark genug dazu fühlt.

„Indem wir Frankreich, von dessen Initiative allein jede bis-
herige Beunruhigung Europas ausgegangen ist, das Ergreifen der
Offensive erschweren, handeln wir zugleich im europäischen Interesse,
welches das des Friedens ist. Von Deutschland ist keine Störung
des europäischen Friedens zu befürchten; nachdem uns der Krieg,
dem wir mit Sorgfalt und mit Überwindung unseres durch Frankreich
ohne Unterlaß herausgeforderten nationalen Selbstgefühls vier Jahre
lang aus dem Wege gegangen sind, trotz unserer Friedensliebe, auf-
gezwungen worden ist, wollen wir zukünftige Sicherheit als den
Preis der gewaltigen Anstrengungen fordern, die wir zu unserer
Verteidigung haben machen müssen. Niemand wird uns Mangel
an Mäßigkeit vorwerfen können, wenn wir diese gerechte und billige
Forderung festhalten.“

Favre hatte am 19. September im Schlosse Haute-Maison bei

Montry die erste Unterredung mit Bismarck, am folgenden Tage
in dem Rothschildschen Schlosse Ferrières noch zwei weitere. Es
handelte sich dabei hauptsächlich um die Bewilligung eines Waffen=
stillstandes, während dessen die bereits einberufene Nationalver=
sammlung in Paris oder in einem anderen Orte, etwa in Tours,
sich konstituieren, eine definitive Regierung wählen und durch diese
die Friedensverhandlungen mit dem deutschen Hauptquartier eröffnen
konnte. Die Umrisse der Friedensbedingungen kamen erst in zweiter
Linie zur Sprache. Zum Entsetzen Favres sagte gleich anfangs
Bismarck wiederholt: „Straßburg ist der Schlüssel unseres Hauses,
und wir wollen ihn haben.“ Auf das Ersuchen Favres, sich noch
deutlicher auszusprechen, bezeichnete Bismarck die Departements des
Ober= und Niederrheins, das Moseldepartement mit Saarburg,
Saargemünd, Metz und Thionville als abzutretende Gebiete. Favre
wollte sich zu jeder möglichen Kriegskontribution verstehen, lehnte
aber jede Landabtretung, als für Frankreich erniedrigend, ja sogar
entehrend ab. Vergebens erinnerte ihn Bismarck daran, daß Frank=
reich dem Königreich Italien die Abtretung von Savoyen und
Nizza zugemutet habe, ohne mit jenem im Kriege gewesen zu sein,
daß Frankreich nach jedem siegreichen Kriege mit Deutschland Ge=
bietsteile desselben sich angeeignet habe, und sagte ihm, daß die
Ehre Frankreichs nicht von anderer Beschaffenheit sei als die aller
anderer Länder. Bei den Verhandlungen über einen Waffenstill=
stand machte Bismarck darauf aufmerksam, daß ein solcher für eine
in siegreichem Fortschreiten begriffene Armee jederzeit militärische
Nachteile mit sich bringe, in diesem Falle aber für die französische
Armee einen sehr wichtigen Zeitgewinn darstelle und daß man
daher einen Waffenstillstand nicht ohne militärisches Äquivalent ge=
währen könnte. Als solches bezeichnete er die Übergabe von Straß=
burg, Toul und einigen kleineren Plätzen und zwar verlangte er,
da die Kapitulation von Straßburg unter allen Umständen in
einigen Tagen stattfinden mußte, zugleich die Kriegsgefangenschaft
der dortigen Besatzung. Sollte die Versammlung nach Paris be=
rufen und zu diesem Zwecke der Verkehr mit der Hauptstadt völlig
preisgegeben und die Verproviantierung derselben zugelassen werden,
so verlangte Bismarck, nachdem er sich hierüber mit dem König
besprochen hatte, als Äquivalent die Übergabe eines dominierenden
Teiles der Festungswerke. Sowohl diese Forderung als auch die
der Kriegsgefangenschaft der Straßburger Besatzung lehnte Favre
entschieden ab. Bismarck erklärte ihm schließlich als sein Ultimatum:

ein Waffenstillstand von 14 bis 21 Tagen zum Zweck der Wahl
einer Nationalversammlung solle unter folgenden Bedingungen bewilligt werden: in und vor Paris sei der militärische Statusquo
aufrechtzuerhalten; in und vor Metz sollen die Feindseligkeiten innerhalb eines bestimmten Umkreises fortdauern; die Festungen Straßburg, Toul und Bitsch sollen übergeben werden, die erstere mit
Kriegsgefangenschaft der Besatzung, die beiden letzteren mit freiem
Abzug derselben.

Am 20. September proklamierte die Pariser Regierung: „Man
hat das Gerücht verbreitet, daß die Regierung der nationalen Verteidigung daran denke, die Politik aufzugeben, infolge deren sie auf
den Posten der Ehre und der Gefahr gestellt wurde. Diese Politik
ist die, welche sich in folgenden Worten ausdrückt: Weder einen
Zoll unsres Vaterlandes, noch einen Stein unsrer Festungen." ·

Am 24. September erfolgte die Proklamation der Regierung
von Tours aus, welche als das Resultat der Verhandlungen Jules
Favres in Ferrières verkündete: „Preußen will den Krieg fortsetzen
und Frankreich auf den Stand einer Macht zweiten Ranges herab-
setzen. Preußen will dann Elsaß und Lothringen mit Metz kraft
Eroberungsrecht. Für die Gewährung eines Waffenstillstandes wagt
Preußen die Übergabe von Straßburg, von Toul und vom Mont
Valérien (dem stärksten Fort von Paris) zu fordern. Das erbitterte
Paris würde sich eher unter seinen Trümmern begraben. Auf so
unverschämte Ansprüche antwortet man nur durch den Kampf aufs
äußerste. Frankreich nimmt diesen Kampf auf und rechnet auf seine
Kinder."

Darauf erwiderte Bismarck in dem Rundschreiben vom 1. Oktober, worin er die Lächerlichkeit nachwies, daß Frankreich durch
Abtretung von Elsaß und Deutsch-Lothringen zu einer Macht
zweiten Ranges herabgesetzt werden solle, da es doch nach dem Zen-
sus von 1866, ohne Algerien, über 38, mit Algerien, welches gegenwärtig ja einen wesentlichen Teil der französischen Streitkräfte
liefere, 42 Millionen Einwohner zähle und durch Abtretung jenes
Gebietes nicht mehr als $3/4$ Million Einwohner verliere.

Die Verprobiantierung von Paris.

Es rückten im September 1870 nicht bloß die Preußen auf Paris, sondern auch Bayern und Württemberger, aber die eigensinnigen Pariser steiften sich nun einmal darauf, bis zuletzt die Belagerer Prussiens zu nennen. Sie sagten auch gern: die Barbaren kommen! Das war in der That ein andrer synonymer Ausdruck für Prussiens. Die Pariser gebrauchten ihn auch mit einem ganz andern Gefühle des Rechtes, als die Provinzialen, die bloß über einzelne Erschießungen und Einäscherungen wegen Verräterei und Meuchelmord sich zu beklagen hatten. Denn die heilige Unverletzlichkeit der Welthauptstadt, das Mekka der Zivilisation, sollte angetastet werden! Eines Angriffs auf diese geweihte Stadt konnten sich nur die schuldig machen, die in einem ganz eminenten Sinne Barbaren waren. Viktor Hugo, der begeistertste Prediger des Dogmas von der Unverletzbarkeit der französischen Hauptstadt, pries es von seiner Insel aus mit der ganzen Überschwenglichkeit seines Geistes. Aus der freiwilligen Verbannung am 5. September nach Paris zurückgekehrt, rief er den Ungläubigen zu: „Paris, bedroht mit dieser brutalen Gewaltthat, kann schrecklich werden ... Ihr werdet die Festungen nehmen, ihr werdet dann die Ringmauer finden, ihr werdet die Ringmauer nehmen, ihr werdet die Barrikaden finden, ihr werdet die Abzugskanäle unterminiert finden. Ihr Preußen, Paris ist gefährlich! Seid bedächtig vor Paris! Alle Umwandlungen sind ihm möglich. Seine Weichlichkeit gibt euch das Maß für seine Energie, man schien zu schlafen, man erwacht, man zieht die Idee aus der Scheide, wie das Schwert, und diese Stadt, welche gestern Sybaris war, kann morgen Saragossa sein." Ja, Saragossa oder Moskau? Das war die Frage, welche den Pariser beschäftigte, während die Barbaren anrückten. Daß übrigens Viktor Hugo auch ein Prophet und mit der Gabe der Weissagung

betraut war, bewies seine Anrede an die Volksmenge, die ihn bei
seiner Ankunft in Paris stürmisch begrüßte und die Pferde seines
Wagens ausspannte. „Bürger," sagte er, „so gewiß die helden=
mütigen Straßburger niemals ihre Stadt übergeben werden, so
gewiß wird Paris niemals in die Hände des Feindes fallen."

Ehe Sedan kapitulierte, glaubte in Paris niemand an eine
Belagerung von Paris. Oder fast niemand. Man lachte über die
Flüchtlinge, welche bereits anfingen, ihre Villen in der Umgebung
von Paris zu verlassen und die Stadtwohnung im August schon
wieder zu beziehen, oder ihre Familien in ein Seebad zu schicken,
mit dem Versprechen, recht bald nachzukommen. Man lächelte auch
über die Erdarbeiter, welche die kaiserliche Regierung an den Wällen
beschäftigte, ohne die Schippe anders als ziemlich lässig zu führen.
Die Zeitungen sprachen allerdings von Zernierung und Belagerung,
aber nur, um sie als unmöglich darzustellen. Das „Bollwerk
Frankreichs" kann nicht belagert werden! In allen Kaffees, in
Eisenbahnwagen, in den Gesellschaftssalons bewies jedermann, daß
die bloße Zernierung „mathematisch" unmöglich sei. „Mathematisch",
das wurde ein Modewort, und wer dagegen gekämpft hätte, wäre
mehr als dünkelhaft erschienen, er hätte für einen Spion gegolten.
„Ach, die kommen nicht," sagten die einen, „Bêtise!" setzten die
andern hinzu. „Und, wenn sie kommen, haben wir nicht Trochu?"
Man schlief fester bei dem Gedanken an Trochu. Da kam Sedan
und der Schrecken. Die Republik richtete die Gemüter wieder auf,
sie galt in den Augen der Pariser für einen Sieg, der Weißenburg,
Wörth, Spicherenberg, Gravelotte und Sedan mehr als quitt machte,
sie galt einer vollständig verlorenen Kampagne der Preußen gleich.
Man erwartete diese, um sie an den Mauern von Paris, des
republikanischen Paris, sich die Köpfe einrennen zu lassen. An
eine Belagerung wurde immer noch nicht gedacht, aber an einen
Angriff mit blanker Waffe, an einen coup de chien, wie die Pariser
in ihrem bilderreichen Jargon zu sagen pflegen. Man glaubte, die
Preußen würden gleich nach ihrer Ankunft das Bombardement be=
ginnen und zwischen zwei Forts durchdringen, sollte es auch ein
Opfer von 50,000 Mann kosten. Es war nur die Frage, ob man
aus Paris ein Moskau oder ein Saragossa machen sollte. Der
„Gaulois" rief aus: „Ein großes Beispiel ist uns im Jahre 1812
gegeben worden. Jetzt ahmen die preußischen Heerführer die Taktik
Napoleons I. nach, und Frankreich wird das große Opfer des
russischen Volks nachahmen, seine Hauptstadt verbrennen und so die

Preußen besiegen. Die Stunde ist gekommen, nicht zu unterhan=
deln, sondern sich aufs äußerste zu verteidigen. Die feindliche
Armee marschiert in Eilmärschen auf Paris, die Belagerung der
Hauptstadt der Welt soll ins Werk gesetzt werden. Und die ganze
Welt wird sehen, wie ihre Hauptstadt, von der man sagte, daß sie
nur ein Aufenthalt der Wollust sein könnte, jetzt eine Wiege des
Heldentums wird. Sie wird sehen, wie wir alle, ohne Ausnahme,
das Opfer unserer Personen und unserer Habe bringen. Unsere
Regierung kann alles von unserer Opferwilligkeit verlangen, denn
wir sind zum äußersten entschlossen. Wir wissen und begreifen,
daß eine Belagerung, und sei sie noch so kurz, uns mit Mord,
Raub und Plünderung nicht verschonen wird, aber wir werden
denen, welche die Verwegenheit haben sollten, unsere Befestigungen
zu ersteigen, ein grandioses Schauspiel bereiten. Haus für Haus,
Straße für Straße, Stadtteil für Stadtteil werden wir bis auf
den letzten Stein niederreißen, werden wir bis auf die Grund=
mauern einäschern. Aber damit doch noch eine Spur von Paris,
ein Denkmal unserer alten Größe den zukünftigen Geschlechtern
aufbewahrt werde, werden wir die alte Lutetia verschonen, die die
Seine mit schirmenden Armen umfängt. Und wenn dann der
Rauch über unseren Gebeinen sich zerstreut haben wird, dann werden
die Trümmer der preußischen Armee allein noch den Justizpalast,
das Hotel de Dieu und die Notre=Dame, diese drei Symbole der
Wahrheit, der Barmherzigkeit und der höchsten Hoffnung, sich wie
drei Phantome in die Luft erheben sehen, ihnen zum ewigen Vor=
wurfe, uns zum ewigen Ruhme."

Die „Liberté" riet zur Nachahmung von Laon: „Der Feind
hat unsere Armeen besiegen, tausend Geschütze, eine Anzahl Fahnen
erbeuten, hunderttausend Soldaten, fünfzig Generale und den Mann
gefangen nehmen können, welcher einst ein Kaiser von Frankreich
war. Indes bis dahin hatte der Feind kaiserlichen Boden unter
seinen Füßen. Aber mit dem ersten Strahle der republikanischen
Sonne hat sich in Laon der Vulkan aufgethan und die Preußen
gegen den entsetzten Himmel geschleudert. „Bevor der letzte der
Gracchen seinen letzten Seufzer aushauchte, nahm er eine Hand
voll Staub und warf ihn zur Sonne empor. Und aus diesem
Staube ward Marius geschaffen, weniger groß, weil er die Cimbern
geschlagen, als vielmehr, weil er in Rom die Aristokratie des Adels
niedergekämpft hat." So sprach Mirabeau, der Prophet der fran=
zösischen Revolution. Wohlan! Als die letzte französische Armee

erdrückt worden war, nahm ein Republikaner eine Hand voll Pulver, und das Pulver stieg auf zu den Wolken. Und siehe! Das Vaterland erhebt sich mit Schlachtgesängen, der Himmel flammt auf, die Erde erzittert, die Citadellen springen in die Luft! Und jetzt, Preußen, setzet den Fuß vorsichtig auf, folgt mit Unruhe euern Führern, untersucht das Wasser im Flusse, den Boden der baumlosen Ebene, das Licht und den Schatten. Dort vor euch, dieser Ozean mit steinernen Wogen, unbeweglich, voller Schweigen, das ist Paris! Dort steht der Tempel der Freiheit, die Arche der Welt. Kommt doch heran, alle, ihr Könige, Prinzen, Generale und Soldaten! Unsere Sinne sind stark, unsere Hände bereit, unsere Herzen ruhig. Die Stunde ist da: der Vulkan raucht und sein Krater ist groß genug für euer Grab und das unsrige."

Der „Figaro" empfahl die Ausführung der Moskau-Idee in einer ganz besonderen Weise. Er sagte: „Das nicht nur in der Integrität seines Gebietes, nicht nur in dem Leben seiner Soldaten, sondern sogar in dem Wohl und Wehe seiner Greise, Frauen und Kinder bedrohte Frankreich, ist es noch gegenüber den namenlosen Grausamkeiten seiner Feinde gehalten, die Genfer Konvention zu beobachten? Der Geist der Zivilisation und die Moral sagen: Nein! Hundertmal Nein! Jeden Tag empfangen wir Briefe, welche uns neue und furchtbare Verteidigungsmittel gegen die disziplinierten Horden mitteilen, welche sich schmeicheln, die Hauptstadt der Welt frevelhaft verletzen zu können, und so wollen wir denn heute einen Vorschlag wiedergeben, der auf die Verteidigung unserer Straßen und Häuser zielt, wenn durch eine unwahrscheinliche Häufung von Unglücksfällen unsere Forts und unsere Wälle eingenommen werden sollten. Petroleum und andere leicht entzündbare Öle könnten mit Hilfe eines Pumpenwerkes in Verbindung mit einer Art Spritze wie ein Regen auf die anstürmenden Feinde ausgegossen werden. Wenn dieser gefährliche Regen erst die Kleidung unserer Feinde benetzt hat, dann genügen einige Raketen, um das ganze Heer dieser Barbaren in einem furchtbaren Flammenmeere umkommen zu lassen. Bei etwa eintretendem Mangel von Petroleum könnte man in derselben Weise Salz- oder Schwefelsäure oder andere ähnliche Stoffe anwenden. Die Säuren müßten hauptsächlich von den Häusern herab über unsere Feinde gesprengt werden und würden dann von schrecklichem Erfolge sein. Mehrere Industrielle von Paris produzieren ja solche Stoffe in beträchtlichen Quantitäten, und Vorrat dürfte also genug vorhanden sein. Verteidigen wir uns mit allen Waffen, die wir auffinden können, mit Flinten, Äxten, Sensen, Messern und chemischen Hilfsmitteln, mit der Wissenschaft, wie mit dem Herzblut unserer Tapferen!"

Als die Deutschen, dieser Drohungen ungeachtet, näher kamen, brach man mit der Moskau-Idee. Der „Gaulois" schrieb: „Wir stehen am Vorabend der Belagerung! Vielleicht morgen schon werden sie hier sein, und das ist kein Traum mehr. Nein, sie nahen mit großen Schritten, eine Lawine von Helmen und Pferden, ein Strom von Menschen, von Barbaren. Wer wird sie aufhalten? Paris! Paris, welches nicht mehr das Wirtshaus für alle Welt, nicht mehr „das liebenswürdige Kasino von 1867", sondern eine Zitadelle und ein heiliger Herd ist. Die Zitadelle Frankreichs und ein Herd der Zivilisation. Paris wird nicht untergehen, weil Frankreich und die Freiheit nicht untergehen kann. Jetzt ist Paris ein Feldlager, morgen wird es eine einzige große Barrikade sein. Hört nur! Überall mischt sich Trommelwirbel und Waffengeklirr mit den Tönen der Nationalgesänge. Es liegt wie Freiheit und Hoffnung in der Luft. Jeder fühlt sich leichter, mutiger, kräftiger. Die Seelen erstarken, die Herzen schlagen höher, man fühlt sich mehr und mehr als Franzose. Der Patriotismus erstickt die Politik, es gibt nur eine Partei, die der Verteidigung. Man sieht nur Uniformen, man spricht nur von Phalanxen und Legionen. Man redet nicht mehr, man läßt sich einreihen. An die Stelle der Tribünen sind die Wälle getreten, an die Stelle der Worte die Chassepots. Von allen Seiten erhebt man sich, bewaffnet man sich. Seit gestern organisiert sich die belgisch-pariser Legion. Die tapfern Belgier sind nicht mehr unsere Nachbarn, sie sind unsere Brüder, und die Grenzen sind abgeschafft. Auch die Legion der „Freunde Frankreichs" ist in der Bildung begriffen. Frankreich hat also Freunde? Ein edler und rührender Titel in dieser Stunde der Gefahr. Und unter diesen Freunden Frankreichs finden wir Italiener, Spanier, Schweizer, Polen, Iren, Engländer. Das sind für uns keine Fremden mehr, das sind Verbündete, ja Mitbürger. Im Kampfe mit uns vereint, wird diese Weltarmee Paris, die Hauptstadt der Welt, den Boulevard der Freiheit verteidigen. Morgen wird die ganze Provinz wie ein Mann in Paris stehen, denn sie weiß, daß sie sich selbst verteidigt, wenn sie die Hauptstadt beschützt. Wenn sie für uns kämpft, kämpft sie auch für unsere Dörfer, für ihre Felder, für ihren eigenen Herd. Sie weiß, daß Paris ihr eigentliches Vaterland ist. Aber beeilt Euch!

5*

Brecht auf, kommt her! Paris erwartet Euch und es ist nicht
mehr nötig, Moskau zu verbrennen, wir müssen Saragossa verteidigen."

Also erst sollte Paris ein Moskau werden. Als aber Trochu
einige Häuser der Bannmeile von Paris in Brand stecken ließ, um
hier und da den Blick und den Schuß frei zu haben: so entstand
ein Murren der Beschädigten. Saragossa, ja, das war das Richtige. Kämpfend untergehen bis auf den letzten Mann! Ein
Mädchen von Saragossa hätte sich sicherlich auch gefunden. Oder
war eine Jungfrau von Orleans besser? Eine Zeitlang, als die
Stadt schon belagert war, schlugen wirklich die Herzen höher, als
es von Mund zu Mund ging: eine Jungfrau hat die Preußen
geschlagen, vorläufig mit Blindheit, denn sie ist deren Reihen un-
bemerkt und unversehrt passiert und in Paris erschienen, um
Wunder zu verrichten. Angesichts des bereits in der nächsten Umgegend der Stadt erschienenen Feindes bekamen die Blätter die
Parole: Mut machen! Die „Liberté" entledigte sich (am 17. September) dieser Aufgabe in folgender Weise: „Aux armes, denn es
ist die höchste Zeit! Schon gestern hatte Paris das Fieber,
aber wir können es mit Stolz konstatieren, daß es keine Furcht
hatte, denn mehr als ein Bürger sagte: „Wenn sie doch heran-
kämen!" Und das war keine leere Prahlerei, denn die so sprechen,
wissen, daß der Kampf schrecklich sein wird, aber sie haben Vertrauen zu dem endlichen Erfolge, weil sie begreifen, daß die furchtbarste Not die preußischen Heerführer zum Angriff von Paris
drängt. Ja, die furchtbarste Not zwingt die preußische Armee, sich
den Kopf an diesen Mauern einzurennen, an diesen Kanonen, an
diesen viermalhunderttausend bewaffneten Bürgern. Das ist notwendig, weil die Armee ermüdet ist, weil sie seit sechs Wochen
nicht aus dem Kampfgewühl gekommen ist, weil die Zufuhr an-
fängt, schwierig zu werden, weil Paris ihre einzige Hoffnung ist."
Dasselbe Blatt fügte hinzu:

„Paris liegen zu lassen, um neue Provinzen anzugreifen,
würde weder die Erwartung des Heeres noch des deutschen Volkes
erfüllen, und so muß es versucht werden, so mühsam, so gefährlich
es auch sei, es muß genommen werden! Nun hat zwar Preußen
die erste Partie glänzend gewonnen, aber es wird die zweite verlieren! Die Bedingungen sind jetzt ganz andere. Wir stehen nicht
mehr im offenen Felde, hunderttausend gegen dreimalhunderttausend,
mit zweihundert Geschützen gegen mehr als tausend, nein, wir be-

finden uns jetzt in einem vollständig verschanzten Lager, das wohl verteidigt ist. Wenn sie doch die Belagerung beginnen wollten! Nur durch einen Handstreich könnte ihr Unternehmen glücken, eine regelrechte Belagerung muß sie zu Grunde richten. Wenn sie aber wirklich eine solche wagen sollten, dann gebrauchen sie noch zu den nötigsten Vorbereitungen mindestens zwei Wochen, wenn sie selbst die größten Anstrengungen machen. Während dieser Zeit werden sich unsere Armeen in der Provinz formiert haben, und ehe die Feinde die erste Parallele vollendet, werden ihnen diese Armeen in den Rücken fallen. Und dann kommt der Winter!"

Im allgemeinen waren es die Vorstellungen vom Jahre 1840, der Zeit, in welcher Paris seine Befestigungen erhielt, die jetzt vornehmlich den Mut und die Hoffnung belebten. Die Befestigung der Hauptstadt Paris war, wie man weiß, ein Werk Louis Philipps, des friedfertigen Bürgerkönigs. Im Jahre 1840 unter dem Ministerium des Herrn Thiers passierte nach sehr lebhaftem Widerstande das Gesetz die Kammern, welches die Anlage der detachierten Forts und der Umfassungsmauer (Enceinte) anordnete. Von gewichtigen Stimmen wurde damals bezweifelt, ob es ratsam, ja, ob es möglich sei, eine Metropole wie Paris, mit einer so ungeheuren Bevölkerung und mit einem solchen Zusammenfluß empfindlichster und zartester Interessen festungsmäßig zu behandeln und ob eine solche Behandlung, wenn durchführbar, nicht schlimmer sein würde, als selbst eine vorübergehende feindliche Besatzung. Die Aussicht, daß diese Stadt mit ihren Einwohnern zum Objekte und Mittelpunkte eines Festungskrieges gemacht, dem Feuer, dem Hunger, der Strenge des Kriegsgesetzes preisgegeben werden könnte, erfüllte nachdenkende Militärs und Staatsmänner mit Schrecken, vielfach hielt man es für geradezu unmöglich, den erforderlichen Proviant für die Einwohner anzuhäufen, um eine Belagerung von vier bis sechs Wochen auszuhalten. Der Minister erklärte den Furchtsamen und Schwarzblickenden, daß die Gefahr, welche ihnen so viel Sorge machte, nie eintreten werrde, sei Paris einmal befestigt, so werde es nie angegriffen werden. Eine Belagerung des befestigten Paris sei eine physische Unmöglichkeit, keine Nation Europas besitze die dazu erforderlichen Kräfte. „Wir haben," sagte er, „genau untersuchen lassen, ob wir imstande sein würden, Paris mit Lebensmitteln auf sechzig Tage für 1300000 Einwohner zu versorgen, und es hat sich ergeben, daß dies ausführbar sein würde. Auf der andern Seite ist es gewiß, daß der Feind, um Paris anzugreifen,

mindestens mit 200 000 bis 250 000 Mann vor unsern Wällen
erscheinen müßte. Um seine Verbindungen mit der Heimat zu
decken, würde er einer zweiten Armee bedürfen. Daß er aus seinen
eignen Magazinen solche Heeresmassen würde ernähren können, ist
ja undenkbar, aber er könnte allerdings eine Zeitlang von dem
okkupierten Lande leben, „wie wir es bisweilen gethan haben", setzte
der Minister schelmisch hinzu. Nur würde er sich in diesem Falle
genötigt sehen, seinen Kreis weiter und weiter auszudehnen, um
neue Verpflegungsgebiete aufzusuchen. Wie lange würde ein solcher
Zustand haltbar sein? Nehmen Sie an, dreißig Tage; nach Ab=
lauf dieser Frist würde weit und breit das Land kahl gefressen
sein. Denken Sie sich die Frist verlängert, so geraten Sie in das
Gebiet der physischen Unmöglichkeiten. Mittlerweile hätte Paris
erst die Hälfte seiner Vorräte verzehrt, es könnte noch einen Monat
aushalten, nachdem der Feind durch den Hunger zum Abzuge ge=
nötigt sein würde. Was folgt aus diesen einfachen Wahrheiten?
Daß ein Angriff auf Paris, weil hoffnungslos, auch nicht einmal
versucht werden wird. Der Feind, welcher so gut wie wir unter=
richtet sein wird, kann nicht daran denken, uns in unserer Haupt=
stadt zu belagern; Paris wird nie vom feindlichen Feuer berührt
werden, sich nie den Leiden einer Einschließung, den Prüfungen
einer Hungersnot ausgesetzt sehen."

Als nun im September 1870 Paris dennoch belagert wurde,
erkannte man darin eine Unklugheit, die nicht ungestraft bleiben
würde, oder man gab sich, um den gesunkenen Mut der Bevölkerung
wieder aufzurichten, den Anschein der höheren Einsicht, welche die
Deutschen in die Falle gelockt hatte. Von offizieller Seite wurde
dieser Glaube unterstützt, ohne deswegen die Eventualitäten aus
den Augen zu lassen, die infolge des seit 1840 unveränderten
Transportwesens einerseits, der vervollkommneten Belagerungsmittel
andrerseits, die Voraussicht des Herrn Thiers Lügen strafen könnten.
An Verteidigungsanstalten, selbst an die Armierung der Forts
wurde in Paris unmittelbar nach der Kriegserklärung gedacht. Ein
Befehl des Kriegsministers Leboeuf vom 25. Juli bezog sich darauf.
Noch die letzte Kundgebung des Kabinetts Ollivier, ehe es vor
Palikao und Genossen infolge der Schlachten von Wörth und For=
bach die Segel strich, betraf die Sicherheit von Paris. Wenigstens
wurde in der Proklamation gesagt: Wir bereiten die Verteidigung
von Paris vor. Vom 9. August an wurden 30 000 Arbeiter an
den Festungswerken von Paris beschäftigt, welches zu verteidigen,

— sagte der Kriegsminister in seinem Berichte an den Kaiser,
40 000 Nationalgarden und die „gegenwärtige" Garnison hinreichen
würden. Die Stärke der damaligen Besatzung von Paris wurde
nicht angegeben. Das Ministerium Palikao, am 10. August ein=
gesetzt, obwohl vorzugsweise mit den zum Schutze des Landes zu
ergreifenden Maßregeln, namentlich mit der Verstärkung der an
den Grenzen geschlagenen Armeen, auch mit der Vertreibung der
Deutschen vom französischen Boden beschäftigt, verlor das spezielle
Interesse der Hauptstadt nicht aus den Augen, und schon am
13. August glaubte der Kriegsminister im gesetzgebenden Körper
versichern zu können, daß die Arbeiten, um Paris in Verteidigungs=
zustand zu setzen, nahezu beendigt seien. Es ist nicht zu leugnen,
daß den letzten Wochen des Kaiserreichs der größte Anteil an der
Ausführung der Maßregeln, welche Paris instandsetzen sollten, einer
Belagerung Trotz zu bieten, zufiel. Die Verproviantierung leitete
Herr Clément Duvernois, der Handelsminister, der nicht im Geruch
liberaler Gesinnungen stand, aber außerordentlich thätig und wenig
skrupulös war, viel Kühnheit und Entschlossenheit besaß. Er hatte
vom Anfange an mit dem gewöhnlichen Gange der administrativen
Routine gebrochen und im Fluge eine enorme Anzahl von Handels=
geschäften mit allen großen Industriellen, die sich ihm vorstellten,
abgeschlossen. Er kaufte und kaufte immer zu. Man flüsterte sich
von dem Erstaunen eines der größten Industriellen in die Ohren,
der mit dem Handelsminister wegen der Verproviantierung mit
Steinkohlen in Verbindung getreten war.

„Steinkohlen?" hatte der hastige Clément Duvernois gefragt,
„ja, ohne Zweifel, wir müssen Steinkohlen haben, sehr viele Stein=
kohlen. Die Steinkohle ist das Brot der Industrie."

„Und von welcher Sorte wünschen Sie?"

„Von welcher Sorte?"

„Ja, es gibt drei Sorten."

Und der Grubenbesitzer zählte die besonderen Qualitäten der
verschiedenen Arten auf.

„Sehr wohl," sagte der Minister, „ein Drittel von jeder
Sorte also."

„Und wie viel werden Sie bedürfen?"

Der Minister nannte eine Ziffer. Der Industrielle lachte:
„Dies würde," sagte er, „der Verbrauch eines Tages für Paris sein."

„Wahrhaftig," sagte der Minister, „nun wohl! dann so viel,
als Paris fassen kann."

„So viel, als Paris fassen kann," das war seine Devise.
Und mit diesem unbegrenzten Plane glaubte die Regierung dem
Belagerer zwei Monat standhalten zu können, d. h. eine Zeit,
binnen welcher die Stadt längst entsetzt sein würde. Einen so
weiten Zeitraum ins Auge fassen, hieß für sie: Paris von unten
bis oben mit Lebensmitteln vollstopfen. Es war eine feuilletonistische
oder — diplomatische Übertreibung, wenn man von einer dreimonat=
lichen Dauer der Magen=Widerstandsfähigkeit sprach. Zum Bei=
spiel, als der „Gaulois" triumphierend — es war gegen Ende des
Monats August — ausrief: „Nun, ich denke, daß es uns an Pulver
nicht fehlen wird; was das Brot anbetrifft, so bin ich dessen auch
sicher. Habe ich doch soeben eine Wanderung durch die Vorräte
von Paris gemacht, geführt von den dabei beschäftigten Beamten,
und mir war das allerdings schrecklich, aber doch zugleich für alle
Fälle beruhigend. Zu mächtigen Bergen erheben sich in der Ge=
treidehalle zwischen gewaltigen Pfeilern die Mehlsäcke, bis zum
Dachraum emporragend. Daneben in unendlicher Zahl kleine Tonnen
mit amerikanischem Mehl gefüllt, die beim Transport eine leichte
Wolke weißen Pulvers von sich geben. „Sehen Sie," so sagte
mein Führer, „da liegt Stoff genug, um Paris auf 3 Monate zu
versorgen; Sie haben also nicht nötig, sich zu ängstigen." — „Zum
Kuckuck, Brot und Wasser freilich genug." —

„Was reden Sie von Brot? Richten Sie Ihre Blicke hübsch
auf diese Reihe von Stückfässern, die mit Schinken gefüllt sind,
und andern Viktualien, welche Rabelais „Erreger des Durstes"
nennt. An gesalzenem Fleisch ist so viel da, wie Sie nur immer
verlangen können, und damit Sie nicht des frischen Fleisches ent=
behren, kommen dort Tausende von Rindern und Hammeln an,
die man im Bois de Boulogne und in Vincennes unterbringt.
Für drei Monate genügende lebende Kotelettes weiden in diesem
Augenblicke auf den Rasenflächen des High=life. Und rechnen Sie
die Privatverproviantierung für nichts?" — Einige Tage später
forderte die „France" die Pariser auf, der bewunderungswürdigen
Thätigkeit des Herrn Clément Duvernois zu applaudieren. Denn
dieser Handelsminister habe „außer den vierzehntägigen Vorräten,
welche die Bäcker haben müssen, nach Paris kommen lassen wie
folgt: 350 000 Zentner Mehl, 150 000 Zentner Reis, eine uner=
meßliche Verproviantierung von Kartoffeln und Gemüsen, 100 000
Ochsen und 500 000 Hammel nebst dem nötigen Futter auf drei
Monate, eine für dieselbe Zeit ausreichende Menge Salz, Gewürze,

Kaffee, Zucker u. dgl., mehr als 60 Millionen Rationen konserviertes
Rind= und Hammelfleisch, Pökel=Schweinefleisch und gesalzene Fische;
was aber die Weine und Spirituosen anbetrifft, so wisse man, daß
Paris in gewöhnlichen Zeiten stets auf sechs Monate damit ver=
sehen sei." Der Termin des „Gaulois" hätte am 25. November,
der der „France" am 29. November und der Jules Favres am
6. Dezember ablaufen müssen. Denn dieser schreibt auch voller
Selbstbewußtsein in seiner Zirkulardepesche vom 6. September:
„Paris ist auf drei Monate verproviantiert."

In diesen Terminen steckte eine Übertreibung, wie in den An=
gaben über die Quantität der Vorräte. Am 8. September ver=
kündete die Regierung der Nationalverteidigung der Bevölkerung
offiziell: Paris ist auf zwei Monate verproviantiert. Wenn die
Stadt sich gleichwohl länger gehalten hat, so war das nicht das
Verdienst der kaiserlichen oder republikanischen Regierung, sondern
lag in Umständen, von denen noch die Rede sein wird. Herr
Duvernois hatte nur für zwei Monate gesorgt oder sorgen wollen,
und die Republikaner hatten darin nichts gebessert. Es sollten 40 000
Ochsen, 220 000 Hammel, 10 000 Kühe und 110 000 Schweine
in die Stadt eingeführt werden. Da Paris in gewöhlichen Zeiten
ca. 700 Ochsen und über 4000 Hammel täglich konsumiert, so wären
für genau 60 Tage noch mehr Ochsen und Hammel erforderlich
gewesen, wenn man nicht etwa an die durch Auswanderung ver=
ringerte Bevölkerung und an die Verschließung der Thore vor
Fremdenbesuch dachte. Vielleicht wurde ein Teil der Kühe gleich
als Schlachtvieh mitgerechnet, oder die Ochsen und Hammel sollten
zum Teil durch Schweine ersetzt werden, von denen sonst nur
200 000 Stück das ganze Jahr konsumiert werden, während jetzt
über die Hälfte dieser Zahl allein für 60 Tage angesetzt war.
Nun ergab es sich aber, als die Zernierung der Stadt vollständig
geworden war, daß 6000 Ochsen fehlten, ferner 75000 Hammel,
mehr als die Hälfte der Kühe und fast alle Schweine. Man war des=
halb genötigt, gleich im Anfange nur 500 Ochsen und 4000 Hammel
für den Konsum auszusetzen, und nach Verlauf weniger Wochen die
täglichen Fleischrationen zu vermindern, diese dann nur noch alle
zwei und später alle drei Tage zu verteilen. Die Ration war zu=
nächst 200 Gramm für den Tag (d. h. $^2/_5$ Pfund), dann 100
Gramm für den Tag, dann 100 Gramm für zwei Tage, darauf
100 Gramm für drei Tage, d. h. $33^1/_3$ Gramm den Tag
(etwa 2 Lot). Im Monat November ging es mit dem rationierten

frischen Rindfleisch auf die Neige, das Pferdefleisch wurde an Stelle
dessen kommunistisch, später Pökel= und anderes konserviertes Fleisch.
Nach einem offiziellen (aber unzuverlässigen) Bericht vom 24. Ok=
tober sollen an eingesalzenem und konserviertem Fleische 30—40 000
Zentner vorhanden gewesen sein, und zwar außer den großen Vor=
räten von eingesalzenen Fischen. Was das Hauptlebensmittel, das
Brot, anbetrifft, so nahm die Regierung am 24. September eine
Aufnahme der vorhandenen Bestände vor, welche 300 000 Zentner
Mehl und Getreide bei den öffentlichen Depots ergab, wozu noch
200 000 Zentner in den Händen der Bäcker, Lieferanten und Privat=
personen kamen, Summa: 500 000 Zentner, was etwa 120 Milli=
onen Pfund Brot macht. Dieser Vorrat hätte in 2 Monaten er=
schöpft sein müssen, da Paris in gewöhnlichen Zeiten täglich 8000
Zentner Mehl oder 2 Millionen Pfund Brot gebrauchte. Die Re=
gierung hielt ja auch diesen Zeitraum für ein Maximum, das sie
bei ihrer Berechnung ins Auge zu fassen hatte. Um aber doch
für alle Fälle 14 Tage länger zu reichen, und das Brot nicht zu=
gleich mit dem Fleische ausgehen zu lassen, gebrauchte sie die
Vorsicht, nachdem die Bäcker ihren Vorrat erschöpft hatten, den
täglichen Konsum um ein Viertel einzuschränken, d. h. statt 8000
Zentner nur noch etwa 6000 Zentner an die Bäcker resp. Müller
zu liefern. In bezug auf die Brot=Ernährung war ihr Termin,
bis wohin sie dem Feinde trotzen zu können glaubte, der 8. Dezember.
Vier Wochen später gab es immer noch Brot, eine Folge der Vor=
räte, von benen die Regierung nichts gewußt hatte, und die nur
durch einen glücklichen Zufall noch vorgefunden wurden. Denn die
Magazine der großen und der kleinen Händler ergaben einen weit
die ungefähre Berechnung übersteigenden Bestand an Korn sowohl,
wie an andern Lebensmitteln, und jeder Privatmann hatte für sich
aufgespeichert, soweit seine Mittel und seine Räume reichten, be=
sonders Fleischextrakt, konserviertes Rind= oder Hammelfleisch oder
gepökeltes Schweinefleisch, Schinken und Würste.

Dem Kaiserreich fällt, wie schon bemerkt, das Hauptverdienst
der Verproviantierung zu. Die Republik betrieb dieselbe lässiger.
Freilich mußte sie mit den Eisenbahnen die Fragmente der ge=
schlagenen Armee, die 100 000 Mobilen der Departements und die
schweren Marinegeschütze samt ihren Kanonieren heranschaffen. Da=
gegen bemächtigte sich die Privatspekulation desto energischer der Magen=
frage. Obwohl man noch nicht ernstlich an eine Belagerung oder Zernie=
rung glaubte, fand sich eine Anzahl Spekulanten, die in der größten

Eile und mit Separatzügen enorme Quantitäten von Lebensmitteln aller Art kommen ließen. Die Bahnhöfe füllten sich, strotzten bald von Lebensmitteln, die sich dann langsam in die Depots, welche man in Paris improvisiert hatte, ergossen. Die Hallen waren mit gigantischen Haufen von Mehlsäcken garniert, mit Tonnen voll geräucherten Fleisches, mit großen Käsebroten, Konservebüchsen und zahllosen Bergen trockenen Gemüses. Es war in der That ein Schauspiel, das einen Gargantua entzückt haben würde, diese nicht aufhörenden Fluten von Lebensmitteln, die unerschöpflich zu sein schienen, sich durch die monumentalen Thore in die weiten Bogen der Reservoire stürzen zu sehen. Eine Stadt, wie Paris, die das Emporium und den Stapelplatz für einen großen Teil von Frankreich bildet, ist schon übrigens unter regulären Verhältnissen durch den Umfang und die Ausdehnung seines Handels mit den meisten Lebensbedürfnissen, wie Mehl, Wein, Kolonialwaren u. dergl. auf Monate hinaus versorgt. Wenn man der Stadt Berlin in einer Nacht plötzlich alle Zufuhren von außen abschneiden wollte, so würde die Bevölkerung nichtsdestoweniger Wochen lang von den vorhandenen Vorräten zehren können und mit Ausnahme des frischen Fleisches fast mit allen Unterhaltsmitteln versehen sein. In noch höherem Grade trifft dies hinsichtlich Paris zu. Dazu kommt, daß die französische Kapitale mit den entferntesten Distrikten des französischen Staatsgebietes durch zahlreiche Schienenwege verbunden ist. Ein großer Teil derselben hat in Paris seinen Mittelpunkt, und dieser Umstand, so nachteilig er für die Aufstellung und Konzentrierung der französischen Armee an der Grenze gewesen ist, hat begreiflicher Weise die nachhaltige und ausgiebige Versorgung der Hauptstadt wesentlich erleichtert.

Bei einer Sitzung der Maires im Monat Oktober wurde die Bevölkerung von Paris auf 2,036,000 Seelen angegeben, die reguläre Armee, die Seesoldaten und die Mobilgarden nicht gerechnet. Eine Zählung im Monat Januar ergab 2,005,700 Bewohner. Die Regierung hatte für ihr Verproviantierungssystem nur 1,800,000 Seelen gerechnet. Die Auswanderung, welche die Furcht vor den Preußen veranlaßte, und die Einwanderung aus der Umgegend von Paris, welche teils dieselbe Furcht verursachte, teils die Not diktierte, da die von Trochu zu Verteidigungszwecken angeordneten Zerstörungsmaßregeln Tausende von Wohnsitzen trafen, hielten sich nicht das Gleichgewicht, sondern gaben bei weitem der Einwanderung das Übergewicht. Trochu befahl allen unnützen Essern, Paris zu verlassen. Diese Aufforderung hatte kaum einen sichtbaren Erfolg, wenn auch einiges Gesindel aufgegriffen und entfernt wurde. Desto eifriger waren die wohlhabenden Stände auf die Flucht bedacht, weniger aus Gehorsam gegen den Regierungsbefehl, als in Befolgung ihrer Herzensregungen. Die ärgsten Kriegshetzer, wie Herr Emil Girardin, die wütendsten Preußenhasser, wie Herr Villemessant vom Figaro, gaben das Signal zur Panik. Es fehlte keineswegs an Patrioten, die sich begnügten, Weib und Kind in einem Seebade oder im Süden unterzubringen, und dann das Pflichtgefühl, wie den Heldenmut besaßen, in die von der Belagerung bedrohte Stadt zurückzukehren.

Trochus Vorbereitungen.

Die Verteidigungsarmee im ganzen, d. h. Armee und National=
garde, konnte gegen 500 000 Mann geschätzt werden, wovon die kleinere
Hälfte aktiv war. Das nach der Katastrophe von Sedan geflüchtete
Korps des Vinoy, das seit dem 7. September mit Eisenbahnzügen
in Paris anlangte, belief sich auf 28 000 Mann, dazu kamen
40 000 alte Soldaten und Leute aus den Depots, 15 000 Rekruten
der beiden letzten Kontingente, zusammen (mit der Marine) etwas
über 90 000 Mann. Die Hauptmasse der aktiven Armee bildeten
die Mobilgarden, etwa 120 000 Mann stark, wovon über zwei
Drittel aus den Departements, ein Drittel aus Paris gestellt waren.
Die Marine lieferte nicht bloß die Monstrekanonen zur Bewaffnung
der Forts, sondern auch Mannschaften für die Artillerie, insbe=
sondere für Festungsgeschütze und die Seineflotille. Ein Teil der
Marinesoldaten wurde zu einer Division Infanterie zusammenge=
stellt. Im ganzen stieg aber die Zahl der aus den Häfen berufenen
Seeleute nicht über 10 000. Zählt man die Franktireurs hinzu,
die zur Aktion verwandt wurden und in den militärischen Rapports
oft eine Rolle spielen, so belief sich die aktive Armee auf 220 000
Mann. Die Marinesoldaten galten als ein tüchtiges und zuver=
lässiges Korps, während die vom Kriegsschauplatz unter General
Vinoys Führung zurückgekehrten Heeresteile in mehrfacher Beziehung
einen peinlichen Eindruck machten und zur Entmutigung der Be=
völkerung beitrugen. Es war dies eines jener Korps, welche zur
Zeit der Dampf=Organisierung des Grafen Montauban=Palikao ohne
Rücksicht auf geeignete Kadres aus jungen Elementen formiert
wurden, und welche weder auf dem Marsche, noch in der Schlacht,
wohl aber zuweilen in Meutereien etwas leisteten.

Die Mobilgarden waren in Frankreich durch Gesetz vom
1. Februar 1868 geschaffen und als besondere Kategorie der be=

waffneten Macht eingefügt. Sie sollten alle vom Dienst im Heere
und der Reserve befreiten Wehrfähigen vom 20. bis 40. Jahr um=
fassen. Diese Organisation war aber 1870 noch nicht vollendet,
die im Kriege jenes Jahres auftretenden Mobilgarden waren nur
mobile Nationalgarden. Sie waren schlecht befehligt und bei gänz=
lichem Mangel an Disziplin ohne militärischen Geist. Die Pariser
schickten sie auf die Forts — einen Ehrenposten, wie man ihnen,
um die Pille zu verzuckern, sagte. Trochu, dem Gouverneur von
Paris und Präsidenten der am 4. September aus der Revolution
hervorgegangenen National=Verteidigungsregierung, fiel keine leichte
Aufgabe zu, aus den Regulären, Mobilen und Nationalgarden eine
dem Feinde gewachsene Streitmacht zu bilden. Man traute ihm
aber die Fähigkeit zu, sie zu lösen. Man setzte viel Hoffnung auf
ihn. In der Gefahr schuf man Größen, um einen Ankergrund
für das von den Wellen umhergeworfene Schiff zu haben. Der
Menge war Trochu zuvor wenig bekannt. Sie trug ihn aber
schnell zum Gipfel des Ruhmes empor. Daß er die Verteidigung
von Paris von Anfang an als eine „heroische Thorheit" ansah,
sie also trotz seiner schwunghaften Proklamationen nur mit halbem
Willen übernahm, setzt seinen Beruf zum Oberbefehlshaber in ein
sonderbares Licht. Sein alter intimer Freund Ducrot stand ihm zur
Seite. Dieser, bei Sedan gefangen genommen, war nach Paris geflüchtet.

Man begreift, welchen Eifer ein Mann in den Kampf gegen
die Belagerer legen mußte, die nicht nur durch ihre bisherigen
Siege sein vieljähriges Drängen nach Krieg zu verurteilen schienen,
sondern ihm auch ein Ehrenwort abverlangt hatten, das er nicht
gehalten. Sein Haß gegen die Preußen trieb ihn auch leiden=
schaftlicher auf das Schlachtfeld als den ruhigeren Trochu. Daher
seine Proklamation vom 28. November an die Armee: „Ich
schwöre vor Euch und der ganzen Nation, entweder tot, oder als
Sieger nach Paris zurückzukehren." Als er auch diesen Schwur
nicht hielt, mußte seine Leidenschaft nur um so mehr entflammen.
Trochu und Ducrot ergänzten sich gewissermaßen. Dem defensiven
Prinzip des einen gesellte sich das offensive des andern hinzu, dem
zurückhaltenden Moment das expansive oder ausfallsüchtige. Gleich
am 19. September drängte Ducrot den Oberbefehlshaber zu dem
Kampfe bei Clamart, der mit dem sauve qui peut der Franzosen
endigte. Im Monat November erhielt Ducrot wegen dieses expan=
siven Triebes ein Kommando der zweiten oder Ausfalls=Armee (die
erste bildete die in Paris eingeschlossene Nationalgarde, die dritte

die Besatzung der Forts) und stand so über Vinoy. Das machte böses Blut und wurde nachher abgeändert; Vinoy trat an die Spitze der dritten Armee.

Die Ausbildung im einzelnen wie die Organisation des Ganzen faßte Trochu vom ersten Tage seiner Herrschaft an scharf ins Auge. Mehr aber, als in die Truppen draußen, setzte die Bevölkerung ihr Vertrauen in die Nationalgarde, also in sich selbst. Der Kampf auf dem Vorterrain der Forts galt nur als das Vorspiel zu der Katastrophe in der Stadt selbst. Die letzte und größte Aufgabe — sagte man — war der Nationalgarde vorbehalten. Man könnte von den Berufssoldaten nicht das erwarten, was ein begeistertes Volk hinter Mauern zu leisten vermag. Es galt nur die Mauern recht fest zu machen und den Erfindungsgeist zu wecken, um nach Art der Nationalökonomen die Maschine möglichst an die Stelle der individuellen Anstrengung zu setzen. Die Barrikaden=Kommission wurde am 22. September von der Regierung eingesetzt. Sie zählte zu ihren Mitgliedern Heinrich Rochefort, als Vorsitzenden; Dorian, den Minister der öffentlichen Arbeiten; Gustav Flourens; Julius Bastide, einen früheren Minister der Republik; Martin Bernards; Floquet, Adjunkt des Maire von Paris (Stephan Arago) und A. Dreo. Am 27. September kamen hinzu: Bürger Albert, ehemaliges Mitglied der provisorischen Regierung von 1848, und Bürger Cournet. Die Kommission bestand also aus neun Mitgliedern, die beauftragt waren, mit neun Ingenieurs die Arbeiten der innern Befestigung in den neun „Sektoren" der Stadt zu leiten. Julius Favre hatte in seinem an die Gesandten Frankreichs gerichteten Zirkular vom 6. September gesagt: „Nach den Forts die Wälle der Stadt, nach den Wällen die Barrikaden." Die zweite und dritte Verteidigungslinie waren es, die als besonders wichtig galten, weil die Nationalgarde es war, die hier die Probe ihrer Unbe= zwingbarkeit ablegen sollte. Da bis in die zweite Hälfte des Mo= nats Oktober 22 Bataillone der Nationalgarde nicht ganz bewaffnet waren (man erwartete deren Armierung erst von der Anwendung von Aluminiumbronze statt Gußstahls zu Chassepots), so fehlte es nicht an Genietruppen, die mit dem Spaten zu Erdwerken, mit andern Instrumenten zum Bau von Barrikaden und zur Befestigung von Häusern zu verwenden waren.

Wären die Preußen bis dahin gedrungen, so harrten ihrer hinter den Wällen und Barrikaden Geschütze und Raketen von einer Zerstörungskraft, wie sie bisher nicht bekannt war, die Mitrailleuse

Marklerberg, die 250 Kugeln per Minute abschoß, die Montigny=
Mitrailleuse, die sogar 480, und die Durand=Dampfmitrailleuse,
welche nicht weniger als 4800 Kugeln in demselben Zeitraum ab=
feuerte; ferner die „Faucheuse" (Mäherin), von der gesagt wurde,
daß sie ohne Lärm, ohne Rauch und Feuer arbeite; dann Bomben
neuester Konstruktion, die Gaudin=Feuerbombe, die von Ballons
niedergeworfen werden sollte, die Monestral=Bombe, die jedesmal
1000 Feinde niederstreckt, die Stick=Bombe, welche erstickende Dämpfe
verbreitet, die Rakete Satan, welche auf 4—5 Kilometer ein ganzes
Armeekorps niederbrennt, das Beaumesche griechische Feuer, eine
Art Brandbombe, die alles auf ihrem Wege weithin zerstört, und
vieles ähnliche. Auch Eisenbahntrains, aus der berühmten Fabrik
von Cail u. Co. hervorgegangen, standen hier bereit, zur Über=
raschung des Feindes und zur Durchbrechung seiner Linie. Man
mußte wohl denken, die Preußen würden, selbst im Besitz der Forts,
sich darauf einlassen, Wälle und Barrikaden zu stürmen, statt durch
ein Bombardement über die ihnen zugedachten Straßenkämpfe hin=
wegzugehen. Die kostbarsten Schöpfungen des pariser Erfindungs=
geistes waren der Nationalgarde, als der eigentlichen Hüterin der
Stadt, reserviert. Im Felde hat man von der Waffentechnik und
Zerstörungskunst kaum etwas entdeckt. Doch sollen gepanzerte
Eisenbahnwaggons bei den Ausfällen vom 30. November und
2. Dezember durch General Ducrot zur Anwendung gebracht sein,
d. h. Waggons mit einem großen Marinegeschütz, welches durch
Wände aus sieben Panzerplatten in einer Dicke von 8 Zentimeter
und aus einem 50 Zentimeter starken Eichenholz gegen Kugeln ge=
schützt war. Dieser gepanzerte Waggon bewegte sich um seine Axe,
wie der Thurm eines Monitors, sodaß die Mündung der Schiffs=
kanone von ihrer Vorderstellung aus, je nach Bedarf, dem Feinde
nach allen Seiten gewiesen werden konnte. Die Lokomotive, welche
diese wandelnden Festungen aufs Schlachtfeld führte, war zum
Schutze gegen die Geschosse der Feldstücke ebenfalls durch eine sie
rings umschließende Panzerkammer gesichert. Noch ist der Höllen=
maschinen und Unterminierungen Erwähnung zu thun, welche auf
dem Vorterrain der Wälle und in der Stadt bereit waren, den
Feind jeden Augenblick in die Luft zu sprengen. Dieser hat nichts
davon kennen gelernt. Die Barrikaden sind ihm einmal sehr zu
statten gekommen.

Bei dem Ausfall vom 19. Januar, zu dem 100000 Mann
verwendet werden sollten, waren zwei Divisionen des Generals

Ducrot statt um 7 Uhr morgens erst um 1 Uhr mittags auf dem Platze, weil die Barrikaden ihnen den Weg durch die Straßen von Paris versperrt hatten.

Der Sicherheit der Stadt oder der Nationalgarde widmete die Wissenschaft die äußersten Anstrengungen. Ihr Eifer schuf eine Reihe von Archimeden, welche es sich zur Aufgabe stellten, die „mechanische Kriegführung" zu kultivieren, ohne der persönlichen Tapferkeit deswegen die Last der Verteidigung der Enceinte abzunehmen. Ein Komitee von Gelehrten setzte sich mit den Militär-Autoritäten in Einvernehmen darüber, wie die neuesten Resultate der Physik und Chemie zur Verteidigung von Paris benutzt werden könnten. Herr Berthelot, Professor der organischen Chemie am Collège de France, führte den Vorsitz. Eine Kommission von Zivil-Ingenieuren wurde zur Herstellung von Zeichnungen und Leitung von Ingenieur-Arbeiten für den nationalen oder national-gardistischen Dienst in Anspruch genommen. Die Generale, anfangs der Meinung, daß es ganz schön und ehrenwert sei, dem Feinde Stahl und Blei in den Leib zu treiben, oder ihn mit Pulver in die Luft zu sprengen, während es barbarisch und häßlich sei, manche neuern Erfindungen der Chemie zu demselben Behufe zu verwenden, ließen sich von den Gelehrten eines Bessern belehren. Das Spezial-Komitee der chemischen Gesellschaft in Paris, in der früheren Rue Bonaparte 44 tagend, machte bekannt, daß es alle ihm gemachten Vorschläge gewissenhaft prüfen werde, welche zur Verteidigung der Stadt gemacht werden könnten. Die Masse von Erfindern, die ihre Originalmethoden, im großen zu morden, möglichst hoch an die Regierung verkaufen wollten, stieg ins Unglaubliche. Die chemische Kommission wie andere gelehrte Kommissionen waren den täglichen Stürmen von Leuten ausgesetzt, die laut tobten, wenn man ihnen nicht sofort den Preis auszahlte, ohne die Erfindung vorher geprüft zu haben. In den Klubs machten sie ihrer Entrüstung Luft. Hier schwur Bürger Monestral, ein Mann mit südfranzösischem Dialekte und einer Löwenmähne, daß er mit einer nur halbgefüllten Flasche seiner mysteriösen Flüssigkeit die ganze preußische Armee vernichten könnte.

„Hier ist die Flasche," sagte er auf der Tribüne, das gefährliche Gefäß aus der Tasche ziehend, „ein einziger Stoß, und dieser Saal fliegt in die Luft."

„Fort mit dem Zeuge! Schmeißt ihn hinaus! Herr Präsident, lassen Sie ihn arretieren!" So schrie die Versammlung in Käppi

und Vareuse durcheinander, indem sie gleichzeitig sich den Ausgängen
zudrängte, um nicht das Schicksal der Preußen zu erleiden.

Bürger Monestral setzte bei seiner Erfindung wie viele seiner
Kollegen voraus, daß die Preußen nicht zum unzivilisierten Bombardement greifen, sondern aus nächster Nähe sich zu Objekten der
Experimente hergeben würden. Freilich gab es auch Entdeckungen,
die vom Luftballon aus wirken sollten. Indessen die stumme Rolle,
die sie wie die andern gespielt haben, scheint doch darauf hinzu-
deuten, daß sie alle nur für die Sicherheit der Stadt oder der
Nationalgarde berechnet waren.

An den Mauern von Paris und an der Flasche von Bürger
Monestral sollten die Preußen sich den Kopf einrennen, resp. verbrennen. Zuvor aber hatten die Außenwerke und die Armee außerhalb der Stadt den ersten Anprall auszuhalten. Der Verteidigungs-
Rayon darüber hinaus war nicht weit ausgedehnt. Man überließ
das Terrain dem Feinde. Dieser befestigte sich selbst in seinen
Stellungen und machte seine Linien uneinnehmbar. Die Pariser
setzten allerdings die Forts und die Ringmauer in guten Ver-
teidigungszustand und armierten sie mit mehr als 3000 Geschützen;
auch errichteten sie eine Reihe von Batterien und Redouten, darunter
die von Moulin Saquet und Hautes Bruyères im Süden, von
La Folie und Colombes auf der Halbinsel Gennevilliers (letztere
für den geheimnisvollen Plan Trochus und in seinem Berichte vom
16. Oktober nicht aufgeführt). Aber die Positionen von Montmédy,
Bagneux, Chatillon vermochten die Belagerten nicht wieder zu nehmen,
ebensowenig den Hügel von Orgemont, die Höhen von Mont-
morency, Montretout und St. Cloud, welche dem Feinde den Besitz der Straßen nach Westen und Norden verschafften, die Höhen
zwischen der Seine und Versailles deckten, die Wälle beherrschten
und St. Denis bedrohten. Die Belagerten hatten auf diesen Punkten,
den höchsten der Umgegend von Paris, einige Werke begonnen, aber
es fehlte zu ihrer Vollendung die Zeit, oder die Revolution suspen-
dierte die Arbeiten; genug, sie gerieten in die Hände des Feindes.
Sie wieder zu nehmen, hätten alle Armeen von draußen mit den
Belagerten zusammenwirken müssen. Trochu war zufrieden, in
seinem Berichte vom 26. Oktober sich zu rühmen: „Der Platz ver-
stärkt von Tag zu Tag seine Verteidigungsmittel, indem er seinen
Rayon stetig ausdehnt. Während wir am 19. September nach der
Affaire von Chatillon auf die Linie unserer Forts beschränkt waren,
haben wir heute Vitry, Villejuif, Cachan, Issy, Suresnes, Puteaux,

Courbevoie, Asnières, Villetaneuse, einen Teil von Pierrefitte, Stains, La Courneuve, Fontenay-Sous-Bois und Nogent-Sur-Marne wieder erobert und mit Barrikaden geschützt. Endlich besitzen wir den Brückenkopf von Joinville und disponieren fast über die ganze Halbinsel Gennevilliers."

Derselbe Bericht, nach welchem die Armierungsarbeiten von Paris, „in einigen Wochen aus einer Stadt, die man bis dahin nicht für verteidigungsfähig hielt, einen uneinnehmbaren Platz gemacht haben", enthielt folgendes: „Das Genirkorps, die Artillerie und das Ministerium der öffentlichen Arbeiten haben zu diesem Resultate beigetragen. Nach der Katastrophe von Sedan war die unermeßliche Enceinte nicht nur ohne jede Bewaffnung, sondern hatte auch nicht einmal Schutzwehren, geschweige denn Pulvermagazine oder Traversen ... Die Forts waren nicht in verteidigungsfähigem Zustande. Die Notwendigkeit, Paris in eine wehrhafte Verfassung zu setzen, war dem früheren Regime nicht einmal nach den ersten Niederlagen klar geworden. Man faßte daher anfangs den Entschluß, vier permanente Forts in Mauerwerk zu Gennevilliers, Montretout, Hautes Bruyères und Chatillon zu bauen. Kaum waren die Arbeiten begonnen, so mußte man infolge des überstürzenden Ganges der Ereignisse auf sie Verzicht leisten und die Mauerarbeiten durch Erdwerke ersetzen. Die am 19. September eintretende Einschließung unseres Platzes erlaubte uns, nur zwei dieser Redouten bei Hautes Bruyères und bei Moulin Saquet zu vollenden. In den Forts war noch fast alles zu thun ... Das Genirkorps hat alle diese Arbeiten mit bemerkenswerter Raschheit vollendet. In den sechs von der Marine besetzten Forts sind sowohl Erd- wie Armierungsarbeiten von dieser selbst ausgeführt worden, und zwar mit einem über alles Lob hinausgehenden Eifer. Mehr wie 11 000 Arbeiter wurden verwendet, die 69 Thore und die Zugbrücken einzurichten. Zu gleicher Zeit mußten die vier Kanäle unfahrbar gemacht und in der Seine Sperrwerke angebracht werden. Die Militärzone wurde von allen Gegenständen befreit, die Gehölze von Boulogne und Vincennes zum Teil niedergehauen, die Außenwerke der Forts auf eine Länge von 6000 Meter mit Palissaden versehen. Drei neue Batterien wurden errichtet in St. Ouen, Montmartre und auf den Buttes Chaumont. Die Krönung der Bastionen wurde mit zwei Millionen Sandsäcken versehen. 70 gewölbte Pulvermagazine wurden errichtet. Dank den bei Billancourt ausgeführten Arbeiten ist der schwache Punkt, welcher

6*

sich vor sechs Wochen dem feindlichen Feuer zu bieten schien, eine
der stärksten Stellen unseres Platzes geworden. Die Kloaken sind
unter dem Boden von Boulogne, Billancourt, Neuilly und Clichy
zu Minenherden umgewandelt worden ... Die Forts haben elektrische
Leuchtapparate von großer Stärke erhalten. Von Vitry bis Issy
sind die Häuser mit Schießscharten versehen und die Straßen verbarrikadiert. Eine fortlaufende Linie verbindet die Redouten von
Gravelle und de la Faisanderie mit den Forts bis nach St. Denis
hin. Von dieser Linie sind Noisy, Rosny und Nogent ebenfalls
befestigt. Mehr als 80000 Menschen sind an diesem ungeheuern
Werke beschäftigt worden. Im Beginn des Krieges bestand das
Artillerie-Material in den Forts aus drei Piecen pro Bastion; es
war für die Armierung der Wälle kein einziges Geschütz vorhanden.
Die beiden Reserveparks von je 250 Stück waren nach Metz und
Straßburg geschickt. Munition gab es nur zehn Schuß pro Geschütz. Sphärische Projektile waren reichlich vorhanden, aber Kar-
tätschen-Langgeschosse fehlten gänzlich. An Pulver waren nur
540000 Kilogramm zur Hand. Mit dem Personal der Artillerie
war es noch ärmlicher bestellt, als mit dem Material. Heute ist
das Personal von Offizieren, Unteroffizieren und Soldaten auf die
respektable Ziffer von 13000 gestiegen, dank der von der Marine
ausgehenden Unterstützung. Der Pulvervorrat beträgt gegenwärtig
drei Millionen Kilogramm, die Fabrikation von Langgeschossen wird
in großer Ausdehnung betrieben und die stetige Produktion übersteigt
das voraussichtliche Bedürfnis. Der Vorrat ist für die Forts von
400 Schuß pro Geschütz auf 500 gestiegen. Statt 800 Patronen
auf den Infanteristen besaß man anfangs nur 390. Heute ist
die Fabrikation auf zwei Millionen Stück per Woche gediehen.
Die ganz neu zu schaffende Artillerie-Reserve beläuft sich heute
auf 350 Geschütze."

Was die Artillerie und das Genie betrifft, jene (seit dem
25. September) unter dem General Guiod, dieses unter dem General
Chaband la Tour, so fand die Regierung aktive und intelligente
Hilfe in den Zivil-Ingenieuren. Paris ist für sich selbst eine
Nation. Da gibt es natürlich Talente und Fähigkeiten jeder Art
in Fülle, und außerdem ist es ein großes Zentrum der Industrien
aller Art. So wurde es möglich, rasch und ohne Schwierigkeiten
Kanonen des verschiedensten Kalibers für die Forts, die Wälle und
die 20000 Mann aktiver Truppen herzustellen. Außer den vielen
neugegossenen Kanonen wurden (bis Ende Januar) 360 12-Pfünder

Haubitzen in gezogene 7=Pfünder verwandelt, indem man einen neuen Broncecylinder innerhalb des Rohres goß, ein hartes Stück Arbeit, das gerade nicht viel Dauer versprach, doch scheinen sich diese Geschütze auf Mont=Avron nicht übel bewährt zu haben. Privatfabriken lieferten außerdem täglich eine Anzahl 4= und 7=Pfünder, sowie einige 12=Pfünder. Eine Zeit lang waren die Privat= subskriptionen zu diesem Zweck Modesache; jedes Geschäft, jeder Verein, jedes National=Gardebataillon, ja mancher Privatmann wollte auf dem Altar der Republik eine Kanone niederlegen. Tag für Tag konnte man 2 bis 3 Kanonen von ihren Gebern mit dem üblichen Pomp und mit Blechmusik auf den Platz vor dem Stadthaus bringen sehen. Ein Mitglied der Regierung oder sonstiger Würden= träger der Republik kam heraus, hielt eine Rede und unter dem gegenseitigen Gelöbnis, „die Barbaren zu verjagen," ging jeder vergnügt nach Haus, denn er hatte nun auch seinen Stein zum „Werk der Erlösung" beigetragen.

Das Arbeitsministerium unter der Leitung Dorians ließ sich die Verteidigungsmittel von Paris besonders angelegen sein; es wurde zum „Ministerium des Zivil=Ingenieurdienstes" und stellte sich zur Aufgabe, dem Kriege die großartigen Hilfsmittel der Privatindustrie nutzbar zu machen. Herr Dorian wandte sich an die großen mechanischen Werkstätten, die Gießereien, die Eisenbahn= Gesellschaften und bestellte bei ihnen große gegossene Geschütze, mit eisernen Reifen armiert, im Gewicht von 290 Centnern und auf 500 Centner schweren Lafetten montiert. Die Gießer wurden zu einer Submission für den Guß von Feldgeschützen mit Hinterladung aufgefordert, welche auf den großen Drehbänken, die sich in ver= schiedenen jener Werkstätten befinden, abgedreht werden sollten. Ein in Quantität und Qualität furchtbares Artilleriematerial wurde schon im Monat Oktober als fertig angekündigt. Es läßt sich denken, mit welcher Spannung der Marsch der Preußen Tag für Tag verfolgt wurde. Die Zeitungen brachten die Telegramme der Präfekten und Maires, welche von allen Routen, auf denen der Feind sich näherte, in Paris eingingen. Auch die Eisenbahn= fahrpläne verrieten die vorgerückten Etappen. Die Züge gingen heute noch nach Chalons, morgen bis Epernay, übermorgen bis Novéant. So konnten die Pariser abmessen, um wieviel Frank= reichs Besitz sich schmälerte; der Eisenbahnpark, der von Stadt zu Stadt bis nach Paris zurückwich, sprach deutlich davon, wie viel Terrain dem Feinde überlassen wurde. So zog sich der Gürtel,

den die Preußen um die Hauptstadt zogen, fortwährend enger zu=
sammen, bis endlich Asnières und Vincennes die Endpunkte der
Eisenbahn bildeten. Am folgenden Tage wurden alle Wagen,
Maschinen, alles was zum Eisenbahndienst gehört, nach Paris ge=
bracht, und die Thore, durch welche sonst die Züge die große Stadt
verließen, vermauert und geschlossen. Am 17. September meldeten
die Preußen zuerst von kleineren Zusammenstößen und Gefechten.
In Paris verzeichnete man schon früher allerhand Siege von
einiger Wichtigkeit. Am 15. war blinder Lärm. General Vinoy
zog mit seinem Korps vom Westen der Stadt nach Vincennes, wo
die Preußen offiziell signalisiert waren. Einige Zeitungen schrieben
den blinden Lärm einem betrunkenen Hornisten zu, andere gaben
als Grund einen Aufstandsversuch des um die Barrièren lungern=
den Gesindels an; andere erkannten im Alarm einen Plan der
Regierung, um den Eifer und die Zuverlässigkeit des bewaffneten
Volkes zu prüfen. Die Probe soll gut ausgefallen sein.

Die Gerüchte von stattgefundenen Kämpfen an jenem Tage
waren aber verfrüht. Man hörte allerdings nachts Detonationen
und Kanonaden, aber sie rührten nur von dem Sprengen der
Brücken oder von Schießversuchen der Artillerie her. Am 16. mel=
deten die Zeitungen zuerst: „Die Ulanen zeigen sich ganz in der
Nähe der Hauptstadt und viele derselben sind zwischen den Forts
hindurch bis dicht an die Mauern von Paris herangeritten. Einige
dieser kühnen Reiter wurden abgefangen, mehrere getötet. Heute
nahm man auch vier Husaren, darunter einen Offizier und einen
Unteroffizier auf der Ebene von St. Denis fest. Dieselben hatten
sich verirrt und waren einer Patrouille in die Hände gefallen.“
Der „Figaro“ meldete tags darauf: „Diesen Morgen hatte ein
Bataillonschef der Mobilen von Paris, Fauchetti, vom General
Trochu den Befehl bekommen, eine Rekognoszierung über Créteil
hinaus vorzunehmen, von wo der Feind signalisiert worden. Die
Eskadron der Eklaireurs à cheval dirigierte sich sofort gegen
Maisons=Alfort und stellte sich dem Kommandanten des Forts zur
Verfügung. Auf dem Wege nach Villeneuve St. Georges, ungefähr
1500 Meter von Choisy le Roi stieß die Avantgarde der Eklai=
reurs auf blaue, preußische Husaren. Nach einem brillanten An=
griff unsererseits und darauf folgendem Handgemenge wurde der
Feind auseinandergesprengt. Dann zogen sich die Unseren auf
das Fort zurück, beladen mit den Waffen, welche die Preußen auf
dem Schlachtfelde gelassen hatten. Außerdem hatten die Husaren

sieben Mann verloren. Zu gleicher Zeit war eine Abteilung unserer Artillerie aus Maisons-Alfort ausgerückt, um die Rekognoszierung der Eklaireurs zu decken. Nur ein Artillerist wurde am Kopfe leicht verwundet von einer Salve preußischer Infanterie, welche verborgen hinter den Eisenbahnumbuschungen zum Schutze der Kavallerie herbeigekommen war. Von den Eklaireurs waren bei dieser Affaire verwundet worden: Graf E. de Kergharion, vier Säbelhiebe am Kopf, eine Kontusion am linken Arm, Adjutant Joly de Marval, drei Säbelhiebe und eine Schußwunde am Bein, und Vicomte de Bébé, eine Verwundung an der Hand. Um vier Uhr nachmittags waren unsere Truppen schon wieder im Fort von Maisons-Alfort angelangt und die preußischen Kolonnen sah man dann in dichten Massen sich nähern. Als die Schwadron, mit ihren Verwundeten an der Spitze, in Paris einzog, wurde sie auf den Boulevards von der Menge mit begeisterten Zurufen empfangen." Das „Journal des Debats" machte aber den Vorschlag, daß den National- und Mobilgarden farbige Bilder von den deutschen Truppengattungen verabreicht würden, denn es sei der Fall vorgekommen, daß ein Mobilgardist auf vier Reiter geschossen und einen verwundet habe, weil er sie für Ulanen gehalten, während es französische Lanciers gewesen. Wenn man diese jungen Leute nicht darüber aufkläre, wie deutsche und wie französische Reiter aussähen, so könne das im Pulverdampf zu den schrecklichsten Verwirrungen und Verwechselungen führen.

Die ersten Erfolge machten viel von sich reden. Sie inspirierten auch eine Karrikatur, die zur Löwin des Tages wurde. Dieselbe zeigte eine Festung, innerhalb welcher ein handfestes junges Weib (Paris) steht, mit der einen Hand einem kleinen Knaben (König von Preußen) freundlich winkend, der außen in einiger Entfernung steht und, den Finger im Munde, sich nicht näher zu kommen traut. Mit der andern Hand hält sie, hinter dem Rücken versteckt, einen tüchtigen Ochsenziemer, um damit den Buben, wenn er ihren Lockungen folgt, gehörig auszuklopfen. Der „Figaro" verschmähte solchen Scherz und sprach von der Ankunft „jener Barbaren, die gehorsam herankommen mit dem dunkeln Vorgefühl, daß sie bestimmt sind, die Beute unserer Raubvögel und der Dünger unserer Felder zu werden. Paris erwartet sie lächelnd."

Der 19. September entsprach nicht ganz den gehegten Erwartungen. Vier Divisionen griffen den Feind auf den Höhen

von Seeaux an und wurden nach Verlust von 7 Kanonen und
vielen Gefangenen unter die Forts zurückgeschlagen. Der französische Bericht sagte darüber:

„General Ducrot, welcher mit vier Divisionen die Ausläufer
der Höhen zwischen Villejuif und Meudon besetzt hatte, machte am
19. eine Rekognoszierung in das Vorterrain und stieß auf bedeutende feindliche Streitkräfte, darunter viel Artillerie, die in
einem Gehölz eine verdeckte Aufstellung genommen hatten. Nach
einem lebhaften Gefechte mußte der Rückzug angetreten werden,
welche Bewegung von dem rechten Flügel mit bedauerlicher Über-
stürzung ausgeführt wurde, während die andern Truppen sich in
guter Ordnung auf die von einer Redoute besetzte Anhöhe und das
Plateau von Chatillon rückwärts konzentrierten. Gegen 4 Uhr
nachmittags entwickelte sich die preußische Artillerie mehr und
mehr, so daß General Ducrot die Truppen unter den Schutz der
Forts zurücknehmen mußte und sich nach Vernagelung der 8 in
der Redoute von Chatillon befindlichen Geschütze nach dem Fort
von Vanves zurückzog. Die Truppen müssen sich nun definitiv in
Paris konzentrieren. Unsere Verluste waren leicht. Der Feind
hat noch keine Demonstration gegen die Forts unternommen.“

Die Proklamation, welche der General Trochu nach dem Gefecht von Clamart erließ, lautete wie folgt: „An die Nationalgarde,
an die Mobilgarde, an die Truppen der Garnison von Paris! In
dem gestrigen Kampfe, welcher fast den ganzen Tag gedauert, und
in dem unsere Artillerie, deren Solidität nicht genug belobt werden
kann, dem Feinde enorme Verluste beibrachte, ereigneten sich Zwischen-
fälle, die Ihr im Interesse der großen Sache, welche wir gemeinschaftlich verteidigen, kennen lernen müßt. Eine nicht zu recht-
fertigende Panik, welcher ein trefflicher Kriegsführer und seine Offiziere keinen Einhalt thun konnten, bemächtigte sich des provisorischen
Zuaven-Regiments, welches sich auf unserem linken Flügel befand.
Gleich beim Beginn der Aktion zog sich der größte Teil dieser
Soldaten in Unordnung in die Stadt zurück, verbreitete sich in
derselben und versetzte sie in Schrecken. Um ihr Betragen zu entschuldigen, erklärten diese Ausreißer, daß man sie dem sichern Tode
entgegengeführt habe, obgleich ihr Effektivbestand vollzählig und
keiner von ihnen verwundet war; daß sie keine Patronen gehabt
(obgleich sie, ich konstatiere dieses selbst, von den ihrigen keinen
Gebrauch gemacht); daß sie von ihren Führern verraten seien. Die
Wahrheit ist, daß diese Unwürdigen von Anfang an ein Gefecht

gefährdeten, dessen Ergebnisse trotz ihrer beträchtlich sind. Andere
Infanteriesoldaten verschiedener Regimenter haben sich ihnen ange=
schlossen. Die Unglücksfälle, welche wir bei Beginn dieses Krieges
erlitten, waren die Ursache, daß undisziplinierte und demoralisierte
Soldaten nach Paris zurückkamen, welche Unruhe und Verwirrung
dorthin brachten, durch die Umstände die Scheu vor ihren Führern
verloren und einer jeden Bestrafung entgingen. Ich bin fest ent=
schlossen, so ernsten Unordnungen ein Ziel zu setzen. Ich befehle
allen Verteidigern von Paris, die Soldaten aller Waffengattungen
oder Mobilgarden, welche in der Stadt in trunkenem Zustande
umherirren, skandalöse Redensarten führen und durch ihre Haltung
die Uniform entehren, welche sie tragen, anzugreifen und nach der
Platzkommandantur, Place Vendome 7, abzuführen. Sie werden
vor die Kriegsgerichte gestellt werden, welche in Permanenz abur=
teilen, und es soll die strenge Anwendung der hier folgenden Be=
stimmungen des Militärgesetzes stattfinden: Art. 213. Wird jeder
Militär, welcher seinen Posten angesichts des Feindes oder vor
Rebellen verläßt, mit dem Tode bestraft. Art. 218. Wird mit dem
Tode und mit der militärischen Degradation jeder Militär bestraft,
welcher den Gehorsam verweigert, wenn ihm befohlen wird, gegen
den Feind zu marschieren. Art. 250. Wird mit dem Tode und
der militärischen Degradation jede Plünderung von Lebensmitteln,
Waren oder Effekten bestraft, welche von Militärs und Banden,
sei es mit Waffen oder offener Gewalt, sei es mit Anwendung von
Gewaltthätigkeit gegen Personen, verübt wird. Art. 253. Wird
mit dem Tode und der militärischen Degradation jeder Militär
bestraft, welcher die Verteidigungsmittel, die Vorräte an Waffen,
Lebensmitteln, Munition u. s. w. vernichtet. Der Gouverneur hat
die doppelte Pflicht, Paris, welches von der Belagerung heimgesucht
wird, zu verteidigen, und die Ordnung zu erhalten. Durch die
vorstehenden Bestimmungen beteiligt er an seiner Bemühung alle
Männer von Mut und gutem Willen, deren Zahl groß ist in der
Stadt. Paris am 20. September 1870. Der Präsident der Re=
gierung, Gouverneur von Paris, General Trochu."

Einige Tage danach meldete die „Corr. Hav.": „Paris war
gestern (26.) Zeuge eines Schauspiels, das man niemals vergessen
wird. Feige Soldaten wurden durch Paris geführt mit auf dem
Rücken gebundenen Händen. Die Käppis und die Waffenröcke um=
gekehrt, gingen sie zwischen zwei Spaliers von Soldaten mit ge=
senkter Stirn; auf der Brust trugen sie einen Zettel mit folgender

entehrenden Aufschrift: „N.N. ist ein elender Feigling, er hat seinen
Posten vor dem Feinde schimpflich verlassen." Diese Ehrlosen
werden vor einem Kriegsgericht erscheinen. Das Glücklichste, das
ihnen widerfahren kann, ist, zum Tode verurteilt zu werden."

Die Bestürzung in Paris war an dem Tage von Clamart
um so größer, als während des Kampfes die besten Nachrichten ge=
meldet waren, auch von den Kommandanten der nahegelegenen
Forts, welche den eiligen Rückzug der Preußen telegraphierten.
Boten mit anderer Meldung wurden mit dem Rufe: „à bas les
alarmistes" traktiert. Die Bitterkeit der Enttäuschung rächte sich
durch die thätliche Mißhandlung der Linientruppen, welche fliehend
die Stadt erreichten und den Boulevard St. Michel hinabeilten,
während die Mobilen mit Begeisterung empfangen wurden. Linie
und Mobilgarde beschuldigten sich hinwiederum gegenseitig des Ver=
rates. Es wurde auf den Boulevards und in den Kaffees der Ge=
danke ernstlich erwogen, daß der König von Preußen, wenn es ihm
beliebe, innerhalb 48 Stunden in den Tuilerien schlafen könne.
Man appellierte von Trochu an Rochefort, den Chef des Barri=
kadenbaues. Man vergaß nicht, selbst beim Lobe der Mobilen, daß
schließlich der Ausschlag in der Rettung des Vaterlandes der
Nationalgarde zukomme.

Die Abreise des Herrn Favre nach Ferrières wurde erst be=
kannt, nachdem sie — am 19. — erfolgt war. Die Gerüchte von
den Verhandlungen wegen Friedens oder Waffenstillstands setzten
sofort Belleville und Montmartre in Aufregung. Die National=
garde dieser Viertel begab sich am 20. nach dem Rathause, um
gegen die von der Regierung des Landesschutzes angenommene Atti=
tüde zu protestieren. Klubdeputationen anderer Quartiere schlossen
sich dieser Kundgebung an. Herr Ferry empfing sie und versprach
am nächsten Tage Erklärungen. Am 21. verkündete die Regierung
durch eine Affiche: „Man hat das Gerücht verbreitet, daß die
Landesschutzregierung daran dächte, die Politik aufzugeben, zu deren
Aufrechterhaltung sie auf den Posten der Ehre und der Gefahr ge=
stellt ist. Diese Politik faßt sich in den Worten zusammen: „Kein
Zoll von unserm Gebiet, kein Stein von unsern Festungen." Die
Regierung wird ihr bis ans Ende treu bleiben." Am 22. wurde
von der Regierung über den Besuch des Herrn Favre in Ferrières
Bericht erstattet. Die Abtretung von Elsaß und Lothringen auf
Grund des Kriegsrechts, die Übergabe von Straßburg und des
Mont Valérien, als Bedingung eines Waffenstillstandes behufs

Wahl einer Konstituante: das riß ganz Paris zu einem Sturm der Entrüstung hin. Freilich war in Ferrières über künftige Friedensbedingungen gar nicht unterhandelt worden, auch lauteten die Bedingungen des Waffenstillstandes nicht ganz so, wie Herr Favre sie den Parisern auseinandersetzte. Die Wirkung der Unterhandlung wäre dieselbe gewesen, wenn letztere auch treuer berichtet worden wären, d. h. wenn man als Bedingung des Waffenstillstandes in den militärischen status quo in und vor Paris und zugleich in die Übergabe von Straßburg hätte willigen sollen. Das Programm „kein Stein von unseren Festungen" duldete zu jener Zeit, wo man sich anschickte, den Preußen ein Grab unterhalb der Forts von Paris zu bereiten, nicht die Kapitulation einer andern Festung, am wenigsten einer solchen, von der Viktor Hugo als Prophet eben geweissagt hatte, ihre Unbezwinglichkeit würde nur von der der Hauptstadt übertroffen werden. „Die französische Ehre ist nicht von anderem Stoffe als die anderer Völker," hatte Graf Bismarck in Ferrières gesagt. Das war ein Schimpf, den die Pariser sich nicht gefallen lassen konnten. Nichts erklärlicher, als daß das Wort der Regierung vom 22. September zünden mußte: „Paris wird bis zum letzten Atemzuge widerstehen. Die Departements werden ihm zu Hilfe kommen, und Frankreich retten." In den Nachmittagsstunden des genannten Tages zogen wieder Abteilungen der Nationalgarde vor das Rathaus, um gegen den „Übermut" des deutschen Kanzlers zu protestieren und die Regierung zu beschwören, ihrem Programm treu zu bleiben, worauf Herr Favre feierlich erklärte: „Wir sind eine Regierung des Landesschutzes, nicht der Kapitulation." Unter den Rufen: „Es lebe die Republik!" „Tod den Preußen" trennte sich die Menge des uniformierten Volkes. Am 23. erschien der ausführliche Bericht des Herrn Favre über seine Zusammenkunft mit dem Grafen Bismarck. Derselbe war in der Form einer Rechenschaftsablegung des Vizepräsidenten der Regierung und Waffenstillstandsunterhändlers abgefaßt und an seine Kollegen adressiert. Auf den Boulevards war es schwer, ein Exemplar des Amtsblattes zu erhaschen. Wer in Besitz eines solchen gelang, las es in seiner Umgebung vor und pries die Vorsehung, daß Bismarcksche Unverschämtheit auch den stumpffesten Pariser aus der Apathie reißen müßte.

In die Verwünschungen gegen die Preußen mischte sich nur das Murren der Kommunisten über eine Regierung, der solcher Hohn ins Gesicht geschleudert werden konnte. „Bismarck ist aber auch

schon gestraft," sagte der „Figaro" vom 23. September „denn an
dem Morgen nach dem Tage, wo Frankreich in Ferrières beschimpft
wurde, haben die Unsrigen die Preußen bei Villejuif geschlagen, die
Gerechtigkeit hat gesprochen, die Antwort auf Ferrières ist erteilt."
Die Niederlage bei Villejuif reduzierte sich darauf, daß die Preußen
diesen Ort aufgegeben hatten, daß der Admiral de Chaillé, Komman-
dant des 9. Sektors, an jenem Tage dem Gouverneur von Paris
einen fünfzehnjährigen Knaben zugeschickt hatte, namens Gabriel
Pinety, wohnhaft Vogesenstraße Nr. 18, der eigenhändig einen
Preußen getötet und als Trophäen den Helm und das Gewehr
heimgebracht hatte. „Brav, mein Kind," hatte ihm Trochu gesagt, „be-
halte die Pickelhaube und das Zündnadelgewehr als Lohn Deiner
Tapferkeit." Darauf war das Kind in Triumph durch Paris geführt
worden. War das die Antwort auf Ferrières? Die Regierung
benutzte übrigens die gute Stimmung der Pariser, welche Herrn
Favre die Erneuerung des alten Programms, „kein Zoll von unserm
Gebiete, kein Stein von unsren Festungen" hoch anrechnete, und
hob den Beschluß wieder auf, nach welchem am 28. September die
von einer Seite so leidenschaftlich geforderten Kommunalwahlen in
Paris stattfinden sollten. Dieser Widerruf verursachte allerdings
in gewissen Kreisen nicht geringe Aufregung. Die Revolution vom
31. Oktober war die erste Folge, und im März 1871 vollzog man
die Wahlen ohne Herrn Favre.

Der Regierung mußte daran liegen, die Scharte vom 19. September wieder auszuwetzen. Trochu gab nach, da es ihm auch ohne
Rücksicht auf Erfolge wichtig erschien, den kriegerischen Geist seiner
Truppen zu heben. Ducrot drängte, um sein am 19. geschwächtes
Ansehen wieder zu gewinnen. So erfolgte dann am 30. September
ein Ausfall gegen die Belagerer, über den die preußische Depesche
meldete: „Nach nur zweistündigem Gefechte, in welchem der Feind
sehr bedeutende Verluste erlitt, ohne daß die diesseitigen Reserven
einzugreifen brauchten, zog sich der Gegner in großer Eile unter
den Schutz der Forts zurück. Diesseitiger Verlust noch nicht bekannt, aber nicht bedeutend, beim 11. Korps z. B. nur 8 Mann."
Nach dem Berichte Trochus ging der Hauptstoß zwischen den Forts
von Ivry und Bicêtre (bez. zwischen den davor liegenden Ortschaften Vitry und Villejuif) hindurch und richtete sich zwischen
der Eisenbahnlinie Paris-Orleans und der Chaussee nach Fontaine-
bleau südwärts gegen den Punkt Choisy le Roi oder Choisy sur
Seine, wo das schlesische Armee-Korps sich mit seinem rechten Flügel

anlehnte. Bis hieher gelangten die Franzosen nach Trochus Angabe mit ihrem Ausfalle, d. h. nur bis an die Front der eigentlichen Aufstellung der Preußen. Trochu nannte seine Verluste „empfindlich," feierte aber den „Erfolg des Tages," der mit dem Rückzuge der Franzosen endete, in Worten, die in Paris ein lebhaftes Echo fanden. Die Scharte vom 19. war ausgewetzt. Seitdem häuften sich die Siegesnachrichten. Die Renkontres von Vorposten und Patrouillen endeten regelmäßig mit der Niederlage des Feindes. Die Zahl der Pickelhauben, die nach Paris als Trophäen kamen, mehrten sich täglich. In einigen Lokalen dienten sie als Armenbüchsen, in denen für Kranke und Verwundete gesammelt wurde. Man arbeitete auch fleißig an der Verstärkung der Stadtbefestigung, der Vervollständigung der äußeren Positionen und der Errichtung neuer Batterien. Gegen die am weitesten vorgeschobenen Stützpunkte der preußischen Stellung und die daselbst gelegenen Schanzen wurde ein regelmäßiges Geschützfeuer aus den Forts unterhalten, welches oft, gegen einen dieser Punkte konzentriert, die Luft von einem entsetzlichen Lärm erzittern ließ, der den Parisern die Herzen mächtig hob. Das Schloß von St. Cloud wurde am 18. Oktober in Brand gesteckt, „ohne jede Veranlassung," sagten die Preußen. Die Kanonenboote auf der Seine, sowie die vorgeschobenen Batterien unterstützten häufig das Feuer der Forts.

Der Feind von den fortwährenden Niederlagen unterhalb der Forts und — vom Hungertyphus in seinen Reihen gelichtet, Rebellion der Bayern und Württemberger, die nicht mehr kämpfen wollten, dagegen Paris bis an die Zähne bewaffnet, verschanzt und verbarrikadiert, die Hand an die Brand- und Stickbomben, an die Satan-Raketen und Höllenmaschinen, an die Dampfmitrailleusen und andern Zerstörungsmittel gelegt, um Tod und Verderben unter den Feind zu schleudern, wäre er trotz Niederlagen und Typhus so zahlreich wie der Sand am Meere und wagte sich bis an die Enceinte heran, das mußte wohl die Hoffnung neu beleben. Und nun noch die von allen Seiten siegreich zum Entsatz vordringenden Armeen aus der Provinz! Die Barrikaden und Bauten in der Stadt, die Mobilen und Lignards außerhalb derselben, die neuen Armeen der Departements im Rücken des Feindes stellten dem Pariser für persönliche Teilnahme an der Rettung der Stadt kaum einen Spielraum in Aussicht. Nach der Provinz lugte man wie die Schwester der Frau Blaubart seit den ersten Tagen aus, wo der Ring um die Stadt sich schloß. Den ganzen Tag schwebte ein durch Seile fest-

gehaltener Luftballon über Paris, der die Einschließungsarmeen ob=
serviert und die Befreiungs=Armee ausspähte, um die Annäherung
sofort zu signalisieren. Schon am 22. September sandte der Maire
von Paris, Etienne Arago, nach Tours eine Depesche: „Hotel de
Ville in Paris. Die Mairie von Paris wacht. 215 Bataillone
Nationalgarde sind bewaffnet und halten die Wälle besetzt. Der
öffentliche Geist ist vortrefflich. Die ganze Bevölkerung ist ent=
schlossen, sich bis zum Äußersten zu verteidigen, möge Frankreich
darauf antworten! Etienne Arago." Gambetta schrieb per Luftballon:
„Paris ist zur heroischen Verteidigung bereit. Möge Frankreich
heldenmütige Anstrengungen machen."

Trochu glaubte anfangs nicht an die Möglichkeit, durch eine
Hilfs=Armee entsetzt zu werden. Seine Augen waren anderswohin
gewandt. „Ich gestehe, erklärte er in einer späteren Zeit, daß ich
damals noch naiv genug war, zu glauben, daß Amerika nicht La=
fayette, England nicht Inkjerman und Italien nicht Solferino
vergessen werde." Gambetta ging am 7. Oktober selber per Luft=
ballon ab, um die zögernde Hilfe heranzuholen. Sein erstes Werk,
nachdem er in Tours angekommen, war eine Proklamation an die
Bürger der Departements, welche folgendermaßen lautete: „Auf
Befehl der Regierung der Republik habe ich Paris verlassen, um
Euch zugleich mit den Hoffnungen, wovon das Volk von Paris erfüllt
ist, die Anweisungen und Befehle derjenigen zu übermitteln, welche
sich der Aufgabe unterzogen haben, Frankreich von den Fremden
zu befreien. Paris, welches seit 17 Tagen belagert ist, bietet das
Schauspiel dar, wie mehr als 2 Millionen Menschen, welche alle
Zwistigkeiten vergessen, um sich um die Fahne der Republik zu
scharen, die Voraussicht des eindringenden Feindes zu nichte
machen, welcher auf Zwietracht im Innern rechnete. Die Revo=
lution hatte in Paris weder Geschütze, noch andere Waffen gefunden.
Jetzt sind in der Stadt 400000 bewaffnete Nationalgarden, 100000
Mobilgarden und 60000 Mann reguläre Truppen. In den Werk=
stätten werden Geschütze gegossen, die Frauen fertigen täglich eine
Million Patronen an. Jedes Bataillon der Nationalgarde hat
zwei Mitrailleusen, auch wird sie mit Feldgeschützen versehen, um
Ausfälle gegen die Belagerer machen zu können. Die Forts sind
mit Marinetruppen besetzt und mit vortrefflichen Geschützen ver=
sehen, welche von den besten Artilleristen der Welt bedient werden.
Bis jetzt hat ihr Feuer den Feind verhindert, auch nur das kleinste
Erdwerk aufzurichten. Die Enceinte, welche am 4. September nur

mit 500 Kanonen besetzt war, hat jetzt deren 3800 mit aus=
reichender Munition.

„Mit dem größten Eifer wird das Feuer fortgesetzt; jeder
Mann befindet sich an dem für ihn bestimmten Posten. Die En=
ceinte ist fortwährend von der Nationalgarde besetzt, welche vom
Morgen bis zum Abend das Werk des Krieges verrichtet. Die
Festigkeit und Erfahrung dieser improvisierten Soldaten wird von
Tag zu Tag größer. Hinter der einen Enceinte existiert noch
eine andere, von Barrikaden gebildete, deren Bau die Pariser zur
Verteidigung der Republik jetzt wieder aufgenommen haben. Alles
dies ist mit Ruhe, Ordnung und Enthusiasmus ins Werk gesetzt
worden. Es ist keine Illusion — Paris ist uneinnehmbar! Es
kann weder durch Gewalt noch durch Überraschung erobert werden.
Zwei andere Mittel bleiben den Preußen: Der Aufstand und die
Hungersnot, aber weder zu dem einen, noch zu dem andern wird
es in Paris kommen. Da die Stadt mit allem Nötigen versehen
ist, so ist sie imstande, dem Feinde lange Monate hindurch Trotz
zu bieten. Die Lebensmittel sind in Massen angehäuft und mit
männlicher Ausdauer wird die Stadt alle Bedrängnisse ertragen,
um ihren Brüdern in den Departements Zeit zu geben, ihr zu
Hilfe zu kommen. Dies ist ohne irgend welche Entstellung die
Situation von Paris. Große Pflichten werden Euch dadurch auf=
erlegt. Die erste dieser Pflichten ist, daß Ihr keinen andern Ge=
danken habt, als den Krieg.“ Man weiß, welche heroische An=
strengungen Gambetta machte, um diesen an die Departements
gerichteten Worten Folge zu geben und den sehnsüchtig nach Hilfe
ausschauenden Parisern die verlangte Entsetzung zu verschaffen.
Auch kamen durch die Brieftauben die aufmunterndsten, wenn auch
falsche Nachrichten nach Paris.

Daß der Feind weder bombardierte, noch sonst offensiv vorging,
galt als ein Zeugnis seiner Schwäche, wie der Stärke der Belagerten.
Ihn vollends zu demoralisieren und auszuhungern, schien das Werk
nur noch weniger Wochen zu sein.

In Deutschland entsprach die lange Verzögerung der Be=
schießung der Stadt den Erwartungen so wenig als die eben so
lange ausbleibende Wirkung der späteren Ausführung. In der
Rue de Provence in Versailles, wie wir sehen werden, fanden sich
die Erwartungen in diesen beiden Beziehungen ebenso getäuscht.

Das Große Hauptquartier in Versailles.

Am 19. September standen die Bewohner Versailles' hinter geschlossenen Fensterläden und hielten sich die Ohren zu, um die schmetternde Musik und den Trommellärm nicht zu hören, mit dem die ersten Deutschen, Regiment auf Regiment, in die französische Königsstadt einrückten. Auf den Straßen gab es nur neugierige Blousenmänner. Am 18. hatten die Versailler drei schwarze Husaren von den „Totenköpfen" die Avenue de Paris hinaufsprengen sehen, die sich von der Nationalgarde nach der Mairie bringen ließen, wo sie verlangten, Unterhandlungen anzuknüpfen. Der Maire erklärte, daß er nur mit dem Obergeneral oder seinem Bevollmächtigten unterhandeln könne. Am 19. traf dann ein von einem Reiter begleiteter Adjutant ein, welcher ebenfalls von der Nationalgarde vor die Gemeindebehörde geführt wurde. Lange Besprechungen fanden hierauf statt. Es war 9¼ Uhr morgens, und seit 6 Uhr donnerten die Kanonen von der Straße von Versailles nach Sceaux hin, einige Kilometer von Versailles entfernt. Der Adjutant verlangte hauptsächlich Sorge für die Verwundeten aus den Treffen der letzten Tage und die Schlüssel der Fouragemagazine. Man diskutierte viel und der Offizier ritt zuletzt weg, um sich mit seinem General zu benehmen. Er versprach, in einer Stunde zurück zu sein. Vor dem Ablaufen dieser Frist kam ein Kapitain vom Genie, ebenfalls Adjutant des Generals, allein zurück. Zwei Nationalgarden führten ihn nach der Mairie, wo der Gemeinderat in Permanenz war. Man schlug sich fortwährend in der Nähe von Versailles; es fand ein Gefecht zwischen General Ducrot und den deutschen Truppen statt, welche auf den Höhen von Meudon aufgestellt waren. Um 11¼ Uhr morgens kam der neue Maire der Stadt, der ehemalige Anwalt Rameau, aus der Mairie und bestieg den Brunnen, welcher sich vor dem Gitterthore der Pariser Allee

befindet, um den Text der Kapitulation zu verlesen, die er mit den
Deutschen abgeschlossen hatte. Dieselbe lautete: 1) Das Eigentum
und die Personen sowie die Monumente und die Kunstgegenstände
werden respektiert. 2) Die Deutschen werden alle Kasernen besetzen,
aber die Offiziere und Soldaten, für welche die Kasernen nicht
genügenden Platz darbieten, bei den Einwohnern einquartieren.
3) Die Nationalgarde wird bewaffnet bleiben und im gemeinschaft=
lichen Interesse mit der Polizei im Innern der Stadt und mit der
Besatzung aller Posten betraut werden. Nur werden die deutschen
Truppen die Thore, wie sie es für gut erachten, besetzen. 4) Es
wird keine Kriegssteuer in Geld erhoben werden, aber die Stadt
wird alles liefern, was für die durchziehenden Truppen oder für
die, welche dort in Garnison liegen, notwendig ist. 5) Am heutigen
Tage werden die Thore von Versailles geöffnet sein, um das fünfte
Korps durch die Stadt marschieren zu lassen. Ehe die Kapitulation
verlesen wurde, war der Parlamentär mit dem Platzlieutenant von
Versailles abgegangen, um die nötigen Befehle betreffs der Thore
zu geben. Am letzten Thore angekommen, wurde derselbe aufge=
fordert, mit dem kommandierenden General der Preußen zu sprechen,
der sich in Petit=Jour befand. Die Reise war lang und mühselig;
man mußte einen Teil des Schlachtfeldes passieren, wo man bereits
die Verwundeten aufhob, um sie nach der Ambulanz des Schlosses
von Versailles zu bringen. Um 12 Uhr 55 Minuten begann der
Einmarsch der Deutschen in Versailles durch die Rue des Chevaliers.
Er dauerte bis 5 Uhr abends und noch später. Zugleich trafen
die Ambulanzwagen mit den Verwundeten ein. Die Zahl der
Truppen — sie waren von allen Waffengattungen, Infanterie,
Kavallerie, Artillerie — welche in Versailles einzogen, mochte sich
auf 40000 Mann belaufen. Viele verließen wieder die Stadt
und zogen gegen St. Cloud und St. Germain en Laye hin, andere
blieben. Der General installierte sich im Hotel des Reservoirs.
Die Artillerie biwakierte auf dem Waffenplatze, andere in der Allee
von St. Cloud, andere nahmen Quartier in der Pariser Kaserne,
wo sich früher die französische Garde=Artillerie befand, und wieder
andere zogen in die Kaserne St. Martin. Zwei Gruppen Zuaven
befanden sich bei den Truppen, sie waren während der Schlacht
gefangen genommen. Die Menge nahm ihre Kopfbedeckungen ab,
als sie vorbeizogen; einige riefen: „Es lebe Frankreich!" Der
Adjutant, welcher zuerst als Parlamentär gekommen war, wurde
in der Rue des Chantiers von einem Individuum ebenfalls mit

dem Rufe begrüßt: „Es lebe Frankreich!" Der Offizier antwortete:
„Mein lieber Freund, Sie sollten rufen: Es lebe der Friede!" —
Nach dem Einmarsch begannen die Requisitionen: Ochsen, Fässer
Wein 2c., das ganze Fourage=Magazin, welches einen Wert von
500000 Frank hatte, wurde von der Stadt abgeliefert. Ein
Teil der Truppen zog am 20. von Versailles wieder ab. An dem=
selben Tage kam der Kronprinz dahin und ließ sich in der Prä=
fektur einquartieren, wo er am 5. Oktober dem König Platz machte
und nach der Villa des Ombrages zog. Seitdem war 6 Monate
lang Versailles eine deutsche Stadt. In der Stadt der Ludwigs
residierte jetzt König Wilhelm, in der Avenue de Paris geradeso,
wie Unter den Linden; die Rue de Provence stellte die Wilhelms=
straße vor mit dem Auswärtigen Amt, es gab eine deutsche Gar=
nison, eine deutsche Post, Kirchen, wo deutsch gepredigt wurde,
Berliner Polizei, Münchener Bier, preußisches und bayrisches Geld,
man hörte auf den Straßen fast nur deutsch.

Die Rue de Provence, wo Graf Bismarck sich niederließ, ist
eine ruhige, halbländliche Querstraße, welche die lebhafteren Avenuen
der Stadt verbindet, eine Villenstraße von vorstädtischem Charakter.
Ein großer hübscher Garten des Hauses Nr. 12, wo der Kanzler
sich bei Madame Jessé einquartierte, konnte ihm einigermaßen sein
pommersches Tuskulum ersetzen, entzog ihn dem mit der militärischen
Okkupation der Stadt verbundenen Waffengetöse und Wagengerassel,
und erfrischte durch sein Grün und sein Aroma die Nerven des
hier mehr als je zu unausgesetzter und gespanntester Thätigkeit
verurteilten Staatsmannes. Das kleine Haus wurde der Brenn=
punkt der Kriegsdiplomatie. Hier empfing Bismarck die Friedens=
unterhändler Thiers und Favre, die nordamerikanischen Vermittler
Generale Burnside, Sheridan u. a.; den Gesandten Bazaines,
General Boyer aus Metz. Von hier wechselte er seine Depeschen
mit den sogenannten Neutralen, welche ihm während des ganzen
Krieges das Leben heißer machten, als die Franzosen, Lord Gran=
ville und Graf Benst an der Spitze. Hier empfing er auch hohe
geistliche Würdenträger, den Erzbischof Ledochowski aus Posen, der
für den Gefangenen im Vatikan sein Wort einlegte, den päpstlichen
Nuntius Chigi aus Paris u. a. Dorthin begaben sich Delbrück
und die süddeutschen Minister, um das Werk der Einigung Deutsch=
lands, das die Waffen schon geschaffen, zu einer festeren Verknüpfung
des deutschen Nordens mit dem Süden, zu einer Erweiterung des
Norddeutschen Bundes zum deutschen Reiche auszugestalten. Minister

Jolly brachte hier dem preußischen Staatsmanne jene goldene Feder von einem Pforzheimer Fabrikanten mit, die Bismarck mit den Worten annahm: „Ich finde mich in einiger Verlegenheit, wie ich meinen Dank dafür aussprechen soll; in einer Zeit, wo das Schwert der deutschen Nation so ruhmreiche Thaten vollbracht hat, thut man der Feder beinahe zu viel Ehre an, indem man dieselbe so kostbar ausstattet. Ich kann nur hoffen, daß der Gebrauch, zu welchem diese Feder im Dienste des Vaterlandes bestimmt ist, dem letzteren zu dauerndem Gedeihen in einem glücklichen Frieden ge= reichen möge; und ich darf unter Gottes Beistand versprechen, daß sie in meiner Hand nichts unterzeichnen soll, was deutscher Gesin= nung und des deutschen Schwertes nicht würdig wäre."

Es ging sehr gastfreundlich her in der Rue de Provence bei Bismarck. Das bunte Gemisch von Personen, das dort täglich wechselte, ist ja auch von einem gewissenhaften Chronisten sehr an= schaulich geschildert worden. Nicht bloß, wer irgend welche persön= liche oder amtliche Beziehungen zum Bundeskanzler hatte, sondern auch, wer überhaupt Berührungs= und Anknüpfungspunkte aufzu= finden wußte, passierte nicht Versailles oder besuchte nicht den Kriegsschauplatz, ohne in der Villa der Madame Jessé sich zu schaffen zu machen. Es drängten sich auch Personen ans Aus= wärtige Amt in Feindesland, die nicht alle dasselbe Willkommen fanden. Bismarck wurde durch häufige Besuche einer gewissen Klasse von Kannegießern belästigt, welche allerhand Pläne und Vorschläge vorzulegen hatten. — Z. B. Elsaß und Lothringen mit der Schweiz, mit Belgien zu einem Rheinbunde zu verbinden; es zu neutralisieren; das Königreich Belgien den Franzosen als Ersatz anzubieten, Luxemburg an Deutschland zu geben, den Kaiser wieder einzusetzen und gegen die Roten Krieg zu führen, die Orleans wieder auf den Thron zu bringen — und viele andere Pläne, die noch unvernünftiger waren. Aber es war gefährlich, sich auf diese Dilettantendiplomatie einzulassen. Der große Kanzler spielte ihr auch zuweilen einen Schabernack. So war ein sehr liebenswürdiger Herr, welcher beim Kronprinzen speiste, so glücklich, neben Graf Bismarck zu sitzen zu kommen. Auch er war Diplo= mat und zwar Gesandter einer großen Republik an einem euro= päischen Hofe, und auch er hatte einen Plan, der jedermann zu= friedenstellen, die Ehre Frankreichs wahren und Deutschland gegen zukünftige Angriffe sicher stellen sollte. Der Diplomat ließ sich diese günstige Gelegenheit nicht vorübergehen und versuchte es beim

Grafen Bismarck mit seinem Plan. Seine Freundschaft für Deutsch=
land hatte er durch ein sehr schmeichelhaftes, aber darum doch nicht
übertriebenes Gemälde bewiesen, welches er von der Haltung einer
der deutschen Armeen — er hatte sich mehrere Tage lang bei derselben
aufgehalten — entwarf. Er war aus Paris gekommen, um zu
sehen, womit die Deutschen sich zufriedengeben würden, und er war
genau darüber unterrichtet, was die Franzosen konzedieren würden.
Nichts konnte angenehmer und lebhafter sein — so sagte man mir
— als das diplomatische Geplauder, an welchem der große Kanzler
Anteil nahm. Als aber tags darauf ein Freund dem Friedens=
macher einen Besuch abstatten wollte, da fand er einen Wagen vor
der Thür, und sah mehrere Leute Reisetaschen u. s. w. die Treppe
hinuntertragen. Der Tischgast von gestern stand im Begriffe, nach
St. Cyr, und von dort irgendwohin zu reisen, denn es war ihm
unter der Hand die Mitteilung geworden, daß seine Anwesenheit
in Versailles nicht gewünscht werde.

Anders als der Kanzler sucht sich König Wilhelm auch in der
Kampagne seinen Wohnsitz aus. Er läßt sich in das Herz der
Städte bringen, dort wo alle Arterien und Venen sich treffen und
heftig pulsieren. Wo die Truppen notwendig ihren Marsch nehmen
müssen, da nimmt der König sein Quartier, er muß an das Fenster
treten können, wenn die Trommel wirbelt, oder die Musik die
Wacht am Rhein spielt, er kümmert sich nicht um den Verlust des
Schlafes, den ihm in der Nacht das unter den Kanonen erdröhnende
Pflaster raubt, oder das Kommando der bayrischen Fuhrwerks=
kolonnen mit requiriertem Hafer: „Kolonne Halt!" In Versailles
ist die Präfektur in der Avenue de Paris für die Aufnahme des
Königs eingerichtet. Hier ging es lebhafter und namentlich mili=
tärischer zu, als in der abgelegenen Rue de Provence. Im Saale
der pas perdus, der als Vorsaal für die kaiserlichen Gemächer
diente, wartete, so erzählt uns ein französischer Offizier, der einmal
da zu thun hatte — ein wahres Heer von Generalen und Offi=
zieren aller Grade, jeden Alters und jeder Waffe, alle in funkel=
nagelneuen Uniformen, alle mit Stickereien, Großkordons, Orden
bedeckt. Die Helme funkelten, die Sporen klirrten, die Säbel
rasselten auf den Marmorfliesen. Und welche athletischen, stolzen
Gestalten, welche freudeglänzenden Blicke! Welche ruhige und selbst=
bewußte Sicherheit! Alle das atmete den Erfolg, die Gesundheit,
den Wohlstand und die Kraft . . ."

Im übrigen herrschte in der Präfektur die gewöhnliche Ord=

nung des Palais unter den Linden. Der König führte dort die=
selbe Lebensweise, wie in der Heimat. Sobald morgens mit dem
Hofmarschall die wirtschaftlichen Angelegenheiten geordnet sind, be=
ginnen die Staats= und Regierungsgeschäfte mit den Vorträgen,
zu denen die Chefs der verschiedenen Behörden erscheinen. Im
Kriege gehen natürlich die militärischen Geschäfte allen andern vor.
Das Militärkabinett hat während des Feldzuges täglich Vortrag,
ebenso der Kriegsrat, wenn man diesen Ausdruck, der bekanntlich
in der preußischen Armee nicht gebräuchlich ist, anwenden darf. Er
besteht aus dem Kronprinzen nebst dem Chef seines Stabes, Gene=
ralleutnant v. Blumenthal, dem Chef des großen Generalstabes
der Armee, General der Infanterie, Graf v. Moltke, dem General=
quartiermeister der Armee v. Podbielski und zwei Generaladjutanten
— während dieses Feldzuges General der Infanterie v. Boyen und
Generalleutnant v. Treskow. In außerordentlichen Fällen wird
der Kriegsrat oder Moltke allein auch zu andern Tageszeiten be=
rufen. Zuweilen wohnt, wenn die hohe Politik mit im Spiel ist,
Graf Bismarck dem Kriegsrate bei. Hat nun die ununterbrochene
Arbeit bis 2 oder 3 Uhr gedauert, so fährt der König entweder
in die Lazarette, oder er besieht eine Anstalt, eine Kunstsammlung,
ein Schloß, eine Merkwürdigkeit der Stadt, auch wohl die Um=
gegend, um die Stellung der Truppen, ihre Verteidigungsarbeiten
oder die feindlichen Werke zu übersehen. An Gefechtstagen wird
natürlich die ganze Tagesordnung umgeworfen, der König wird
aus einem Regenten der Feldherr.

Sobald der König sich nach Tische in sein Arbeitszimmer zu=
rückgezogen hat, beginnt er auch sofort wieder zu arbeiten. Von
einem Ausruhen, einem Unbeschäftigtsein ist nicht die Rede. Dies
ist die Tageszeit, wo der König alle längeren Berichte, die Ge=
fechtsrelationen, die Etatsrapporte über die Stärke der Truppen,
die Berichte über den Gesundheitszustand bei den Armeekorps und
überhaupt die umfänglicheren Schriftstücke liest und mit seinen
Randbemerkungen versieht. Ebenso ist es die Zeit, wo die Spezial=
karten der verschiedenen Kriegstheater bis ins kleinste Detail studiert
werden. Die Entfernungen werden mit dem Zirkel ausgemessen
und die Gefechtsrelation bei jedem Dorfe, jedem Wäldchen oder
Bach mit der Karte verglichen. Darum ist der König auch ebenso
genau über den Stand der Dinge auf hundert Stunden Entfernung,
wie in seiner unmittelbaren Nähe unterrichtet, und bringen Offiziere
persönliche Rapporte, so sind sie gewöhnlich nicht wenig erstaunt,

wenn sie hören, wie vertraut der König mit den Terrainverhält=
nissen auf so weite Entfernungen ist. Manchmal kommt es vor,
daß auch in diese Zeit noch Vorträge fallen, oder das Einholen
sofortiger königlicher Befehle; denn wenn irgend eine Eigenschaft
bei einem Hauptquartier sehr bald als unumgänglich notwendig
erkannt wird, so ist es Eile in allen Dingen. Da hat nichts Zeit,
kann nichts vertagt oder auf die lange Bank geschoben, sondern
muß schnell erledigt werden. So wird denn wohl plötzlich der
Bundeskanzler oder der Kriegsminister oder eine andere vertraute
Persönlichkeit geholt, um zu berichten und Weisungen für ihr Ver=
halten zu empfangen. In der Heimat pflegt der König zur Er=
holung abends das Theater zu besuchen, einer Vorlesung, einem
Konzerte beizuwohnen; während des Feldzuges aber gestattet er sich
nicht die geringste Erholung, Zerstreuung oder irgend ein Ver=
gnügen. Dagegen nimmt er abends den Thee in Gesellschaft seiner
Umgebung ein, wo Zeitungsnachrichten vorgelesen, Erfahrenes mit=
geteilt und illustrierte Werke besehen werden. Auch bei dieser Ge=
legenheit teilt der König den Versammelten meistenteils die seit
dem Mittag eingegangenen Telegramme und Berichte mit, und die
daran geknüpfte Unterhaltung ist ebenso vollkommen frei als
zwanglos.

Der Thee dauert gewöhnlich bis 11 Uhr. Dann hebt der
König die Gesellschaft durch sein Weggehen auf und begibt sich
wieder in sein Arbeitszimmer, wo er nun ganz allein und unge=
stört, gewöhnlich bis nach 12 Uhr, auch länger an seinem Schreib=
tische arbeitet. Aus der Zahl der am nächsten Morgen zur Bestellung
gegebenen Briefe ersieht man, daß der König während dieser späten
Stunde besonders viel schreibt.

Die Depesche, welche am 28. Oktober dem großen Hauptquar=
tier die Meldung von der vollzogenen Kapitulation der Festung
Metz überbrachte, war um 12 Uhr 18 Minuten nachts in Corny
aufgegeben und traf um 2 Uhr morgens in Versailles den König
noch außer Bett. Er ordnete sofort das Nötige an und schickte den
General=Intendanten der Armee, Generallieutenant v. Stosch, nach
Metz, um die schwierige Frage der Verpflegung der Kriegsgefangenen
zu regeln.

Von wie weit zu jener Zeit das Auge nach Versailles, nach
dem Präfekturgebäude in der Avenue de Paris gerichtet wurde,
beweist das folgende Schriftstück aus Algier: „An Se. Majestät

den König von Preußen richtet das Volk Algeriens nachstehende Bittschrift. Ew. Majestät ist es nicht unbekannt, daß unser Land ehedem ein Land des Islam war und daß seine Fürsten von alter Zeit her Moslemin waren, die nicht daran dachten, von den Andersgläubenden jemand in seiner Religion zu beeinträchtigen. Als jedoch einige von uns anfingen, sich Vergehungen gegen unser heiliges Gesetz schuldig zu machen, setzte Allah uns zur Strafe das Volk der Franzosen zum Beherrscher; denn so pflegt es Allah der Höchste mit seinen Knechten zu halten. Und jenes gewaltthätige Volk verfuhr feindselig gegen unsern Glauben, unsern Besitz und unsre Kinder; es hinderte uns, wie bekannt ist, an der Ausübung unsrer frommen Bräuche, es führte den Tod vieler der Unsern in den vielen Kriegen herbei, deren letzter der Krieg gegen Euch ist, indem es die Kriegsleute aus unserem Volke, wie bekannt ist, stets in die erste Reihe stellte und so dem Verderben hingab. Wahrhaftig, dieses Volk hat keine Religion und keinen Glauben. Aber der Zorn unseres Herrn, welcher Unveränderliches verhängt, beschloß, das übermütige Volk zu strafen. Und sein erhabener Wille gebot auch, daß Euer tapferes Volk zu seiner Bestrafung und Besserung die Oberhand gewann. Sein stolzer Fürst geriet in schmachvolle Gefangenschaft, und niemand von den Franzosen kam, ihm zu helfen. Treulos ist ihre Rede, und viele vom Volke der Gläubiger haben sie damit verführt. Aber von nun an, wo Allah der Höchste Euch diesen großen Sieg geschenkt hat, welcher die Seelen der Menschen mit Bewunderung erfüllt und über den sich alle gläubigen Völker und vor allem die Angehörigen unseres Glaubens freuen — siehe, nun beten sie für Euch, daß Ihr dieses übermütige Franzosenvolk besiegt und bezwingt. Wir lesen in den Zeitungen immer, daß Ew. Majestät dem Herrn, dem Höchsten — gelobt sei er! — für die Gnade danken, mit dem er Euch zu großem Erfolge geholfen und zum Urheber des Ruhmes Eures Volkes und der Niederwerfung jenes gewaltthätigen und verblendeten Volkes gemacht hat. Je größer der Dank, desto reicher die Gnade Gottes. Lasset uns als Unterpfand Eurer Dankbarkeit Eure vielgerühmte Gunst zu Teil werden, indem Ihr unser Land aus der Knechtschaft dieses stolzen und treulosen Volkes befreit und uns zu der Regierung des Reiches zurückführt, zu dem wir gehörten, bevor jenes Volk sich in verräterischer Weise der Herrschaft über uns bemächtigte. Siehe, die Zügel dieses hochmütigen Volkes sind jetzt in den Händen Ew. Majestät durch die Gnade Allahs. Erbarmt Euch nun auch unsrer,

gleichwie Allah, der Höchste, sich Eurer erbarmet hat, auf daß wir
allesamt für die Dauer Eurer Herrschaft beten, Ihr aber bei allen
andern Gewalten Ruhm gewinnt und bei allen Völkern unsres
Glaubens in Eurer Stellung gestärkt werdet. Dessenungeachtet
steht der Befehl bei dem Herrn des Befehles." Die Unterschrift
lautete: „Das Volk Algeriens als Bittende."

Wir kehren von Algerien, dem Lande der Zuaven, nach der
Residenzstadt zurück, wo kurz zuvor der „Zuave in Purpur" noch
Feste gefeiert hatte. Die Avenue de Paris bietet ein äußerst buntes
Aussehen. Die Uniformen sind vorherrschend. Das Auge faßt
beinahe nur Militärs, deren Achselklappen die Nummer des Regi=
ments tragen, Priester, deren Dreimaster=, Robe= und Gürtelfarbe
den Orden verrät, und Damen, welche die Coiffure und die Be=
schwingung rangiert: also nichts als Monturen. Ein kriegerisches
Bild! Dazu die Hammelherden, welche die unermüdlichen Bayern
ohne Unterbrechung und mit verzweifeltem Schreien über die Wider=
spenstigkeit der französischen Tiere, die ihr Deutsch nicht verstehen,
den breiten Damm der Avenue entlang treiben. Eine Straße, wo
Präfektur und Mairie jetzt noch eine andere Bedeutung haben als
sonst, wo auch die Feld= und die Stadtpost untergebracht sind, und
die in den Schloßplatz ausläuft, bietet natürlich schon dadurch ein
reges Leben. Die Präfektur ist ein herrliches, prächtiges, stolzes
Gebäude. Die öffentlichen Gebäude in Frankreich sind überall ihres
Zweckes würdig, auch die Mairien und Schulhäuser in den kleinsten
Dörfern. Das Präfekturgebäude in Versailles imponiert durch seine
Dimensionen, wie durch seinen edlen Stil. Den mittleren Teil,
also das Hauptgebäude, und den rechten Flügel bewohnt der König
mit einem Teil seines Hofstaates. Den linken hat der Präfekt des
Departements Seine et Oise inne, Herr v. Brauchitsch=Genthin, jetzt
Brauchitsch=Versailles, den der Reichstag, ebenso wie den Abgeord=
neten Graf Renard=Nanzig und viele andere edle Herren, welche
jetzt französische Departements verwalten, jetzt entbehren muß. Auch
der Souspräfekt, ein Regierungsassessor aus Koblenz, ein Polizei=
kommissarius aus Berlin, und andere Beamte, die dem Präfekten
untergeordnet sind, bewohnen den linken Flügel des Palastes. In
dem Parterre dieses Flügels befindet sich das Wachlokal für die
königliche Stabswache eingerichtet, zu der bekanntlich von allen
Regimentern der Monarchie je ein Mann abkommandiert ist. Sie
stellt zwei Posten vor dem eisernen, oben vergoldeten Gitter aus,
welches den von den drei Teilen des Palastes eingeschlossenen Hof=

raum von der Straße trennt, zwei andere Posten vor dem Portal
des mittleren, vom Könige bewohnten Teiles, und einen andern vor
der Wache. Sie haben das Gewehr oft zu präsentieren, vor den fort=
während gehenden und kommenden Offizieren, vor den vielen fürst=
lichen Personen, die Besuche abzustatten oder Einladungen zu be=
folgen haben, vor der Majestät selbst, die Besuche erwidert, oder
eine Promenade macht, oder Truppen defilieren läßt. Auf den
gewöhnlichen Fahrten begleiten den König, der im offenen Wagen
sitzt, zuweilen einige Korpsgendarmen, meist fährt er allein aus,
auf den militärischen Ausflügen, Rekognoszierungen oder gar in
die Schlacht hinein, sprengt eine Abteilung der Kavallerie=Stabs=
wache voran und folgt eine solche. Um das rege und bunte Trei=
ben vor der Präfektur zieht sich als weiter Rahmen eine eigentüm=
liche Kette von Erscheinungen; es sind patrouillierende Berliner
Schutzleute, zum Teil in einem bürgerlichen Kleide, in dem sie nur
der sichere Blick desjenigen erkennt, der selbst Berliner ist und sie
schon in einem anderen Kleide gesehen hat. Auch französische Polizei
versieht in dem weiten Kreise um die Präfektur herum ihren Dienst;
sie darf nichts Strafbares geschehen lassen, bei Strafe der Abführung
nach Graudenz, ein Wort, das sie schon oft hat hören müssen, ohne
es selber ordentlich aussprechen zu können.

Wer das Versailler Schloß gesehen, erinnert sich wohl mit
besonderer Lebhaftigkeit des sogenannten Schlachtensaales, dieses
prächtigen, hohen Raumes, in dem so zahlreiche Meisterwerke der
neueren Malerei ihn einst fesselten. Die Kunst eines Horace
Vernet und der kriegerische Ruhm der Franzosen blicken von den
Wänden dieses Saales herab. Die Schlachten von Friedland, von
Wagram, von Jena, alle drei von Horace Vernets Pinsel geschaffen,
die Schlacht bei Austerlitz von Gérard und andere Exploits der
Franzosen aus diesem und früheren Jahrhunderten, daneben gegen
hundert Büsten berühmter, auf Schlachtfeldern gefallener Heerführer
schmeicheln der Nation, die hier zugleich die Kunst ihrer Maler
und Bildhauer und die Tapferkeit ihrer Feldherren verewigt sieht.
Jetzt sind es die Besiegten von Jena, die in diesem Saale als
Sieger wandeln, oder unterhalb der Schlachtenbilder von heißer
Anstrengung ruhen. Derselbe König, der als siebzehnjähriger Jüng=
ling die Früchte von Friedland und Austerlitz vernichten half und
schon einmal Versailles und sein Schloß kennen gelernt hat, und
der Thronerbe, der in seines Vaters Fußtapfen getreten, durch=
wandeln die Schlachtengallerie und drücken den tapferen Helden

von Bougival, deren schwere Wunden zu heilen beginnen, die Hand,
oder richten an sie Worte des Dankes und der Hoffnung. In
diesem Saale verkehren die ersten medizinischen Autoritäten Deutsch=
lands, ja Europas, um das Äußerste, was die Wissenschaft zu
leisten vermag, den leidenden Kriegern zu gute kommen zu lassen.
Es mischen sich unter sie die freiwilligen Pfleger, welche aus dem
Überfluß der Liebesgaben Deutschlands an die Lager der Genesenden
tragen. Damen aller Zungen — man hört deutsch, französisch,
englisch sprechen — trippeln umher mit Tellern voll Leckerbissen,
und jene Dame — es soll eine Amerikanerin sein — spricht gleich
gut englisch und deutsch, ist unermüdlich von Saal zu Saal (es
sind mehrere Räume dem jetzigen Zwecke der Schlachtengallerie ge=
widmet) zu wandern, und von Bett zu Bett, mit Schreibzeug und
Papier versehen, um für die Kranken, die noch nicht imstande
sind, selbst zu schreiben, Briefe abzufassen, Grüße in die Heimat an
Weib und Kind, oder an das zagende Mutterherz. Es war inter=
essant zu beobachten, wie bei gutem Wetter die Betten in den
Garten getragen wurden, was leicht auszuführen war, da die bis
auf den Fußboden heruntergehenden Fenster ein Herausrollen der
Bettstellen gestatteten. Da schauten denn unsere sich erholenden
Krieger von der Terrasse herab auf das Werk Ludwig XIV., seine
Parkanlagen, Rasenpläne, Wasserbecken, Orangerietreppen und von
der Zeit geschwärzten Standbilder, Hermen und Vasen, Kräftigung
im Anblick, wie im Balsam der Luft findend. Die rauher ge=
wordene Witterung erlaubte dies leider nicht lange, vielmehr mußte
auf Erwärmung der Krankenzimmer Bedacht genommen werden.
Es ließ sich dies sehr leicht und zweckmäßig ausführen, da das
Schloß fast durchgehends für Erheizung mittelst erwärmter Luft
eingerichtet ist. Trotz aller günstigen Verhältnisse, die sich ver=
einigten, um aus der Schloß=Ambulance etwas Bewunderungs=
würdiges zu machen, konnte der Sterblichkeit nicht weiter Einhalt
gethan werden, als die Wissenschaft und Kunst es vermag. Die
Verletzungen waren zum Teil sehr gefährliche und mancher wurde
dem Lazarett schon als Sterbender zugeführt. Für innere Krank=
heiten waren zwei Ambulancen eingerichtet, eine preußische und
eine bayerische. Auch das kleine Trianon sollte schon in ein Ho=
spital verwandelt werden, die Ärzte waren gerade mit dem Abmessen
der Räume beschäftigt, als Bismarck vorbei ritt und in das Schloß
mit den Worten eintrat: „M. H. ich muß Sie sehr bitten, über
Trianon möchte ich gern verfügen." Ein Oberstabsarzt: „Exzellenz,

gerade Trianon wäre für unsere Zwecke ... Der Staatsmann: „Lassen Sie mir Trianon für den König von Bayern, Sie finden wohl noch gleich zweckmäßige Räume ..." Der König von Bayern ist nun zwar nicht gekommen, aber Trianon vor einer Ambulance bewahrt geblieben. Man wählte dafür eine Kaserne in der Rue de la Bibliothèque (hinter dem Schlosse). Die feindliche Besatzung der Stadt wurde von den Versaillern mit so trotziger Verbissenheit ertragen, wie überall in Frankreich. Eine preußische Okkupation ist freilich eine so gründliche und in so viele Verhältnisse eingreifende, daß sie zumal von dem Haß, der die Franzosen gegen die Preußens erfüllte und noch mehr von jener kindlichen Naivität, welche die unvermeidlichsten Kriegsnotwendigkeiten nicht zugeben wollte, und den Unterschied zwischen Krieg und Frieden, zwischen Besiegten und Siegern vollständig ignorierte, als eine unerträgliche Last empfunden werden mußte. Das war ein heißer Tag für den Maire von Versailles, der heißeste, den er überhaupt erlebt hatte, nämlich der 18. September, als die Stadt die erste feindliche Besatzung erhielt, und zwar gleich eine sehr starke. Der Maire trocknete sich des Abends um 9 Uhr den Schweiß von der Stirn, den ersten freien Augenblick benutzend, der des Tages schwere Last ihm gönnte. Seine Brust hob und senkte sich schneller als gewöhnlich, und die von vielem Reden heiser gewordene Stimme brachte nur noch leise die Worte hervor: „Fluch über den, der diesen Krieg über uns gebracht hat!" Die Anstrengungen des Maire waren in der That fast übermenschlich gewesen. Eine erste preußische Okkupation in Feindesland macht Ansprüche an die Behörden. Da waren so und so viel Regimenter einzuquartieren, da wollte die Intendantur Magazine, die Johanniter Quartier für sich, und Lazarette für andere, da war die Feldpost zu installieren, die Feldpolizei zurechtzuweisen, da wurde requiriert, Brot und Fleisch für die Mannschaften, Fourage für die Kavallerie, da meldeten sich freiwillige Krankenpfleger, das Kreuz am Arme, und verlangten Offiziers-Quartier, da erschien in der Mairie der Times-Korrespondent und verlangte ein Gleiches, da fragte endlich ein deutscher Korrespondent, ob ihm nicht für Geld und gute Worte ein Nachtquartier nachgewiesen werden könne. Dieser Tag war wirklich zu heiß für den Maire von Versailles. Bald protestierten die Versailler Bürger gegen Bequartierung und Requisition, bald die Quartiernehmer und Requirenten, und ohne Ende waren Streitigkeiten zu schlichten, Übelstände zu beseitigen. Es fehlte auch nicht

an heftigen Szenen. Der Deutsche kann heftig werden, er trägt
Bluntschlis „Kriegsrecht in der Patronentasche" bei sich. Dabei
die Erschwerung des gegenseitigen Verständnisses durch den fatalen
Umstand, daß die einstigen Eroberer, unsere Stammesgenossen, die
Franken, das Deutsche verlernt und dafür Romanisch gelernt haben.
Der arme Maire. Er sollte deutsch können und konnte höchstens
den Ausdruck: „Bock." Erst die späte Abendstunde brachte ihm,
wie gesagt, Ruhe, und er konnte sich die Stirn trocknen. Da —
da klopfte es wieder an der Thür seines Büreaus. Es präsentierte
sich eine Uniform, die ihm erst nicht recht klar war, so wenig als
der Titel, den der späte Besucher sich gab: Oberstabsarzt. Aber
dieser sprach französisch, so erfuhr denn der Maire, daß er einen
médecin major vor sich hatte.

„Sie wünschen, mein Herr?"

„Herr Maire, ich bin mit der Gesundheitspflege der Stadt
Versailles beauftragt und habe mich mit Ihnen deswegen in Be=
ziehung zu setzen. Es handelt sich vornehmlich um die Kontrolle
eines gewissen Elementes der Bevölkerung."

„Mein Herr, es ist schon spät abends, ich bin von den An=
strengungen des Tages erschöpft, überdies nicht genau über die
Ihrem Ressort unterliegende Materie orientiert, zu morgen dürfte
der Gesundheitskommissarius der Stadt Ihnen das nötige Detail
verschaffen, Sie werden es doch nicht schon für heute brauchen?"

„Ich bedauere, Herr Maire, noch heute Sie mit dieser Ange=
legenheit belästigen zu müssen. Indem ich mir genauere Infor=
mation einzuziehen noch vorbehalte, bitte ich Sie nur, vorläufig
mir allgemeine Angaben zu machen, um danach meine ersten Maß=
regeln zu treffen."

„Meine Angaben werden in der That nur sehr allgemeine
sein, zumal da in den letzten Tagen die Verhältnisse sich sehr ge=
ändert haben. Es ist ein großer Personenwechsel eingetreten. Der
starke Zuzug aus Paris, wo über viele unnütze Mitesser und Mit=
esserinnen das Exil verhängt ist, entzieht sich noch der Berechnung."

„Herr Maire, ist der Abfluß aus Paris allein hierher ge=
gangen?" „Bitte um Verzeihung, mein Herr, dieser Abfluß hat
nur zum Teil hier Halt gemacht und sich dann weiter über die
ganze feindliche, wollte sagen preußische, Etappenstraße Chalons,
Bar=le=Duc, Nancy, Luneville u. s. w. verbreitet. Diese Etappen=
straße finden Sie auch von unserer Seite vollständig besetzt."

„In welcher Weise ist bisher das Sanitätswesen seitens der Stadt beaufsichtigt worden?“ ...

„In der That, sagte Herr Rameau später einmal zu mir, Ihr Preußen okkupiert gründlich, Ihr bemächtigt euch gleich aller Verhältnisse.“

Requisitionen, Kontributionen und andere Ansprüche der Sieger führten oft zu Konflikten. So leicht Bismarck das Wort „Erschießen“ in solchen Fällen gebrauchte, so auffahrend er sein konnte, fand man ihn doch immer auf seiten der Milderung.

Es war am 21. Oktober, als Graf Bismarck des Abends, unmittelbar nach dem Gefecht bei Malmaison, durch den Legations= rat Grafen Haßfeld den Maire zu sich bescheiden ließ. Herr Rameau begab sich sogleich nach der Rue de Provence und wurde in das Zimmer des Kanzlers geführt. Letzterer war in Uniform und schien etwas ermüdet; er war an einem mit Kerzen beleuchteten Tische beschäftigt, Ausschnitte von Zeitungen auf weißes Papier zu kleben; die Reste der Blätter, die er hatte fallen lassen, bedeckten den Fußboden. Er reichte dem Maire die Hand, dankte ihm, daß er seiner Einladung sogleich Folge geleistet habe, und richtete an ihn mit gleichgültiger Miene, wie man vom Wetter spricht, die Frage: „Wie geht es in der Stadt?“

Der Maire fand die Frage etwas unbestimmt und antwortete: „Nun, Herr Graf, die Stadt hat heute eine Hoffnung gehabt, die sich aber, wie es scheint, nicht erfüllt hat.“

„Ich wollte nicht davon sprechen,“ versetzte der Graf lächelnd; „ich wollte Sie fragen, wie sich die Verhältnisse zwischen unseren Truppen und der Bürgerschaft gestaltet haben. Es wäre zu wün= schen, wenn dieselben von guter Art wären; denn es hat den An= schein, als ob wir noch einige Zeit bei Ihnen verweilen würden.“ Dann übergehend auf eine Geldstrafe von 100 Frank, welche von deutscher Seite über die Stadt wegen unterlassener Stellung eines Fuhrwerks verhängt war und welche diese zu zahlen sich weigerte, sagte er: „Ich bitte Sie, zahlen Sie diese kleine Summe, Sie können es mir zu Gefallen thun, der ich darauf hingewirkt habe, daß Ihnen eine Kriegskontribution von 400000 Frank erlassen wurde.“

Der Maire entgegnete, er könne keine Strafe für einen Vorfall zahlen, bei welchem die Gemeindeverwaltung sich weder bösen Willen noch eine Nachlässigkeit habe zu schulden kommen lassen, da es ihr unmöglich gewesen sei, der Requisition nachzukommen.

„Sie hätten nötigenfalls den Wagen stellen sollen," sagte Graf Bismarck, „den ich sonst für meinen Privatgebrauch zu mieten pflege; aber einen Kurier des Königs, der bringende Aufträge hatte, durften Sie nicht warten lassen. Man war genötigt, Relais zu nehmen, das hat 800 Frank gekostet und der Zweck wurde nicht erreicht. Dafür muß Genugthuung genommen werden." — „Es ist merkwürdig," fuhr er nach einer Pause fort, „wie wenig man in Frankreich und besonders hier in Versailles weiß, was der Kriegszustand eigentlich zu bedeuten hat. Wenn Alarm geblasen wird, soll der männliche Teil der Bevölkerung zu Hause bleiben, sonst kann auf ihn geschossen werden. Statt dessen kommen Ihre Landsleute neugierig heraus, scharen sich auf den Plätzen zusammen und scheinen den weiteren Verlauf der Begebenheiten abzuwarten, um unter Umständen daran Teil zu nehmen. Das kann ihnen übel bekommen. Als ich heute zu den Truppen hinausritt, gab es über dreihundert Neugierige in der Rue de Provence. Wir hatten heute einen Ausfall von Paris, einen anderen vom Mont Valérien. Zwanzig Bataillone der Unseren waren ausgerückt, morgen sind es vielleicht vierzig, und die Alarmsignale können sich wiederholen. Bedeuten Sie den Einwohnern, daß sie zu Hause bleiben; wir wollen ihnen großes Unglück ersparen. Wenn gewisse Persönlich= keiten, z. B. der General von Moltke oder ich, auf der Straße er= scheinen, gibt es sogleich einen Auflauf; das ist uns lästig. Als ich neulich abends von der Präfektur allein zurückkehrte, gingen zwei oder drei Personen mir unmittelbar nach. Die eine hielt die rechte Hand in der Tasche, und ich machte mich bereits auf einen Messerstich gefaßt. Ich habe den Menschen von dem nächsten Posten anhalten und auf die Wache bringen lassen. Weisen Sie die Ein= wohner an, daß dergleichen Dinge aufhören sollen."

Nach einer neuen Pause bot der Graf dem Maire eine Zigarre an, welche dieser ablehnte, zündete sich dann selbst eine Zigarre an und fuhr fort: „Nun, Herr Maire, es scheint, als sollten wir den Winter bei Ihnen zubringen, und doch möchte ich gerne nach Berlin zurückkehren."

„Das ist gewiß für uns nicht weniger unangenehm," erwiderte der Maire. „Aber warum muß es denn so sein?"

„Ohne Wahlen kann kein Friede zustandekommen. Jetzt giebt es niemand, der für Frankreich unterhandeln kann, weder der Graf Chambord, noch die Orleans, noch die Kaiserin=Regentin, und doch will Frankreich den Frieden und Deutschland will ihn auch). Wir werden genötigt sein, mit Napoleon zu unterhandeln und ihn zurückzuführen."

„Das werden Sie nicht thun: es wäre die schwerste Beleidigung, die Sie der Nation zufügen könnten."

Da der Graf nicht Miene machte, das Gespräch abzubrechen, fuhr der Maire fort: „Ich bin kein Diplomat, Herr Graf, und habe von niemand einen Auftrag, aber ich wünschte aus Menschlichkeit, daß der Frieden hergestellt würde, und ich glaube, daß dies möglich wäre. Sie sagten, daß Deutschland diesen Krieg nicht führe, um Eroberungen zu machen, sondern um seiner eigenen Sicherheit willen. Ich erkläre Ihnen, daß auch die französische Republik keine Eroberungsgelüste hat und zur Herstellung des Friedens in alles willigen wird, was mit ihrer Würde vereinbar ist. Daher keine Gebietsvergrößerung auf der einen oder der anderen Seite. Als Bürgschaft für den Frieden verlange Deutschland die Schleifung der französischen und Frankreich diejenige der deutschen Grenzfestungen. Wenn beide Teile darauf eingehen, ist die Ehre gerettet."

Graf Bismarck ließ den Maire ruhig ausreden; dann erwiderte er: „Aber das Verhältnis ist nicht für beide Teile gleich. Mit Ausnahme von 1792, wo es von dem allgemeinen Strome fortgerissen ward, hat Preußen niemals Frankreich angegriffen; Frankreich aber hat uns unter Ludwig XIV., der Republik und den beiden Napoleon dreiundzwanzig mal mit Krieg überzogen. Auch unter der Restauration hätte es dasselbe gethan, wenn nicht die Julirevolution ausgebrochen wäre."

„Nun denn," versetzte der Maire, „so mögen sich die beiden Nationen in einem Vertrage zu einer verhältnismäßigen Abrüstung verpflichten, und diesen Vertrag könnten sie bald ganz Europa aufzwingen. Das ist vielleicht für beide das beste Mittel, um ihre Wunden zu heilen."

„Aber mit wem soll über dies alles verhandelt werden?" fragte Graf Bismarck.

„Da kommen wir auf die Frage des Waffenstillstandes. Wenn Sie, Herr Graf, mir einen Passierschein nach Paris ausstellen wollten, würde ich sofort dahin gehen und der Nationalregierung die Ideen vortragen, die ich soeben ausgesprochen habe."

„Das würde ich Ihnen nicht raten. Friedensvorschläge, die von meiner Initiative herrührten, würden dort kein Gehör finden. Man würde darin einen Beweis sehen, daß wir den Krieg nicht fortſetzen wollten, und ſie ſchon deshalb verwerfen. Verſuchen Sie es nicht, in Ihrem eigenen Intereſſe!"

„Herr Graf, ich bin Republikaner, und ein guter Republikaner ſtellt das allgemeine Intereſſe über das perſönliche."

„In dieſem Sinne wäre auch ich Republikaner; jedoch erblicke ich eine weſentliche Bürgſchaft in einem erblichen Oberhaupte. Aber ich will Ihnen den Beweis liefern, daß Sie nicht durchdringen würden. Amerika iſt das einzige Land, welches ſich wirklich für Frankreich intereſſiert. Vier amerikaniſche Generale haben ſich für den Frieden verwandt. Sie waren in Paris und hatten Unter- redungen mit den Vertretern Ihrer Regierung. Nach ihrer Rück- kunft ſagten ſie zu mir: „Es iſt nichts zu machen; keiner will von Frieden ſprechen hören — mit Ausnahme von Trochu, und dieſer ſagt: Wir ſind noch nicht genug geſchlagen, um unterhandeln zu können."

„Dann will ich freilich lieber nicht nach Paris gehen," ſagte der Maire.

Nach einer Pauſe fuhr er fort: „Ich freue mich indeſſen, Ihnen ein doppeltes Beiſpiel dafür anführen zu können, daß trotz der Heftig- keit des Kampfes die Humanität auf beiden Seiten noch nicht ihre Rechte verloren hat. Eben heute hat der Gemeinderat eine Be- lohnung von 50 Frank für einen preußiſchen Unteroffizier be- ſchloſſen, welcher in dieſen Tagen beim Löſchen eines Brandes in Verſailles den rühmlichſten Eifer an den Tag gelegt hat. Kurz vorher war ein preußiſcher Soldat, der das Unglück hatte, von einem Wagen zu fallen und ein Bein zu brechen, von einem Einwohner in Verſailles, Namens Poidevin, aufgehoben und verbunden worden."

„Nun," ſagte Bismarck, „wenn dieſer Poidevin es brauchen kann, ſo geben Sie ihm die 100 Frank, welche Sie uns als Ent- ſchädigung ſchuldig ſind, und die Sache mag damit erledigt ſein."

Bei dieſen Worten ſtand er auf und bot dem Maire die Hand. Dieſer reichte die ſeinige, fügte aber den Vorbehalt hinzu: „Aber nur Ihrer Perſon, Herr Graf!"

Bismarck erwiderte lachend: „An den Vorpoſten reichen ſich die feindlichen Soldaten öfters die Hand."

Poidevin erhielt in der That die 100 Frank und die Sache war ausgeglichen.

Waffenstillstands-Unterhandlungen.

Der von Bismarck ausgesprochene Wunsch nach Herstellung des Friedens war aufrichtig gemeint und wurde von dem Könige und der Armee geteilt. Er ging auf jeden Vermittelungsversuch ein. Dem nordamerikanischen General Burnside gegenüber erklärte er sich bereit, einen kurzen Waffenstillstand während der Wahltage für die Konstituante zu bewilligen; doch dürfte weder die Zernierung von Paris noch die von Metz dadurch aufgebrochen werden. Ferner sei von französischer Seite vorerst das Prinzip von Gebietsabtretungen insoweit anzuerkennen, daß Elsaß und Deutsch-Lothringen sich an den Wahlen nicht zu beteiligen hätten. Diese Bedingungen fand Jules Favre unannehmbar, während Generale Burnside sie für ganz angemessen hielt. In Paris selber erhoben sich Stimmen, welche der Regierung einen Vorwurf daraus machten, annehmbare Bedingungen abgelehnt zu haben. So brachte die „Vérité" verschiedene Artikel in diesem Sinne. Die Regierung ging entschlossen gegen das genannte Blatt vor, weil es den Waffenstillstand mit Rücksicht auf die angeblich in Anarchie befindliche Provinz empfahl, also „durch falsche, beunruhigende Mitteilungen über die Provinz die öffentliche Meinung in Erregung versetze." Die Regierung erteilte den Befehl, den Urheber dieses „Manövers" zu verhaften und vor Gericht zu stellen und ließ in das amtliche Organ das folgende Dementi einrücken:

„Ein amerikanischer General, dessen Name von einer legitimen Berühmtheit umgeben ist, Herr Burnside, ist am 3. Oktober nach Paris gekommen. Er war der Träger eines von Herrn v. Bismarck an Herrn Jules Favre gerichteten Schreibens, welches ausschließlich auf die Beschwerden des diplomatischen Korps Bezug hatte, das verlangte, wöchentlich einen Kourier absenden zu dürfen. Herr Burnside hatte keinen offiziellen Auftrag und es geschah aus eigenem

Antriebe, daß er eine Annäherung zwischen den Kriegführenden zu bewerkstelligen suchte. Unter diesen Umständen fand eine Unterredung statt, die ohne ernste Unbequemlichkeit dem Publikum nicht preisgegeben werden konnte. Nur ging aus dieser Unterredung hervor, daß die Ansichten des Kanzlers des Nordbundes die nämlichen geblieben waren, wie er sie zu Ferrières kundgegeben, und daß, wenn er einen Waffenstillstand für die Zusammenberufung einer Versammlung für möglich erachtete, er ihn nur für 48 Stunden bewilligen wollte. Er weigerte sich, Metz in denselben mit einzubegreifen, und schloß unsere braven Landsleute des Elsasses und Lothringens von den Wahlen aus. Der Journalist, welcher die Regierung anklagt, einen annehmbaren Waffenstillstand zurückgewiesen zu haben, wird sich ohne Zweifel seiner Frechheit schämen; wir geben ihn der öffentlichen Meinung preis; sie wird mit gerechter Strenge die verdammen, welche durch ihre verbrecherischen Manöver, aber glücklicherweise vergeblich, versuchen, der nationalen Verteidigung zu schaden."

Der im Auftrage des Marschalls Bazaine in Metz und in Begleitung des preußischen Rittmeisters Wilson in Versailles eingetroffene General Boyer verließ das Große Hauptquartier am 15. Oktober wieder. Sein Erscheinen in den Straßen der Stadt Versailles und in Begleitung eines preußischen Offiziers ließ niemand darüber im Zweifel, daß er als Parlamentär dahin gekommen sei. Vor der Wohnung des Bundeskanzlers versammelten sich während der Audienz, welche General Boyer dort hatte, viele hundert Personen, die ihn mit Hochrufen begrüßten. Nach beendeter Audienz des französischen Generals fuhr Graf Bismarck zum Könige. Auf der Rückreise hatte Bazaines Abgeordneter in Luxemburg eine Zusammenkunft mit dem Oberst Rainbeau (von Berezowskis Attentat auf den Kaiser von Rußland her bekannt), der gerade von einer im Auftrage Napoleons von Wilhelmshöhe nach Petersburg unternommenen Reise zurückgekehrt war. Nach Chislehurst hatte der Kaiser seinen Vertrauten, den Dr. Conneau, gesandt. Nach der Unterredung in Luxemburg begab sich dann General Boyer ebenfalls zur Kaiserin, und nach einer in Chislehurst gehaltenen Besprechung nach London, wohin ihm die Kaiserin folgte. Hier fand darauf eine Konferenz von Freunden und Anhängern der Dynastie statt, bei welcher auch Prinz Napoleon zugegen war. Seitdem kamen mannigfache Gerüchte über Boyers Sendung in Umlauf. Nach Angabe englischer Blätter ließ Bazaine im deutschen Hauptquartier unter anderem einen Plan für die Rückkehr der Kaiserin als Regentin von Frankreich vorlegen und zur Erörterung bringen. Wenigstens sollten unter ihrer Autorität die Friedensverhandlungen geführt und abgeschlossen werden, wobei übrigens ausdrücklich einer rechtmäßig gewählten konstituierenden Versammlung die weitere Entscheidung über Frankreichs künftige Regierungsform vorbehalten bleiben sollte. Boyer legte dann diesen im deutschen Hauptquartier „erörterten Plan" der Kaiserin vor, wobei er sogar ermächtigt war, die sofortige Abreise der Kaiserin nach Versailles vorzuschlagen. Im Widerspruch mit dieser Nachricht stand die Mitteilung, daß die Kaiserin sich in verschiedenen Äußerungen entschieden auf den Standpunkt des Herrn Favre stellte.

Schon von Ferrières aus, unter dem 4. Oktober, hatte Bismarck eine Zirkulardepesche an die deutschen Gesandten an den verschiedenen Höfen Europas gesandt, der er ein kurzes Memoire über die Folgen beifügte, welche unausbleiblich eintreten müßten, wenn die Stadt Paris oder vielmehr die in ihr jetzt herrschenden Machthaber ihren Widerstand bis zum letzten Augenblick fortsetzen sollten, wo die Erschöpfung der Vorräte sie zur Übergabe zwingen werde. „Wir blicken, schrieb Bismarck, mit schmerzlichem Bedauern auf diese Folgen, welche abzuwenden wir nicht imstande sind. Aber wir haben im voraus darauf aufmerksam machen wollen, um zu erklären, daß wir keine Verantwortung für das unvermeidliche Elend übernehmen, und daß wir die schwere Verantwortung dafür denjenigen überlassen müssen, welche durch fortgesetzte Aufreizungen und bewußte Lügen eine Bevölkerung, welche ein Augenblick der Besonnenheit retten könnte, zu einem nutzlosen Widerstande aufstacheln." Bismarck ersuchte die Gesandten, mit dieser mündlichen Bemerkung eine Abschrift des beiliegenden Promemoria der betr. Regierung zu übergeben, und, nachdem dies geschehen, auch für die Verbreitung desselben durch die Presse Sorge zu tragen. „Die Herrn Jules Favre gestellten Waffenstillstands=Bedingungen, hieß es in dem Memoire, auf Grund deren die Anbahnung geordneter Zustände in Frankreich erstrebt werden sollte, sind von ihm und seinen Kollegen verworfen worden.

„Die Fortsetzung eines, nach dem bisherigen Gange der Ereignisse für das französische Volk aussichtslosen Kampfes ist damit ausgesprochen.

„Die Chancen dieses opfervollen Kampfes haben sich für Frankreich seitdem noch verschlechtert. Toul und Straßburg sind gefallen,

Paris ist eng zerniert und die deutschen Truppen streifen bis zur Loire. Die vor jenen Festungen engagiert gewesenen beträchtlichen Streitkräfte stehen der deutschen Armeeführung zur freien Verfügung.

„Das Land hat die Konsequenzen des von den französischen Machthabern in Paris gefaßten Entschlusses eines Kampfes à outrance zu tragen, seine Opfer werden sich unnützerweise vergrößern und die sozialen Zustände in immer gefährlicheren Dimensionen sich zersetzen.

„Dem entgegenzuwirken, sieht sich die deutsche Armeeführung leider nicht in der Lage. Aber sie ist sich über die Folgen des von den französischen Machthabern beliebten Widerstandes völlig klar und muß namentlich auf einen Punkt die allgemeine Aufmerksamkeit im voraus leiten.

„Es betrifft dies die speziellen Verhältnisse in Paris.

„Die bisher von dieser Hauptstadt geführten größeren Gesechte am 19. und 30. v. Mts., in welchen der Kern der dort vereinigten feindlichen Streitkräfte nicht einmal vermocht hat, die vorderste Linie der Zernierungstruppen zurückzuwerfen, gibt die Überzeugung, daß die Hauptstadt über kurz oder lang fallen muß.

„Wird dieser Zeitpunkt durch das Gouvernement provisoire de la défense nationale soweit hinausgeschoben, daß der drohende Mangel an Lebensmitteln zur Kapitulation zwingt, so müssen daraus schreckenerregende Konsequenzen entstehen.

„Die französischerseits in einem gewissen Umkreise von Paris ausgeführten widersinnigen Zerstörungen von Eisenbahnen, Brücken und Kanälen haben die Fortschritte der diesseitigen Armeen nicht einen Augenblick aufzuhalten vermocht; die für letztere notwendigen Land= und Wasserkommunikationen sind in sehr kurzer Zeit von ihr retabliert worden.

„Diese Wiederherstellungen beziehen sich naturgemäß nur auf die rein militärischen Interessen, die sonstigen Zerstörungen aber hemmen selbst nach einer Kapitulation von Paris die Verbindung der Kapitale mit den Provinzen auf lange Zeit hinaus.

„Der deutschen Armeeführung ist es, wenn jener Fall eintritt, eine positive Unmöglichkeit, eine Bevölkerung von nahe an 2 Millionen Menschen auch nur einen einzigen Tag mit Lebensmitteln zu versehen, die Umgegend von Paris bietet alsdann, da deren Bestände für den Bedarf der diesseitigen Truppen notwendig gebraucht werden, auf viele Tagemärsche hin ebenso wenig irgend welche Hilfsmittel und gestattet daher nicht einmal, die Bewohner von Paris auf den Landwegen zu evakuieren.

„Die unausbleibliche Folge hiervon ist, daß Hunderttausende dem Hungertode verfallen.

„Die französischen Machthaber müssen diese Konsequenzen ebenso klar übersehen, wie die deutsche Armeeführung, welcher nichts übrig bleibt, als den angebotenen Kampf auch durchzuführen.

„Wollen jene es bis zu diesem Extrem kommen lassen, so sind sie auch für die Folgen verantwortlich."

Herr Chaudordy, welcher, während Herr J. Favre von Paris aus die Depeschen Bismarcks beantwortete, in Tours der gleichen Bemühung in einer längeren Reihe von Schriftstücken sich unterzog, schrieb in einem Zirkular: „Wenn dieses Unglück (die Belagerung) kommen sollte, so glauben wir im Gegenteil, daß die ganze Welt, erschreckt durch ein solches Verbrechen, nicht zögern werde, es auf die zurückfallen zu lassen, welche es haben geschehen lassen, als man von ihnen den Frieden verlangte, obgleich man selbst nicht einmal für den Krieg verantwortlich war. Indes kann dieses Manifest niemand beunruhigen, welcher die Wirklichkeit der Thatsachen kennt. Es ist leicht, sich immer die schönste Rolle zuzuteilen, und sich alle Vorteile der Lage anzueignen. Der Urheber des preußischen Memorandums stützt sich auf Hypothesen. Der Zukunft gegenüber, so wie es ihm beliebt, sie auszumalen, ist die Gegenwart, so wie wir sie kennen, folgende: Paris ist für eine sehr lange Zeit vollständig mit Proviant versehen. Die soziale Ordnung ist dort nirgends bedroht. Die Ankunft der Preußen allein reichte hin, um alle Meinungskonflikte zu ersticken. Außerhalb Paris bilden sich zahlreiche Armeen, und die Nation ist zu allen Opfern bereit, um die Hauptstadt zu befreien. Die Gefechte, von denen man gesprochen, sind zu unserem Vorteil ausgefallen, und es waren nicht die einzigen. Die Preußen haben sich noch nicht der Linie der Forts genähert, und wenn sie davon sprechen, Paris auszuhungern, so kommt es daher, daß sie auf Hindernisse und einen Widerstand stoßen, welche ihre Voraussetzungen überrascht haben. Wenn sie die Schwierigkeit, Paris zu verproviantieren, betonen, so kommt es daher, daß sie selbst an Mangel von Lebensmitteln leiden und genötigt sind, ihre Armee zu schwächen, um ihren Plünderungskolonnen mehr Ausdehnung zu geben. Diese Armee entkräftet und demoralisiert sich; die Zahl ihrer Kranken nimmt tagtäglich in einer sehr beunruhigenden Weise zu. Die Ver-

längerung des Krieges während der schlechten Jahreszeit ist ein
Vorteil für uns. An Soldaten fehlt es uns nicht, und das Vertrauen des Landes in seine ungeheuren Hilfsquellen ist, selbst nach
so vielem ausgestandenen Unglück, nicht erschüttert. Dies ist die
Wahrheit.

„Ungeachtet dessen wünscht Frankreich den Frieden, wie es ihn
auch vor Beginn der Feindseligkeiten wünschte; aber es wünscht,
daß der Friede dauerhaft sein möge. Europa ist dabei ebenso sehr
interessiert, wie wir.“

Die Grundansicht war immer dieselbe, daß Frankreich sich nur
einen neuen Rock anzulegen brauchte, um für alles, was es in dem
alten Rock begangen, nicht mehr verantwortlich zu sein. Nachdem
Paris in eine Festung verwandelt worden war, sollte es ein „Verbrechen“ sein, diese Festung zu belagern. Der Vertreter der auswärtigen Politik in Tours wußte nicht einmal, daß Frankreich es
in diesem Kriege nicht bloß mit den „Preußen“ zu thun hatte,
sondern befleißigte sich auch den auswärtigen Mächten gegenüber
durchweg des üblichen Stils der französischen Zeitungen. Was bei
diplomatischen Verhandlungen mit solchen Leuten herauskommen
sollte, war nicht abzusehen.

In Wien glaubte man, in dem Zirkular des Grafen Bismarck
erklänge etwas wie ein Notruf. Die dortige Regierung erachtete
das Zirkular für einen guten Anhaltspunkt, ihre Meinung in ver-
traulicher Weise in Berlin kund zu thun, nämlich daß ein Teil der
Verantwortlichkeit für die in dem Zirkular angedeuteten Schrecknisse
auf die Neutralen fallen werde. Graf Beust bemerkte dem österreichischen Botschafter in Berlin, Graf von Wimpffen, unter dem
13. Oktober:

„Durch die verschiedenen, von dem Grafen Bismarck aus dem
Hauptquartier Sr. Majestät des Königs von Preußen erlassenen
Zirkulardepeschen wurde seither der kaiserlich und königlichen Regierung Anlaß zu irgend einer Äußerung nicht geboten. Einige
dieser alsbald auch zur Öffentlichkeit gelangten Aktenstücke waren
zunächst an die Adresse der am Kriege beteiligten deutschen Regierungen gerichtet, und wiewohl General von Schweinitz dieser Erklärungen mündlich gegen mich erwähnte, so geschah dies doch nicht
in einer Weise, die mich zu der Annahme berechtigt hätten, daß in
Berlin einer Erwiderung auf diese bloß nachrichtlichen Mitteilungen
entgegen gesehen werde.

„Im Grunde liegt der gleiche Fall auch bezüglich eines Memo-

randums des Grafen Bismarck vor, welches von den schreckener=
regenden Folgen spricht, die sich an einen hartnäckig und bis zu
eintretendem Mangel an Lebensmitteln fortgesetzten Widerstand der
von zwei Millionen Menschen bewohnten Hauptstadt Frankreichs
knüpfen müßten. Da indessen der königlich preußische Herr Ge=
sandte uns eine Abschrift dieser auch Ihrem Berichte vom 10. v.
M. beiliegenden Aufzeichnung übergeben hat, so muß ich hierin
eine Aufforderung, von derselben Notiz zu nehmen, um so mehr
erblicken, als ihr Zweck dahin geht, vor Europa alle Verantwort=
lichkeit für die darin vorgesehene entsetzliche Eventualität von der
königlich preußischen Regierung abzulehnen.

„Dies vorausgeschickt, kann ich den Eindruck meiner Besorgnis
nicht unterdrücken, daß dereinst vor dem Urteile der Geschichte ein
Teil der Verantwortlichkeit auf die Neutralen fallen würde, wenn
sie sich die Gefahr unerhörten Unheils in stummer Gleichgültigkeit
vor Augen stellen ließen. Ich muß daher Ew. Excellenz auffordern,
wenn der Gegenstand gegen Sie berührt wird, offen unser Be=
dauern darüber auszusprechen, daß in einer Lage, in welcher die
königlich preußische Regierung Katastrophen, wie die in jenem Me=
morandum angedeutete, vorhersieht, dennoch das entschiedenste Be=
streben sich kundgibt, jede versöhnliche Einwirkung dritter Mächte
fern zu halten, gleich als ob im vorhinein besorgt werden müßte,
man werde Preußen zumuten, Deutschlands edles Blut umsonst
vergossen zu haben, und man werde sich der vielleicht wenig dank=
baren, aber darum nicht minder lohnenden Aufgabe entziehen, dem
Besiegten die Annahme harter Bedingungen durch Schonung seiner
Gefühle zu erleichtern.

„Jenes Bestreben kann nicht das Mittel sein, das Übermaß
von Greuel abzuwenden, welches Preußen aus Gründen der
Menschlichkeit dem Feinde ersparen zu können wünscht. Um nicht
die Strafe der Fehler der gestürzten Regierung tragen zu müssen,
sind die republikanischen Machthaber in Frankreich zu den äußersten
Entschlüssen geneigt, — es kann nicht das Mittel sein, sie hiervon
zurückzubringen, daß man außer dem Machtgebote des Siegers keine
andere Stimme zu ihnen sprechen läßt. Rücksichten auf eigene
Interessen sind es nicht, welche die Regierung Österreich=Ungarns
beklagen lassen, daß auf dem Punkte, zu welchem die Dinge ge=
diehen sind, jede friedliche Einflußnahme der neutralen Mächte fehlt.
Aber es ist ihr unmöglich in der Weise, wie es neuerlich von seiten
des Petersburger Kabinetts geschieht, die absolute Enthaltung des

unbeteiligten Europa zu billigen und zu empfehlen. Sie hält es
vielmehr für Pflicht, auszusprechen, daß sie noch an allgemein
europäische Interessen glaubt und daß sie einen durch unparteiische
Einwirkungen der Neutralen herbeigeführten Frieden der Vernich=
tung weiterer Hunderttausende vorziehen würde.

„Ich wiederhole indessen ausdrücklich, daß vorstehendes nur für
den Fall geschrieben ist, daß Ew. Excellenz Anlaß gegeben werden
sollte, sich über den angeregten Gegenstand auszusprechen. Unser
Interesse ist mit der vollständigsten Enthaltsamkeit vereinbar und
wird von der längeren Dauer des Krieges wenig berührt. Nichts
kann uns daher ferner liegen, als die Absicht, Ratschläge oder
Anerbietungen entgegen zu bringen. Nur insofern die Blicke sich
nach den neutralen Mächten richten, liegt uns daran, die Sachlage
in das rechte Licht zu stellen."

Es wurde bereits hervorgehoben, daß seit dem Sturze des
Ministeriums Palikao die englische Regierung fast unaufhörlich in
der einen oder andern Form um Vermittelung oder Einmischung
zu Gunsten Frankreichs angegangen wurde. So schrieb Granville
am 27. an Caborna, daß er augenblicklich keinen Weg sehe, auf
welchem die neutralen Mächte eine Beschleunigung des Friedens
herbeiführen könnten, und am nämlichen Tage drang Chaudordy in
Lord Lyons, daß die neutralen Mächte Preußen zu einer Erklärung
über die von ihm verlangten Bedingungen bewegen sollten. Ja,
Chaudordy ging noch weiter. In einer anderen Depesche, gleichfalls
vom 27. September datiert, berichtet Lyons an Granville, „Chaudordy
habe vermittelst Ballonbriefes aus Paris einen Bericht Favres über
seine Unterredung mit dem Grafen Bismarck erhalten. Preußens
Prätensionen seien nach der Ansicht Favres derart, daß Frankreich
sich ihnen niemals fügen könne, Jules Favre fühle sich daher be=
rechtigt, an den Rest der Welt um Hilfe zu appellieren. Die Zeit
für bloße Vermittelung sei vorüber. Die Mächte sollten jetzt zu
Preußen in einem Tone sprechen, der nicht mißverstanden werden
könnte, und sie sollten Maßregeln ergreifen, welche dafür sorgten,
daß man ihnen Gehör schenke. Jules Favre habe alles Mögliche
gethan, um dauerhafte Friedensbedingungen zu erzielen; er sei zu
jedem vernünftigen Opfer bereit, um solche Bedingungen zu erlangen.
Es sei nicht sein Fehler und auch nicht der Fehler Frankreichs,
wenn der Krieg fortdauere und er fühle sich berechtigt, mit Ver=
trauen die aktive Intervention Europas anzurufen." Am 4. Oktober
ging die Antwort Granvilles auf diese Zumutung vom auswärtigen

Amte an Lord Lyons ab. Nach einer Rekapitulation der Haltung, welche England seit Beginn des Krieges beobachtet hatte, heißt es zum Schluß dieses Schriftstückes: „Dem gegenwärtigen Ansuchen zufolge verfolgt die provisorische Regierung offenbar das Ziel, daß die neutralen Mächte — falls nötig — etwaige Vorstellungen, die sie Preußen gegenüber machen werden, mit Gewalt unterstützen sollten. Die Regierung Ihrer Majestät ist verpflichtet, ausdrücklich hervorzuheben, daß sie ihrerseits nicht vorbereitet ist, einen solchen Weg einzuschlagen oder den andern Mächten vorzuschlagen. Sie kann nur ängstlich den Zeitpunkt abwarten, wo sich etwa eine Aus=sicht zeigt, daß dieser traurige Konflikt durch die Weisheit, den moralischen Mut und die Mäßigung der beiden Kriegführenden zum Ende gebracht wird, oder daß sich eine Gelegenheit für die neutralen Mächte biete, ihren Einfluß zur Wiederherstellung des Friedens auszuüben."

Nicht England allein, sondern fast alle neutralen Mächte ging die provisorische Regierung um Einmischung mit Waffengewalt an. Nicht lange nach dem eben erwähnten Vorfall verlas Chaudordy vor Lord Lyons eine Depesche von Favre, „welche mit einiger Bitter=keit darüber klagt, daß die europäischen Kabinette — wie der Schrei=ber es ausdrückte — Frankreich im Stiche ließen, und welche ge=radezu eine Anweisung enthielt, daß er eine bestimmte Forderung um Waffenhilfe (concours armé) an Italien richten solle." Alles dies blieb auf die englische Regierung ohne Einfluß, und erst am 11. Oktober ging die englische Regierung aus ihrer bisher beobach=teten Stellung insoweit heraus, als Granville der provisorischen Regierung einen wohlgemeinten Rat gab. Er schreibt an Lord Lyons:

. . . „Wenn sich Ihnen eine ähnliche Gelegenheit wiederum bieten sollte, wollen Sie dann hervorheben, daß Ihnen zwar keine In=struktionen zugegangen seien, eine Ansicht über die Friedensbedingungen abzugeben, daß es aber aus einem Teile meiner Depesche vom 4. d., in welcher ich auf die Forderung der französischen Regierung um aktive Unterstützung erwiderte, notwendiger Weise ersichtlich sei, wie die Regierung Ihrer Majestät die Ansicht hege, unter den gegen=wärtigen Kriegsumständen sei das jähe Festhalten Mr. Favres an den Bedingungen, keinen Zoll breit Landes und keinen Stein einer Festung abzutreten, ein großes Hindernis für den Frieden. Sollte sich im Laufe der Unterredung eine Bereitwilligkeit zeigen, die von der französischen Regierung behauptete Stellung aufzugeben, wollen

Sie fragen, ob Sie ermächtigt seien, dies der Regierung Ihrer Majestät mitzuteilen, und wollen Sie mir in diesem Falle sofort telegraphieren."

Mittlerweile kam Chaudordy am 5. Oktober — also tags nach Abgang der Antwort Granvilles auf die Forderung um bewaffnete Intervention — abermals auf das Thema einer Intervention der neutralen Mächte zurück. Er sagte: „Es sei möglich, daß es Bedingungen gäbe, über welche Frankreich und Preußen sich einigen möchten, wenn sie von gemeinsamen Stimmen Deutschland vorgeschlagen und festgehalten (insisted on) würden; Bedingungen, welche jedoch keiner der beiden Kriegführenden in der Lage sei, dem anderen vorzuschlagen." Bei dieser Gelegenheit zog sich Chaudordy eine ernste Lektion von Lyons zu; dieser remonstrierte entschieden gegen das Vorgehen Gambettas, welcher damals gerade per Ballon in Tours angekommen war, die angeordneten Wahlen abbestellt und sonach den Krieg ins Blinde hinein verlängert hatte.

Auch Österreich wurde von Frankreich um Hilfe angegangen und Graf Beust scheint nicht gar zu sehr abgeneigt gewesen zu sein. Wie nämlich Granville unterm 12. Oktober an Bloomfield schreibt, hatte Apponyi ihm mitgeteilt, „die provisorische Regierung habe an Österreich um aktive Hilfe appelliert, selbst für den Fall, daß Rußland in seiner gegenwärtigen Haltung beharren sollte." Graf Beust erwiderte, aus gewissen Gründen, mit denen sich der Kaiser Napoleon und später auch Thiers und Favre einverstanden erklärten, könne Österreich trotz seiner Sympathien für Frankreich „nicht einzeln aus seiner neutralen Stellung heraustreten," doch könnten England und Rußland sich ins Mittel legen. Granville erwiderte hierauf — wie in der nämlichen Depesche an Lord Bloomfield gesagt ist — „obwohl die vom Grafen Beust, in Erwiderung auf das Ansuchen der französischen Regierung um aktive Unterstützung, gegebenen Gründe nicht mit denen identisch seien, deren die Regierung Ihrer Majestät sich bedient habe, und obwohl Se. Exzellenz Bemerkungen gemacht habe, mit denen ich nicht übereinstimme, so sei es doch befriedigend, wahrzunehmen, daß die von den beiden Regierungen befolgte Politik die nämliche sei."

Auf die obenerwähnte Anweisung Granvilles an Lyons, der französischen Regierung die Unhaltbarkeit ihrer Integritätspolitik vorzustellen, traf die Antwort des letzteren am 13. Oktober ein; sie sagte, daß die französische Regierung noch immer bei ihrem ersten Programme beharre. Aber trotzdem scheint Granville um diese

Zeit neue Hoffnung bekommen zu haben, denn in einem Briefe vom
16. an den britischen Botschafter in Petersburg sagt er, es sei
einiger Grund zu der Annahme vorhanden, daß die provisorische
Regierung in die Schleifung von Metz und Straßburg willigen
würde, und er wünsche zu wissen, ob Fürst Gortschakow es für
möglich halte, daß England und Rußland zu einem Einverständnis
über die vernünftigen Bedingungen eines Friedens kämen, und dann
gemeinschaftlich an die beiden Kriegführenden appellierten. Das
brachte eine wichtige Erklärung seitens der russischen Regierung zu=
wege; Gortschakow erklärte sich noch weit mehr davon überzeugt,
als Lord Granville dies schon war, daß eine Einmischung gegen=
wärtig nichts fruchten würde, und er fügte hinzu, Rußland sei so=
gar noch weiter gegangen, als irgend eine andere Macht, insofern
„der Kaiser in seiner Privatkorrespondenz mit dem König von
Preußen der Hoffnung Ausdruck gegeben habe, daß keine Annexierung
französischen Gebietes gefordert werden würde." König Wilhelm
habe hierauf geantwortet, daß er sich hierin von seinen Bundes=
genossen und von Deutschlands Ansicht leiten lassen müsse.

Inzwischen gab die französische Diplomatie ihre Bemühungen,
die eine oder andere der neutralen Mächte in den Krieg zu ver=
wickeln, noch nicht auf, und am 18. Oktober erhielt Tissot Instruk=
tion, Lord Granville davon in Kenntnis zu setzen, daß Unterhand=
lungen mit Italien um bewaffnete Unterstützung Frankreichs eröffnet
worden, und daß Gründe vorhanden seien, welche Italien zur Ge=
währung dieser Unterstützung veranlassen dürften. Er hoffe, Gran=
ville werde Italien nicht daran verhindern, daß es seiner eigenen
Eingebung Folge leiste. Zu gleicher Zeit machten Tissot in London
und Chaudordy in Tours erneute Versuche, England zu bewegen,
daß es „einen entschiedenen und thätigen Anteil an der Lage der
Dinge in Europa nehme und seinen Einfluß in direkter Weise zu
einer Beendigung des Krieges unter Bedingungen verwende, wie
deren Annahme für Frankreich möglich sei." Dadurch, daß Eng=
land sich an die Spitze der „neutralen Liga" gestellt, habe es eine
große Verantwortlichkeit übernommen; es habe „Frankreich verhin=
dert, sich aktive Bundesgenossen zu suchen" und habe sich dadurch
die Pflicht aufgeladen, „thätig zu einer Vereinigung der neutralen
Mächte zur Mäßigung der preußischen Prätensionen mitzuwirken."
In Erwiderung auf dieses Ansinnen setzte Lyons der französischen
Regierung auseinander, daß von einer neutralen Liga, wie Öster=
reich sie allerdings ursprünglich vorgeschlagen, nicht die Rede sei,

daß das einfache Versprechen der Mächte, einander ihre Ideen aus=
zutauschen, mit der gegenwärtigen Lage gar nichts zu thun habe,
und „da die englische Regierung bereits erklärt habe, daß sie un=
möglich daran denken könne, sich in einen Krieg mit Deutschland
zu verwickeln", möge Chaudordy „sich deutlich darüber erklären,
was er — abgesehen hiervon — von England wünsche." Chau=
dordy antwortete: was immer England thue, müsse den Anschein
haben, als thue es dies aus eigenem Antriebe, nicht auf Eingebung
Frankreichs. Nach Verwerfung der Favreschen Eröffnungen sei es
klar, daß Frankreich sich nicht wiederum an Preußen wenden könne.
Er schlage demnach vor, daß England, ganz unabhängig von
Frankreich, die anderen Neutralmächte zu einer gemeinschaftlichen
Aufforderung an Preußen einlade. England sollte entweder ein
Einverständnis der Neutralen zuwege bringen, oder allein handeln,
um in beiden Fällen Preußen aufzufordern, sich deutlich zu er=
klären, wie weit es zu gehen und unter welchen Bedingungen es
Frieden zu schließen beabsichtige. Nachdem dies geschehen, könnte
England allein oder mit den übrigen Mächten auf die nämliche
Weise die Ansicht Frankreichs in Erfahrung bringen, und dann
sollten die neutralen Mächte zu einer Konferenz zusammentreten,
um deutlich und autoritativ zu erklären, was sie für billige
Friedens=Bedingungen hielten. Wenn England nicht geneigt sei,
selbst in dieser Beziehung vorzugehen, dann möge es Italien oder
irgend eine andere Macht hierzu veranlassen.

Englang ging nun zwar weder selbst vor, noch veranlaßte es
eine andere Macht, dies zu thun, benutzte aber die Gelegenheit des
bekannten Bismarckschen Zirkulars über die Hungersnot, welche
Paris bedrohe, um Frankreich und Preußen den förmlichen Vor=
schlag zu einem Waffenstillstande und der Einberufung einer Natio=
nalversammlung zu machen. Granville verfolgte dieses Projekt mit
großem Eifer und teilte dem Grafen Bernstorff den Vorschlag von
Thiers mit, daß er die Unterhandlungen übernehmen wolle. Thiers
wurde hierin durch die persönlichen Bemühungen des Kaisers von
Rußland unterstützt. Rußland, Österreich, Spanien und Italien
drangen gleichfalls in beide Kriegführenden zur Abschließung eines
Waffenstillstandes, und die letztgenannte Macht zeigte sich sogar für
eine entschiedenere Intervention geneigt.

„Die britische Regierung, so hieß es im Eingange einer Depesche
von Lord Granville an Lord Loftus (vom 20. Okt.), hat den Aus=
bruch und die Fortdauer des großen Krieges zwischen Deutschland

und Frankreich tief beklagt. Sie hat ihr Äußerstes gethan, zu=
nächst, um ihn selbst, dann um seine Ausdehnung auf andere
Staaten zu verhüten, sie würde glücklich gewesen sein, durch ihre
Vermittelung einen ehrenvollen und dauernden Frieden herbeiführen
zu können, aber sie glaubte niemals, daß die kriegführenden Par=
teien Anerbietungen zu einer solchen Vermittelung annehmbar ge=
funden haben würden. Sie empfahl eine persönliche Besprechung
zwischen dem Grafen Bismarck und dem Herrn Favre, die aber
nur zeigte, daß die Ansichten derselben in Betreff einer Unterhand=
lungsbasis auseinander gingen. Jetzt steht nach ununterbrochenen
Erfolgen das Hauptheer der Deutschen um Paris, um diese Stadt
durch Hunger und Bombardement zur Unterwerfung zu zwingen,
und in dem Rundschreiben der norddeutschen Regierung vom
11. Oktober wird angegeben, daß die unvermeidlichen Folgen der
Verlängerung des Kampfes vor Paris der Untergang von Hundert=
tausenden durch Hunger sein wird." Lord Granville sagt dann
wörtlich weiter:

„Die Mitteilung dieser Ansicht von den furchtbaren Folgen,
welche möglicher und selbst nicht unwahrscheinlicher Weise eine lange
Belagerung von Paris haben wird, macht es zur bestimmten Pflicht
für Ihrer Majestät Regierung, nichts unversucht zu lassen, um ein
so großes Unglück zu verhüten. Es ist klar, daß der Krieg bereits
Züge gezeigt hat und bei seiner Verlängerung in gesteigertem Maße
darbieten muß, welche nicht bloß die Kriegführenden, sondern Europa
im allgemeinen angehen. Ihrer Majestät Regierung ist überzeugt,
daß die Auseinandersetzung ihrer Ansichten nicht als eine unfreund=
liche Handlung gedeutet werden wird. Dieselbe ist eingegeben durch
die aufrichtigste Besorgnis für das gegenwärtige und zukünftige
Wohlergehen von zwei Nationen, mit welchen ihr Land lange Zeit
im freundlichsten Einvernehmen gestanden hat. Ich bin mir der
starken Gründe bewußt, die man hinsichtlich äußerster Maßregeln
gegen Paris geltend machen kann. Indes möchte ich doch fragen,
ob es nicht Betrachtungen gibt, die Zuschauern vielleicht stärker er=
scheinen als denjenigen, welche sich unter dem Einflusse außer=
ordentlicher militärischer Erfolge und zugleich des Bewußtseins
großer Anstrengungen und ungeheurer Opfer befinden.

Es ist nicht zu bezweifeln, daß solch ein Vornehmen, wie die
Bezwingung von Paris durch Hunger oder Bombardement, obwohl
ohne Vorgang hinsichtlich seiner Größe, durch den Kriegsgebrauch
autorisiert ist; aber es ist ebenso sicher, daß, indem es nach der

Mitteilung des Grafen Bismarck nicht bloß den Ruin, sondern den unter besonders schrecklichen Umständen zu erwartenden Tod von Hunderttausenden von Nichtkombattanten einschließt, jedermann zugeben muß, daß man zu ihr nicht eher schreiten sollte, als bis alle anderen möglichen Mittel erschöpft wären.

Indem man einen erfolgreichen Ausgang eines Angriffs auf Paris in nicht ferner Zeit annimmt, ist es nicht unverständig, mit seinen Vorteilen die voraussichtlichen Nachteile zusammen zu halten, welche sich ergeben könnten, und die Thatsache, daß einige derselben das Gefühl der Menschheit ebenso sehr als den Verstand derselben berühren, hält Ihrer Majestät Regierung nicht ab, dieselben dem König und seinen Räten vorzulegen.

Die bittere Erinnerung an die letzten drei Monate kann durch die Zeit und die Empfindung des tapfern Betragens des Feindes im Felde ausgelöscht werden. Es gibt Grade der Erbitterung, und die Wahrscheinlichkeit eines neuen und unversöhnlichen Krieges muß sehr vergrößert werden, wenn eine Generation von Franzosen das Schauspiel der Zerstörung einer Hauptstadt betrachtet, ein Schauspiel, verbunden mit dem Tode von großen Massen hilfloser und unbewaffneter Personen und der Vernichtung von Schätzen der Kunst, der Wissenschaft und der historischen Erinnerung, die von unschätzbarem Werte und unersetzlich sind.

Eine solche Katastrophe würde schrecklich für Frankreich und, wie ich glaube, gefährlich für den zukünftigen Frieden Europas sein, aber, wie Ihrer Majestät Regierung glaubt, für niemand schmerzlicher als für Deutschland und seine Beherrscher. Die französische Regierung hat, auf Betrachtungen hin handelnd, welche für dieselbe alles abschließen, seit der Zusammenkunft des Grafen Bismarck und des Herrn Favre Friedensverhandlungen abgelehnt. Aber Ihrer Majestät Regierung hat die Verantwortlichkeit auf sich genommen, in die provisorische Regierung zu bringen, daß sie in einen Waffenstillstand willige, welcher zu der Zusammenberufung einer konstituierenden Versammlung und zur Wiederherstellung des Friedens führen könnte. Ihrer Majestät Regierung hat ferner nicht verfehlt, derselben vorzustellen, wie wichtig es sei, jedes Zugeständnis zu machen, welches bei dem jetzigen Stande des Krieges mit ihrer Ehre verträglich ist. Ihrer Majestät Regierung ist nicht autorisiert, es zu sagen, aber sie kann nicht glauben, daß diese Vorstellung bei der französischen Regierung ohne Wirkung bleiben wird.

Während dieses Krieges haben zwei moralische Ursachen die

große materielle Macht der Deutschen unermeßlich unterstützt. Sie haben für die Zurückwerfung der drohenden fremden Invasion und für die Behauptung des Rechtes einer großen Nation, sich in der für die volle Entwickelung ihrer Kräfte geeignetsten Weise zu konstituieren, gekämpft. Der Ruhm dieser Anstrengungen wird vermehrt werden, wenn in Wahrheit in der Geschichte gesagt werden kann, daß der König von Preußen jeden Versuch zur Herstellung des Friedens erschöpft hat, da der Befehl zum Angriff auf Paris gegeben worden ist, und daß die Friedensbedingungen nur gerecht, maßvoll und in Übereinstimmung mit der Politik und den Gefühlen der gegenwärtigen Zeit gewesen sind. Ihrer Majestät Regierung wünscht, daß man klar darüber sei, was ihr Verhalten bisher deutlich gezeigt hat, daß sie nämlich nicht wünscht, den Kriegführenden überflüssigen oder unannehmbaren Rat zu erteilen. Die Andeutungen, die sie jetzt in freundlichster Weise gemacht hat, gehen aus der Betrachtung der Folgen so entsetzlichen Charakters hervor, welche nach dem Urteil des Grafen Bismarck sich aus einer verlängerten Einschließung von Paris ergeben könnten. Sie kann sich nicht schweigend verhalten, noch irgend etwas unversucht lassen, was beitragen könnte, eine solche furchtbare und beispiellose Katastrophe abzuwenden."

Bismarck antwortete auf diese Depesche durch eine Note an den Botschafter Grafen Bernstorff in London, welche mit der Bemerkung begann, daß der lebhafte Wunsch nach einer Beendigung des Krieges und nach Vermeidung der äußersten, durch den völkerrechtlichen Kriegsgebrauch gebotenen Mittel von seiten Preußens um so viel tiefer empfunden werde, als Deutschland durch seine Opfer dabei noch ganz anders beteiligt sei, als ein neutrales Land, welches dem Kampfe bloß mit den teilnehmenden Gefühlen der Menschlichkeit zuschaue. Den König habe es angenehm berührt, daß auch die großbritannische Regierung die von deutscher Seite seit dem 4. September aufgestellte Forderung der Wahl einer nationalen Vertretung teile. „Der Wunsch nach Herstellung einer legalen Vertretung des französischen Volkes bestimmte den König, bei den Verhandlungen in Ferrières so günstige Bedingungen für den Waffenstillstand zu stellen, deren Mäßigung durch den einige Tage darauf erfolgenden Fall von Toul und Straßburg in schlagender Weise bekundet wurde. Ebenso war der König bereit, die von der Regierung in Paris auf den 2. Oktober ausgeschriebenen Wahlen im ganzen Bereiche der okkupierten Landesteile in voller Freiheit zu gestatten, obschon die Ausschreibung durch eine noch nicht anerkannte Regierung erfolgt

war. Das Pariser Gouvernement schob nicht nur die ursprünglich
auf den 2. Oktober angesetzten Wahlen hinaus, sondern annullierte
auch die von der Regierung in Tours ausgegangene neue Berufung
derselben auf den 16. Die Ausfertigung des betr. Dekrets mit den
Originalunterschriften der Regierungsmitglieder war den Deutschen
in die Hände gefallen, zugleich mit einem Schreiben von Gambetta
aus Paris vom 2. Oktober, in welchem er sagte: „Ich sende an
Sie Herrn Hyppolyt Bonnet, der Ihnen das auf die Vertagung
der Wahlen zur Konstituante bezügliche Regierungsdekret im Origi=
nal zustellen wird. Ich habe nicht nötig, Ihnen die einmütige Er=
regung der Regierung, als sie Ihre Entscheidung vom 29. Sep=
tember erfuhr, zu schildern. Die ernstesten Erwägungen haben sie
dazu bestimmt, die durch das Dekret vom 29. September verfügte
Vertagung aufrecht zu erhalten. Wir rechnen auf Ihren Eifer,
den Entscheidungen der Regierung Gehorsam und Nachachtung zu
verschaffen." Diese Wahrnehmungen hinderten die preußische Re=
gierung nicht, durch die freundlich dargebotene Vermittelung ange=
sehener, einer neutralen Nation (Nordamerika) angehörender Per=
sönlichkeiten den Pariser Machthabern noch einmal das Mittel zu
empfehlen, durch Vornehmen der Wahlen Frankreich von der Anar=
chie zu befreien, welche Verhandlungen über den Frieden unmöglich
machte. Sie erklärte sich zu einem Waffenstillstand von der zur
Vornahme von Wahlen erforderlichen Dauer bereit und bot sich
zugleich an, entweder alle Deputierten der Nation hinein, oder die
Pariser Deputierten, falls ein anderer Versammlungsort beliebt
werden sollte, aus der Stadt ungehindert herauszulassen. Noch am
9. Oktober wurden diese Vorschläge befürwortet, aber abgewiesen.
Herr Gambetta aber verließ Paris mittelst eines Luftballons, und
sein erster Ruf, nachdem er den Erdboden kaum erreicht hatte, war
ein Protest gegen die Vornahme von Wahlen. In einer Mitteilung
vom 11. Oktober an die großbritannische Regierung lehnte daher
Preußen jede Verantwortlichkeit für die Folgen ab, welche ein bis
aufs äußerste fortgesetzter Widerstand der Festung Paris für die
Bevölkerung dieser Stadt haben würde." Wenn nunmehr die groß=
britannische Regierung das Pariser Gouvernement, fuhr Bismarck in
seiner Note vom 28. fort, von dem gewaltthätigen und gefährlichen
Wege, auf dem es sich befinde, abzuwenden und es Erwägungen zu=
gänglich zu machen suche, welche Frankreich vor dem weiteren Fort=
schritte seiner politischen und sozialen Zerrüttung und seine Hauptstadt
vor den Zerstörungen der Belagerung bewahren, so würde das dankbar

anzuerkennen sein. „Wir können uns freilich der Befürchtung nicht verschließen, daß bei der Verblendung, in welcher die Pariser Regierung befangen zu sein scheint, die wohlwollende Intention des englischen Kabinetts von derselben nur mißverstanden, und in der humanen Teilnahme, welche diese Einwirkung veranlaßt hat, die Illusion einer Unterstützung durch die neutralen Mächte und dadurch die Ermutigung zu weiterem Widerstande gefunden werde, welche gerade das Gegenteil von den Absichten Lord Granvilles bewirken könnte." Zum Schluß lehnte Bismarck es ab, nach den gemachten Erfahrungen seinerseits die Initiative zu neuen Verhandlungen zu ergreifen.

Am 21. und 22. Oktober gab es lebhaften Depeschenwechsel zwischen Wien, Paris und London.

Telegramm des Grafen Apponyi an den Grafen Beust. London, 21. Oktober. „Lord Granville hat das Berliner Kabinett beschworen, die äußersten Maßnahmen gegen Paris aufzuschieben und gerechte und mäßige Bedingungen aufzustellen; gleichzeitig hat der Lord das Berliner Kabinett unterrichtet, daß er den Franzosen zu verstehen gegeben habe, daß ihre Hartnäckigkeit, mit der sie die Frage der Territorial=Integrität aufrecht halten, ein ernstliches Hindernis des Friedens war, und daß er ihnen rate, einem Waffenstillstand zuzustimmen, der eine konstituierende Versammlung und den Friedensschluß ermögliche. Der Minister des Auswärtigen hofft, die österreichische Regierung werde diese Schritte unterstützen, indem sie ihrerseits die beiden Kriegführenden in diesem Sinne beeinflußt. Mitteilung wurde gemacht an Rußland und Italien."

Telegramm des Fürsten Metternich an Grafen Beust. Tours, 21. Oktober. „Der englische Botschafter hat diese Instruktion erhalten, Unterhandlungen behufs eines Waffenstillstandes, während dessen eine Nationalversammlung berufen werden könnte, der Regierung in Tours anzuempfehlen. Derselbe Vorschlag ist an Preußen gerichtet worden."

Telegramm des Grafen Beust an den Fürsten Metternich. Wien, 22. Oktober. „Wir haben unablässig in London und Petersburg auf die Dringlichkeit einer europäischen Intervention hingewiesen. Der jetzige Schritt Englands bei den kriegführenden Mächten zielt indirekt auf Verwirklichung unseres Gedankens; wir dürfen daher nicht zögern, ihn zu unterstützen. Benehmen Sie sich mit Lord Lyons und schließen Sie sich ihm an. Analoge Instruktion geht nach Berlin."

Telegramm des Grafen Beust an den Grafen Wimpffen in Berlin. Wien, 22. Oktober. „Sie werden durch Lord Loftus Kenntnis haben von dem Schritte, welchen England bei den kriegführenden Mächten gethan hat. Derselbe kommt unserer Ansicht von der Aufgabe der Neutralen indirekt entgegen, daher ich Sie, dem gleichzeitig auch in Petersburg und Florenz ausgesprochenen Wunsche des britischen Kabinetts gemäß, beauftrage, unter Vernehmung mit Lord Loftus sich ihm anzuschließen, wobei ich anheimstelle, Herrn v. Thile von meiner Depesche vom Oktober Einsicht zu geben."

Telegramm des Grafen Beust an die k. k. Gesandtschaften in Petersburg und Florenz. Wien, 22. Oktober. „Wir unterstützen in Berlin und Tours den Schritt der englischen Regierung."

Damit ist die österreichische Intervention in diesem Stadium erschöpft.

Die Depesche des Grafen Beust an den Fürsten Metternich vom 9. Oktober, welche oben erwähnt ist, lautet:

„Graf von Beust dem Fürsten Metternich, Tours. Wien, 3. Oktober 1870. Sowie Sie es mir durch Ihr Telegramm vom 26. September angezeigt hatten, ist Graf v. Mosburg beauftragt, bei mir einen Schritt zu thun, um für Frankreich den thätigen Beistand von Österreich-Ungarn zu erlangen, selbst wenn Rußland seine gegenwärtige Haltung beobachten würde. Ich erinnerte Graf v. Mosburg daran, daß ich schon oft der französischen Regierung die gebieterischen Beweggründe, welche uns nicht erlaubten, allein aus der Neutralität herauszugehen, auseinandergesetzt hätte. Diese Motive waren immer vorhanden. Die Regierung des Kaisers Napoleon hatte dieselben gewürdigt und Herr Jules Favre hatte hier erkannt, daß die kaiserlich königliche Regierung nicht in der Lage war, anders zu handeln, als sie es gethan hat, um ihre Sympathien Frankreich zu bezeugen. In der Unterredung, welche er mit mir gehabt hatte, ließ Thiers unserer Haltung Gerechtigkeit widerfahren. Er schien unserer Lage vollständig Rechnung zu tragen und dessen, was Frankreich von uns erwarten konnte. Ich habe Ew. Durchlaucht von den beiden Anforderungen, welche Herr Thiers an mich richtete, Nachricht gegeben. Ich zögerte nicht, ihm in günstigem Sinne zu antworten, denn was er von uns wünschte, war vollständig mit der Politik vereinbar, die wir seit Anfang der Feindseligkeiten beobachtet hatten; wir können uns über dieses Ziel hinaus nicht verpflichten und unsere Aufrichtigkeit macht es uns zur Pflicht, in Frankreich keine Illusionen in dieser Hinsicht erzeugen

zu laffen. Ich habe mich offen hierüber mit Herrn Graf v. Mos=
burg, der unsere Stellung und die Gründe, welche mir meine Ant=
wort eingaben, zu begreifen schien, ausgesprochen. Ew. Durchlaucht
wollen den Delegierten der Regierung in Tours gegenüber sich
analog äußern. Wir haben heiße Wünsche für Wiederherstellung
eines dauerhaften und ehrenvollen Friedens. Wir sind bereit, hier=
bei mitzuwirken, indem wir unsere Bemühungen mit denen Eng=
lands und Rußlands vereinigen. Wir würden es mit Vergnügen
sehen, wenn diese beiden Mächte in dieser Absicht eine Initiative
ergreifen, welche die Umstände uns nicht erlauben mit denselben
Aussichten auf Erfolg in die Hand zu nehmen. Nach unserer
Meinung ist die Erstarrung Europas im Angesicht des gegenwär=
tigen Krieges ein bedauerlicher Fehler und wir glauben, daß, wenn
die Kabinette sich verständigt, ihre guten Dienste anzubieten, ihre
Stimme einen heilbringenden Einfluß ausüben könnte. Ich über=
gebe Ew. Durchlaucht in der Anlage Kopie einer Depesche, die ich
über diesen Gegenstand an den Grafen Apponyi gerichtet habe.
Ich drücke darin klar meine Gedanken aus und verhehle meine
Überzeugung nicht, daß die Mächte eine schöne Aufgabe zu erfüllen
hätten, indem sie versuchten, den Unglücksfällen des Krieges ein
Ziel zu setzen. Wir müssen übrigens anerkennen, daß Österreich=Ungarn
nicht in der Lage ist, allein eine ähnliche Rolle auf sich zu nehmen,
oder in erster Linie den Weg anzuzeigen, in welchen wir wünschten, daß
andere Mächte treten und wir uns bereit erklären, ihnen zu folgen.
Wir haben nicht verfehlt, dies zu thun und wir würden uns glück=
lich schätzen, wenn unsere Worte irgend welchen Erfolg hätten."

Es entsprach der Auffassung Bismarcks von den eigentlichen
Absichten der französischen Regierung, daß diese keineswegs den neu=
tralen Mächten für ihre Waffenstillstandsvorschläge Dank wußte,
denn abermals drang der französische Geschäftsträger in London in
Granville, die neutralen Mächte sollten Preußen auffordern, seine
Friedensbedingungen zu erklären, „sie sollten dieselben in billige
Grenzen bringen und dann der französischen Regierung vorlegen."
Aber die Mächte zeigten sich so ziemlich alle entschlossen, die Unter=
handlungen vorerst ausschließlich auf den Waffenstillstand zu be=
schränken. Lord Granville schreibt hierüber: „Ich sagte Mr. Tissot, ...
ich bezweifle, daß es klug sein würde, seinen Vorschlag anzunehmen.
Wenn ich den Grafen Bismarck um seine Bedingungen fragte, dann
würde er sie wahrscheinlich sehr hoch ansetzen; und wenn ich für
ihre Reduktion unterhandeln sollte, wie könnte ich dies thun, ohne

die Ansichten der französischen Regierung zu kennen und zu wissen, wie weit sie geneigt sei, darauf einzugehen?"

Als Herr Thiers ins deutsche Hauptquartier ging, erklärte Jules Favre ausdrücklich, daß derselbe nicht etwa im Namen der Regierung der Nationalverteidigung um die Eröffnung einer Verhandlung gebeten und Preußen dieselbe durch ein Gefühl der Rücksichten gegen den persönlichen Charakter dieses Abgesandten und von dem Wunsche beseelt, womöglich zu einer Versöhnung zu gelangen, angenommen habe. Der Vorschlag des Waffenstillstandes, über welchen Herr Thiers zu beraten hätte, gehöre den neutralen Mächten an. Gleichviel, Herr Thiers hatte den Wunsch ausgedrückt, sich zu Verhandlungen ins Hauptquartier begeben zu dürfen, nachdem er sich mit den verschiedenen Mitgliedern des Gouvernements der nationalen Verteidigung in Tours und in Paris in Verbindung gesetzt haben würde. Auf Befehl des Königs erklärte sich Bismarck bereit und gestattete Herrn Thiers, sich zuvor am 30. Oktober nach Paris hineinzubegeben, von wo er am 31. ins Hauptquartier zurückkehrte.

Thiers bei Bismarck.

Als Herr Thiers seine Rundreise an die europäischen Höfe antrat, erinnerte man sich in Deutschland, daß er Ende Juni im gesetzgebenden Körper eine förmliche Lobrede auf die preußische Regierung und Mitte Juli mehr als eine Tadelrede auf die französische gehalten hatte. Er sagte: „Herr v. Bismarck ist nicht nur ein kräftiger und erfolgreicher, sondern auch ein weiser, ein maßvoller und ohne Zweifel ein friedliebender Staatsmann. Der preußische Minister hat die Weisheit, zu erkennen, daß der deutsche Süden dereinst dem Geduldigsten zufallen und gehören wird." Schon oft hatte Thiers den Kaiser gewarnt, das deutsche Nationalgefühl nur ja nicht durch seine Einmischung in die deutschen Angelegenheiten zu reizen; wenn er die Deutschen in irgend einer Weise herausfordere, so würden sie sich auf der Stelle gegen ihn einigen, wenn er aber geduldig seine Zeit abwarte, so könne er darauf rechnen, daß die Entfremdung zwischen dem Süden und Norden nach und nach zunehmen werde. Ferner führte Thiers am 30. Juni nicht allein aus: Preußen ist sehr stark und sehr gut gerüstet. Thiers segnete das Andenken des Kriegsministers Niel, welcher sich unschätzbare Verdienste erworben habe durch seine Maßregeln zur Stärkung der französischen Streitmacht. Aber dennoch war nach Thiers' Überzeugung Preußen noch immer stärker als Frankreich und deshalb richtete er fünfzehn Tage später so beredt und so besorgt und so nachdrücklich den Hauptvorwurf gegen die kaiserliche Regierung, daß sie durchaus zur Unzeit einen Krieg gegen Preußen unternehme. Einen Krieg, den Thiers nicht getadelt haben würde, wäre er zur rechten Zeit, mit überlegener Kraft und mit Bundesgenossen unternommen worden.

Wenn nun dieser vorsichtige Kriegsfreund jetzt in London und in Petersburg anklopfte, konnte man ihm da nicht erwidern: Herr

Thiers, Sie haben ja die Friedfertigkeit Preußens bezeugt? Sie
wissen es so gut, daß wir es Ihnen nicht zu sagen brauchen: nicht
Preußen ist es, welches Streit gesucht hat. Nachdem aber Preußen
den mutwilligen Angriff abgeschlagen, wäre es da wohl billig, ihm
eine Genugthuung vorzuenthalten? Vielleicht konnten die Neutralen
unter gewissen Voraussetzungen vorteilhaft finden, sich des Besiegten
gleichwohl anzunehmen. Wenn nämlich die Franzosen sonst ein
friedfertiges Volk wären, und nur dies eine Mal sich von Louis
Napoleon hätten fortreißen lassen, so konnte es einem Engländer
oder einem Russen vielleicht scheinen: besser ist es, Frankreich behält
seinen Landbesitz, als daß Deutschland gar zu groß und mächtig
wird. Allein von solcher Erhaltung des „Gleichgewichts" der Kräfte
haben die Franzosen nie etwas wissen wollen, und namentlich Herr
Thiers hatte sich stets als Anhänger Ludwigs XIV. zu erkennen
gegeben, welcher ein schwaches, geteiltes Deutschland und ein über-
mächtiges, in Deutschland gebietendes Frankreich haben wollte. Das
waren die offenen Grundsätze des Herrn Thiers früh und spät.
Bat er jetzt in England, Rußland und Österreich um Hilfe gegen
Preußen, so hieß das also: diese drei Mächte sollen die Hand dazu
reichen, daß Frankreich von seinem „zur Unzeit" unternommenen
Raubkriege keinen Schaden habe, sondern bei Kräften bleibe, um
künftig zur rechten Zeit einen Raubkrieg mit besserem Erfolge
unternehmen zu können. Der Anspruch auf die Oberherrschaft in
Europa, den Ludwig XIV. mit seinen Waffen geltend machte:
Favre und Thiers wollten ihn fristen als Bettler an den euro-
päischen Höfen.

Der französische Minister von 1840 setzte offenbar eine gründliche Veränderung der Gesinnungen der großen Mächte voraus.
Damals vereinigten sie sich sämtlich gegen seinen eitlen, nichtigen
Übermut und er fiel für immer von seinem Ministerstuhle und
trug seine Feindschaft gegen Preußen ohnmächtig mit sich herum.
Wie kam nun der vor dreißig Jahren Beseitigte jetzt zu dem Wahne,
daß die großen Mächte sich um ihn scharen würden, um einen ihrer
damaligen Verbündeten zu demütigen? Meinte er, daß sie inzwischen
Freunde französischen Übermuts geworden, oder daß sie es schmerz-
lich bedauern würden, wenn Frankreich sich künftig etwas beschei-
dener zu verhalten hätte? Nein, in allen Ländern dieses Erdteils
gab es sicherlich nicht wenige einflußreiche Personen, welche den
ewigen Verschwörern gegen die Ruhe und den Besitz der andren
Völker die Zurechtweisung, welche sie in diesem Kriege von Deutsch-

land empfangen, von ganzem Herzen gönnten, selbst die, welche nicht
frei waren von Eifersucht auf Preußen, sagten sich vermutlich, ob
es nicht vorteilhafter wäre, sich mit dem starken, gemäßigten, besonnenen Preußen gut zu stellen, als mit dem wankelmütigen und
unberechenbaren Frankreich.

Der Patriot Thiers verleugnete seine Vergangenheit und
unterzog sich den Mühseligkeiten einer langen Reise, um Europa
als Bundesgenossen Frankreichs zu gewinnen. Er hatte das Resultat
der Unterredung Jules Favres mit Bismarck in London abgewartet.
Hier war ihm in der Presse, z. B. in den Daily News, bedeutet
worden: „Herr Thiers ist ein viel zu kluger Staatsmann, um in
unsere Regierung zu bringen, daß sie sich in den Streit einmische.
Er weiß sehr wohl, daß wir nicht mit Deutschland Krieg beginnen
werden, um Paris vor einer Belagerung und Frankreich vor der
Demütigung zu retten. Wenn wir aber nicht dazu bereit wären,
so würde unsere Einmischung uns nur dem Gelächter Europas
aussetzen. Wir glauben auch nicht, daß eine von den andern europäischen Regierungen mehr Neigung hat als wir, die Verantwortlichkeit der Einmischung zu tragen, wir glauben aber, daß die
Ereignisse bis zu einem gewissen Punkte gediehen sind, wo Frankreich
sich bereit finden lassen muß, ·zu unterhandeln. Deutschland stellt
seine Forderungen und Frankreich hat dieselben zu erwägen. Unsre
Sache ist es nicht, hüben oder drüben Zugeständnisse zu erzwingen.
Wir können die Botschaft überbringen und gereizte Empfindlichkeit
oder übertriebene Forderungen zu mildern suchen, aber wir haben
weder die Macht noch das Recht, die Annahme bestimmter Bedingungen zu erzwingen.“ — Die Times sagte (in einer späteren
Zeit): „Herr Thiers hätte erwägen sollen, wie wenig Frankreich
sich durch die bewaffneten Vorstellungen Europas hätte leiten lassen,
falls die preußischen Heere in zwei großen Feldschlachten geschlagen,
Koblenz und Mainz eingeschlossen wären und die französischen Vor-
truppen vor Berlin gestanden hätten. Der Geschichtschreiber des
Konsulats und des Kaiserreichs wußte, daß zwischen Turnier und
Krieg ein Unterschied ist, er wußte, daß der Preis des Sieges die
Eroberung ist, und er hätte begreifen müssen, daß „kein Zoll Ge-
biet und kein Stein von einer Festung“ eine mehr als kindische
Grundlage zu Unterhandlungsversuchen war.“

Am 23. September traf Thiers in Wien ein, wo er sich nur
einen Tag aufhielt, um nach Petersburg zu gehen, und auf der
Rückkehr von da länger dort zu verweilen. Graf Beust schrieb

über den erften Aufenthalt an Graf Apponyi in London: „Was
die befonderen Forderungen betrifft, die Herr Thiers an die k. k.
Regierung zu richten hatte, fo befchränkten fie fich auf die beiden
folgenden Punkte. Erftens, daß man die gegenwärtige Regierung
Frankreichs ernftlich nehmen, und ihr mit Vertrauen begegnen
möge, dann, daß man fich den Vermittelungsverfuchen anfchließen
wolle, die von andern Mächten, und befonders von Rußland ge=
macht werden follten.“ Thiers glaubte, daß „die Intereffen der
Menfchlichkeit fowohl, als die der Politik den Hof Rußlands be=
wegen würden, feine guten Dienfte einzufetzen, und er wünfchte
nur, daß Öfterreich die eventuellen Schritte Rußlands unterftütze.“
Graf Beuft verficherte, daß, was Öfterreich beträfe, die Wünfche
des Herrn Thiers im voraus gewährt wären; Öfterreich wäre
immer der Anficht gewefen, daß die Initiative von St. Petersburg
ausgehen müffe. An Fürft Metternich in Tours fchrieb Graf
Beuft (3. Oktober), nach feiner Meinung fei die Erftarrung Europas
im Angeficht des gegenwärtigen Krieges ein bedauerlicher Fehler,
die Mächte hätten eine fchöne Aufgabe zu erfüllen, wenn fie ver=
fuchten, dem Kriege ein Ende zu fetzen, Öfterreich=Ungarn fei nicht
in der Lage, fich in erfte Linie zu ftellen, es könnte nur den Weg
anzeigen, in welchen andre Mächte zu treten hätten, und auf dem
dann Öfterreich ihnen folgen würde. Als fobann Thiers von Peters=
burg wieder nach Wien zurückkehrte, fand Graf Beuft ihn ent=
mutigt; Thiers mache fich keine Illufion über die Vorteile, die fein
Vaterland durch das vereinzelte Einfchreiten Rußlands erlangen
könne, und beftehe auf der Notwendigkeit eines gemeinfchaftlichen
Handelns der Neutralen.

„Ich fagte ihm — fchreibt Graf Beuft an den Grafen von
Chotek in St. Petersburg unterm 12. Oktober — daß ich in diefem
Punkte feine Meinung vollkommen teile, ohne mir die geringe
Ausficht zu verhehlen, die fie habe, zur Geltung zu gelangen. Die
Haltung Rußlands und die der englifchen Regierung, die wenig
davon abweicht, laffen in diefer Hinficht wenig Hoffnung.“ In
demfelben Schreiben erwähnt Graf Beuft einer Unterredung, die er
mit Herrn v. Novikow, dem ruffifchen Gefandten in Wien, gehabt.

„Als ich neulich mit Herrn v. Novikow fprach, bemerkte ich
ihm, daß neuerdings eine merkliche Veränderung in den Anfichten
feiner Regierung vorgegangen zu fein fcheine.

Zur Zeit Ihrer letzten Reife nach Wien riet uns, wie fich
Ew. Exzellenz erinnern, der Hof von St. Petersburg fortwährend

die größte Zurückhaltung auf militärischem Gebiete an, indem er sich besonders darauf stützte, daß jede Bewegung, die wir machen würden, dem Gelingen einer möglichen Vermittelung Gefahr brächte. Die Thatsache ist, daß man nirgends Anzeichen einer Vermittelung wahrnimmt, und besonders vermag ich kein Europa mehr zu erkennen.

Als ich dem Gesandten Rußlands diese Bemerkung machte, suchte er sie zu bekämpfen, indem er bemerkte, daß seit dem Zeitpunkt der Reise Ew. Exzellenz die Ereignisse mit einer Schnelligkeit vorgeschritten seien, die niemand hätte voraussehen können. Damals, sagte er, standen zwei Kämpfende gegenüber, unter denen Vermittelung möglich war, bald nachher hat die Katastrophe von Sedan einen der beiden Kämpfer vernichtet, und der Erfolg des Krieges ist dadurch entschieden.

Ich erwiderte Herrn v. Novikow, daß ich mich dieser Auffassung nicht anschließen könne. Wie wunderbar auch die durch die Waffen Preußens und seiner Verbündeten errungenen Erfolge gewesen seien, es gäbe doch immer noch Deutschland gegenüber ein Frankreich. Ohne Zweifel ist es wenig wahrscheinlich, daß die Franzosen dazu gelangen, Kräfte ins Feld zu schicken, die fähig wären, den deutschen Armeen die Spitze zu bieten, aber so lange es diesen nicht gelungen sein werde, zwei Plätze ersten Ranges, wie Paris und Metz zu nehmen, könne man nicht sagen, daß der Krieg aufgehört habe. Es bleiben zwei streitende Parteien, zwischen welchen das vermittelnde Europa jede Fähigkeit hat, einzutreten.

Ich halte aufrecht, was ich in einer meiner Depeschen an den Grafen Apponyi gesagt habe: die vereinigten Kräfte der Mächte sollten nicht nur darauf gerichtet sein, die Forderungen des Siegers zu mäßigen, sondern auch die Bitterkeit der Gefühle zu mildern, welche den Besiegten niederdrücken müssen, und einem Volke, das so grausam geprüft ist, und so zart im Punkte der Ehre, die Entschlüsse leichter machen, welche die Notwendigkeit von ihm verlangt. Ich werde befestigt in dieser Ansicht durch das, was mir der Fürst von Metternich vor kurzem geschrieben hat, welcher glaubt, daß die Bedingungen, die man Frankreich diktieren wird, so hart sie auch sein mögen, doch leichter bewilligt werden würden, wenn sie ihm von der vereinigten Stimme der unbeteiligten Mächte angeraten würden, als wenn es nur das Gesetz des Siegers zu ertragen hätte. Ein Telegramm, das ich in diesen Tagen aus Tours erhalten habe, unterstützt auch noch diese Anschauungsweise.

Die Vorgänge eines gemeinsamen Handelns von Europa scheinen mir also außer Zweifel und sollte ich in der Wüste pre= digen, ich werde nicht aufhören, sie hervorzuheben.

Ew. Excellenz ist ermächtigt, die vorliegende Depesche dem Fürsten Gortschakow vorzulesen. Ich werde mit dem höchsten Interesse die Betrachtungen aufnehmen, die sie bei einem Staats= mann, dessen Weisheit so allgemein und so gerechterweise geschätzt wird, hervorrufen."

In Petersburg hatte — wie von dort sofort an Graf Bis= marck noch in Ferrières berichtet wurde — einer der ersten Besuche des Herrn Thiers dem nicht wenig überraschten italienischen Ge= sandten gegolten. Diesem gegenüber äußerte er: er sei allerdings stets ein Feind der italienischen Einheit gewesen, aber nicht weil er ein Gegner dieser Nation sei, sondern weil er stets gewußt, daß diese Einheit auch jene Deutschlands herbeiführen mußte. Nun diese bereits zur unbestreitbaren Thatsache geworden, habe er aufgehört, ein Gegner der italienischen Einheit zu sein; er freue sich derselben vielmehr und wünsche deren Bestand im Interesse Frankreichs. Zum Beweise dieser seiner Gesinnungsänderung forderte er den Marquis Caracciolo=Bello auf, beim Könige Viktor Emanuel anzufragen, ob er geneigt, ihn, Thiers, zu empfangen. Auf die Zusicherung des Gesandten, daß Herr Thiers in Florenz des besten Empfanges ge= wiß sein könne, begab dieser sich nach einem zweiten Besuche in Wien auch an den italienischen Hof. Hier verweilte er bis zum 18. Oktober, um von da nach Frankreich zurückzukehren. Die „Opinione" bemerkte mit Bezug auf seine Mission daselbst: „Der berühmte Geschichtschreiber war von seiner Regierung mit einer schwierigen Aufgabe beauftragt worden, deren Resultat ihn sein heller Verstand und seine große Erfahrung in öffentlichen Geschäften vorhersehen ließen; aber er übernahm sie als ein Bürger, der auch unter den schwierigsten und schmerzlichsten Bedingungen seinem Vaterlande seine Hilfe nicht versagen darf. Herr Thiers ist überall mit den seiner hohen Stellung und seiner Mission gebührenden Rücksichten empfangen worden; in Florenz wurde er aber nicht bloß mit Auszeichnung, sondern mit herzlichen Sympathien aufgenommen. Er war beauftragt, zu erforschen, ob zu Florenz vielleicht Geneigt= heit bestände, sich über eine bewaffnete Intervention zu ver= ständigen. Es ist kein Zweifel, daß die Forderung einer solchen Hilfeleistung nicht bloß unter den gegenwärtigen Umständen, sondern schon vor der Kapitulation von Sedan nur von der Absicht hätte

eingegeben werden können, den Kriegsschauplatz zu erweitern und
den Konflikt zwischen Preußen und Frankreich in einen allgemeinen
europäischen Krieg zu verwandeln. Welche Macht würde gewagt
haben, die Verantwortlichkeit für eine so ernste Entschließung zu
übernehmen? Welche Regierung würde nicht zurückgewichen sein
vor der Anklage, ganz Europa in Flammen gesetzt zu haben? Herr
Thiers ist nicht der Mann, um sich an Illusionen zu weiden. Er
ist ein zu erfahrener Politiker, um nicht zu begreifen, daß unter
den gegenwärtigen Beziehungen die europäischen Mächte, anstatt
den Krieg zu verlängern, lieber geneigt wären, ihre guten Dienste
zu gewähren, sobald sie verlangt würden, um die Herstellung des
Friedens zu beschleunigen, der, wie sie glauben, auch von Frankreich
gewünscht wird."

Als im Dezember 1871 in dem Buche Jules Favres die
Reisebeschreibung des Herrn Thiers erschien, brachte die Daily
News zu der Schilderung, welche derselbe von seinen Bemühungen
bei der englischen Regierung gab, einen Kommentar, der auch auf
die Besuche bei den anderen Höfen angewandt werden konnte. Das
englische Blatt schrieb: „In Paris pflegte man seinerzeit der ver=
storbenen Gattin Emil de Girardins eine Anekdote nachzuerzählen,
welche viel belacht wurde. Die Dame, bekanntlich eine der begab=
testen Frauen ihrer Zeit, hatte eine gewaltige Idee von der poli=
tischen Weisheit und dem Genie ihres Gemahls. Eines Tages, als
die Dinge in Frankreich wieder einmal in das Stadium der Krise
getreten waren, machten ihr zwei Fremde, beide aus politischen
Kreisen, einen Besuch. Sie sprachen beide in ernster und einiger=
maßen trüber Stimmung von der Lage und schließlich bemerkte der
eine, daß niemand Frankreich aus dieser Klemme retten könne, als
der dort oben. „Soll ich ihn herunterrufen?" erwiderte eifrig Frau
de Girardin. Die gute Dame bildete sich nämlich ein, es sei von
ihrem Gatten die Rede, der im oberen Stockwerke in seinem Arbeits=
zimmer beim Schreiben saß. In eigentümlicher Weise werden wir
an diese, wahrscheinlich erfundene Anekdote erinnert, wenn wir den
eben veröffentlichten Bericht über den im vorigen Jahre von Herrn
Thiers gemachten Besuch in London lesen. Augenscheinlich gab es
eine Person, welche im Herbste vorigen Jahres fest überzeugt war,
daß der einzige Mann, welcher Frankreich zu retten imstande war,
Herr Louis Adolphe Thiers sei. Während aber in der Anekdote
eine treue Gattin die begeisterte Bewunderin war, wohnt im andern
Falle das naive und großmütige Vertrauen in der Brust des Herrn

Thiers selbst. England hat wenig Ahnung, welche Gefahr ihm im
vorigen Jahre die mächtige und überzeugende Beredsamkeit des
Herrn Thiers brachte. Ist es wohl darüber klar, daß im Sep=
tember 1870 es diesem unerschöpflichsten aller Schwätzer nach seiner
Angabe beinahe gelungen wäre, mit Argumenten und beißenden
Anspielungen Lord Granville und Herrn Gladstone in einen Krieg
zu gunsten Frankreichs hineinzutreiben? Nein, wahrhaftig nicht.
Wir alle schlummerten in der glücklichen Sicherheit der Unwissen=
heit. Wir wußten, daß Herr Thiers eine Art diplomatischer Welt=
umsegelung unternommen, und daß sein erster Besuch uns gegolten
hatte. Wir nahmen indessen an, daß unsere Minister absolut ent=
schlossen seien, bei der Neutralitätspolitik zu verharren. Wir ver=
nahmen daher mit keinem andern Gefühl als dem des freundlichen
Interesses, daß Herr Thiers in London angekommen sei und einen
um den andern unsrer Minister zur Unterredung vornähme. Wird
man es glauben, daß in wenig Augenblicken flüchtiger Besprechung
Herr Thiers Lord Granville bis zu dem Punkte brachte, daß der=
selbe erklärte, England würde mit Vergnügen für Frankreich los=
schlagen, wenn es nur eine hinlänglich starke Armee bereit hätte?
Wir haben die Frage aufgeworfen: Wird man das glauben? und
wir dürfen auch wohl die Antwort dazu geben: Nein, die Welt ist
skeptisch. Sie wird es sich nicht einreden lassen. Niemand in
London wird dieser Behauptung Glauben schenken. Die Gemüts=
bewegungen des Herrn Thiers waren während dieser Unterredungen
naturgemäß äußerst lebhaft. Er ist jederzeit ein besserer Sprecher
als Hörer. Seine politische Organisation ist aufs entschiedenste
subjektiv. In der Stimme seiner eignen Bestrebungen und Argu=
mente glaubt er die Laute unseres auswärtigen Ministers zu hören.
Lord Granville sagte ohne Zweifel, daß England gern alles thun
würde, was billigerweise in seiner Macht stände, um Frankreich zu
retten und einen Frieden zustande zu bringen und der hoffnungs=
volle Eifer des Herrn Thiers fügte das übrige hinzu. Der Bericht,
den Herr Thiers unter solchen Umständen lieferte, ist fast erhaben
in seiner selbstzufriedenen Ruhe. Der hohe Politiker trägt sich
augenscheinlich mit der festen Überzeugung, daß es ihm verschiedene
Male gelungen sei, unsere Minister zum Kriege gegen Preußen zu
veranlassen. Es scheint ihm nie in den Sinn gekommen zu sein,
daß dieselben wahrscheinlich bereits die Sache in ihrer ganzen
Tragweite erwogen hatten, und in betreff ihrer Politik schlüssig ge=
worden waren. Er scheint keinen Augenblick daran gedacht zu

haben, daß vielleicht der Entschluß, den Krieg zu erklären, nicht ausschließlich von Herrn Gladstone und Lord Granville abhinge. Es fällt ihm nicht ein, auch nur mit einem Winke anzudeuten, daß vielleicht das englische Parlament und das Volk auch ein Wort über die Sache mitreden möchten. Ihm schien die ganze Angelegenheit sich nur um gefeilte Argumente und spitze Epigramme zu drehen. Er ist offenbar höchlichst ergötzt über die Art und Weise, wie er Herrn Gladstone überwältigte und Lord Granville in die Enge trieb. Obschon er sie nicht gerade überredete, den Krieg zu erklären, so gelang ihm doch das nächstbeste Streben; er zwang sie, wie Hamlets Totengräber sagen würde, zu bekennen. Er ist wie jener irische Jäger, der seine zwei Läufe auf eine Kette Rebhühner vergebens abfeuerte, und dann seinen Freund zum Zeugen anrief, daß er die Hühner auf alle Fälle genötigt habe, das Feld zu räumen. Wenn er seinen Bericht über die bewiesene Schlauheit und seinen Erfolg an Jules Favre absendet, so erinnert er uns an Freund Richard Swivellers Beschreibung seiner Mission: „Die Art und Weise, wie ich ihm die Sache vortrug, muß Eindruck auf ihn gemacht haben, sie war mächtig, Fred; sie war stark, wie ich dachte, freundlich und natürlich; kam es Dir nicht auch so vor?" Es wäre nicht zu verwundern, wenn Jules Favre dieselbe Antwort erteilt hätte, wie Fred: „Augenscheinlich leuchtete ihm die Sache nicht ein, wir brauchen sie daher nicht zu erörtern."

Am 31. Oktober gab es in Paris aus mehreren Ursachen oder, wenn man will, unter mehreren Vorwänden einen Aufstand. Ein Teil der Bevölkerung war unzufrieden mit der Regierung, und zwar nicht ohne Grund; außerdem wurden aber auch der Regierung Absichten zugetraut, die sie nicht hatte. Eben war die Nachricht von der Übergabe von Metz zur Gewißheit geworden und hatte die Pariser um so mehr aufgeregt, als man amtlicherseits das Ereignis bis dahin bestritten hatte, ja diejenigen Personen sich Unannehmlichkeiten zuzogen, welche davon sprachen. Die Nachricht aus Metz traf jetzt zusammen mit dem Unglück, welches die Verteidiger von Paris selbst am 30. in dem Dorfe Bourget ereilte. Die Vertreibung von dort unter beträchtlichen Verlusten machte in allen Kreisen und Klassen der Hauptstadt einen ungewöhnlich starken Eindruck. Man sprach, es sei nicht das erste Mal während der Belagerung, daß die Truppen einen angegriffenen oder besetzten Punkt unter Verlusten aufgeben müßten; was dieses Mal um so empfindlicher sei, als sie sich unnützerweise in Bourget festgesetzt hätten. Die

einen tabelten die Befehlsführung dafür, daß sie bis dorthin vorge=
gangen war, die andern dafür, daß sie sich hatte zurückschlagen
lassen, und so wurden denn wirklich in den letzten Tagen des
vorigen Monats viel Vorwürfe gegen die Regierung laut. Unter
diesem allgemeinen Lärm und dem aufregenden Eindruck zweier
Unfälle ließ sich ein Sturm gegen das Stadthaus schon zustande
bringen; die Gelegenheit war günstig und blieb nicht unbenutzt;
unbegründet war es aber, wenn auch noch wegen der Waffenstill=
standsverhandlungen, die im Gange waren, die Regierung ange=
griffen und verdächtigt wurde. In dieser Beziehung hätten die
Kampflustigsten mit ihr zufrieden sein können. In Paris und in
Tours hatte sie immer kundgegeben, daß sie nur auf Wunsch der
neutralen Mächte in solche Verhandlungen eintrete, und schon am
Tage vor dem Aufstande war in ihrer amtlichen Zeitung die Ein=
willigung in einen Waffenstillstand an Bedingungen geknüpft
worden, die zu einem Abschlusse nicht führen konnten. Die Ein=
führung von Lebensmitteln nach Paris sollte während der Waffen=
ruhe freigegeben werden. Da der Belagerer hiermit seine bisherigen
Mühen selbst vernichtet haben würde, so war diese französische
Forderung ungereimt und schien lediglich der Ablehnung einer
Waffenruhe gleichzukommen. Das deutsche Hauptquartier war be=
reit, eine Frist von nicht weniger als fünfundzwanzig Tagen zu
gewähren; in dieser Zeit sollten Wahlen zu einer Volksvertretung
vorgenommen werden und mit Einstellung der Feindseligkeiten der
Kriegszustand im Felde unverändert bleiben. Es versteht sich von
selbst, daß diesem Anerbieten gemäß auch die Einschließung von
Paris lediglich fortzusetzen war oder es würde sich mit der Zu=
lassung von Lebensmitteln die Kriegslage sehr verändert haben zu
unserem Nachteil. Die Franzosen hätten immer noch den Vorteil
gehabt, daß sie wochenlang in aller Freiheit ihre Rüstungen zur
Wiederaufnahme des Krieges betreiben konnten; für Deutschland
lag in einem Zeitgewinne kein Vorteil, die deutschen Anerbietungen
waren für unseren Feind so günstig wie nur möglich.

Das Widerstreben gegen diese Bedingungen war auf die per=
sönliche Stellung der Regierer Frankreichs zurückzuführen. Trochu
und Favre waren keine feste Regierung. Wenn diese Männer einen
Waffenstillstand annahmen, wenn sie den Kampf gegen die Belagerer
für mehrere Wochen einstellten und unterdessen die Pariser darben
und fasten ließen, so war es um ihre Herrschaft bald geschehen.
Die Pariser Bevölkerung gestattete ihnen nicht, eine Aushungerung

über sie zu verhängen und dabei in kampfloser Unthätigkeit die Tage und Wochen hinzubringen. Die Bevölkerung verlangte Kampf. Um ihr zu willfahren, so wie auch um sie zu beschäftigen, hatte Trochu schon manchen Ausfall machen müssen, den er sonst vielleicht unterlassen hätte; diese Bevölkerung hätte ihm aus einer gänzlichen Unthätigkeit den schwersten Vorwurf gemacht und das Stillsitzen und Fasten nicht lange ausgehalten. Sie enthielt in den Einheimischen und in den Mobilgarden aus den Provinzen eine Menge kampflustiger Leute: es waren dies zum Teil dieselben Leute, die man Vorstädter und Rote nannte; auf sie Rücksicht zu nehmen, konnten Trochu und Favre nicht umhin. Man setze den Fall, es befand sich an ihrer Statt eine regelmäßige, feste Regierung und es wurde ihr ein Waffenstillstand angeboten, so konnte sie von dem Antrage Gebrauch machen, sei es um über einen Friedensschluß zu unterhandeln, sei es um Frist zu gewinnen zur Ergänzung ihrer Streitmacht.

Ob unterdessen Paris durch Aushungerung fiel, das konnte für eine regelmäßige, feste Regierung nicht in Betracht kommen. Allein eine solche Regierung wollten Trochu und Favre nicht. Sie setzten den Kampf um ihrer Selbsterhaltung willen fort.

Herr Thiers war, als er aus Paris bei der Zernierungslinie der deutschen Truppen wieder eintraf, von einem Obersten des französischen Generalstabes und einigen französischen Offizieren begleitet. Diesseits empfingen ihn Major v. Winterfeld vom großen Generalstab, ein andrer Offizier des königlichen Hauptquartiers und die Offiziere vom preußischen Vorposten-Kommando in Sèvres. Der französische Oberst ergriff zuerst das Wort und frug die preußischen Offiziere, was sie neues wüßten. Man erzählte ihm den Fall von Metz. Er bezweifelte jedoch die Richtigkeit dieser Mitteilung und setzte ausführlich auseinander, wie man in Paris über die jüngsten Vorfälle des Krieges ganz anders berichtet sei. Durch Proklamationen der Regierung, erzählte er, wisse man nicht nur, daß Bazaine sich bis zum letzten Mann verteidigen werde, sondern auch, daß Garibaldi mit einem Heere von 100000 Mann im Anzuge sei, während sich an der Loire eine Armee gesammelt und bereits von dort den Vormarsch gegen die deutschen Truppen auf der Südseite begonnen habe.

Solche Versicherungen warfen ein helles Licht auf Paris. Während man bisher glauben durfte, daß das augenblicklich bestehende Gouvernement sich der erfundenen Siegesnachrichten nur

bediente, um die Massen der Stadt im Zaume zu halten, blieb nun=
mehr kein Zweifel, daß auch die Truppen in den Forts und selbst
die höhern Offiziere über die Verhältnisse auf dem Kriegsschauplatz
absichtlich im Unklaren gelassen wurden.

Herr Thiers war erschöpft und verstimmt von Paris zurück=
gekehrt. In den Gesprächen, die er mit mehreren Herrn des großen
Hauptquartiers in Versailles führte, gab er zu erkennen, daß sein
Vertrauen auf eine glückliche Durchführung der von ihm über=
nommenen Vermittlerrolle bereits geschwunden sei. Teils hatte dies
darin seinen Grund, daß der französische Staatsmann bei seiner An=
wesenheit in Paris sich von der Verblendung überzeugen mußte,
welche die vorherrschenden extremen Parteien noch immer den Kriegs=
eifer schüren ließ, teils ergab sich die Thatsache aus seiner eigenen
Stellung zur Sache, da er der Meinung war, daß eine Territorial=
abtretung, durch welche die alte Schuld Frankreichs gegen Deutsch=
land getilgt würde, auch unter den gegenwärtigen Umständen nicht
in Frage kommen dürfe. Da Herr Thiers übrigens die kurze Zeit
von kaum 24 Stunden, die er in Paris zubrachte, unter anderm
dazu benutzt hatte, einen Teil seines Privatvermögens in Sicherheit
zu bringen und mit sich fortzuführen, schien es, als ob er wenigstens
nicht in dem Irrtum desjenigen Teils seiner Landsleute befangen
war, der noch immer an den siegreichen Widerstand der Hauptstadt
glaubte.

Am 1. November begannen die Unterredungen zwischen Bis=
marck und Thiers. Die Thatsache (wir geben den Verlauf der
Unterhandlungen nach dem Texte der Note Bismarcks vom 8. No=
vember), daß ein Staatsmann von der Bedeutung und der Geschäfts=
erfahrung des Herrn Thiers die Vollmachten der Pariser Regierung
angenommen hatte, ließ den Bundeskanzler hoffen, daß ihm Vor=
schläge gemacht werden würden, deren Annahme möglich und der
Herstellung des Friedens förderlich sein würde. Er empfing Herrn
Thiers mit dem achtungsvollen Entgegenkommen, auf welches seine
ausgezeichnete Persönlichkeit, auch abgesehen von früheren Beziehungen,
ihm den vollsten Anspruch gab.

Herr Thiers erklärte, daß Frankreich auf Wunsch der neutralen
Mächte bereit sein werde, sich auf einen Waffenstillstand einzulassen.
Der König hatte gegenüber dieser Erklärung zu erwägen, daß jeder
Waffenstillstand an und für sich für Deutschland alle die Nachteile
bedingte, mit denen für eine Armee, deren Verpflegung auf weit
zurückgelegenen Hilfsquellen beruht, jede Verlängerung des Feldzuges

verbunden ist. Außerdem übernahm Deutschland mit dem Waffen=
stillstand die Verpflichtung, der deutschen Truppenmasse, welche durch
die Kapitulation von Metz verwendbar geworden war, in den Stell=
ungen, welche sie am Tage der Unterzeichnung inne gehabt haben
würde, Halt zu gebieten, und damit auf die Besetzung weiterer feind=
licher Länderstrecken zu verzichten, welche gegenwärtig ohne Schwert=
streich oder mit Überwindung unbedeutenden Widerstandes von uns
eingenommen werden konnten. Die deutschen Heere hatten einen
wesentlichen Zuwachs in den nächsten Wochen zu erwarten. Da=
gegen würde der Waffenstillstand Frankreich die Möglichkeit gewährt
haben, die eigenen Hilfsquellen zu entwickeln, die in der Bildung
begriffenen Formationen zu vollenden und, wenn die Feindseligkeiten
nach dem Ablauf des Waffenstillstandes wieder beginnen sollten, den
deutschen Heeren widerstandsfähige Truppenkörper entgegenzustellen,
welche jetzt nicht vorhanden waren.

Ungeachtet dieser Erwägungen ließ der König den Wunsch,
einen ersten entgegenkommenden Schritt zum Frieden zu thun, vor=
wiegen; und Bismarck wurde ermächtigt, Herrn Thiers sofort mit
der Gewährung eines Waffenstillstandes auf 25, oder auch, wie er
später gewünscht, 28 Tage auf dem Grund des einfachen militärischen
Status quo am Tage der Unterzeichnung entgegen zu kommen. Er
schlug ihm vor, durch eine zu bestimmende Demarkationslinie die Lage,
die am Tage der Unterzeichnung sein würde, abzugrenzen, die Feindselig=
keiten auf 4 Wochen zu sistieren und in dieser Zeit die Wahlen
für die Konstituierung der nationalen Vertretung vorzunehmen.
Auf französischer Seite würde diese Waffenruhe nur den Verzicht
auf kleine und jederzeit unglückliche Ausfälle und auf eine nutzlose
und unbegreifliche Verschwendung artilleristischer Munition aus den
Festungsgeschützen für die Dauer des Waffenstillstandes zur mili=
tärischen Folge gehabt haben.

In Bezug auf die Wahlen im Elsaß konnte Bismarck erklären,
daß Deutschland auf keiner Stipulation bestehen würde, welche die
Zugehörigkeit der deutschen Departements zu Frankreich vor dem
Friedensschlusse in Frage stellen könnte, und daß die deutsche Re=
gierung keinen Bewohner der letzteren dafür zu Rede stellen würde,
daß er als Abgeordneter seiner Landsleute in einer französischen
Nationalversammlung erschienen sei. Bismarck war erstaunt, als
der französische Unterhändler diese Vorschläge, bei welchen alle
Vorteile auf französischer Seite waren, ablehnte und erklärte, einen
Waffenstillstand nur dann annehmen zu können, wenn derselbe die Zu=

zaffung einer umfaffenden Verproviantierung von Paris einschlöffe.
Bismarck erwiderte, daß diese Zulaffung eine so weit über den
Status quo und über jede billige Erwartung hinausgehende mili=
tärische Konzeffion enthalten würde, daß er Thiers fragen müffe,
ob er ein Äquivalent dafür zu bieten imstande sein werde und
welches? Herr Thiers erklärte, zu keinem militärischen Gegenaner=
bieten ermächtigt zu sein, und die Forderung der Verproviantierung
von Paris stellen zu müssen, ohne dafür etwas andres bieten zu
können, als die Bereitwilligkeit der Pariser Regierung, der fran=
zösischen Nation die Wahl einer Vertretung zu gestatten, aus welcher
wahrscheinlich eine Behörde hervorgehen würde, mit welcher uns
über den Frieden zu unterhandeln möglich sein werde.

In dieser Lage hatte Bismarck das Ergebnis der Verhandlungen
dem Könige und seinen militärischen Ratgebern vorzulegen.

Der König war befremdet über so ausschweifende militärische
Zumutungen und enttäuscht in den Erwartungen, welche er an die
Unterhandlungen mit Herrn Thiers geknüpft hatte. Die unglaub=
liche Forderung, daß Deutschland die Frucht aller seit zwei Monaten
gemachten Anstrengungen und errungenen Vorteile aufgeben und
die Verhältnisse auf den Punkt zurückgeführt werden sollten, auf
welchem sie beim Beginn der Einschließung von Paris gewesen waren,
konnte nur von neuem den Beweis liefern, daß man in Paris nach
Vorwänden, der Nation die Wahlen zu versagen, suchte, aber nicht
nach einer Gelegenheit, dieselben ohne Störung zu vollziehen.

Auf Bismarcks Wunsch, vor Fortsetzung der Feinseligkeiten
noch einen Versuch der Verständigung auf anderen Grundlagen zu
machen, hatte Thiers am 5. in der Vorpostenlinie noch eine Be=
sprechung mit den Mitgliedern der Pariser Regierung gehabt, um
denselben entweder einen kürzeren Waffenstillstand auf Basis des
Status quo, oder die einfache Ausschreibung der Wahlen vorzu=
schlagen, ohne konventionsmäßigen Waffenstillstand, in welchem Falle
Bismarck die freie Zulassung und die Gewährung aller mit der
militärischen Sicherheit irgendwie vereinbaren Erleichterungen zu=
sagen konnte.

Über den Inhalt dieser seiner Besprechung mit Herren Favre
und Trochu hatte Herr Thiers sich nicht näher gegen Bismarck aus=
gesprochen; er konnte ihm als Ergebnis derselben nur die erhaltene
Weisung mitteilen, die Verhandlungen abzubrechen und Versailles
zu verlassen, da ein Waffenstillstand mit Vorproviantierung von
Paris nicht zu erreichen sei.

Seine Abreise nach Tours fand am 7. morgens statt. Der Verlauf der Verhandlungen hinterließ in Versailles nur die Überzeugung, daß es den jetzigen Machthabern in Frankreich von Anfang an nicht Ernst damit war, die Stimmung der französischen Nation durch freie Wahl einer dieselbe vertretenden Versammlung zum Ausdruck gelangen zu lassen; und daß es ebensowenig in ihrer Absicht lag, einen Waffenstillstand zustande zu bringen, sondern daß sie eine Bedingung, von deren Unannehmbarkeit sie überzeugt sein mußten, nur darum stellten, um den neutralen Mächten, auf deren Unterstützung sie hofften, nicht eine abweisende Antwort zu geben.

Die Partei Favre hatte somit zum zweiten Male eine Verhandlung geführt, welche dem Scheine nach einen Waffenstillstand bezweckte, welche aber den wirklichen Zweck hatte, die Herrschaft dieser Partei zu befestigen, das französische Volk im Gehorsam zu erhalten und die Kriegslust desselben anzufeuern. Beide Male hatten die neutralen Mächte und besonders England den Regierern Frankreichs den Rat gegeben, die Herbeiführung eines Waffenstillstandes zu versuchen, und beide Male war dieser Rat als Gelegenheit benutzt, das französische Volk an den Krieg zu fesseln und sein Verlangen nach einer Nationalversammlung niederzuschlagen.

Am 4. September hatte sich die genannte Partei mit einem leichten Handstreich der Staatsgewalt bemächtigt; es galt jetzt Stellung zu nehmen zum Auslande und zum Inlande. Sie war ihren Mitbürgern eine Rechtfertigung schuldig, sie wußte nicht, welche Aufnahme ihre Anmaßung im Lande finden werde, sie konnte nicht umhin, sich zu schleuniger Einberufung einer Nationalversammlung anheischig zu machen, damit das „sich selbst wiedergegebene" Land sich selbst regiere. So versprach sie denn alsbald, die Wahlen sollten am 16., ja sogar schon am 2. Oktober stattfinden. Und auch das schien ihr noch nicht genug: um dem Volke noch mehr zu huldigen und um es desto gewisser einzuwiegen und zu bethören, versprach die neue Regierung außerdem sofortige Gemeindewahlen in ganz Frankreich, obgleich solche hier und da vor kurzem erst geschehen waren. Gambetta unterrichtete die neuernannten Präfekten, daß er sich erst dann vollkommen wohl fühlen würde, wenn nichts ihn mehr an das Kaisertum erinnerte; eine Nationalversammlung mußte ohne Verzug zusammentreten, das verstand sich ja in einer Republik von selbst, aber auch neuer Gemeinderäte wollte ein republikanisches Herz nicht entbehren, denn erst diese bewirkten einen

10*

wahren, kräftigen Zusammenhang zwischen der neuen Regierung
und dem ganzen Volke. — Mit Zusagen und Beschwichtigungen
dieser Art erhielten sich die neuen Machthaber in den ersten
Wochen über dem Wasser. Unterdessen hatte auch Favre die diplomatische Feder angesetzt, zuerst am 6. September. Er befahl in
gestrengen Worten dem Könige von Preußen die Einstellung der
Feindseligkeiten. Die fremden Diplomaten, ehe sie aus Paris aus-
wanderten, machten ihn darauf aufmerksam, daß man in ihrer Zunft
so nicht zu sprechen pflege, und er fand für gut, die Lehren, Winke
und Ratschläge der Neutralen artig anzunehmen. In seinem zweiten
Rundschreiben vom 17. gab er zu, daß Preußen allerdings auch
nach dem Sturze des Kaisertums eine gewisse Genugthuung und
Sühne beanspruchen dürfe von der französischen Nation. Er sah
ein, daß er es nicht ablehnen durfte, den Sieger um eine Unterredung anzugehen, und schickte sich dazu an. Ebenso wie Gambetta
sprach auch er jetzt sehr laut von seiner großen Sehnsucht nach
einer National-Versammlung.

Um es mit den Neutralen nicht zu verderben, ging denn also
Favre nach Ferrières zu einer „Waffenstillstands-Beratung". Ein
solcher ließ sich jedoch gleich darum nicht zustande bringen, weil
Favre von einer Auslieferung von Straßburg und Toul nur mit
tiefer Entrüstung sprechen hören konnte, obschon beide Festungen
ihrem Falle nahe waren. Am 24. erließ die Regierung in Tours
einen Aufruf an das Volk, der ganz deutlich verriet, was man in
Ferrières gesucht hatte. Der Aufruf sagte: Graf Bismarck, vor
dem Beginn der Belagerung von Paris um seine Absichten be-
fragt, habe erklärt, Frankreich solle zu einer Macht zweiten Ranges
herabgesetzt werden. „Da bleibt uns denn (hieß es weiter) nichts
andres übrig, als Fortsetzung des Krieges bis zum äußersten.
Und an die Vornahme von Wahlen läßt sich nimmermehr denken,
so lange die volle Aufmerksamkeit dem Kriege gebührt; alle Wahlen
sind daher auf eine gelegenere Zeit zu verschieben." Cremieux, der
nicht sicher war, daß das Land sich dies gefallen lassen werde,
glaubte den 16. Oktober als Wahltag festhalten zu sollen, seine
Anordnung wurde aber in Paris wieder aufgehoben und er eingeladen, künftig besser aufzupassen. Das war das Ergebnis der
angeblichen Waffenstillstandsberatung. Der Zweck war lediglich gewesen, das französische Volk gegen Preußen, dessen Forderungen
und Friedensbedingungen aufzuregen, — und sich blind in den Krieg
stürzend, sollte das Volk den Gedanken an eine Nationalversamm-

lung sich aus dem Kopfe schlagen. Dieser Zweck wurde so ziemlich erreicht; ob die neutralen Mächte mit ihrem Erfolge ebenso zufrieden waren, wie Favre mit dem seinigen, war eine andere Frage.

Leider wiederholte sich der Vorgang sechs Wochen später noch einmal. Es lag völlig klar zu Tage, daß es der herrschenden Partei auch jetzt, da Thiers für sie nach Versailles ging, nur um dieselben Zwecke zu thun war, die sie bereits in Ferrières verfolgt hatte. Sie wollte den Neutralen und ihren Mahnungen scheinbar Folge leisten; sie wollte durch aufregende Berichte dem vielleicht kriegsmüden Volke einen Sporn geben, und fühlte sich getrieben, das Ausbleiben der versprochenen Nationalversammlung wieder einmal zu beschönigen. An einen Waffenstillstand dachte sie nicht von ferne, sondern verkündigte gleich vor dem Beginn der Beratungen im deutschen Hauptquartier am 30. Oktober in ihrer amtlichen Zeitung eine Bedingung, welche dazu bestimmt war, den Weg zu einem Waffenstillstand zu verlegen. Es war dies die Bedingung, daß Paris sich sollte mit Lebensmitteln versorgen dürfen — was der Belagerer unmöglich zugestehen konnte. Kein Aufrichtiger und kein Neutraler konnte sich sträuben, diese Unzulässigkeit willig anzuerkennen; kurz, die Verwerfung dieser Bedingung war von Hause aus gewiß. Favre ließ sich in einem neuen Rundschreiben vernehmen und entledigte sich gar handwerksmäßig seines Geschäfts. Wie oft hatte er nicht schon den Kaiser Napoleon für diesen Krieg verantwortlich gemacht! Dieselben Redensarten und Anklagen übertrug er nun gleichfalls auf den Grafen Bismarck, der seinen Ehrgeiz ganz Deutschland opfern sollte u. s. w. Das Kaisertum und die preußische Politik, diese beiden Dinge konnte Favre schon lange nicht leiden; wir wissen es aus seinen Reden im gesetzgebenden Körper, in seinem vorliegenden Rundschreiben hätte er's nicht zu wiederholen brauchen. Wie stand es aber mit der Nationalversammlung? Warum ließ Favre seine Landsleute nach ihr schmachten? Er behauptete, durch die neulich in Paris stattgehabte Abstimmung sei der Regierung vom 4. September eine volksmäßige Weihe zu teil geworden. Gambetta sollte eine ähnliche Abstimmung im ganzen Lande veranstalten wollen — alles, um einer Nationalversammlung zu entgehen. Es war nicht viel anders, als im letzten Halbjahre des gesetzgebenden Körpers, da die Linke täglich Ollivier bestürmte, die Kammer aufzulösen und Neuwahlen auszuschreiben. Ollivier und der Kaiser thaten alles, nur das nicht; Favre war jetzt vollkommen so ein Selbstherrscher wie Louis Napoleon ge-

wesen war; er schien ihn vormals nur bekämpft zu haben, weil
er ihn beneidete.

Kurz darauf jedoch wurden neue Unterhandlungen angeregt,
und zwar von seiten Deutschlands. Bernstorff erklärte in London,
daß eine erneute „direkte Kommunikation" in Versailles willkommen
sein würde, und daß dies ein weit besserer Weg wäre, wenn es der
provisorischen Regierung Ernst sei. Dem Grafen Bernstorff machte
nun zwar Lord Granville einige Bemerkungen über die — für ein
großes Volk eigentümliche — Empfindsamkeit Preußens gegenüber
den freundschaftlichen Bemühungen anderer Mächte, aber er telegraphierte sofort die Mitteilung Bernstorffs über Deutschlands
Bereitwilligkeit zu neuen Unterhandlungen an Lyons, und dieser
berichtete als Ergebnis von Unterredungen mit Thiers und anderen, daß die französische Regierung mit Freuden zu Unterhandlungen auf Basis der Verproviantierung bereit sein würde. Tissot
machte in London ähnliche Vorstellungen und fügte den Vorschlag
hinzu, „die Anwesenheit Odo Russells in Versailles möchte dem
Londoner Kabinett eine Erleichterung der Unterhandlungen bieten."
Aber Granville ließ sich hierauf nicht ein, und verwies auf die
Thatsache, daß „Graf Bernstorff ihm positiv mitgeteilt habe, eine
direkte Kommunikation von seiten der französischen Regierung habe
mehr Aussicht auf Erfolg." Aber hierzu zeigte die französische
Regierung noch immer keine Neigung, wiewohl Favre am 19.
November schrieb: Der Regierung der Nationalverteidigung sei es
„mehr denn je darum zu thun, von der schrecklichen Bürde befreit
zu werden, welche seit dem 4. September auf ihren Schultern ge-
lastet habe." Frankreich bestand noch immer darauf, daß eine
Einberufung der Nationalversammlung ohne Waffenstillstand und
ein Waffenstillstand ohne Verproviantierung unmöglich sei und daß
Mr. Odo Russell den Grafen Bismarck bezüglich seiner Bedingungen
sondieren sollte. Granville schlug dieses Gesuch ab, aber immer
wieder und wieder wurde dasselbe erneuert, eine Depesche nach der
andern beschreibt Unterredungen mit Chaudordy und Tissot, bis
schließlich ersterer dem Grafen Bismarck durch Lord Granville
einen dreifachen Vorschlag unterbreiten ließ. — Charakter und Erfolg dieses Vorschlages ist am besten aus folgender Depesche Granvilles an Lyons ersichtlich:

„Auswärtiges Amt, 19. Dezember 1870. Mylord, Graf Bismarck, welchem der Inhalt des Telegramms Ew. Exzellenz vom
16. d. mitgeteilt worden ist, hat erwidert, es sei unmöglich, auf

eine der darin enthaltenen drei Forderungen der französischen Re=
gierung einzugehen — nämlich entweder ein Waffenstillstand mit
der Bedingung der Verproviantierung, um eine Nationalversamm=
lung zu wählen, oder Friedensschluß ohne Gebietsabtretung, oder
schließlich Einberufung eines europäischen Kongresses, welcher die
zwischen Frankreich und Preußen schwebenden Fragen erörtern
würde, und Se. Exzellenz fügte überdies hinzu, daß irgend eine
deutsche Regierung, welche in solche Vorschläge willigen würde, ohne
durch Waffengewalt zum Nachgeben genötigt zu sein, sich in der
Lage sehen würde, zur Abdankung gezwungen zu sein."

Die Aushungerung von Paris.

Im Großen Hauptquartier in Versailles wurden die Wirkungen der Einschließung von Paris auf die Widerstandsfähigkeit des Magens der Belagerten mit der Aufmerksamkeit verfolgt, die man etwa Berichten von den Schlachtfeldern vor Paris oder in den Provinzen schenkte. Es fehlte nicht an täglichen Bulletins darüber. Die Pariser Zeitungen selber, die regelmäßig nach Versailles gelangten, auf diesem oder jenem Wege, mitunter durch den Austausch von Zeitungen zwischen den Vorposten, waren die Hauptquelle für die Informationen über den Stand der Ernährung in der belagerten Stadt. Dazu kamen aufgefangene Briefe, und nicht bloß Ballonbriefe — es fehlte auch auf dem Erdboden nicht ganz an Kommunikationen — sondern auch geheime direkte Berichte, von denen einige unten folgen werden. Weihnachten galt als der späteste Termin, bis zu dem Aushungerung und Bombardement die Belagerung zum gewünschten Ziele würde geführt haben. Man hatte dabei die Elastizität der Vorräte, die Kochkunst der Pariser, welche des Stoffes der Nahrung spottete, ihre Genügsamkeit nicht in Betracht gezogen. Die Belagerten selber machten die beste Miene zu all den Verwüstungen, welche innerhalb der vier Wände der bald eintretende Mangel anrichtete. Öffentlich wurde nichts mehr verhöhnt, als der Versuch, statt in die Wälle — in den Magen Bresche zu schießen. Lachend aß man — vor den Augen andrer — Pferdefleisch und Schlimmeres. Man machte sich gegenseitig Mut gegenüber dem System der Belagerung, in der Küche so gut wie hinter den Wällen. Die Strategie der Preußen provozierte das Raffinement der theoretischen und der praktischen Chemiker, der Gelehrten wie der Köche. Es galt, die Defensive gegen die seltsame Offensive der Belagerer mit aller Macht zu verstärken. In dieser Beziehung ließen die Siegesnachrichten in Versailles länger auf sich warten, als diejenigen von den Schlachtfeldern. Die Zeitungen und die Briefe zeigten einen unerschrockenen Trotz und Spott.

Unterrichtet war man, wie bemerkt, im Großen Hauptquartier täglich sehr genau, wie es mit dem Innern der Stadt, also auch mit der Lebensmittelfrage stand, und die Informationen bezeugten noch nach drei Monaten keine große „Besserung“, b. h. keine Verschlimmerung der Hungersnot. Hier folgen die Berichte, wie sie in Versailles gewissenhaft gesammelt wurden, um den Berechnungen der Strategie als Grundlage zu dienen.

Die Zernierung trieb die Preise der Lebensmittel schnell in die Höhe. Viele Privatleute faßten den Ernst der Situation erst ins Auge, als die Preußen vor Paris wirklich erschienen waren und die Kommunikation mit der Außenwelt plötzlich stockte. An einem der ersten Tage der Belagerung hatte ein Epicier des Boulevard Sebastopol 70000 Fr. Einnahme. Frische Butter stieg in 8 Tagen von 4 auf 8 Fr.; das Kilo gesalzene Butter auf 10 Fr.; Eier das Stück von 1 Sou (5 Centimes oder 4 Pfennige) auf 5, Schweinefett oder Schmalz von 2 Fr. auf 4, Schinken von 2,50 auf 6, Kartoffeln (der Boisseau) von 1 auf 2,75 Fr. Für Fleisch hatte die republikanische Regierung die Taxe wieder eingeführt (Dekret des Ackerbau-Ministers vom 11. September). Auf dem früheren Pferdemarkt (böses Omen) wurde täglich von 8 bis 12 Uhr Viehmarkt abgehalten, von wo die Fleischer ihre Einkäufe in die Schlachthäuser von Grenelle, Villejuif und La Villette brachten. Die Taxe im Detailhandel war bei Rind- und Hammelfleisch nach je drei Kategorien unterschieden und wurde immer auf acht Tage festgesetzt. Filet (aloyau), Schwanzstück und dergl. 2 Fr. das Kilo, geringere Sorte 1,70 Fr. bis 1,30 Fr. und 1,10 Fr. Das frische Schweinefleisch (das bald verschwand) erhielt mit dem 1. Oktober den Zwangspreis von 2,30 Fr. (Speck 2,50 Fr.). Die Charcutiers umgingen denselben, indem sie Wurst aus dem Fleisch machten, was viele Denunziationen nach sich zog. Seit dem 7. Oktober wurde auch das Pferdefleisch taxiert. Die Rationierung desselben trat erst am 12. November ein, während die des übrigen Fleisches am 28. September begann. Die Requisition alles Horn- und Wollviehes bei Privatleuten seitens der Regierung erfolgte am 9. November, die der Pferde (die unentbehrlichsten Dienstpferde ausgenommen) am 16. Dezember, während das Monopol der Regierung, b. h. des exklusiven Ankaufs zum Schlachten, schon mit der Rationierung begann. Pökel-Schweinefleisch, Schinken und Wurstwaren wurden bei den Händlern am 1. Dezember requiriert, bei den Privatleuten freigelassen. Am 23. September setzte der Maire von Paris (zunächst bis Ende des Monats) für das Brot erster Qualität den Preis auf 45 Cent. das Kilo, für das Brot zweiter Qualität auf 38 Cent. fest. Das stückweise verkaufte Brot sollte bei einem Gewichte von 215 Gramm 10 Centimes kosten, 325 Gr. 15 Cent., 435 Gr. 20 Centimes. Eine Rationierung des Brotes trat erst am 19. Januar ein. Sämtliches Getreide und Mehl war seit dem 30. September requiriert, seit dem 14. resp. 19. Januar auch der Mehlvorrat von Privatleuten und das Saatkorn der Landleute.

Ein Erlaß des Ministers des Ackerbaues vom 26. September ordnete an, daß vom 28. Sept. ab das Fleisch von 500 Ochsen und 4000 Hammeln jeden Tag zur Verfügung der Einwohner von Paris gestellt werden solle. Das Fleisch wurde für Rechnung des Staates von den Fleischern verkauft, deren Namen an der Mairie ange= schlagen, und zwar zu festgesetzter Taxe. Der Preis des Rind= fleisches wurde bis zum 13. November auf 2 Fr. per Kilogramm festgesetzt. Die tägliche Ration betrug für die Person (über 8 Jahre) anfänglich 200 Gramm (⅖ Pfund oder 12 Loth), nach drei Wochen nur noch ein Hektogramm (100 Gramm oder 6 Loth) und fiel dann weiter. Man rechnet den durchschnittlichen jährlichen Fleisch= verbrauch eines Parisers zu 75 Kilo (109 in London, 87 in Wien, 53 in Berlin), also den täglichen auf etwas über 250 Gramm. Das aktive Militär (die Nationalgarde zählte zur Zivilbevölkerung) wurde besonders verpflegt. Indem nur 500 Ochsen für die Zivil= bevölkerung zur Verteilung gelangten, die sonst deren 700 ge= brauchte, war die tägliche Ration von 200 Gramm gleich im An= fange unter den in gewöhnlichen Zeiten konstatierten Durchschnitt gesetzt. In der ersten Zeit gab es freilich noch andere Quellen für Bezug des frischen Fleisches. Am 28. September begann also die beschränkte Fleischverteilung. Um 5 Uhr morgens machte man Queue bei Duval (Rue Tronchet) und den anderen Fleischern. Die Nationalgarde mußte die Ordnung aufrecht erhalten, da die Männer sich in der Reihe prügelten und die Frauen in Ohnmacht fielen. Um 7 Uhr vormittags war nicht ein Bissen Fleisch mehr zu haben. Allerlei Unregelmäßigkeiten, die sich in der Folge die Fleischer beim Verkauf zu schulden kommen ließen, veranlaßten die Regierung, gewisse Läden als amtliche Fleischbüreaus einzurichten, die dort fungierenden Metzger als Staatsbeamte einzusetzen, um sie der Dis= ziplinargewalt zu unterwerfen.

Man hat sich über eins gewundert. Wenn das Fleisch rationiert wurde, wie konnten die Restaurateurs zu essen geben? Wie
konnten die Pastetenbäcker Fleischpasteten liefern? Nun, auf sehr
einfache Weise. Die Rationierung und Taxe machte das Fleisch
billig, aber es gab doch Leute genug, denen auch die von den
Mairien ausgegebenen Rationskarten noch zu teuer waren. Sie
nahmen die ins Haus gebrachten Karten, konnten sie aber nicht für
sich verwenden. So kamen Restaurateurs und Bäcker für wenig
Geld in Besitz von hunderten von Billets, auf welche sie beim
Schlächter Fleisch erhielten. Trotz der Requisitionen wußten sich
Restaurateurs wie einzelne Privatleute immer noch ein Stück Vieh,
eine Kuh, ein Kalb, einen Esel, ein Pferd, Geflügel zu erhalten
oder neu zu verschaffen, natürlich mit schwerem Gelde. Eine Milch-
kuh, die sich in einem Dorfe noch auftreiben ließ, wurde mit
2800 Frank bezahlt. Brébant bezahlte am 24. Dezember einen
Hammel mit 1164 Fr. „Sous le manteau," wie man sich ausdrückte, wurde das verbotene bis zuletzt verkauft. Die geheimen
Vorräte und ungesetzlichen Manipulationen waren bald nach Beginn
der Rationierungen und Requisitionen Gegenstand unzähliger Denunziationen und Verfolgungen. Einzelnen Spekulanten erging es
schlecht, es wurden ihnen ganze Keller voll aufgekaufter Fleisch-
waren konfisziert. Andere sammelten Reichtümer, zumal diejenigen,
die erlaubten Handel ausbeuteten. Ein Kuchenbäcker, der für den
Winter 500 000 Stück Eier sich in Kalkwasser gelegt und das
Stück mit nicht einem Sou bezahlt hatte, wurde das Stück in einer
Zeit, wo Mangel und Nachfrage besonders groß waren, mit
2,25 Fr. los. Übrigens scheinen die Restaurants im Anfange noch
eine besondere Bevorzugung vor den Privatleuten genossen zu haben
und erst später auf gleiche Rationierung beschränkt worden zu sein.
Es ist begreiflich, daß sie unter allen Umständen die größte Not
hatten, ihren Kunden gerecht zu werden. Die ehrlicheren Wirte
reduzierten die Zahl der Schüsseln, wenn sie sich scheuten, das
Diner sich sehr hoch bezahlen zu lassen. Die Reichhaltigkeit der
Speisekarten anderer erklärt sich durch die Worte, die Labouchère
im Monat Oktober den „Daily News" schrieb: „Ich speise täglich
in einem Bouillon; dort ißt man Schimmel für Rindfleisch und
die Katzen heißen Kaninchen. Beides schmeckt ausgezeichnet. In
Zwiebeln gedämpft oder als Ragout machen Katzen ein vortreffliches Gericht. Wenn ich nach London zurückkehre, werde ich mich
oft mit einem dieser Tiere regalieren, und ich fühle mich dem

Grafen Bismarck für die neue Erfahrung, die ich gemacht habe, zu
Dank verpflichtet." Auf Hunde, Katzen, Ratten und andere Surro=
gate legte allerdings die Regierung kein Embargo, und von dem
übrigen requirierten Vieh scheint am meisten das Pferd „unter den
Mantel" geschlüpft zu sein. Gegen Rind, Hammel, Schwein war
man unerbittlicher. Einem Seiltänzer wurde die fünfbeinige Kuh
weggenommen, die er bei seinen Produktionen als Kuriosität zeigte.

Der Konsum von Pferdefleisch nahm gleich im Anfange der
Zernierung verhältnismäßig große Dimensionen an. Durch das
teurer gewordene Viehfutter fanden sich eine Menge Pferde zur Dis=
position gestellt, und schon am 1. Oktober hielt die Zentralkommission
für Gesundheitspflege im Stadthause ein Zweckessen, das ausschließ=
lich aus Pferdefleisch zubereitet war, darunter figurierte: croûte au
pot ou consommé de cheval, cheval bouilli garni de choux,
culotte de cheval à la mode, côte de cheval rôti. Der Pferde=
markt fand des Montags, Dienstags und Freitags von 8 bis 11 Uhr
statt. Herr Boulay, Tierarzt an der Schule Alfort, untersuchte die
Pferde und drückte den zum Schlachten auserlesenen Exemplaren
das glühende Eisen auf den linken Schenkel. Nicht Aussehen, nicht
Fuß und Gangart, nicht Augen und Zähne wurden geprüft, sondern
die Gesundheit und Fettmasse. Die Pferde wurden lebendig ge=
wogen und mit 40—50 Centimes das Pfund bezahlt. Die Esel
waren gesuchter und brachten jedes Pfund ihres Körpers bis auf
75 Centimes. Das Pferdefleisch bildete seit dem 1. Dezember die
einzige Spezies von „frischem Fleische", welche die Regierung
lieferte. Was sonst an „frischem Fleische" genossen wurde, war
Privatsache. Man darf aber nicht glauben, daß Hunde, Katzen und
Ratten je eine allgemeine Verbreitung in den Haushaltungen fan=
den. Gewiß wurden manche Speisen, die Würste und Pasteten,
die Suppen und Ragouts, die Beefsteaks und Kotelettes oft von
unechter Waare fabriziert und der Verdacht, der in dieser Beziehung
herrschte, inspirierte zu manchen hübschen Karrikaturen. Aber unter
dem wahren Namen, als Hunde=, Katzen= oder Rattenfleisch zierte
nur der Unbemittelte mit solchen Surrogaten seinen Tisch, besonders
der Wilddieb, oder es waren Übermut und Hohn bei diesen Kon=
sumtionsartikeln im Spiele. „Es gibt jetzt," schrieb das „Paris=
Journal" im Monat November, „einen Rattenmarkt, der gar sehr
besucht ist. Wenn unsere Feinde diese Zeilen lesen, werden sie sich
die Hände reiben und glauben, daß wir den ärgsten Mangel an
Lebensmitteln leiden müssen, um so weit zu kommen, uns von die=

sen kleinen Tieren zu nähren. Wie werden sie sich täuschen. Sie wissen nicht, daß in Paris alles nur eine Frage der Mode ist, und werden sehr überrascht sein, zu erfahren, daß nicht die Armen und Unglücklichen die Ratten verspeisen, sondern gerade die wohlhabende, selbst die reiche Klasse! Einer der renommiertesten Restaurateure hat das Mittel gefunden, aus diesen Nagetieren ein köstliches Gericht zu bereiten; er richtet sie mit Champagner und starkem Gewürz an. Auf folgende Art überliefert man dem Käufer die Ware: die Ratten sind in einem großen Käfig eingeschlossen; man wählt aus dem Haufen das Tier, welches man wünscht, mittelst einer kleinen Gerte treibt sie der Kaufmann in einen anderen Käfig, in welchem sie sich allein befindet, dann bringt man eine Bulldogge herbei. Man öffnet das kleine Behältnis und die Ratte rennt heraus, aber unverweilt wird sie durch die gewaltigen Zähne des Hundes ergriffen, der ihr das Rückgrat bricht und sie dann aufs sauberste zu den Füßen des Käufers niederlegt. Eine Ratte wird mit sehr hübschen Preisen, bis zu 60 Cents bezahlt; man kann sie auch, wie die Ente, mit Oliven speisen. In Paris gibt es mehr als 20 Millionen Ratten, aber die Verkäufer können nicht alle Forderungen befriedigen; es ist eben das neueste „Chic", Pariser Ratten zu essen."

„Verhöhnung der Preußen," das war der Sinn dieser Art von verschiedenen Genüssen. Unter solcher Etikette empfahlen auch die Händler und Schlächter ihre Ware und viele griffen um so lieber zu, als ja nebenbei auch wirklich der Hunger gestillt wurde. In den Straßen sah man oft einen kleinen, mit einem Pferde bespannten Wagen umherfahren, der auf allen Seiten verschlossen war. Auf der Rückseite prangte in großen Buchstaben die Inschrift: „Widerstand bis aufs Äußerste." Im Wagen lagen geschlachtete Katzen. Eben diese Devise „Widerstand bis aufs Äußerste" gab die Idee zu parodischen oder travestierenden Gastmälern, bei denen in kulinarischem Urteile erprobte Persönlichkeiten als Teilnehmer und solche Stoffe als Leckerbissen figurierten, die von den Belagerern als Zeichen äußerster Not angesehen wurden, es aber nicht sein sollten. Die Zeitungen, in der Hoffnung, den Preußen in die Hände zu fallen, berichteten ausführlich die Menus. So gab Dr. Anatole von Grandmont ein Diner, dessen Menu nach dem „Gaulois" war: Pferdekonsommé, Millet, Scheibchen von Hundeleber à la maître d'hôtel, Katzenrücken-Schnittchen mit Mayonnaise-Sauce, geschmorte Hundefilets mit Paradiessauce, Katzencivet mit Schwämmen, Hunde-

Kotelettes mit Erbsen, wie Wildpret bereitete Ratten mit Robert=
Sauce, Hundekeulen, garniert mit Mäusen in gepfefferter Sauce,
Begonien in Saft, Plumpudding mit Rum und Pferdemark. Der
kritische Bericht über dieses Gastmahl lautete: „Die Suppe war
vorzüglich. Die Hundeleberscheibchen ausgezeichnet, der Geschmack
der Leber erinnerte an Schöpsennieren; die Katzenrücken=Schnittchen
wurden schmackhaft und sehr zart gefunden, man meinte kaltes
Kalbfleisch zu essen. Was die Hundekeulen betrifft, so waren die
zu stark gerösteten Teile nicht ganz schmackhaft, doch immerhin
genießbar." Mitglieder des Pariser „Jockey=Klubs" gaben von
Zeit zu Zeit ein „Belagerungsdiner". Das Menu eines solchen
hatte der bekannte Baron Brisse wie folgt zusammengestellt: Hors
d'Deuvre: Radieschen, marinierter Hering, Zwiebeln à la Provençale,
gesalzene Butter, Pfeffergurken und Oliven. Erster Gang schwach=
gesalzene Bouillon von Pferdefleisch, Eselskoteletten mit Mohrrüben,
Maultierleber sauté mit Champignons, Pferdenieren mit weißer
Sauce, Karpfen à la matelotte, Sellerie. — Zweiter Gang: ge=
schmortes Hundeviertel, gebratene Hundekeule, in Asche gebackene
Ratten, Ratten=Pastete mit Champignons, Aal am Spieß gebraten,
Salat — Desserts: Holländischer Käse, Äpfel, Birnen, Kirschkonfi=
türe, italienischer Kuchen, Chesterkäse. — Bei solchen Spott=Diners
spielten natürlich „Hundebouillon à la Bismarck" ... à la Guillaume
und dgl. die Hauptrolle.

Mehr ernsthafte Speisen waren die Raben und die Sperlinge,
vor allem aber die wilden Tiere des Jardin des Plantes, die nun
einem besseren Zwecke dienten. Wer Geld übrig hatte, konnte sich
den Genuß von Bären=Beefsteaks verschaffen, nach denen Alexander
Dumas die Pariser in seinen „Reiseeindrücken" so lüstern gemacht
hatte. Känghurufleisch wurde auch sehr gerühmt (Pfund 12 Frank),
die drei Elephanten des Jardin des Plantes kaufte ein Fleischer
für 20 250 Frank. Noch gegen Ende der Belagerung gab es
Elephant, Hirsch, Hirschkuh, Bär zu 10—15 Frank das Pfund
(nicht Kilo).

Mit dem 21. November trat Paris in die Pökelfleisch=Saison
ein. Es erhielt abwechselnd eingesalzenes und frisches Fleisch,
welches letztere zwei Wochen später nur noch vom Pferde kam.
Seit dem Anfange des Monats November wurde in den einzelnen
Arondissements nach und nach die tägliche Ration von Rind= oder
Hammelfleisch von 100 Gramm auf die Hälfte und wieder nach
8 Tagen von 50 Gramm auf 33¹⁄₃ herabgesetzt. Seit dem

12. November übernahm die Regierung die Pferdeschlächterei und verabreichte abwechselnd Rind= oder Hammelfleisch und Pferdefleisch, bis letzteres (seit dem 30. November) allein noch die Kategorie „frisches Fleisch" bildete und nur noch mit eingesalzenem Fleisch wechselte. Die Kartoffeln wurden am 22. November rationiert. Man war damals auf die Resultate gespannt, welche Herr Joigneux mit seinem Gemüsebau, für den ihm aller im Gürtel verfügbarer Grund und Boden überlassen war, erzielen würde. Schon im Anfang Dezember kamen Gemüse in die Markthallen, die man sonst erst Ende März hatte, besonders Zwiebeln, Laucharten, Spinat, Ampfer, Salate, Kerbel, Petersilie, Rettige u. s. w. 300000 Beete waren einzig und allein für vielleicht 9 Millionen Salatpflanzen in Verwendung. Die hauptsächlichsten Kulturplätze sah man auf den Boulevards Picpus und Neuilly, in der Avenue Dumesnil und in den Straßen Neuilly, Charonne und Montreuil. Außerdem befanden sich derlei Kulturplätze an den äußersten Endpunkten des Weichbildes der Stadt. Die Gemüsegärtner glaubten schon für Weihnachten ihre Kultur=Produkte massenhaft auf den Markt werfen zu können. Alsdann sollten die Hallen die Schätze dieser Belagerungs=Kultur zur großen Freude und Beruhigung der Hauswirtschaften feilbieten und die Preußen ärgern.

Die Regierungsdekrete, die sich auf die Ernährungsverhältnisse während der Belagerung bezogen, ergingen in der folgenden Reihe:

11. September. Taxierung des Rind= und Hammelfleisches.

23. „ Taxierung des Brotes.

26. „ Erlaß des Ministers des Ackerbaues über die Rationierung des Rind= und Hammelfleisches.

28. „ Beginn der Rationierung des Rind= und Hammelfleisches.

30. „ Getreide= und Mehl=Requisition, außer in Privatwirtschaften.

1. Oktober. Taxierung des Schweinefleisches.

7. „ Taxierung des Pferdefleisches.

20. „ Herabsetzung der täglichen Ration des Rind= und Hammelfleisches von 200 Gramm auf die Hälfte.

30. „ Der Fischfang in der Seine und Marne, sowie in den verschiedenen Seen des Bois de Boulogne, wird Monopol der Regierung.

Feststellung der Zahl der Pferde, die auf dem Pferdemarkt verkauft werden können.

6. November.　Herabsetzung der Ration des Rind- und Hammel-
　　　　　fleisches von 100 Gramm auf die Hälfte.

9.　　"　　Requisition alles Horn- und Wollviehes in Privat-
　　　　　wirtschaften.

12.　　"　　Die Pferdeschlächterei wird Monopol der Regierung;
　　　　　die Fleischbüreaus liefern abwechselnd Rind- resp.
　　　　　Hammelfleisch und Pferdefleisch; die Ration für alle
　　　　　drei Arten von Fleisch wird von 50 Gramm auf
　　　　　33$\frac{1}{3}$ herabgesetzt.

18.　　"　　Requisition sämtlichen Viehfutters.

21.　　"　　Die Fleischbüreaus liefern abwechselnd mit frischem
　　　　　Fleisch eingesalzenes, auch Fisch.

22.　　"　　Requisition der Kartoffeln.

30.　　"　　Requisition an Pökelfleisch, Schinken und Wurst-
　　　　　waren bei den Händlern. Die Fleischbüreaus liefern
　　　　　kein frisches Rind- und Hammelfleisch mehr, sondern
　　　　　nur noch Pferdefleisch und eingesalzenes Fleisch.

　　　　　Eine Verordnung des Ministers für Handel und
　　　　　Ackerbau fordert alle Inhaber von Pferdeschlächtereien
　　　　　und sonstigen Metzgereien auf, die Knochen der
　　　　　geschlachteten Tiere gegen eine Vergütung von
　　　　　2$\frac{1}{2}$ Francs für 100 Kilogramm an bestimmte De-
　　　　　pots abzuliefern, zur Bereitung von Nahrungsmitteln.

8. Dezember.　Das Brot schwärzt sich infolge von Kleie-Gehalt.

8.　　"　　Dekret gegen Schiffszwieback; Mehl soll nur noch
　　　　　zu Brot verwandt werden.

11.　　"　　Dekret gegen Kuchen.

15.　　"　　Tägliche Fleischration 30 Gramm.

16.　　"　　Requisition der Pferde und Esel zum Schlachten.
　　　　　Pain bis.

18.　　"　　Mahlsteuer abgeschafft.

25.　　"　　Zur Feier des Weihnachtstages gibt es noch einmal
　　　　　frisches Rindfleisch und Butter in den Fleischbüreaus.

14. Januar.　Requisition sämtlichen Mehles bei Privatleuten über
　　　　　5 Kilo.

19.　　"　　Requisition des Saatkorns der Landleute und alles
　　　　　von Privatleuten noch zurückgehaltenen Getreides.
　　　　　Rationierung des Brotes (300 Gr. für Erwachsene,
　　　　　150 Gr. für Kinder unter 5 Jahren; 300 Gramm
　　　　　kosten 10 Centimes).

Die Requisition der Kartoffeln ist aufgehoben, der Preis derselben bleibt 25 Fr. (der Boisseau).

Das frische Rindfleisch war demnach seit dem 30. November zu Ende; d. h. für das Gros der Bevölkerung, und das Pferdefleisch, das seit dem 12. November schon abwechselnd mit dem Rindfleisch geliefert wurde, trat seit dem 1. Dezember ganz an dessen Stelle. Ein wirklicher Notstand, d. h. ein solcher, der sich über die ganze Bevölkerung oder über ganze Klassen derselben erstreckt hätte, hat, da Jules Favre zur rechten Zeit kapitulierte, in Paris nicht geherrscht. Die Wohlhabenden konnten bis zuletzt alles für Geld haben, und die übrigen ließen sich ernähren. Nur das ausgehende Brot führte die schließliche Krisis herbei.

Wo Genügsamkeit und Küchengenie sich vereinen, da riskiert die Aushungerungstheorie, wenn sie ihren Termin nicht sehr weit setzt, ein Fiasko. Es gibt eine Kochkunst, die in ihrem Raffinement zuletzt den verarbeiteten Stoff gleichgültig macht, das Fleisch in der Sauce zu einem — um in der Sprache der spekulativen Philosophie zu sprechen — „aufgehobenen Moment" herabsetzt, weit über die Grundelemente der Pasteten, der Ragouts, der Salate, der italienischen Käse, der Würste, des Eingemachten, die Kunst der Zubereitung also über die Materie den Gedanken setzt. Für Salat eignet sich schließlich jedes Blatt, für die Wurst oder Pastete jedes Fleisch. Der Stoff geht in der Form (das Wort wieder in philosophischem Sinne genommen) unter, er wird indifferent. Und eine Stadt, wo der Gedanke dermaßen die Materie beherrscht, wollte man in zwei Monaten aushungern? Hühnerfrikassee ohne Huhn, Fischsalat ohne Fisch, Hasenragout ohne Hasen, Beefsteak ohne Rind, Eierkuchen ohne Ei herzustellen: das war bei dem Reichtum an Ersatztieren für eine ausgebildete Kunst nichts Großes. Eine Voraussetzung mußte nur zutreffen: nämlich Vorrat an Fett. Die Idee oder die Kunst steht nicht so hoch über der Materie, daß sie für ihre kulinarischen Veredelungen nicht des Fettes bedürfte. Butter, Olivenöl, Schweineschmalz gingen aber am ersten auf dem Markte aus, oder waren für die große Masse der Bevölkerung unerschwinglich. Keine größere Klage daher, als über diesen Mangel, und kein Raffinement größer, als die Bereitung von Butter-, Öl- oder Schweinefett-Substitutionen. Glücklicherweise ist nicht gerade die Olive nötig, um Öl herzustellen. Die Botanik kennt auch andere Pflanzen mit ölhaltigem Samen, z. B. Leinsamen und Hanfsamen, Rübsamen, Leindotter, Mohn. Makassaröl wird sonst zur

Beförderung des Haarwuchses empfohlen, Palmöl und Kokusnußöl
dienen bei der Seifenbereitung, sind aber doch butterartig und da=
her noch anders verwendbar, wenn nur die richtige Mischung statt=
findet. Freilich wurde über die Verwandtschaft des gewonnenen
Produkts mit Seife vielfach geklagt. Auch das Tierreich liefert
Öl, gewöhnlich Thran genannt. Als das Schweinefett auf dem
Markte zu fehlen begann, halfen zuerst die Parfümeurs aus, die
zu anderen Zwecken große Vorräte davon aufgespeichert hatten. Da
die letzteren zum Teil schon eine Manipulation zur Herstellung von
Pomade erfahren hatten, so war in diesem Falle eine chemische
Scheidung der Bestandteile zu Kochzwecken nötig. Etwas Moschus=
geruch oder dergleichen blieb aber immer haften. Indessen zu allen
diesen Surrogaten griff doch nur ausnahmsweise die Verzweiflung.
Man hatte ja immer noch in hinreichender Menge den Talg ver=
schiedener Tiere. Vorzugsweise gebrauchte man ein Gemisch von
Ochsen= und Hammeltalg mit dem Fett anderer Tiere, das unter
dem Namen „Ochsen= oder Hammelfett" verkauft wurde, das
Kilo 3,50 Fr. bis 4 Fr. Die geheimnisvollen Fette dunklen Ur=
sprungs kosteten nur 1 bis 2 Fr. Das aus Knochen bereitete
Osseïn (den 30. November requirierte die Regierung alle Knochen)
diente besonders zur Herstellung von Bouillon. Die Fabri=
kation von Knochengallerte nahm unerhörte Dimensionen an. Auch
fand man, daß die Gerbereiabfälle nicht bloß zu Leim sich ver=
werten ließen.

Das von der Regierung gehandhabte System der Requisitionen
und Rationierungen genügte ihren Gegnern keineswegs. Eine Probe
mit dem Kommunismus zu machen, also sämtliche Lebensmittel ohne
Ausnahme zu requirieren und sie täglich rationsweise gratis zu
verteilen, dazu schien allerdings die Lage einer zernierten Stadt
sehr verlockend. Auch von weniger entschieden der Regierung ab=
gewandter und kommunistischer Seite wurde dies angenommene
System der Requisition scharf kritisiert. Ein Artikel der „Défense
nationale" vom 19. Dezember, welcher die Überschrift: „Gleichheit
vor dem Hunger" trug, ließ sich darüber in folgender Weise aus:
„Gestern durchwanderte ich die volkreichsten Stadtteile von Paris
und, ich muß gestehen, ich war entsetzt, als ich diese langen Reihen
dürftig bekleideter Frauen und Kinder, zitternd von eisigem Winde
erstarrt, zusammengepfercht und herumgestoßen, stundenlang bei
strömendem Regen Queue machen sah, während der Mann auf den
Wällen, mit den Füßen im Kot, Wacht fürs Vaterland hält. Wenn

diese Unglücklichen noch, zum Lohn für ihre Geduld, Lebensmittel
nach Hause brächten für die ganz Kleinen, die unbewußt harren,
und für die Alten, welche es mit Murren thun! Aber ach! sie
kommen nur mit blauen Händen, weinenden Augen und leerem
Magen zurück! Zu Hause kein Feuer, kaum ein Licht: schlimmere
Lage als die des Bettlers auf dem Lande, welcher sich die Reiser,
die er auf dem Wege gesammelt, anzündet, um seine Suppe zu
kochen und sich so warme Nahrung zu verschaffen! Und doch, niemand beklagt sich; mit stoischem Gleichmut holen sich die Leute
beim Metzger — was? 100 Gramm trockene Erbsen oder Reis,
oder ein mageres Stück Fleisch, wie es zu gewöhnlichen Zeiten ein
Reicher seinen Hunden nicht gäbe; aber, ich wiederhole es, man beklagt sich nicht; jedermann ist glücklich, nur etwas, sei es noch so
wenig, zu erhalten. Man muß das Weinen und Bitten dieser
armen Frauen nur sehen, es ist herzzerreißend! Die Menge vor
den öffentlichen Marketenderbuden (Cantines nationales) sieht noch
elender aus. Alles in Lumpen. Wahrscheinlich, weil es dort
billiger ist!? Vom frühen Morgen an warten die Leute mit irgend
einem Gefäße versehen, auf dem Trottoir kauernd, bis sich eines
der „wohlthätigen“ Restaurants öffnet. Hier steht die Menge nicht
gedrängt, man sieht, das Elend hat hier Ordnung zu schaffen gewußt. Drei Monate sind wir nun belagert, zwei Monate führen
wir dies Jammerleben. Das Unglaubliche geschieht; unsere Magen
lernen sich schmiegen und fangen an, dem des Straußes ähnlich zu
werden; was sich nur zerreiben läßt, dient als Speise; was nur
überhaupt verdaut werden kann, wird Nahrung. In den reichen
Quartieren sieht man diese langen Reihen nicht; die Frauen, welche
hier warten, sind warm gekleidet, kokett beschuht, plaudern lustig;
auch zeigt sich diese Menge nur zu gewissen Stunden und vor bestimmten Kaufläden. Neben allem dem und wie zum Gegensatz,
wie um einen Lichtblick im dunkeln Gemälde anzubringen, haben
die Viktualienhändler und Großkrämer hinter ihren Schaufenstern
Massen von Eßwaren aufgehäuft, deren Namen in großen Lettern
angeschrieben stehen. „Spargel und grüne Erbsen“, „Boeuf à la
mode und Brathuhn“, das muß den dürftigen Hausfrauen wohl
manchen Seufzer auspressen. Das ist ärger als Tantalusqual.
Warum diesen Unterschied? Warum hier Not, dort Überfluß?
Warum sind die Bäckerläden in den Vorstädten geschlossen, im
Zentrum aber geöffnet und mit appetitlichen Broten geschmückt?
Warum? Weil die Gleichheit auch vor dem Hunger nicht besteht,

11*

und heute, wie früher, nur der Besitzende das Recht zu essen hat.
Dieser Zustand ist ein Verbrechen, eine Schmach. In einer be=
lagerten Stadt haben alle Bürger denselben Anspruch auf Leben;
das Geld, als Mittel, sich Nahrung zu verschaffen, muß verschwin=
den; wenn die einen nichts haben, muß das gleiche für die andern
gelten. Die Kugeln und Granaten sind verständiger; sie wählen
sich ihre Opfer nicht. Wenn wir gleich sind auf dem Schlachtfeld,
im Angesicht des Todes, müssen wir es auch, ich wiederhole es,
vor dem Hunger sein. Die Regierung hat seit drei Monaten alle
möglichen Versuche zur Regelung der Ernährung gemacht; aber
diese Regelung und Rationierung hat sich nur auf die Armen er=
streckt; die Reichen sind ihr entwischt. Hier der Beweis. Die
Restaurants, wo die Arbeiter aßen, sind geschlossen, und auf den
Läden kann man den traurigen Anschlag lesen: „Geschlossen während
des Krieges wegen Mangels an Fleisch." Aber bei Peters, bei
Bachette, bei Bignon ißt man, wie im tiefsten Frieden; es ist wahr,
man zahlt sehr teuer, aber — man ißt doch. Nun, man sollte
dort nicht essen! Niemand sollte um Gold erkaufen können, was
aller Eigentum ist. Mit welchem Rechte verzehrt einer in einem
einzigen Gerichte soviel, als die Portion einer ganzen Familie aus=
macht? Sein Magen bedarf nicht mehr als der meinige. Man
rationiere, oder sperre diese schamlosen Restaurants! Die Regierung
erlasse schnell ein Gesetz! Die Zeit drängt. Man requiriere alles,
was an Lebensmitteln in Paris ist, Luxusfleisch und feine Gemüse
und verteile es gleichmäßig unter alle! Wir haben in Paris noch
für sechs Monate (?) zu leben, wenn die Regierung nachträglich
diese Maßregel trifft. Das Ergebnis wird ein zweifaches sein.
Einmal wird der Widerstand von Paris unsere Feinde ermüden,
das Vertrauen wird wieder aufleben, und wir werden nicht mehr
das traurige, schmachvolle und inhumane Schauspiel haben, daß
Leute sich Indigestionen holen, während andere Hungers sterben.
Wir haben immer zur äußersten Ruhe geraten. Wir fürchten
mehr als den Angriff der Preußen einen Aufstand, wenn die
Regierung noch zögert, alle Nahrungsmittel zu requirieren; nie=
mand kann für die Zukunft gutstehen, und diese Zukunft ist nicht
mehr fern."

Es ist begreiflich, daß in den Klubs die Nahrungsfrage einen
bleibenden Gegenstand der Tagesordnung bildete. Der Klub Belle=
ville agitierte besonders stark für die kommunistische Requisition.
Die Regierungsmaßregel vom 16. Dezember, welche die Pferde traf,

fand seine Billigung, aber er verlangte größere Strenge gegen die Luxuspferde und wollte das Todesurteil auch auf andere Schmarotzertiere ausgedehnt wissen.

Ein Redner meinte, man könne recht gut die Leichenwagen entbehren, indem man auf eigenen Schultern, wie ehemals, seine Verwandten zu Grabe trage; „was die Luxuspferde betrifft, welche die Reichen mit Brot nähren, so muß man sie ohne Erbarmen opfern; die Reichen sollen, wie wir, zu Fuße gehen." (Lauter Beifall). Der Redner will die Hunde und Katzen gleichfalls requiriert und rationiert haben; heftige Proteste erhoben sich jedoch dagegen. Ein Bürger verlangt Aufschub. „Es ist anerkannt," sagt er, „daß von allen Tieren nach dem Menschen der Hund das treueste und intelligenteste ist. Die Hunde und namentlich die Pudel, gehören so zu sagen zur Familie. (Eine durchdringende Stimme: „Auch die Katzen"!) Warten wir noch eine Weile, bis wir sie zur Rettung des Vaterlandes opfern." (Beifall.) Dieses Plaidoyer greift durch. Die Versammlung beschließt einstimmig das Schlachten der Luxus- und Leichenpferde, ist aber für einen Aufschub bezüglich der Hunde und Katzen. (Große Befriedigung unter den Bürgerinnen.) Hierauf beschäftigt man sich mit den Mitteln, die Preußen zurückzuwerfen; ein Redner aber verlangt, daß die auswärtige Politik aufs Tapet gebracht werde. Er ist einverstanden mit der Haltung Belgiens und der Schweiz; England aber habe eine zweideutige Haltung eingenommen und die „Times" sei unwürdig vorgegangen. „England verdankt uns viel; unser Handel mit ihm setzt es in Brot, wir könnten England entbehren, denn Frankreich ist das reichste Land der Welt und genügt sich selber, während England auf Frankreich angewiesen ist. Deshalb hat Lord Granville Bismarck verboten, Paris zu bombardieren. Es geschah aus Egoismus und nicht aus Interesse für uns." (Zustimmung.) — Ein anderer Redner meint, daß jetzt nicht der Moment sei, sich mit auswärtiger Politik zu beschäftigen; es kümmert ihn sehr wenig, ob Lord Granville Bismarck das Bombardieren von Paris verboten habe. „Die Preußen mögen, wenn es ihnen paßt, Paris bombardieren; das ist vielleicht das Mittel, uns zu retten. Wir werden dann insgesamt ausfallen und wir werden uns selber frei machen, ohne Charette, Cathelineau und die anderen Freunde Trochus abzuwarten. Übrigens, was haben wir von den Bomben zu fürchten? Man sagt, sie werden die Kunstmonumente, Museen und Kirchen in Brand stecken. Bürger, die Republik

kommt vor der Kunst. Die Künstler werden durch den Despotis=
mus korrumpiert. Man zünde den Louvre an mit den Gemälden
von Rubens und Michel Angelo, das ist nicht so trostlos, wenn
nur die Republik siegreich besteht." Der Redner tröstet sich noch
mehr über die Zerstörung der Kirchen und er würde das ohne
Stirnrunzeln ansehen, wenn die Türme von Notre Dame unter
den Bomben zusammenbrächen. Er gäbe wahrlich keinen Sou zum
Wiederaufbau. (Beifall). „Die Bomben, welche uns von allen
Monumenten des mittelalterlichen Aberglaubens befreiten, müßten
uns vielmehr willkommen sein; sie würden die Sozialisten von
einer künftigen Arbeit befreien. Man wird uns aber nicht bom=
bardieren, man will uns durch den Hunger bändigen und das wird
vielleicht gelingen, wenn es so fortgeht." (Das ist wahr! Trochu
verrät uns). Ein anderer Redner verliest ein Schreiben der Schützen
von Belleville an den „Combat". „Diese von der Reaktion so
schmählich verleumdeten Schützen haben sich geweigert, ihre Waffen
abzugeben. Was hat man gethan? Man hat sie verhaftet. (Ent=
rüstung). Gleichzeitig löst man unsere Familienräte auf, um uns
der Tyrannei der von Trochu ernannten Führer auszuliefern.
Man will uns aufs Äußerste treiben. Man will eine Emeute in
Belleville. Und wissen Sie, warum? Weil man sich ergeben, weil
man Paris den Preußen überantworten will. Wir werden aber
keine Emeute machen, wir werden unsere Rache vertagen, denn wir
durchschauen das Spiel Trochus oder vielmehr das der geheimen
Regierung, für die er nur das Werkzeug ist. (Ja, die Jesuiten!)
Wir werden nicht kapitulieren; wir werden vielmehr die Preußen
erwarten, wie die Römer die Karthager auf ihren kurulischen
Stühlen erwarteten; nur muß man zu verhindern suchen, daß die
Mitglieder der Regierung uns im Ballon verlassen und uns preis=
geben; man muß sie an ihre Thüren festnageln; wir werden Paris
in Brand stecken und uns dann ein Loch machen." (Donnernder
Beifall.) Die Versammlung trennt sich unter den Rufen: „Es lebe
die Republik!"

Fast am Ende der Rue du Faubourg St. Antoine, unweit der
Barrière du trône, zweigt sich ein langes, finsteres Gäßchen, die
Passage du Génie ab. Am Ausgang dieser Passage ist ein ärm=
liches Kaffeehaus und in diesem hielt der „Wiedervergeltungsklub"
seine Sitzungen. Auch Weiber und Kinder kamen dahin, um sich
zu erwärmen und Licht zu ersparen; ihre Lumpen und Flicken
stachen seltsam von dem bunten Aufputz der männlichen Zuhörer=

schaft ab. In diesem Klub beschäftigte man sich mit der peinlichen
Situation des belagerten Paris, und mit der dringenden Not=
wendigkeit, schließlich an die Bildung der Kommune zu gehen. Ein
enthusiastischer Redner ging in seinem patriotischen Eifer so weit,
zu erklären, daß er die Schinken und Würste verachte und vorziehe,
sich mit der Luft der Freiheit zu ernähren. (Einige Proteste, auf=
fälliges Seufzen einer Bürgerin.) Ein anderer war der Meinung,
die Würste und Schinken würden mit der Kommune kommen und
beschuldigte die Regierung, alle Mißbräuche fortgesetzt zu haben.
„Wir zahlen," sagte er, „fort und fort das Kultusbudget und die
großen Gehalte, wie unter Bonaparte, anstatt daß wir alle Schlem=
mer auf den Sold von einem Frank und 50 Centimes herabge=
setzt hätten." Der Redner bediente sich zur Beweisführung eines
saftigen Vergleichs: „Nehmen wir an, ich wäre ein Bauer und
hätte ein fettes Huhn aufgezüchtet; wenn man mich nun zwingt, die
Flügel dem Klerus, die Schenkelstücke den Beamten und den Rest
den Epauletten zu geben, was bleibt dann mir? So weit aber sind
wir, wir züchten das Huhn auf und die anderen verzehren es.
Wir möchten es lieber für uns behalten, nicht wahr?" (Ja, ja,
große Zustimmung.) Der Redner beschuldigte ferner die Regierung,
nichts gethan zu haben, die Pariser von den Preußen zu befreien.
Ein Bürger sucht die Haltung der Regierung zu rechtfertigen, was
einen großen Sturm hervorruft. „Ihr beklagt Euch," sagte er,
„daß die Regierung nicht sofort Kanonen gießen ließ; hatte man
denn Artillerie zur Bedienung?" (Unterbrechung: Wer sind denn
wir?) „Ihr? Vor drei Monaten waret Ihr Arbeiter und Hand=
werker, aber keine Soldaten. Indem man Euch auf dem Thron=
platze und auf den Wällen drillte, hat man Euch erst in den Stand
gesetzt, Euch mit den Preußen raufen zu können. Die Regierung
that also wohl daran, zu warten." (Gemurre.) Der Redner ist
nicht gegen das deutsche Volk, sondern gegen die Potentaten er=
bittert, welche die Völker auf einander hetzen, sich zu erwürgen;
er hofft aber auf den Tag, an dem sich die europäischen Nationen
über die Pyrenäen, Alpen, Karpathen und den Balkan die brüder=
liche Hand reichen werden. (Beifall und Murren.) Ein Bürger
aus dem Viertel ersucht die Zuhörer, den Vorredner entschuldigen
zu wollen, der ein braver Mann sei und sich, trotzdem er 6 Kinder
habe, einreihen ließ. Sich an denselben wendend, sagte er: „Was
hat die Regierung der nationalen Verteidigung gethan, um sich Ihr
Lob zu verdienen? Sie hat uns für die Waffen eingedrillt, doch

zu welchem Ende? Etwa dazu, daß wir unsere Kanonen und Ge=
wehre den Preußen ausliefern, nachdem wir uns den Gehirn=
schnupfen auf den Befestigungswerken geholt haben? Hat sie ernst=
lich daran gedacht, unsere militärische Abrichtung zu verwerten?
Nein, sie ist unthätig, faul geblieben, während die Preußen Paris
mit einem dreifachen Zernierungsgürtel einschlossen. Sie sagt uns
alltäglich, daß wir durch die Provinz=Armeen befreit werden, wir
sehen aber nichts davon. Sie lullt uns mit alten Weibermärchen
ein. Sie verschafft uns selbst in Paris keine Sicherheit. Die
lächerlichsten Gerüchte sind im Umlauf. Gestern war fast eine
Emeute, weil man von Verrat faselte; man schrie: „Nieder mit
Schmitz! und sagte, eine dicke Schauspielerin habe einen Spion
verhaften lassen, dessen Köchin mit der Küchenmagd eines Regierungs=
mitgliedes bekannt sei, und andere Albernheiten mehr. Das kommt
daher, daß die Regierung kein moralisches Ansehen und daß man
kein Vertrauen auf sie hat. Mittlerweile vermindern sich die
Lebensmittel; heute Morgen um 8 Uhr konnte man bei keinem
Bäcker im 12. Arrondissement Brot haben. (Mehrere Weiber:
Das ist wahr!) Und das Brot, das man uns verabreicht, gleicht
eher einem Gipsbrei. Im 3. Arrondissement hingegen soll es Brot
im Überflusse geben. Derart hat die Regierung alles organisiert.
Wir bilden Queue, um Fleisch, Holz und Brot zu haben; soll das
noch länger so fort dauern?“ Der Redner schließt mit der Forderung,
daß das Volk selber die Leitung seiner Angelegenheiten in die Hand
nehme. (Ja, ja! Rufe: „Es lebe die Kommune!“)

Am 23. Dezember fand unter Vorsitz des Maire Jules Ferry
eine Versammlung der Bezirksmaires von Paris statt. Die Tages=
ordnung gibt eine annähernde Vorstellung der materiellen Lage, in
der sich Paris befand. Zunächst beschäftigte man sich mit der Ver=
teilung einer Summe von 500 000 Frank, welche der Stadt Paris
zur Errichtung neuer städtischer Kantinen (Speiseanstalten für Un=
bemittelte) zur Verfügung gestellt worden waren. Ein Teil dieses
Kapitals sollte zur Beschaffung von Lebensmitteln, worunter auch
Kaffee, Zucker und Schokolade aufgeführt wurden, ein anderer Teil
auf die Einrichtung von Kantinen verwendet werden. Aus den
Verhandlungen und den Berichten der einzelnen Maires ergab sich,
daß die Zahl der Hilfsbedürftigen in Paris damals auf 478 754
(ungefähr 25 Prozent der Bevölkerung) sich belief. Das erste
Arrondissement enthielt der einer Unterstützung bedürftigen Indivi=
duen nur 8000, das neunzehnte dagegen (die Vorstadt La Villette)

an 66000, das daranstoßende zwanzigste Arrondissement Belleville
20000 u. s. m. Der Antrag eines Maire, denjenigen Bewohnern,
welche durch die Belagerung vorübergehend in Not geraten seien,
aus städtischen Mitteln Ehrendarlehen zu gewähren, die nach Be=
endigung des Krieges rückzahlbar seien, wurde lebhaft diskutiert,
aber noch nicht angenommen. Er sollte in der nächsten Sitzung
abermals zur Sprache kommen. Was die erwähnten Kantinen be=
trifft, so wurden allmählich in sämtlichen Stadtvierteln, namentlich
aber in den von den untersten Klassen bewohnten, durch die Für=
sorge der Munizipalität Garküchen errichtet, in denen gegen Bons,
welche auf den Mairien unentgeltlich, oder zu niedrigem Preise zu
erhalten waren, fertig zubereitete Lebensmittel verabfolgt wurden.
Die Armen, die Frauen beschäftigungsloser Arbeiter brachten ihre,
im Augenblick wertlose Zeit damit zu, daß sie sich in langen Reihen
vor den Zugängen zu den Schaltern, wo die Bons ausgegeben, oder
zu den Garküchen, wo sie gegen fertig gekochte Speiseportionen um=
getauscht wurden, aufstellten, und abwarteten, bis an jeden Einzelnen
die Reihe kam. Diese Bons waren etwas anderes als die Rations=
karten oder die Anweisungen auf die täglich zur Austeilung kommen=
den Portionen in den Fleischerläden, welche mit Koupons versehen
waren, gegen deren Auslieferung man auch statt des Fleisches (ab=
wechselnd frisches Pferdefleisch, Pökelfleisch, gesalzener Fisch) eine
Quantität Reis, Kartoffeln oder Käse bekommen konnte. Nun bezog
beispielsweise eine aus Mann, Weib und 2 Kindern bestehende
arbeitslose Familie eine tägliche Löhnung von 2 Frank 25 Cent.,
1 Frank 50 Cent. der Mann, 75 Cent. die Frau. Diese Familie
hatte Anspruch auf 4 Rationen, die freilich knapp zugemessen, dafür
aber auch nicht teuer waren und auf Bons für so viele zubereitete
Nahrungsmittel, als notwendig waren, um die tägliche Mahlzeit
zu vervollständigen. Der Mann empfing als Nationalgardist Klei=
dung, Beschuhung und Ausrüstung; die Frau konnte ohne irgend
welche Kosten ihre seit vorigem Winter im Leihause verpfändeten
Effekten herausnehmen. Mit ein wenig Geschicklichkeit brachte es
eine Haushaltung dahin, ihren Anteil bei allen durch die Initiative
der freiwilligen Wohlthätigkeits=Komitees bewirkten Lebensmittel= und
Brennstoff=Verteilungen abzubekommen. Waren die Söhne groß,
so traten sie in die Reihen der Zöglinge der Republik und zählte
der Haushalt nur Mädchen oder ganz kleine Kinder, so fanden diese
in der Kommunalschule oder im Asylhause eine geschützte Zuflucht=
stätte und eine warme Suppe. Es gab auch Kantinen, in denen

man ausschließlich Fleischbrühe für die Kranken und Milch für die
Kinder verabreichte und zwar nur gegen spezielle Anweisungen, welche
von den Mairien ausgestellt wurden. Öffentliche Wärmeanstalten
wurden als notwendige Ergänzung der Munizipalkantinen in allen
Arrondissements organisiert. Sie bezogen ihr Material aus den
Vorräten, welche im Juli jeden Jahres in den Kellern der kaiserlichen Schlösser, des Senats, des Korps-Legislatif und der Mini-
sterien aufgehäuft zu werden pflegen. Auch Kleiderkammern wurden
eingerichtet. Wer abgelegte oder überflüssige Kleidungsstücke hatte,
gab sie dort ab, um an die schlecht, oder zu dünn gekleideten armen
Leute verabfolgt zu werden. Mit der Ausbesserung und Umände-
rung wurden viele dürftige Frauen beschäftigt, die mit dieser Arbeit sich das Leben fristeten. Mit der Behörde wetteiferten die
Privatpersonen in Anstrengungen zur Unterstützung der Notleidenden.
Überall fanden Sammlungen, Vorlesungen, Konzerte u. s. w. zu
wohlthätigen Zwecken statt. Die „Gesellschaft zur Unterstützung
der Opfer des Krieges" hatte seit drei Monaten fünf Volksküchen
errichtet und ließ in jeder derselben täglich zweitausend Portionen
unentgeltlich verabreichen. Außerdem hatte sie zwei große Asylsäle
zur Speisung von Kindern und eine Werkstätte eröffnet, in der
600 Weiber zur Herrichtung von Kleidern für Arme Beschäftigung
fanden, und endlich verteilte sie an arme Familien Kleider, Heiz-
material, Arzeneien, Nahrungsmittel ꝛc. Am Weihnachtsabend wurde
in den Salons des Unterrichtsministeriums ein Bazar für die
Armen abgehalten. Der Andrang zu dieser Wohlthätigkeits-Ver-
steigerung war so massenhaft, daß man zu verschiedenen Malen
gezwungen war, die Thüren zu schließen. Unter den „Dames Pa-
tronesses" dieses Unternehmens bemerkte man die Frauen Jules
Simon, Dorian, Mangin, Paul Maurice, Charles Hugo, Ulbach,
Goudchaux u. s. w. Ein Papierblatt, auf welches Viktor Hugo
geschrieben hatte: Je veux rester proscrit voulant rester debout,
wurde mit 50 Frank bezahlt. Eine Zeichnung von Gustav Doré
„Nationalgardist eines Marschbataillons seine junge Frau küssend,"
erreichte den Preis von 170 Frank ꝛc. Ein lebender Truthahn
erzielte 250 Frank, ein Huhn 53 Frank, als frisch garantierte
Eier desselben pro Stück 5 Frank, ein Lattichkopf 40 Frank,
endlich ein Frikandeau, ein wahrhaftiges und wirkliches Frikandeau
wurde zu 35 Frank nicht zu teuer gehalten, ebensowenig wie eine
„botte de carottes" als Zuspeise zu demselben für 14 Frank.
    In die schwierigste Lage fanden sich unstreitig solche Leute

verseßt, die ohne arm zu sein und zu Unterstüßungen sich drängen zu können, doch nicht bemittelt genug waren, um der Teuerung Troß zu bieten. Die reichen Leute, welche sich bei Zeiten mit Vorräten versehen hatten, oder ihre Bedürfnisse in den feineren Restaurants befriedigen konnten, hatten nur verhältnismäßige Entbehrungen zu ertragen; für die kleinen Gewerbsleute, die Beamten, die Rentner, deren Fonds in der Provinz lagen, diejenigen Besißer, deren ganzes Vermögen in einem an unbemittelte Parteien, die das Zinszahlen von Termin zu Termin verschoben, vermieteten Hause bestand, wurde jedoch die Existenz allgemach sehr schwierig. In den Restaurants erster Klasse gab es noch bis zuleßt Rindfleisch und andere Dinge, welche der Requisition spotteten und in wohlhabenden Familien fand beim Frühstück ein eingeladener Gast sich oft durch frische Butter, Eier, Milch, kaltes Rindfleisch oder Huhn überrascht, die, ohne weiteres Aufsehen davon zu machen, auf den Tisch gebracht wurden. Viele Familien hatten sich vor Beginn der Belagerung den Speicher in einen großen Hühnerstall umgewandelt, oder sogar fern von neugierigen Augen eine Kuh versteckt. Ein ausgezeichnetes Beefsteak vom besten Rindfleisch kostete bei Voisin 3$\frac{1}{2}$ Frank. Am Place Gaillon gab man eine reichliche Portion Kalbskoteletten mit Tomatensauce, Früchte, Chesterkäse und eine Flasche ausgezeichneten Wein für 3 Frank.

Die zunehmende Sterblichkeit der Pariser Bevölkerung erreichte bis zum Ende des Jahres mehr als das Doppelte des um dieselbe Jahreszeit sonst konstatierten Durchschnitts. An dieser Steigerung hatte die Pocken-Epidemie und die Schwäche der neugeborenen Kinder den Hauptanteil. In der leßten Woche des Jahres 1870 starben 3280 Personen, davon 454 an den Pocken, 201 an der Lungenentzündung. Am 24. September ergab der Wochenbericht 1625 Sterbefälle (an den Pocken 158); am 1. Oktober 1483 (212: Pocken); am 15. Oktober 1810 (311: Pocken); am 22. Oktober 1746 (360: Pocken); am 29. Oktober 1878 (378: Pocken); am 5. November 1762 (380: Pocken); am 12 November 1855 (419: Pocken); am 19. November 2064 (431: Pocken); am 27. November 1927 (386: Pocken); am 3. Dezember 2282 (370: Pocken); am 10. Dezember 2684 (381: Pocken); am 17. Dezember 2728 (391: Pocken); am 24. Dezember 2728 (388: Pocken). Die Berichte aus dem Januar konstatieren für die erste Woche 3680 Todesfälle, für die zweite 4182, für die dritte 4465, für die vierte 4376. Seit der im Dezember eintretenden strengen Kälte nahmen die Pocken etwas

ab, wogegen Bronchitis, Lungenentzündung und Typhus zunahmen.
Die letzte Januarwoche ergab 327 Opfer der Pocken, 313 am Typhus,
478 an der Lungenentzündung, 548 an der Bronchitis gestorben.
In der Woche zuvor starben an den Pocken 380, am Typhus 375,
an der Bronchitis 598, an der Lungenentzündung 486. Diese
Woche war die verhängnisvollste. Die Diarrhöe-Fälle mit tödlichem
Ausgange traten seit Anfang Januar häufiger auf. Erste Woche:
151, zweite: 143, dritte: 136, vierte: 134. Bis zu Ende des
Jahres 1870 haben die Nahrungsverhältnisse kaum einen andern
Einfluß auf die Sterblichkeit ausgeübt, als daß der Schwäche der
Wöchnerinnen wegen ein außerordentlicher Prozentsatz der Neu-
geborenen erlag. Die Zahl der Milchkühe (bis Ende des Jahres
4000), und noch mehr die Beschaffenheit die Milch derselben genügte
nicht für das Bedürfnis.

Daß im Monat Dezember die Vorräte an Lebensmitteln immer
noch groß genug waren, um für einige Wochen die Gemüter zu
beruhigen und die Hoffnung auf den Entsatz der Stadt vor gänz-
licher Erschöpfung zu nähren, überraschte niemand mehr, als die
Pariser Regierung, so daß der Belagerer für seinen Irrtum zu entschuldigen war. Die Überraschung war auf der einen Seite so angenehm, wie auf der andern verdrießlich. Deutschland verlor die
Geduld und verlangte das Bombardement. Die Pariser hatten sich
nicht weniger als die Deutschen über das Schweigen des preußischen
Belagerungsgeschützes gewundert. Die Ungeduld, die in Deutschland
sich heftig Worte lieh, wurde ihnen durch deutsche Zeitungen bekannt, und dem Hohne war wieder ein dankbarer Stoff gewährt.
Dem Pariser Publikum wurde erzählt:

„Eine Berliner Zeitung „die Kreuzzeitung", welche uns in die
Hände gefallen ist, enthält einen langen Artikel, worin sie versucht,
die gerechte Ungeduld ihrer Mitbürger zu beschwichtigen. „Seid
ruhig," sagte sie ihnen, „man wird sie bombardieren; aber Herr
v. Bismarck weiß, was er thut, er ist ein Schlauer. Er wartet
den psychologischen Moment ab." Und die Zeitung fährt nun fort,
zu erklären, was sie unter dem psychologischen Momente versteht.
Mit der ernsten und gründlichen Pedanterie beweist sie, daß das
Bombardement keinen andern Effekt haben könne, als den, die Einbildungskraft zu erhitzen. Man müsse daher die richtige Stunde
wählen, wo diese Einbildungskraft am meisten zur Erregung geneigt
sei. Die Zeitung läßt merken, daß dieser Augenblick noch nicht gekommen; wir müßten erst mehr Hunger gelitten haben. Alsdann

würde das Bombardement erst ein Resultat hervorbringen, das sonst verfehlt werden könnte." Da gab es für die Pariser über den psychologischen Moment viel zu lachen. Das Wort wurde Mode und ging in die alltägliche Konversation über. Man sagte: „Ich habe Hunger; dies ist der psychologische Moment, sich zu Tische zu setzen." Jedesmal, wenn eine Person eine Ungeschicklichkeit in Worten beging, hieß es: „Sie hat nicht den psychologischen Moment erfaßt." Man feierte diesen psychologischen Moment in Liedern und in Karikaturen. „Als endlich die erste Granate kam, da lachten die Spaßvögel der ungefährdeten Quartiere über den endlich eingetroffenen „psychologischen Moment."

Es war Zeit, daß das Bombardement endlich begann. Denn wie es mit der Hungersnot aussah, das bezeugte noch in der letzten Woche des Jahres der launige Bericht eines jungen preußischen Offiziers, der nach Versailles kam, nachdem er einige Tage in Paris als Gefangener geweilt hatte und von Trochu gegen einen französischen Kameraden ausgewechselt worden war. Der Offizier erzählte im Großen Hauptquartier wie folgt:

Am ersten Weihnachtstage bejeunierte ich Boulevard Magenta Nr. 100 bei meinem Wirte von 1867, wo ich die Ausstellung besuchte, einem geborenen Hannoveraner, aber naturalisierten Pariser, der — natürlich als Nationalgardist verkleidet, aber im ganzen ein guter Deutscher — ebenso wie seine junge Gattin aus Hannover mich gern wieder aufgenommen hatte. Man servierte mir Kaffee, Milch, Eier, Brot, Butter, kaltes Rindfleisch, Huhn und Kognak.

Ich blickte mit nicht geringem Erstaunen auf diese reichhaltige Tafel, setzte mich mit einiger Befangenheit zu Tische, das heißt, mit einigem Verdachte gegen die Ächtheit der Speisen, strengte Gesichts- und Geruchsnerven an, benutzte die Vertiefung meiner Wirtsleute ins Gespräch, um die Farbe der Milch, das Aussehen der Eier, der Butter, des Fleisches zu studieren, und griff dann, mehrere Male aufgefordert, zu, oder begann vielmehr, Versuche im Schmecken zu machen.

„Aber, sagte ich, Herr N., die Milch soll Kalkwasser sein?"

„Pst! Lieutenant, wir haben noch eine Kuh."

„Und die Butter ist ganz frisch!"

„Wir machen sie selbst."

„Und die Eier?"

„Sind in Kalkwasser konserviert."

„Aber das Rindfleisch?"

„Ist konserviertes, südamerikanisches, eben aus der Blechbüchse genommen."

„Ich bin erschrocken, seit dem 19. September dieses Jahres legen wir uns aufs Aushungern von Paris, und heute, am Weihnachtstag, dejeuniere ich hier, wie kaum in St. Germain Pavillon Henri IV."

„Wir haben auch oft über sie gelacht. Unsere Armen frühstücken freilich nicht so, wie Sie. Aber Brot, Wein, imitiertes Rind= oder Hammelfleisch und vieles andre spottet auch bei der untersten Bevölkerung der Politik Ihres Grafen."

„Imitiertes Rind= oder Hammelfleisch? Ich verstehe. Auch imitiertes Wild, nicht wahr? Sie müssen doch aber selbst sagen, daß in Paris ebensowenig jemand, als in unserem Großen Hauptquartier in Versailles es für möglich gehalten hat, eine Bevölkerung, wie die Pariser, so lange dem Hunger Trotz bieten zu sehen, und zumal nach einer mehr als dreimonatlichen Belagerung ein solches Dejeuner auf dem Tische eines Zernierten zu finden, als ich eben im Begriffe bin, zu vertilgen."

„Das ist richtig. Wir verdanken unser verhältnismäßig vortreffliches Wohlsein auch weniger unserer Regierung, als der Initiative der Bewohner. Jeder hat bei sich aufgespeichert, soweit seine Mittel und seine Räume reichten. Der Kommunismus der Regierung erstreckt sich glücklicherweise nicht auf alle Konsumtionsgegenstände, auch haben ihre Requisitionen manchen Versteck unentdeckt gelassen, und endlich treten da, wo die Vorräte erschöpft sind, oder die Erschöpfung befürchtet wird, Surrogate ein, bald unter dem wahren Namen, als Imitationen, bald mit falscher Etiquette."

Ich drehte bei diesen Worten mein Rindfleisch mehrere Male um und kostete noch einmal die Butter. Mein Wirt lachte und fuhr fort:

„Essen Sie ruhig, es ist kein Pferdefleisch, wiewohl auch das uns jetzt zur Abwechslung schmeckt, und die Butter ist kein Präparat aus Fett und Kokusöl, das zur Seife in näherer Verwandtschaft steht, als zur wirklichen Butter, und dennoch Abnehmer findet. Sie sollen auch zum zweiten Dejeuner eine Tasse Bouillon bekommen, die unverfälscht von einem Liebigschen Extrakt hergestellt ist, nicht aus einem Extrakt von Knochen, Hörnern und Hufen.

Sie finden jetzt noch in vielen mittleren, bürgerlichen Haushaltungen Fleischextrakt, konserviertes Rindfleisch oder Hammelfleisch, besonders aus Australien, außerdem gepökeltes Schweinefleisch, Schinken und Würste. Wer nichts mehr davon hat, geht zum Charkutier; der hat trotz aller gouvernementalen Requisitionen noch Vorräte; teils geheime, wenn sie echtes Gut sind, teils offene, wenn sie bloß imitieren."

Deutsche Gelehrte als Diplomaten.

Gleich im Anfange des Krieges fand die deutsche Nation noch Zeit, um einen Briefwechsel zwischen zwei Gelehrten mit Interesse zu verfolgen, denen sie bisher noch nicht auf rein politischem Gebiete begegnet war. David Strauß hatte am 12. August aus Rorschach am Bodensee an Renan ein Schreiben über den Krieg gerichtet. Die Veranlassung dazu gaben die Vorlesungen D. Strauß' über Voltäre, die er, zu einem Buche vereinigt, wenige Wochen vor Ausbruch des Krieges veröffentlicht hatte. Er hatte sein Buch an Renan geschickt und an dessen Brief darüber anknüpfend schrieb er: „Sie äußern, hochgeehrter Herr, Sie hätten gehofft, daß der Krieg sich noch würde beschwören lassen. Das haben auch wir Deutsche seit 1866 in jedem einzelnen Falle, da er zu drohen schien, gehofft; aber im allgemeinen hielten wir einen Krieg mit Frankreich als Folge der Ereignisse jenes Jahres für unvermeidlich; so unvermeidlich, daß man da und dort unter uns die tadelnde Frage hören konnte: warum Preußen nicht schon früher, aus Anlaß des Luxemburger Handels z. B. den Krieg aufgenommen und die Sache zum Austrag gebracht habe? Nicht als hätten wir den Krieg gewollt; aber wir kannten die Franzosen genug, um zu wissen, daß sie ihn wollen würden. Es ist wie mit dem siebenjährigen Krieg, als Folge der beiden schlesischen des Großen Friedrich. Er hat denselben auch nicht gewollt, aber er hat gewußt, daß Maria Theresia ihn wollen und nicht ruhen würde, bis sie Bundesgenossen dafür gefunden hätte. Auf ein hergebrachtes Übergewicht verzichtet ein Herrscher, ein Volk nicht so leicht; sie werden Versuche machen, es sich zu erhalten, bis es ihnen entschieden genommen ist. So damals Österreich, so jetzt Frankreich, beide Preußen gegenüber, dem diesmal, besser belehrt, das ganze außerösterreichische Deutschland zur Seite steht."

David Strauß machte sich zu einem begeisterten patriotischen Vertreter der deutschen Sache gegenüber dem Franzosen, der ganz und gar sich in den Anschauungen seiner Nation befangen zeigte. Renan beantwortete den Brief wiederum. Er bemühte sich zwar, Vorurteilslosigkeit zu zeigen, aber es war ihm nicht möglich, auch nur mit einer annähernden Ruhe und Objektivität den Krieg zwischen Deutschland und Frankreich zu betrachten. Er war und fühlte sich in diesem gewaltigen Streit als Partei. Strauß erwiderte auf Renans Bemerkungen über die Entstehung des Krieges und die von Deutschland geforderte Abtretung Elsaß und Lothringens in einem langen, maßvollen und nur zuweilen von seiner Ironie durchwehten Schreiben.

Das Bemerkenswerteste bei Renan war, daß gerade er mit nur einiger Konsequenz einen unbefangenen Standpunkt zu gewinnen berufen schien. Gerade er hatte den Franzosen seit Jahren objektiv, wie selten einer, die richtige Würdigung der deutschen Verhältnisse gepredigt. Wir verfolgen hier kurz den Inhalt seiner Questions contemporaines.

Es gab eine Zeit, wo Renan an die Möglichkeit glaubte, daß Napoleon III. die richtige Politik verfolgen werde, Frankreich auf den rechten Weg zu führen. Als Haupterfordernis dieser Politik erschienen ihm vor allem zwei Dinge. Erstens, daß er nicht nur „keine Opposition gegen die unvermeidliche Bewegung mache, welche unter Preußens Führung bestrebt sei, ein großes, einheitliches Deutschland mit freisinniger Verfassung zu schaffen, das bestimmt sei, ein mächtiges Gewicht in die Wagschale der Geschicke der menschlichen Dinge zu legen, sondern daß er diese Entwickelung vielmehr fördere; zweitens daß er durch unwiderrufliche Akte erkläre, daß Frankreich keinerlei Territorialvergrößerung verlange." Daß Napoleon beides nicht getan habe, darin sieht Renan den „Kardinalfehler" seiner auswärtigen Politik. Er schreibt ihn natürlich denjenigen Ratgebern à la Rouher zu, die „durch ihr Verhalten und ihre Provokationen das gefährliche Element, was im deutschen Patriotismus liegt (ce qu'il y a de dangereux dans le patriotisme allemand), wachgerufen haben.

Man bedenke, daß Renan dies schrieb, als der allmächtige Beherrscher Frankreichs noch fest auf seinem Throne saß! Denn diese Vorrede ist unmittelbar nach Sadowa geschrieben. Renan sah damals die Gefahr voraus, die seinem Volke infolge des provozierenden Geschreis nach „Revanche für Sadowa" und der Drohungen

gegen Überschreitung der Mainlinie von Deutschlands Patriotismus
bevorstand, und er war in seinem Innern nicht zweifelhaft über
den Ausgang des so von Frankreich provozierten, über kurz oder
lang bevorstehenden Kampfes zwischen beiden Nationen.

„Der definitive Sieg," sagt er, „wird dem Volke gehören,
welches das unterrichtetste, geistig und sittlich gebildetste und infolge
dessen das opferfähigste und von der Liebe zur Pflicht durch=
drungenste ist." Dieses Volk aber ist nach ihm das deutsche, und
insbesondere das preußische Volk. „Dasjenige Land und Volk, das
imstande ist, am schnellsten seine Bürger für die allgemeine Sache
unter Waffen zu rufen — — das Volk, das nicht daran denkt,
sich gegen seine nationale Dynastie zu empören, das die äußere
Ungleichheit der Klassen ohne Neid erträgt, dies Volk ist das
tugendhafteste und zugleich das aufgeklärteste und wird damit enden,
das freieste zu werden." Dann, auf Frankreich übergehend: „Die
Eitelkeit, die man mit dem prunkenden Namen der Ehre belegt, die
Eifersucht, das Prinzip der übertriebenen Liebe zur Gleichheit
(égalité), sie sind ohnmächtig, große Dinge zu vollbringen, selbst
bei einer geistreichen, mit Hilfsquellen wohlversehenen Nation. Man
vollbringt große Dinge nur mit Hilfe geistiger und sittlicher Bil=
dung. Glaubt es mir, nur der ist der wahre Patriot, der euch
den nüchternen Ernst und die geistige und sittliche Besserung pre=
digt, und nicht der, der das Schicksal seines Vaterlandes aufs Spiel
setzt, um seine Beredsamkeit oder seine Geschicklichkeit zu zeigen."
— Ist es nicht, als ob Renan die Gambettas und ihre Genossen
vorausgesehen und im voraus als das, was sie sind, bezeichnet hätte?

Er kommt dann auf die Wirkung zurück, welche die plötzliche
triumphierende Erscheinung Deutschlands auf dem großen europäischen
Schlachtfelde des Jahres 1866 auf seine Landsleute ausgeübt habe.
„Man verfiel auf den Gedanken, die Waffen und die Heerverfassung
nachzuahmen, die so großes geleistet hatten. In betreff der Waffen
war das leicht und einfach. Aber was die Heeresverfassung be=
trifft, so ist die Schwierigkeit schon sehr groß. Man hüte sich vor
dem Irrtum, die Wirkungen ohne die Ursache, die Früchte ohne
den Baum und seine Wurzeln sich aneignen zu wollen. Die preu=
ßische Organisation ist die Frucht eines Nationalgeistes, der aus
einer soliden Geistesbildung entsprossen ist. Die Organisation nach=
ahmen wollen, ohne den Geist, der sie hervorgerufen hat, würde
wenig Verstand verraten; es könnte dazu führen, daß man zu seinem
Erstaunen aus ähnlichen Institutionen, die man einer sehr ver=

schiedenen Geistesrichtung aufzwängt, völlig andere Resultate her=
vorgehen sähe. Was also muß man nachahmen? Die deutschen
Schulen, die deutschen Universitäten, die moralische Erziehung
Deutschlands." Dies letztere ist denn auch das Thema, auf welches
Renan in seinem Buche bei jeder Gelegenheit zurückkommt. Er
nennt Deutschland die Lehrerin Europas. Und hiermit kommen
wir auf eine Reihe warnender Wahrheiten, die er seinem Volke
noch weiter sagt.

„Der französische Esprit übt in Europa schon lange keinen
maßgebenden Einfluß mehr. Es ist nicht Frankreich, sondern
Deutschland, bei dem nicht nur die aufstrebenden Nationen, Italien,
Griechenland, Rußland, sondern selbst die geistig strebsamen Männer
Englands sich jetzt in die Schule begeben. Das heutige Frankreich
ist sehr unwissend; es glaubt, daß man zu ihm von gewagten
Dingen spricht, wenn man ihm von elementaren Dingen redet."
Aber um seine Franzosen zu begütigen, ist er sofort bereilt, ein
milderndes Pflaster auf die Wunde zu legen, die er eben ihrer
Eitelkeit geschlagen hat. „Man täusche sich jedoch nicht, schon
morgen wird es als Meister aller dastehen (demain elle sera passée
maitresse). Frankreich ist wie eine Frau, die lange zuhört, ohne
scheinbar zu begreifen, und die euch dann urplötzlich durch eine
richtige, lebhafte und tiefe Bemerkung beweist, daß sie euch sehr
wohl verstanden, und in einem Momente dasjenige divinatorisch
erfaßt hat, was euch jahrelange Anstrengungen gekostet hat." Diese
Manier werden wir häufig bei Renan wiederkehren sehen. Er ist
und bleibt eben auch Franzose. Er weiß: „Frankreich will ge=
schmeichelt sein, will, daß man seine Fehler teile, und was es am
wenigsten verzeiht, ist, daß man verständiger gewesen, als es selber."

Der sittliche Zustand der Franzosen ist mit furchtbar treffen=
der Kraft ausgesprochen in den Worten, mit denen er das Resultat
ihrer bisherigen Revolutions=, Verfassungs= und Dynastie=Versuche
zieht. „Die Franzosen sind gewöhnt worden, mit einem oberfläch=
lichen Lächeln zu antworten, wenn man ihnen von Prinzipienfragen
spricht, und es hat sich bei ihnen die Ansicht eingewurzelt, daß die
Grundgesetze, die Verträge, die Konstitutionen, mit einem Worte,
alle Schwüre nur so lange zu respektieren sind, als man nicht stark
genug ist, sie zu verletzen."

„Frankreich," sagt Renan ferner, „hat sehr wenig Glauben an
die Freiheit, es glaubt nur allzugern, daß sich die Ideen auf andere
Weise als durch den natürlichen Gang der Geistesentwickelung der

12*

Menschen aufzwingen lassen. Es bildet sich ein, daß sich der Fort=
schritt von außen her bewerkstelligen, daß das Gute sich dekretieren
lasse. Es ist zufrieden, wenn es seine „Adonisgärten", wie sie sich
die Kinder von abgerissenen Blumen und Sträuchen machen, ge=
pflanzt hat und verläßt sich auf die Sonne, die die Kraft haben
werde, seine Blumen ohne Wurzeln gedeihen zu machen. Es sieht
nicht, daß der einzige wünschenswerte Fortschritt in der Besserung
der Seele, in der Kräftigung der Charaktere, in der sittlichen Er=
hebung der Geister besteht." „Ein Hauptzug des französischen
Geistes," heißt es ferner an einer andern Stelle, „wird bezeichnet
durch einen wunderlichen Wechsel von Leichtsinn und Schwerfällig=
keit, von beschränkter Furchtsamkeit und toller Verwegenheit."

Wir könnten noch viele andere Stellen anführen, in welchen
Renan seinen Landsleuten die Wahrheit sagt über ihre hochmütige
Unwissenheit und ihre Ungründlichkeit; über „den Vorzug, den bei
ihnen „das Brillante" und „Augenblickliche (le brillant et l'actuel)
vor allem demjenigen genießt, was Ernst und Ausdauer verlangt,"
über „ihre unheilbare Oberflächlichkeit in religiösen Dingen, zufolge
deren man in der gebildeten Gesellschaft sich lächerlich macht, wenn
man ernste, religiöse Überzeugungen bekennt, aber vollkommen ver=
loren ist, wenn man den Namen Spinoza nennt, ohne ein Anathem
hinzuzufügen;" über Frankreich endlich, „welches par excellence
das Land der vorgefaßten Meinungen und der beschränkten Ge=
sichtskreise ist" und „wo die nationale Eitelkeit den Glauben er=
zeugt hat, daß die Macht einer Nation auf der Schwäche und Ge=
teiltheit ihrer Nachbarvölker beruht." Allein, die angeführten
Ausdrücke genügen, um den Widerspruch zu bezeugen, dem Renan
in dem Augenblicke verfällt, wo Strauß mit ihm das Kriegsthema
erörtert.

Im Kriege von 1870 haben deutsche Gelehrte wiederholt das
Wort ergriffen, um dem Auslande gegenüber das Recht Deutschlands
mit ihrem Namen zu vertreten. Wir können sie als freiwillige
Diplomaten bezeichnen, und ihre Schreiben als Noten, die sich an
die regierenden Kreise und an die Völker zugleich wandten. Im
großen Hauptquartier sind wiederholt politische Kundgebungen
deutscher Professoren aus der Heimat — was diesen den Fachpoli=
tikern und praktischen Staatsmännern gegenüber nicht oft begegnet
— gerade während des letzten Krieges und zumal in Versailles
sehr wohlgefällig aufgenommen worden. In einer Zeit, wo der
Diplomat Bismarck fast mit ganz Europa einen heißen Kampf aus=

zufechten hatte, wo das Übelwollen und die Zudringlichkeit der
Mächte, die unter dem Aushängeschild der Neutralität und der
Friedensvermittelung den deutschen Staatsmann Schritt für Schritt,
bald offener, bald versteckter, verfolgten, den Widerstand Frankreichs
notwendig stärken mußten, waren es deutsche Gelehrte, deren von
ihrem auch im Auslande anerkannten wissenschaftlichen Ansehen ge-
tragenen autoritativen Stimmen im großen Hauptquartier bei mehreren Gelegenheiten sehr willkommen geheißen wurden. Es ist das
auch einzelnen von ihnen vom Könige und von Bismarck mit Dank
bescheinigt worden. Mit dem Chorus der Pariser und ihrer Staatsmänner hatten die Diplomaten Englands, Österreichs, Italiens
u. s. w. vor Entrüstung über das deutsche Unterfangen, das Mekka
der Zivilisation, die von Kunstschätzen und anderem Reichtum
strotzende französische Metropole mit ihren nach Millionen zählen-
den Einwohnern mit einem Bombardement heimzusuchen, laut auf-
geschrien. Noch mehr war der Fall. Das Bombardement ver-
zögerte sich von Woche zu Woche, von Monat zu Monat. Die
deutsche Nation wurde unruhig, und Bismarck selber bezeugte, wie
wir gesehen haben, seine Ungeduld aufs lebhafteste, und das um
so mehr, als das System der Aushungerung nicht so bald die
Wirkung hatte, als anfangs erwartet wurde. Bismarck beklagte
lebhaft die geheimen Einflüsse, die von Deutschland selber her, verbunden mit andern an der obersten leitenden Stelle wirksam waren
und die Beschießung der Stadt hinhielten. Er äußerte sich u. a.
schon im Monat November gegen seine Umgebung in der Rue de
Provence, wo er in Versailles wohnte: „Gebe man mir den Oberbefehl auf 24 Stunden und ich nehme die Verantwortlichkeit auf
mich. Ich würde dann bloß einen einzigen Befehl geben: „Es
wird gefeuert!" Die Villa Coublay ist ein Ort, nicht weit von
hier, wo der herbeigeschaffte Belagerungspark noch immer steht,
statt in die Schanzen und Batterien gebracht zu sein. Auch habe
ich bereits in einer Immediatvorstellung um Beschleunigung des
Bombardement gebeten." „Sie haben dreihundert Kanonen bei-
sammen," so fuhr er fort, „und fünfzig oder sechzig Mörser, und
für jedes Geschütz 500 Schuß. Das ist gewiß genug. Ich habe
mit Artilleristen gesprochen, die sagen, bei Straßburg hätten sie
nicht die Hälfte gebraucht von dem, was hier schon aufgehäuft ist,
und Straßburg war gegen Paris ein Gibraltar." — — — „Eine
Kaserne auf dem Mont Valérien wäre vielleicht in Brand zu
schießen, und wenn man die Forts Issy und Vanvres gehörig mit

Granaten überschüttete, daß sie herauslaufen müßten — die En=
ceinte ist von geringer Stärke, ihr Graben war sonst nicht breiter,
als dieses Zimmer lang ist — ich bin überzeugt, wenn wir ihnen
4 oder 5 Tage lang Granaten hineinwerfen in die Stadt selber
und sie gewahr werden, daß wir weiter schießen als sie — 9000
Schritt nämlich — so werden sie in Paris klein beigeben. Freilich
liegen auf dieser Seite die vornehmeren Quartiere, und da ist es
denen in Belleville ganz einerlei, ob die zusammengeschossen werden,
ja sie freuen sich darüber, wenn wir die Häuser der reichen Leute
zerstören." — „Wir hätten überhaupt Paris wohl liegen lassen
und weitergehen können; nun wirs aber einmal angefangen haben,
sollte auch Ernst gemacht werden. Mit dem Aushungern kann es
noch lange dauern, vielleicht bis zum Frühjahr, jedenfalls haben
sie Mehl bis zum Januar." — — „Hätten wir vor 4 Wochen zu
bombardieren angefangen, so wären wir jetzt aller Wahrscheinlich=
keit nach in Paris, und das ist die Hauptsache. So aber bilden
sich die Pariser ein, es ist uns von London, Petersburg und Wien
verboten, zu schießen, und die Neutralen wieder glauben, daß wirs
nicht können. Die wahren Ursachen aber werden wohl einmal be=
kannt werden."

Ein andermal besprach er dasselbe Thema. Es war die Rede
von dem Mangel an Wagen zur Fortschaffung der Munition.
„Ja," entgegnete der Chef, „aber Roon sagte mir in diesen Tagen,
daß er in Nanteuil mehrere 100 Fuhrwerke hat, die zum Trans=
port von Munition zu gebrauchen sind. Auch könnte man mit
Wagen, die jetzt mit 6 Pferden bespannt sind, eine Zeitlang vier=
spännig fahren und die ersparten zwei Pferde zu Munitionsfuhren
verwenden. Kanonen haben wir 318 da, sie wollen aber noch 40,
und die könnte er auch noch beschaffen, sagte Roon. Aber andere
wollen überhaupt nicht." — Später äußerte Hatzfeld: „Es ist erst
6 oder 7 Wochen her, daß sie nicht daran wollen. In Ferrières
sagten Bronsart und Verdy noch, in 36 Stunden würden wir die
Forts Issy und Vanvres in Grund und Boden schießen und dann
gegen Paris selbst vorgehen. Dann gings auf einmal nicht." —
Jemand fragte, wie wohl Moltke über die Sache denken möge. —
„O, der kümmert sich darum nicht!" antwortete Hatzfeld. Bucher
aber sagte: „Moltke will bombardieren."

Gegen die geheimen Einflüsse, die die Beschießung der Stadt
verzögerten, das Urteil eines namhaften Gelehrten, der sich in die
brennende Frage mischte, anrufen zu können, mußte willkommen

sein. Nun geschah es, daß die Akademie zu Dublin ((Royal Irish Academy) sowie die Universität daselbst (Trinity College) unter den gelehrten Körperschaften der zivilisierten Länder eine Agitation eröffneten, um einen Monstre-Protest gegen die Bedrohung der wissenschaftlichen und Kunstschätze von Paris durch die Beschießung hervorzurufen. Die englische Regierung sollte diese Beschießung verhindern. Darauf antwortete die Universität Göttingen durch den Mund des Dr. Richard Dove, der zur Zeit Prorektor war:

Göttingen, 14. Dezember 1870.
Sehr geehrter Herr Sekretär der Royal Irish Academy!
In Ihrer geehrten Zuschrift vom 17. v. M. beanspruchen Sie im Auftrage der Royal Irish Academy die Mitwirkung unserer Universität für Schritte, durch welche die Regierung Ihrer Großbritannischen Majestät bewogen werden soll, gegen die den wissenschaftlichen und Kunstschätzen von Paris durch die militärischen Operationen drohende Gefahr der Vernichtung Einspruch zu erheben, und sich dabei auf den einstimmigen Protest der gelehrten Institute der gebildeten Welt zu stützen. Die Royal Irish Academy begleitet diese Zumutung mit der Versicherung, daß sie dem gegenwärtigen Kampfe Deutschlands und Frankreichs mit aller Unparteilichkeit gegenüberstehe. Zunächst dieser Behauptung muß ich im Namen der gelehrten Körperschaft, welcher ich vorzustehen die Ehre habe, widersprechen. Es hätte der Royal Irish Academy sonst nicht entgehen können, daß jene Gefahren die Folgen sind der Befestigung von Paris, für welche sich der Ehrgeiz unserer ruhelosen Nachbarn durch den gefeiertsten historischen Romanschreiber Frankreichs, durch Thiers, gewinnen ließ, damit dies Land in Zukunft vor den Folgen des etwaigen Mißglückens seiner periodisch wiederkehrenden Angriffe auf den Frieden Europas bewahrt bleibe. Damals, als Frankreich die Stätte, welche so viele Schätze der Bildung — ein „Besitztum der ganzen Menschheit," wie Sie bemerken — umschließt, in die größte Festung der Erde umzuwandeln beschloß, wäre es vielleicht angezeigt gewesen, wenn die gelehrten Körperschaften Englands sich an die Spitze eines Protestes der gelehrten Welt gegen dies kulturfeindliche Unternehmen gestellt hätten. Es ist indessen so wenig damals von einem Proteste der Wissenschaft zu Gunsten von Paris etwas zu hören gewesen, wie sich die Stimme der Royal Irish Academy erhoben hat, als Rom, welches doch nicht minder wertvolle unersetzliche Schätze der gelehrten Bildung und Kunst in sich schließt

wie Paris, 1849 von den Franzosen unter Oudinot, oder im laufen=
den Jahre von den italienischen Truppen mit Waffengewalt ge=
nommen wurde. Ja, selbst als die eigenen Truppen Ihrer Groß=
britannischen Majestät die aufständischen Spahis, deren Kriegführung
derjenigen der heutigen französischen Republikaner so überraschend
ähnlich sah, in Delhi belagerten, hat sich in England kein Protest
vernehmen lassen, um die an Monumenten alter Kultur reiche Stadt
vor dem englischen Belagerungsgeschütze zu bewahren. Was aber
Paris betrifft, so hat die deutsche Heeresleitung bereits bethätigt,
daß sie bei der Belagerung jede Schonung übt, welche mit der
unerbittlichen Pflicht vereinbar ist, den Deutschland aufgedrungenen
Kampf zum Ziele zu führen. Wenigstens den gelehrten Körper=
schaften Englands würde es daher anstehen, mit Dank es aufzu=
nehmen, daß diese Kriegführung das Bombardement der belagerten
Festung bisher hinausgeschoben hat, statt in ihre Regierung zu
dringen, diese Heeresleitung mit neuen Zudringlichkeiten zu be=
lästigen. Alle diese naheliegenden Erwägungen haben jedoch die
Royal Irish Academy von dem Versuch nicht abgehalten, die ge=
lehrte Welt namens der Humanität und Zivilisation gegen die
Belagerer von Paris in die Schranken zu rufen, während doch nur
wenig Unbefangenheit dazu gehörte, um zu erkennen, daß bei Paris
die Humanität und Zivilisation im Lager der Belagerer zu finden
sind. Diese gelehrte Körperschaft hat aber zugleich keinen Anstand
genommen, einer deutschen Universität das Ansinnen zu stellen, sich
an ihrem Unternehmen zu beteiligen. So kann ihr denn auch die
Antwort nicht erspart werden, daß nach unserer deutschen Auffassung,
welche die des gesunden Menschenverstandes ist, Derjenige, welcher
der strafenden Gerechtigkeit in den Arm fallen will, sich selbst an
dem Verbrechen beteiligt. Das deutsche Volk, das in seinem geistigen
Ringen noch immer das stolze Wort des Paracelsus wahr zu machen
sucht: „Engländer, Franzosen, Italiener, ihr mir nach, nicht ich
euch,“ hat die Arbeit friedlicher Gesittung, das einzige Feld seines
Ehrgeizes, verlassen müssen, weil durch einen feindlichen Raubanfall
seine höchsten Güter, sein nationales Dasein, seine sittliche Selbst=
bestimmung, seine Ehre bedroht wurden; es kämpft heute in Frank=
reich für die künftige Sicherstellung dieses heiligen Besitztums, zu=
gleich aber auch für den Frieden der Welt und für die Gesittung
der Menschheit. Denn diese wäre dem Untergange verfallen, wenn
der Gedanke vergeltender Gerechtigkeit aus dem Bewußtsein der
Völker verschwinden könnte. Daß der Welt der Glaube an diese

Gerechtigkeit unverloren bleibt, das dankt sie nächst Gottes Gnade dem deutschen Volke. Als Europa den sittlichen Mut nicht fand, frevelhaftem Friedensbruch zu wehren, da hat dies Volk, gerechten Gerichtes in den Donnern der Schlachten harrend, sein Dasein in die Schanze geschlagen, da hat es die geistige Blüte seiner Jugend hinausgesandt in den heiligen Kampf, den ein großer englischer Geschichtschreiber mit Recht gezeichnet hat als den Kampf der Engel wider Belial. Auch unsere Hochschule, die ihre ganze Ehre darin findet, deutsch zu sein, hat Hunderte von deutschen Jünglingen unter die Waffen gestellt, die Ungleichheit des Einsatzes nicht achtend, wo wir gezwungen sind, gegen afrikanische Halbwilde oder gegen das zusammengelaufene Gesindel Garibaldischer Abenteurer zu kämpfen. Die deutsche Wissenschaft betrauert bereits unter den gefallenen Helden einige ausgezeichnete Gelehrte, hoffnungsreiche Jünglinge in großer Zahl, England aber möge uns mit Einmischung jeder Art vom Leibe bleiben. Möge dem britischen Volke bald wieder vergönnt sein, in die Bahnen seiner großen Vergangenheit einzulenken, wo in jedem welterschütternden Kampfe für die wahren Interessen der Menschheit, für die Gerechtigkeit, für den Frieden und die Freiheit Europas auch das britische Schwert in die Wagschale gelegt wurde. Die gelehrten Körperschaften Englands aber werden der Humanität den besten Dienst leisten, wenn sie mit ihrem Ansehen in die Schranken treten gegen die Verletzung des Wesens der Neutralität durch die von der gegenwärtigen großbritannischen Regierung adoptierte Behandlung des Waffenhandels, gegen die den heutigen Machthabern Frankreichs zur Last fallende Untergrabung der Grundlagen des Völkerrechts und für eine Fortbildung der letzteren im Sinne der Gerechtigkeit und Gesittung (Unverletzlichkeit des Privateigentums zur See u. s. w.). In solchen Bestrebungen dürfen dieselben der eifrigen Unterstützung der deutschen Wissenschaft gewiß sein.

Ich habe die Ehre, ganz ergebenst zu zeichnen

Dr. Richard Dove,

z. Z. Prorektor der Georg August-Universität zu Göttingen.

Wenn sich in dem großen diplomatischen Feldzuge, der den ganzen Krieg begleitete, unter den sogenannten Neutralen England und Österreich sich äußerlich durch zudringliche Rührigkeit im großen Hauptquartier am lästigsten machten, so benahm sich offenbar am feindseligsten Italien. Unsere Geschichtschreiber sagen immer, Italien

sei damals viel zu sehr durch die Besetzung Roms in Anspruch
genommen worden, um sich viel mit dem deutsch=französischen Kon=
flikt zu beschäftigen. Es habe sogar ein besiegtes Frankreich lieber
gesehen, weil ein solches nicht hindern konnte, Rom den Italienern
zu überlassen, und es daher vorgezogen, mit dem Sieger auf gutem
Fuße zu leben, und nicht auf Napoleon, sondern auf König Wil=
helm seine Hoffnungen für die Zukunft zu stützen. Ganz und gar
nicht.   Die diplomatische Thätigkeit gegen Deutschland trat nur
nicht so offen hervor, als diejenige Englands oder Österreichs, war
aber in London und Wien eine dermaßen energische, daß Granville
sich mehr als einmal ihrer Gewaltsamkeit zu erwehren hatte. Man
muß die englischen Blaubücher jener Zeit durchblättern, um den
Anteil Italiens an den Schwierigkeiten, welche die neutralen Mächte
der deutschen Kriegsdiplomatie machten, und an der Stärkung des
Widerstandes, welche daraus Frankreich zog, vollständig zu würdigen.

Vor Ausbruch des Krieges war Italien im Verein mit Öster=
reich aufs äußerste bemüht, jenes Schutz= und Trutzbündnis mit
Frankreich zustande zu bringen, das nur an der Zögerung schei=
terte, welche die Entscheidung Napoleons in der römischen Frage
erfuhr. Mit der Parteinahme der Neutralen, d. h. Europas mit
Ausnahme Rußlands, das deswegen nicht anspruchslos war, für
Frankreich und gegen sich zog Deutschland ins Feld. Italien
gegenüber unternahm es Theodor Mommsen, sich an das dortige
Volk zu wenden und ihm die richtige Stellung in dem ausge=
brochenen Kampfe anzuweisen. Er war, was die feindliche Haltung
der italienischen Regierung betraf, nicht eingeweiht, wie es der
leitende Staatsmann Deutschlands war, sein Aufruf an das Volk
war diesem deswegen nicht weniger schätzenswert.

„Wissen Sie, was man hier (in Berlin) befürchtet? Unsere
Politiker, zu denen ich nicht gehöre, machen glauben, es bestehe
zwischen den beiden Kabinetten von Paris und Florenz eine Ver=
schwörung, um das italienische Volk, wie früher das französische,
gewaltsam zum Kriege zu drängen. Und wissen Sie, was die
Politiker auf diese Zumutungen antworten? Sie sagen, das Floren=
tiner Kabinett ist zu allem fähig, nicht so das italienische Volk,
welches sich den Anschauungen des deutschen Volkes nähert und
bereit ist, der Politik der französischen Regierung Hindernisse in
den Weg zu legen. Dessen sind wir hier zwar noch nicht gewiß,
denn es ist eine Kleinigkeit, ein Volk zu täuschen und ich weiß

nicht, ob Ihre Landsleute oder Gesinnungsgenossen den ganzen
Ernst der augenblicklichen Situation gehörig erfassen, in welcher
wir uns augenblicklich befinden. Der Krieg, der soeben begonnen
hat, ist ein furchtbarer, wir wissen es; und die materielle Kraft
einer der großen Mächte in Europa, die schon über so große
Hilfsmittel zu verfügen hat, vermehrt sich stündlich. Dieses ist
aber nicht der Beweggrund, der mich zum Schreiben dieses Briefes
veranlaßt. Ihr seid dem Kriegsschauplatz nicht nahe, und was die
Deutschen betrifft, die fürchten sich nicht so leicht und haben auch
ein großes Vertrauen in die eigene Kraft. In wenigen Tagen
haben sich achtundzwanzigtausend Freiwillige für den Krieg ange=
meldet, und die Beamten wissen nicht, was sie mit vielen über=
zähligen Kräften machen sollen. Ein Vater, der vier Söhne ins
Feld schickte, drückte ihnen beim Abschiede die Hände und sagte
ihnen: „Kehret siegreich zurück, oder gar nicht." Die ehemaligen
königlich hannoverschen Offiziere, die sich früher geweigert hatten,
in die Dienste des Königs von Preußen zu treten, melden sich
freiwillig, um gegen die Franzosen zu kämpfen. Die Studierenden
deutscher Nationalität aus Wien und Prag fordern, in die preußische
Armee eingereiht zu werden, und selbst der depossedierte Herzog
von Nassau hat die ihm von Frankreich gewordene Zumutung, in
französische Dienste zu treten, mit Entrüstung zurückgewiesen. Ich
weiß nicht, ob der soeben begonnene Krieg gegen die Franzosen
oder gegen jene abenteuerlichen Gesellen gerichtet ist, die es zur
Stunde verstanden haben, die Welt mit Hilfe der Demimonde zu
erobern. Und wenn es auch wahr wäre, daß die Franzosen den
Krieg wollen, und daß der verrottete Chauvinismus in die Welt
um Rache für Waterloo und Sadowa schreit, so muß doch in Be=
tracht gezogen werden, daß der heraufbeschworene Krieg mit einer
Schamlosigkeit und Leichtfertigkeit in Szene gesetzt wurde, welche
ganz Europa beleidigt.

An Italien liegt es jetzt, daß dieser unselige Krieg nicht in
einen Rassenkampf zwischen dem romanischen und dem deutschen
Volke ausarte. Oh! Meine Freunde jenseits der Alpen! Ich bin
kein blinder Bewunderer des alten Roms, des modernen Italiens.
Ich kenne die Wunden, an welchen Italien seit Jahrhunderten
blutet. Cavour hat zwar die Ketten zerbrochen, in die das edle
italienische Volk geschmiedet war, aber die Spuren derselben sind
heute noch vorhanden und nur die Zukunft kann sie heilen, und schon
deshalb liebe ich Italien mit diesen noch nicht vernarbten Wunden.

Wir Deutsche setzten Vertrauen in die Italiener, und die Hoffnung auf eine bessere Zukunft ist das Band der deutschen und der italienischen Nation. Rom hat einstens alle Völker um sich unterjocht, und erst später wurde es gewahr, daß diese Unterjochung der Nachbarn ein Selbstmord war. Raubt uns nicht den Gedanken, daß die Welt groß genug sei für freie und glückliche Völker und lasset nicht den furchtbaren Glauben aufkommen, daß die deutsche Rasse darnach lechze, die römische zu unterjochen oder auszurotten. Und könnt Ihr Italiener jenseits der Alpen, in dem Garten von Europa, nicht glücklich leben? Sind denn nicht unsere Interessen mit den Eurigen identisch? Ist es vielleicht Preußen, welches darnach strebt, die Schildwache des Vatikans abzugeben? Hoffen wir doch, daß unsere zivilisatorische Aufgabe eine gemeinsame Lösung mit der Eurigen erhalte, und sind überzeugt, daß der heilige Napoleon nur mit Hilfe der Pfaffen regierte.

Ist es vielleicht das deutsche Volk, welches auf Italien lastet? Habt Ihr schon den Jubel vergessen, der in Berlin erschallte, als Ihr bei Novara die österreichischen Ketten zerbrachet? Waren wir nicht von Enthusiasmus erfüllt, als Ihr 1866 ins Venezianische vorrücken konntet? Möget Ihr Italiener wissen, daß die Preußen nie und nimmer nach dem streben, was Euch gehört und möget Ihr nie vergessen, daß die Wiege Eures Königs und Eures Helden (Garibaldi) von den Franzosen Euch entrissen wurde. Dies habt Ihr nur den Franzosen zu verdanken, die sich Euere Befreier nennen! Ein zweites Sadowa am Rhein wird Euch erst die ersehnte Freiheit verschaffen, welche Ihr nicht besitzt und deren Ihr wert seid.

Wir verlangen von Euch nicht Eure Bataillone zur Hilfe; unsere Scharen reichen aus, die Freiheit des Kontinents gegen den gemeinsamen Tyrannen zu wahren. Vergesset aber nicht die natürliche Allianz unserer Nation und unsere Loyalität nach Custozza!"

Berlin, August 1870.		Theodor Mommsen.

Die Italiener ließen es an einer Antwort nicht fehlen. Sie lautete:

„Vor einigen Tagen lasen wir in der „Perseveranza" einen Brief des berühmten Mommsen, der für die Italiener sehr wohlwollend, für die Franzosen oder eigentlich für die kaiserlich französische Regierung sehr herb lautet. Es scheint mir, ohne das

harte Urteil zu billigen, welches über unsere Nachbarn gefällt wird,
unsere Pflicht zu sein, dem großen Schriftsteller für die uns von
ihm bewiesene Achtung und Zuneigung zu danken. Er verlangt
von uns, wir mögen in dem am Rhein entbrannten furchtbaren
Kampfe neutral bleiben, und in diesem Wunsche findet er uns in
Italien alle einig. Nur darf es Mommsen nicht unangenehm sein,
wenn wir, um unsere Grenzen besser bewachen zu können, uns für
alle Eventualitäten waffnen. Er wird es doch wissen, wie wenig
die Völker der Macht der Zivilisation, auch der deutschen, trauen
können, wenn er berücksichtigt, daß uns der wundervolle Fortschritt
des Jahrhunderts von dem ungerechtesten Kriege der Welt nicht
befreit hat, denn beide Teile, Frankreich und Preußen, stürzten sich
in den Krieg und negierten den von beiden auf dem Pariser Kon=
gresse unterzeichneten Vertrag, daß, bevor ein Staat zu den Waffen
greift, an die Vermittelung der neutralen und befreundeten Mächte
appelliert werden solle. Mommsen wird auch begreifen, daß für
uns die Erweiterung des Machtverhältnisses eines Staates nicht
gleichgiltig sein könne, und daß es überhaupt nicht angenehm sei,
in der ersten oder zweiten Reihe zu bleiben, das heißt, einen Staat
zweiten Ranges zu bilden, während das Gleichgewicht durch eine
stets im Wachsen begriffene Macht gestört wird. Mommsen wird
es doch zugeben müssen, daß ein einiges großes Deutschland nicht
nur für uns, sondern für jeden andern Staat eine Drohung sei,
und daß die Völker wohl Sympathie für enge Konföderationen,
nicht aber für eine enge Einheitsform haben. Hieraus folgt, daß
Mommsen und andere deutsche Schriftsteller als gute Bürger han=
deln, wenn sie die preußische Regierung ermahnen, sich nach dem
Siege zu mäßigen, denn, um der Wahrheit gerecht zu werden, das
Wüten gegen die Dänen und das Verkennen ihrer Nationalität
von seiten der Preußen machte ganz Europa stutzen, und das
Schlimmste befürchten auch die Holländer und die Schweizer, welche
der deutschen Nationalität angehören und Abkömmlinge der indo=
germanischen Familie sind. Was uns übrigens Mommsen vorwirft,
ist, daß wir nicht selbständig auftreten und daß wir uns seit
10 Jahren von den Franzosen im Schlepptaue führen lassen.

Mommsen wird mir verzeihen, wenn ich ihn versichere, daß
er nicht gut unterrichtet ist und nur solchen Autoritäten glaubt,
welche den Einfluß beklagen, den Frankreich seit Jahren auf Italien
ausübt, die aber bereit wären, sofort zur Fahne Frankreichs zu
schwören, wenn dort die Republik Wurzel fassen möchte. Doch

lassen wir das, und fragen wir Mommsen, ob er uns verdenken kann, daß wir für unsere französischen Nachbarn Sympathie fühlen? Wenn er mit so großer Rhetorik all das Unrecht aufzählt, was uns durch Frankreich widerfahren ist, darf er nicht vergessen, daß uns die Franzosen bei Magenta und Solferino behilflich gewesen waren, etwas mehr zu werden, als ein einfacher geographischer Begriff; und wenn es uns gegönnt war, im Jahre 1866 eine fruchtbare Allianz mit Preußen einzugehen, so schreiben wir dies nur unserer Einheit zu, welche wir eben nur der Toleranz und der Gewogenheit Napoleons III. zu verdanken haben. — Der Brief Mommsens hatte aber eine reine und edle Absicht; er liebt Italien und wünscht, daß wir von der Gefahr befreit werden, die uns droht, wenn der alte Haß der lateinischen und deutschen Rasse zu neuen Kämpfen anfacht. Die preußischen Siege beweisen es, wie aufrichtig er es meint, uns zur Einhaltung der striktesten Neutralität zu ermahnen und zu versichern, daß die bereits stereotyp gewordene Phrase, Deutschlands militärische Grenzen befänden sich am Mincio, nichts mehr gelte! Er schöpft aus der Philosophie der Geschichte eine reine Liebe für die Menschheit, und indem er die römische Geschichte studiert, überzeugt er sich, daß die Natur die verschiedenen Rassen zwar kennzeichne, deren Eigenschaften aber abwäge und einander gleich mache. Wir sind von unserem alten Glanze herabgekommen, niemand wird aber behaupten wollen, es sei nicht mehr möglich uns zu regenerieren, ja Mommsen selbst freut sich, daß wir das Werk der Regeneration bereits in Angriff genommen haben. Möge er auch wissen, daß wir uns mit großem Eifer auf das Studium deutscher Werke verlegen, und daß wir uns freuen, wenn Deutschland für unsere Regeneration Sympathie zeigt; hoffentlich wird dieses Deutschland auch die Vorschriften und das Versprechen Mommsens bezüglich der römischen Frage teilen. Möge Deutschland die Reste der weltlichen Macht der Päpste fallen lassen, möge Deutschland mit uns feierlich erklären, daß die vatikanische Synode keine ökumenische war, und wir werden dann ein moralisches Ziel erreichen, welches unsere Herzen erwärmen, unsern Charakter erstarken und unsere Disziplin befestigen wird. Erst dann werden wir dem berühmten Mommsen versprechen, daß wir unserer Väter uns würdig machen wollen.   Terenzo Mammiani.

Die in diesem Schreiben niedergelegten Ansichten entsprachen der öffentlichen Meinung und der Politik der Regierung. Nur kleinere Kreise hatten sich von 1866 her eine Sympathie für Preußen bewahrt. Italien ist die einzige Macht des Krieges gewesen, welche mit den Waffen in der Hand Frankreich sekundierte, wenn auch nur offiziös, nämlich durch Garibaldi. Bekannt ist der Ausspruch, welchen Bismarck einige Jahre später that.

„Es hat vielleicht kaum einen Moment gegeben, welcher geeigneter gewesen wäre zu einer Verständigung mit dem römischen Stuhl, als der am Schluß des französischen Krieges. Es sind darüber Unwahrheiten behauptet worden, die auf völliger Unkenntnis der Verhältnisse beruhen. Jedem, der mit uns in Frankreich gewesen ist, ist bekannt, daß unser sonst gutes Verhältnis zu Italien während des ganzen Krieges, wenn auch nicht einer Trübung, doch einer Verstimmung unterlag, die bis zum Abschluß des Friedens blieb. Es war eine auffallende Erscheinung, daß in Italien die Vorliebe für die Franzosen stärker war, als die Rücksicht auf die Interessen des Landes, welches im Verein mit uns auf den Schlacht=feldern die Unabhängigkeit von Frankreich hätte erkämpfen müssen. Wir haben es allein gekonnt, aber es ist eine Thatsache, daß uns italienische Truppen unter Garibaldi gegenüber gestanden haben, deren Abgang von Hause hätte verhindert werden können. Es trat eine, glücklicher Weise vollständig überwundene Verstimmung zwischen Deutschland und Italien zu Tage. Wir waren weit entfernt, daß wir aus Vorliebe für Italien irgend etwas gethan hätten."

Im Februar (1871) empfing der Kaiser eine Adresse, welche die Malteser und viele andere Adelige an Se. Majestät zu gunsten des heiligen Vaters nach Versailles gesandt hatten. Der Kaiser empfing den Herzog von Ratibor und den Freiherrn v. Schorlemer, welcher letztere die von der rheinisch=westphälischen Malteser=Genossenschaft unterzeichnete Adresse überreichte, sehr huldvoll und antwortete den Herren: Seine (des Kaisers) Gesinnungen für den Papst „als das kirchliche Oberhaupt seiner katholischen Unterthanen" seien noch stets dieselben, er sehe in der Okkupation Roms einen Gewaltakt, sowie eine Anmaßung von seiten Italiens, und er würde „nach Beendigung des Krieges in Gemeinschaft mit den anderen Fürsten Schritte dagegen in Betracht ziehen."

Im Dezember 1870 wurde aus Rom gemeldet: „Pater Koz=mian, Sekretär des Erzbischofs von Posen, Graf Ledochowski, kam vor einigen Tagen von Versailles in Rom an und begab sich so=fort zum Kardinal=Staatssekretär Antonelli. Am nächsten Tage wurde Kozmian vom Papste empfangen und überreichte demselben

ein Schreiben des Königs von Preußen. Graf Ledochowski war
vom Papste nach Versailles abgeordnet worden, um König Wilhelms
Vermittelung zu gunsten des römischen Stuhles nachzusuchen."
Möchten andere Blätter behaupten, was sie wollten, der Korrespondent glaubte versichern zu können, daß diese Sendung von Erfolg
gekrönt war. Der König erklärte in seinem Briefe dem Papste, er
könne während des Krieges mit Frankreich keine thätigen Schritte
zu seinen Gunsten thun; jedoch wolle er die Sache des heiligen
Stuhles zum Gegenstande seiner ersten Sorge machen, wenn erst
der Kampf beendet sei. Es werde sogar im Verlaufe des Briefes
bemerkt, der König befinde sich in diesem Punkte im Einverständnis
mit Frankreich, was man in Rom in der Weise erklärt, daß diese
Vereinbarung mit dem Kaiser Napoleon erzielt worden sei. Es
gingen Gerüchte, daß diese Zusagen von dem Vorschlage begleitet
gewesen seien, daß der Papst nach dem Falle von Paris den Franzosen zureden solle, keinen nutzlosen Kampf weiter zu führen. Im
Vatikan herrschte aber ein starkes Vertrauen auf Frankreichs Macht,
und es sei nicht wahrscheinlich, daß der Papst sich zu einem Schritt
verleiten lassen sollte, den die französische Nation nie vergeben
würde. Wenn man den aus dem Vatikan dringenden Angaben
Glauben schenken dürfe, so wäre auf Grund preußischer Zusiche-
rungen auf eine Wiederherstellung der weltlichen Macht in beschränkter Form zu rechnen. Der Erzbischof von Posen hätte außer
den obigen Angelegenheiten in Versailles die Frage der apostolischen
Nunziatur für Deutschland verhandelt. Die Nunziatur zu München
werde eingehen und statt ihrer in Berlin eine Nunziatur für ganz
Deutschland eingesetzt werden. Zum Danke für diese erfolggekrönte
Verhandlung sei der Erzbischof von Posen zum Kardinal in petto
ernannt und für die Nunziatur in Berlin mit dem Titel eines
„Kardinal-Legaten für Deutschland" in Aussicht genommen worden.
Die Erhebung des Grafen Ledochowski zum heiligen Kollegium werde
im nächsten Konsistorium erfolgen."

———

Die Beschließung von Paris.

Den Parisern konnte bei dem über den dritten Monat hinaus
schon anhaltenden Schweigen des preußischen Belagerungsgeschützes
die Brust sich stolz gehoben fühlen. Über die Einschließbarkeit
ihrer Stadt hatten sie sich getäuscht, über die Einnehmbarkeit konnte
man zweifeln, nun feierten sie sogar den Triumph, daß Paris un-
angreifbar sich erwies. Ob es diese Eigenschaft nun der Stärke
und dem Umfange der Mauern, oder ob es sie der Ehrfurcht zu
verdanken hatte, die es den Preußen einflößte; gleichviel, die Stärke
der Mauern und die Ehrfurcht ergänzten und verstärkten einander,
um den Ruhm der Unantastbarkeit hervorzubringen. Wie Recht
hatte doch Viktor Hugo, als er diese Stadt das Heiligtum der
Menschheit, das Mekka der Gesittung nannte! Der Italiener Gue-
razzi bezeichnete dieselbe Stadt als den großen Tempel und Wall-
fahrtsort des Vergnügens. War den Preußen Paris als Herd
der Gesittung oder als Tempel des Vergnügens so heilig? Wollte
man die Türme von Notre-Dame oder die Dächer der feinsten
Boulevards schonen? Mitten in diese Fragen, die das stolze Selbstgefühl sich vorlegte, platzte die erste Bombe hinein, am 27. Dezember
7 Uhr morgens. Sie fiel noch nicht in den Tempel selber, sondern
in einen der Vorhöfe, nämlich in die improvisierte Festung des
Mont Avron auf der Ostseite von Paris. Aber als die Pariser
erwachten, sagten sie einander: das war ein preußischer Mörser!
Denn „Krupps Kanonen sagen nicht Bumm wie die zivilisierten
Geschütze der Franzosen und anderer Völker, sondern: Dumm, was
auf französisch imbécile heißt! Es ist die dicke Barbarei, die rohe
und viehische Materie, die sich breit macht.“ In Paris war Jubel
am 27. Dezember. „Es kommt die Entsatz-Armee und zwingt die
Preußen zu einer letzten Anstrengung, die sie nicht freiwillig sich
auferlegen.“ Die Witze über den „psychologischen Moment“ über-

stürzten sich. Am andern Tage schlug die Stimmung um. Erst
das Gerücht, dann die Journale öffneten den Belagerten die Augen
über den Erfolg des ersten Bombardements.

Zunächst widmete ein Artikel des Petit Moniteur Universel
diesem Ereignis eine ausführliche Besprechung. Darin wurde gesagt,
daß die Befehlshaber in Paris auf einen ernsten Artillerie-Angriff
im Nordosten gefaßt gewesen seien, nicht gerade — fügte das genannte Blatt hinzu — an dem Tage, wo das Bombardement des
Plateaus von Avron begann (27. Dezember), aber doch innerhalb
einer gewissen Frist. Den Beobachtungen der Artilleristen, der
Ingenieur-Offiziere und der äußersten Vorposten war es nicht entgangen, daß die Sachsen auf dem Höhenzuge von Raincy, der sich
nördlich vor dem Mont Avron erstreckt, seit einiger Zeit mit der
Anlage von Batterien beschäftigt gewesen waren. Gleichviel ob diese
Arbeiten zu Angriffs- oder nur zu Verteidigungszwecken dienen
sollten, General Vinoy hatte es in jedem Falle für notwendig erachtet, an diesem Punkte eine außergewöhnlich starke Ansammlung
seiner Streitkräfte vorzunehmen. Er ließ größere Massen von
Linien-Infanterie, Mobilgarden, Jägern, Artilleristen und Marinesoldaten teils auf dem Plateau von Avron selbst, teils rechts und
links bis zu den nächstangrenzenden Forts von Rosny und von
Noisy kampieren. Die Truppen lagen in Zelten oder waren in
den Schanzgräben verteilt. Außerdem muß die Absicht obgewaltet
haben, an dieser Stelle ein förmliches Lager zu errichten, da man
angefangen hatte, die leichten Zelte durch Barackenbauten zu ersetzen.
General Vinoy erschien jeden Tag, um sich von dem Fortgang
dieser Arbeiten zu überzeugen, erteilte dann aber plötzlich den Befehl, das Gros der Truppen aus diesen Positionen zurückzuziehen,
nur die für den Dienst in den Laufgräben bestimmten Bataillone
daselbst zu belassen, und zwischen Rosny und Fontenay-sous-Bois,
oberhalb der Marne, eine neue Aufstellung zu nehmen, wohl in der
Absicht, hauptsächlich gegen Maison-Blanche und Chelles zu operieren.
Bevor nun diese Bewegungen ausgeführt werden konnten, eröffneten
am 27. Dezember morgens zwischen 7 und $7^1/_2$ Uhr die sächsischen
Batterien ihr Feuer gegen den Mont Avron. Die deutschen Artilleristen hatten wohl gefürchtet, daß der Nebel, der an diesem
Tage herrschte und sie in der Sicherheit des Zielens beeinträchtigte,
auf den Erfolg der Kanonade einen nachteiligen Einfluß ausüben
könne. Das war nicht der Fall. In kurzer Zeit lagen die Granaten nicht nur auf dem Plateau wie gesät, sondern sie wirkten

noch weit über dasselbe hinweg zerstörend bis in die Verschanzungen und sonstigen Erdarbeiten, die vor den Forts hinausgerückt waren, ja sie schlugen in nicht geringer Anzahl in die Forts selber ein. Der sicherste Beweis für die Wirkung des deutschen Geschützfeuers aber war, daß sofort unter den außerhalb der Forts befindlichen Truppen eine Entmutigung eintrat, die in der That schlimm genug gewesen sein muß, da selbst das Pariser Blatt sagte: „Eine gewisse Unordnung griff unter unsern Truppen Platz; sie waren überrascht und außer Fassung gebracht, die Vorposten zogen sich in aller Eile zurück." „Aber die Bomben, heißt es weiter, schienen den Fliehenden zu folgen. Die Rückzugsbewegung teilte sich fast allen Truppen mit, auch den Mobilgarden und den Mariniers," — Worte, die hinreichend erkennen lassen, daß die Panik eine allgemeine war. Und so verhielt es sich wirklich. Es kam zu einer Flucht „sans ordre". In der Nummer des „Journal offiziel" vom 28. Dezember erklärte General Trochu selber, daß sich ein panischer Schrecken nicht nur der Besatzung des Mont Avron, sondern auch aller der Linientruppen und Mobilgarden bemächtigt habe, die in den nahe gelegenen Ortschaften kampierten. Vergebens habe er schließlich Nationalgarden aufgestellt, um die Feigen von der Flucht nach Paris abzuhalten; es seien deren Linien durchbrochen worden und es so unmöglich gewesen, die verlorene Position wieder zu besetzen. Der Rückzug ging über den Abhang von Rosny und Neuilly den Forts zu. Es war der Moment, wo die deutsche Artillerie ihr Feuer auf die Dörfer Rosny, Fontenay, Montreuil eröffnete und die Franzosen aus allen diesen Stellungen vertrieb. In diesem Stadium des Bombardements traf denn auch ein dichter Kugelregen das Fort Rosny. Nach dem französischen Bericht wären hier zwar nur drei Mann verwundet, die Gefahr aber wurde als so unmittelbar empfunden, daß die Soldaten es für notwendig hielten, auch aus dem Fort sich zurückzuziehen. Hinter demselben, auf dem freien Raum zwischen den Befestigungswerken und der Stadt-Enceinte, entwickelte sich eine Szene kläglichster Art. Hier standen die erwähnten Nationalgardisten, wohl verstanden in so weiter Entfernung von den feuernden Batterien, daß sie nicht im geringsten exponiert waren. Als die bewaffneten Bürger sahen, daß Linie und Mobilgarde davonliefen, oder vielmehr, wie das französische Blatt sich geschickt ausdrückte „poussaient trop en arrière le mouvement de leur retraite," suchten sie dieselben mit energischen und patriotischen Zurufen (apostrophes à la fois énergiques et patriotiques) zu ermuntern und

unterſtützten mit vorgehaltenen Gewehren die Offiziere, welche ſich
vergeblich bemühten, ihre Truppen zum Stehen zu bringen. Über
die Endreſultate der erſten Beſchießung verbreiteten ſich die Journale
der Hauptſtadt vom 30. Dezember mit großer Vorſicht. Sie gaben
zu, daß einige Kanonen am 27. demontiert wurden. Das weitere
ward verſchwiegen. Zwar da die Zeitungen vom 30. Dezember
ſchon am 29. gedruckt waren, ſo mochte bis dahin die Räumung
des Mont Avron und ſeine Beſetzung durch die Sachſen, die am
29. geſchah, noch nicht bekannt geworden ſein. Jedenfalls verdun=
kelte man aber die Thatſache inſoweit, als man unerwähnt ließ,
daß die franzöſiſchen Batterien auf dem Plateau ſchon am 28. nicht
mehr imſtande waren, zu antworten. Freilich gaben vereinzelte
Notizen in den Zeitungsblättern noch etliche Anhaltspunkte, aus
denen die Bevölkerung den wahren Umfang der Niederlage ahnen
konnte. So wurden an einer Stelle 17 Offiziere namentlich auf=
geführt, davon 4 tot, 14 verwundet. Die Verluſte an Mannſchaften
waren nicht angegeben.

Das Publikum war allerdings früher von der Räumung des
Avron unterrichtet, als die Journale es unverhohlen meldeten. Das
Ereignis wirkte auf die Bevölkerung äußerſt entmutigend, zumal
man bis dahin ſicher geweſen war, daß die preußiſchen Geſchütze
gegen die franzöſiſchen nichts ausrichten könnten. Am 28. hatte
man in Paris noch feſt geglaubt, daß das Bombardement, welches
die Preußen am 27. begonnen, ohne allen Erfolg bleiben werde.
Ein Schreiben vom 28. ſagt darüber: „Alle Unterhaltungen haben
das geſtrige Bombardement zum Gegenſtande. Es iſt konſtatiert,
daß der Feind vollſtändig Fiasko gemacht hat. Er hat 4000 Schüſſe
abgefeuert, vielleicht eine Million Frank verausgabt, und das ganze
Reſultat beſteht darin, daß er uns 60 Mann getötet und ver=
wundet, und was die Verteidigung anbelangt, uns nur unbedeuten=
den Schaden zugefügt hat. Im allgemeinen freut ſich das Publikum,
daß der Feind von der Defenſive zur Offenſive übergeht. Das
Handwerk wird ſchwer und das Leben hart ſein für die preußiſchen
Soldaten, und dann wird es uns auch geſtattet ſein, kleine Scherze
auszuführen, auf die er wenig vorbereitet iſt.“ Der Ton der Briefe
vom 29., an welchem Tage die Räumung des Mont Avron bekannt
war, iſt dagegen ein anderer. Mit dem Verluſte dieſer Stellung
waren auch die furchtbaren Entbehrungen, welche die Pariſer aus=
zuhalten hatten, wieder fühlbarer geworden und die Klagen über
die Leiden, welche Hunger und Kälte verurſachten, neu hervorgetreten.

„Die Nachrichten über das Bombardement" — so sagt ein Brief vom 29. — „sind nicht gut. Es scheint, daß die preußische Ar=tillerie sich der unsern überlegen gezeigt hat und wir gezwungen gewesen sind, letzte Nacht das Plateau Avron zu räumen, welches für unsere Infanterie unhaltbar geworden war. Diese Lage flößt für die Zukunft einige Unruhe ein. Außerdem leidet die Bevölke=rung furchtbar durch die Kälte, gestern fanden einige Exzesse statt; man wollte sich des Holzes auf den Bauplätzen bemächtigen. Die Exzesse wurden mit Mühe unterdrückt. Man ist noch nicht ent=mutigt, aber es ist nichts destoweniger wahr, daß wir irgend einer guten Nachricht bedürfen, um uns vor der Demoralisation zu be=wahren. Das Publikum ist außerdem unzufrieden. Man klagt die Regierung der Unvorsichtigkeit und der Unentschlossenheit an. Wenn wir seit dem Monat, während dessen wir den Mont Avron besetzt gehalten haben, dort die notwendigen Arbeiten verrichtet hätten, so würden wir nicht genötigt gewesen sein, ihn auf solche Weise auf=zugeben. Es scheint mir, daß die Preußen immer an alles denken und wir immer 'etwas vergessen. Es ist wahrscheinlich, daß die Regierung Erklärungen abgeben oder mit Energie auftreten wird. Unsere Lebensmittel gehen zu Ende; man muß sich beeilen."

Nach dem „Globe" wurde der Beginn des Bombardements von allen anfangs als ein Zeichen der Schwäche des Feindes an=gesehen. Sie glaubten der Regierung, daß die Preußen der frucht=losen Belagerung müde seien, und daß man bald eine Aufhebung derselben erwarten dürfe. Selbst als die ungeheure Kälte die Gene=rale zwang, ihre Truppen zurückzuziehen und in Kantonnements unterzubringen, war die Stimmung noch eine gute; seit aber die Räumung vom Mont Avron bekannt wurde, herrschte allgemeine Entmutigung. Man schimpfte auf die Regierung, besonders auf die Militärverwaltung, und die roten Republikaner gaben sich mehr denn je Mühe, das Volk zu einer Revolte zu verleiten. Der Korrespondent des „Globe" schließt mit den Worten: „Avron, wo=rauf alle unsere Hoffnungen sich stützten, besteht für uns nicht mehr als befestigte Position; Avron, welches die preußischen Linien be=herrschte und eine äußerst wichtige Position war, ist geräumt, nach=dem die Geschütze in der Stille der Nacht entfernt worden waren. Unsere hohen Offiziere halten dies für das größte Unglück, das uns hätte treffen können, und die Bevölkerung sieht in der Aufgabe der Position das Vorspiel zu einer Kapitulation."

Ein am 30. geschriebener Bericht meldet: „Den ganzen Tag

über (29. Dezember) hielt die Beschießung mit außerordentlicher
Heftigkeit an, die Häuser in den Vorstädten bis in ihre Grund=
festen erschütternd und die Fensterscheiben bis in den Mittelpunkt
des belagerten Paris erbeben machend. Aber Paris ist daran ge=
wohnt, wie es scheint; ein bißchen Lärm mehr oder weniger vermag
es nicht in allzu empfindlicher Weise aus seiner Ruhe aufzustören.
Die Straßen waren, wie gewöhnlich, mit Menschen bedeckt, die in=
des mehr frierend als geschäftig aussahen, und auf welche die
beißende Kälte entschieden mehr Eindruck machte, als der Donner
der Geschütze. Hier und da indes auf den Boulevards besprachen
gestern abends Bürger, die Hände in der Tasche und die Nase dem
Winde preisgebend, die Räumung des Plateaus von Avron."

„Zum ersten Male hat man da Trochu öffentlich angreifen
hören, ohne daß diese Angriffe demjenigen, von dem sie ausgingen,
die Beinamen „Preuße" oder „Bonapartist", zwei Worte, die im
Munde der Pariser gleichbedeutend geworden sind, zugezogen hätten.
„Wenn man am 2. Dezember die Stellung der Wegnahme wert
erachtete," hieß es, „so braucht man eben nicht Taktiker zu sein,
um daraus zu folgern, daß sie auch der Behauptung wert gewesen
wäre. Während fünfundzwanzig Tagen hätte man Laufgräben
öffnen und bombenfeste Kasematten bauen sollen." Eines gibt es
jedoch, das noch bedauerlicher ist, als die Räumung des Plateaus
von Avron. Das ist der Bericht des General Schmitz, der sie er=
läuterte. Der Verfasser dieses Berichts begnügt sich nicht damit,
anzuzeigen, daß ein zweites Le Bourget vorhanden und daß der
Plan Trochus bisher darin zu bestehen scheint, durch große Opfer
an Blut eine Position zu erringen, um sich nicht darin zu be=
festigen und sie beim ersten Angriffe der Preußen aufzugeben. Aus
welchem Grunde, fragt man sich, gefällt sich Herr Schmitz darin,
zu konstatieren, daß „unsere Geschütze minder gewaltig sind als die
Kruppschen?" Wenn das die Art ist, um Paris zu ermutigen, wie
müßte er sich denn benehmen, um es zu beunruhigen? Trotz die=
ser Ungeschicklichkeiten in der Sprache ist es Herrn Schmitz doch
nicht gelungen, das Vertrauen der Bevölkerung in die Regierung
der nationalen Verteidigung zu erschüttern, und noch weniger jenes,
das sie in sich selbst setzt. Der Entschluß, sich bis zum äußersten
zu verteidigen, scheint unwiderruflich gefaßt, und die Besetzung eines
oder selbst zweier Forts durch den Feind wäre keineswegs danach
angethan, eine Kapitulation herbeizuführen. Aus allen Berichten
geht hervor, daß die Position auf dem Avron nicht länger haltbar

war. Seit dem 28. morgens waren 12 neue Batterien, sämtlich aus Stücken mit großer Tragweite bestehend, demaskiert worden. Die in Raincy und sozusagen in den Häusern dieses Ortes aufge= stellten Batterien bildeten gleichsam drei Stockwerke übereinander; während sie feuerten, sah es aus, als ob man ein Dorf vor sich hätte, dessen Kamine gleichzeitig rauchen. Beim Einbruche der Nacht wurde die Kanonade eine geradezu wütende. Das ganze Plateau war buchstäblich überschwemmt mit Granaten, von denen viele ein weit bedeutenderes Kaliber hatten, als jene vom Tage zuvor. Auch die Tragweite der Geschütze war eine größere und endlich war es leicht, sich zu überzeugen, daß der Feind sein Ziel= objekt merklich besser ins Auge gefaßt hatte. Die Projektile ver= irrten sich nicht mehr in den Feldern, sie platzten beinahe alle in den Laufgräben und in der Nähe der Geschützstände. Je weiter die Nacht vorrückte, desto heftiger wurde das preußische Feuer. Von französischer Seite ließ das Schießen anfänglich etwas nach, hörte dann plötzlich ganz auf, und um 10 Uhr überbrachte ein Adjutant des General Trochu den Befehl, das Plateau zu räumen, aber den Feind nicht aufmerksam zu machen. Ohne einen Augenblick zu ver= lieren, wurden die Geschütze von den Lafetten herabgenommen, das Gepäck auf die Lastfuhrwerke, das Schießmaterial auf die Muni= tionskarren gebracht. Alle diese Vorrichtungen waren höchst schwie= riger Natur, weil sie inmitten der vollständigsten Finsternis zu= stande gebracht werden mußten. In einem Hause sitzend, dessen Dach weggerissen worden, leitete Trochu die verschiedenartigen Vor= bereitungen. Um zwei Uhr morgens war alles bereit. Der große Zug konnte anfangen, sich in Bewegung zu setzen. Es war kein leichtes Stück Arbeit, die riesigen Marinegeschütze ohne Licht den so steilen Abhang des Plateaus gegen Rosny hinab und sofort wieder den Hügel hinauf zu schleppen. Das Glatteis hatte den Abhang in eine wahre Schleifbahn verwandelt; bis um vier Uhr ging alles nach Wunsch; das Schweigen unsrer Geschütze hatte je= doch schließlich den Feind argwöhnisch gemacht. Aufs Geratewohl entsendete er Granaten gegen die Hügelebene von Rosny und auf das Fort selbst; die Spitze der Kolonne erklomm sicheren Schrittes die Anhöhe und die ganze Wagenreihe folgte durch das Dorf. Die meisten Granaten gingen anfangs fehl; bald aber schlugen andere in die Pferde und verwundeten die Führer; ein wirres Durchein= ander von Fuhrwerken entstand. Der Widerschein des Schnees hatte dem Feinde ohne Zweifel die Richtigkeit seiner Vermutungen bestätigt, denn er setzte das Feuer mit verdoppeltem Nachdruck fort; einen Augenblick schwebten die Konvois in großer Gefahr. Die nicht beschädigten Wagen fuhren denen vor, deren Pferde getroffen waren; im Notfalle verließ man die Straße und nötigte die Bespannung, mitten durch den Schnee und quer über die Felder das Geschütz emporzuschleppen; die Männer stemmten sich in die Speichen, ohne der Granaten zu achten, die um ihre Köpfe sausten und an ihrer Seite platzten; jeder half nach besten Kräften, und dank den einmütigen Bemühungen wurden die 77 Geschütze gerettet."

Die Proklamation des General Schmitz vom 27. Dezember, welche den Rückzug vom Mont Avron dem überlegenen Kaliber der Kruppschen Kanonen zuschreibt, endigte mit den Worten: „Die Höhen von Avron konnten von unserer Infanterie nicht gehalten werden. Der Gouverneur sah sich hierdurch genötigt, die Artillerie und die Truppen in eine Position zurückzuziehen, wo das dichte Kreuzfeuer des Feindes sie nicht erreichen konnte. Er befahl sofort die Geschütze hinter den Forts zu plazieren. Diese schwierige und mühevolle Operation wurde während der Nacht und am Morgen ausgeführt. Am Abend gingen die Bomben des Feindes über Avron weg und fielen auf unserer strategischen Straße, sowie in mehreren umliegenden Dörfern nieder. Diese neue Phase, in welche die Belagerung von Paris nunmehr getreten ist, war schon längst vorausgesehen worden. Sie mag die Bedingungen der Verteidigung umgestalten, wird aber ihre Mittel und ihre Energie nicht schädigen."

Über die Beschießung des Forts Rosny teilte die „Corr. Havas" folgendes mit: „Am 29. Dezember fielen in fünf Stunden 555 Bomben allein in die Kaserne zur Linken. Die Kasematten, welche man für bombenfest gehalten hatte, wurden durchschlagen. Von 8 Uhr morgens bis 6 Uhr abends fielen gegen 2000 Geschosse in die Enceinte, auf die Eskarpe und Kontre-Eskarpe. Ein Schuß verwundete in den Kasematten 6 Artilleristen der Nationalgarde." Ein so furchtbares Bombardement, meinte die „Corr. Havas", erweckt ein Gefühl der Unausweichbarkeit (inévitabilité), welches auch den tapfersten beängstigt. Niemand, auch keiner der kriegsgewohntesten Soldaten, kann sagen, daß er ein solches Feuer, wie bei Rosny, Noisy und Avron erlebt habe, denn dies ist ein ganz neuer Krieg, mit neuen Wurfgeschossen, sodaß auch die Wirkung und Eindrücke ganz neue sind." Ferner brachte der Pariser „National" einige Nachrichten. „Eine große Anzahl der aus den deutschen Batterien geworfenen Granaten fiel mitten auf das Fort nieder. Noch größere Massen von Geschossen trafen das Dorf Rosny, das unmittelbar unter dem Fort an der Eisenbahn von Paris nach Mülhausen, 13 Kilometer von der Hauptstadt entfernt, gelegen ist. Viele Häuser wurden zerstört, in einem Hause, in welchem sich 12 französische Soldaten befanden, wurden drei von einer Granate verwundet, darunter zwei lebensgefährlich. Die Truppen des 54. Bataillons der Mobilgarde, die in dem Dorfe lagen, mußten sich flüchten. Die Soldaten eilten, ohne auf den Kommandoruf zu hören, auf die Straßen, wo ein Zusammenlauf entstand, indem keine Ordnung mehr zu halten war." Nachdem am 30. Dezember mehrere deutsche Kompagnien bis zum Dorfe Rosny vorgedrungen waren, begann die gleichzeitige Beschießung der gesamten Ostfront (Nogent, Rosny, Noisy). Die Forts ant= worteten nur so weit — sagen die französischen Berichte — daß „die Konversation nicht stockte." Sie fügten hinzu: „Es ist gut, daß der Feind seine Kugeln verschwendet, da er sich so schwierig neue verschaffen kann. Das Feuer des Feindes ist allerdings von großer Genauigkeit; von 25 Kugeln finden sich selten mehr als eine oder zwei, die ihr Ziel verfehlen. Das ist recht geschickt, aber es ist sehr unnütz." Die Marinetruppen wurden übrigens zum Teil durch Artillerie der Nationalgarde abgelöst. General Trochu, der am 29. einen Teil des Tages im Fort von Rosny zubrachte, soll ganz bezaubert von den Artilleristen der Nationalgarde gewesen sein. Er konnte sich nicht genug wundern, wie aus Advokaten, Journalisten und Handlungskommis solche tüchtige Kanoniere her= vorgehen konnten.

Die Pariser trösteten sich mit dieser Bezauberung so wenig, als mit der preußischen Kugelverschwendung. Ihre Verstimmung wendete sich insbesondere auch gegen den General Schmitz, dem seine Berichte über die Räumung des Mont Avron übel genommen wurden. Sein deutscher Name fing jetzt an, die Nerven der Pariser aufzureizen. Man durfte sich darauf gefaßt machen, daß Trochu und Schmitz, um am Ruder zu bleiben, ihre militärischen Bedenken in die Schanze schlagen und zu allerlei verzweifelten Ausfällen schreiten mußten. Die Regierung befand sich in nicht geringer Bestürzung, obgleich sie nach wie vor Paris noch halten wollte. Um die Bevölkerung zu befriedigen, fügte Jules Favre dem Berichte des Generalstabes über das Bombardement hinzu: „Der Angriff des Feindes wird den Mut der Bevölkerung von Paris nur noch vermehren. Sie hat durch ihre Ausdauer bewiesen, daß sie zu einem unbeugsamen Widerstande entschlossen ist; sie wird sich den edlen Bemühungen der Verteidiger anschließen, indem sie Ruhe und Manneszucht verdoppelt. Bereit zu allen Opfern, um das Vaterland sicher zu stellen, kann sie durch keine Heimsuchung überrascht oder erschüttert werden." Die Regierung hatte Mühe, in ihrem eigenen Schoße, wie außerhalb, den Zwiespalt zu unterdrücken. Am 29. Dezember waren die Maires der Stadt auf die Präfektur unter dem Vorsitze Jules Favres zu einer Versammlung berufen worden, welche acht Stunden dauerte. Die Diskussion erstreckte sich auf die Verteidigung von Paris und die Haltung einzelner Mitglieder der Regierung. Delescluze und seine Anhänger griffen Trochu, Favre und Picard auf das Lebhafteste an, allein die Idee der Mäßigung gewann die Oberhand und die Versammlung beschränkte sich darauf, den Wunsch auszusprechen, es möchten die militärischen Operationen mit der größtmöglichen Energie und Thatkraft fortgesetzt werden. — Delescluze und die Adjunkten des 19. Arrondissements gaben darauf ihre Demission, die von der Regierung acceptiert wurde. Der Brief, in welchem sie ihre Amtsniederlegung anmeldeten, lautete nach dem „Reveil" folgendermaßen: „Bürger-Minister! Die Lage, welche den Munizipalitäten von seiten der Regierung und der Zentral-Mairie bereitet wird, erlaubt uns nicht mehr, die Funktionen eines Maires und der Adjunkten des 19. Arrondissements beizubehalten. Wir erklären Ihnen daher, daß wir unsere Demission geben. Ihre Haltung, Bürger-Minister, in der Versammlung der Maires hat unsere letzten Skrupel in dieser Beziehung beseitigt. Als wir gewahrten, in welcher Abhängigkeit Sie, der Minister des Innern und Vizepräsident der Regierung, die durch das allgemeine Stimmrecht gewählten Maires und Adjunkten zu halten beabsichtigen, und einsahen, welche moralische Verantwortlichkeit uns zufallen könnte, wenn wir länger passive Instrumente einer Politik blieben, die wir durch das Interesse Frankreichs und der Republik verurteilt ansehen, konnten wir nicht länger zögern. Wollen Sie uns den Empfang des gegenwärtigen Briefes bestätigen und dem Maire von Paris die nötigen Instruktionen geben, uns durch andere Personen ersetzen zu lassen. Ch. Delescluze."

Im Ministerrat vom 30. wurde über die Frage von Trochus Rücktritt verhandelt. Picard und Jules Favre bestanden darauf, aber die Diskussion schloß damit, daß der General erklärte: „Ich fühle mich der Situation gewachsen und ich werde bleiben." An demselben Tage erschien die folgende Proklamation Trochus: „Es werden große Anstrengungen gemacht, um die Einigkeit und das gegenseitige Zutrauen zu brechen, welchem wir es verdanken, daß wir Paris nach einer Belagerung von 100 Tagen aufrecht und widerstandsvoll sehen. Der verzweifelte Feind hat den Deutschen Paris nicht zu Weihnachten liefern können, wie er es versprochen hatte. Er fügt das Bombardement zu den verschiedenen Ein= schüchterungsversuchen hinzu, durch welche er sich bemüht, die Ver= teidigung zu entkräften. Man breitet vor der öffentlichen Meinung die Beschwerden des außerordentlichen Winters aus, und schließlich sagt man, die Regierung sei in sich geteilt. Die Armee hat in der That große Verluste erlitten. Sie bedarf der Ruhe, welche der Feind ihr durch das heftige Bombardement nicht läßt. Aber die Armee bereitet sich mit Beihilfe der Nationalgarde zur Aktion vor. Wir alle werden unsere Pflicht thun. Ich erkläre, es besteht keine Meinungsverschiedenheit in der Regierung, welche eng verbunden ist in der Hoffnung auf Befreiung." Die Bevölkerung fragte sich, wie es zuginge, daß diese Note nur von einem Mitgliede der Regierung unterzeichnet war.

Übrigens mußte Trochu sich gefallen lassen, daß in Zukunft keine militärische Operation mehr stattfinden sollte, welche nicht vorher von einem aus Generalen und Admiralen bestehenden Kriegs= rat gebilligt worden wäre. Dieser bestand aus folgenden Personen: General Vinoy, General Ducrot, Admiral La Roncière le Noury, General Bellemar, General Tripier (vom Genie), General de Guiod (Artillerie), General Clément Thomas (Oberkommandant der Nationalgarde), General Chabaud=Latour, Admiral Pothuau und Admiral Saisset. In dem Kriegsrat am 30. Dezember thaten sich die verschiedensten Meinungen über das kund, was zu thun sei. Schließlich behielt die Ansicht des General Schmitz die Oberhand, der die Streitkräfte, welche in Paris formiert waren, auf das energischste verwandt haben, es aber den Umständen überlassen wollte, wann der große Angriff zu unternehmen sei.

Noch am 30. Dezember bezeichnete das Gerücht Vinoy als den Nachfolger des für unfähig erklärten Trochu. Die „Patrie" und der „Temps" (letzterer das Organ von Jules Ferry) forderten einen kräftigen Ausfall. Der Temps brachte am 30. Dezember einen Artikel, dem eine besondere Wichtigkeit beigelegt wurde. Er hob an mit einem Blick auf den jüngst eröffneten deutschen Ge=

schützangriff und erklärte ihn für einen geringfügigen, längst vor=
hergesehenen Vorfall, bei dem nur zu bedauern, daß die Pariser
Regierung ihn mit einer Feierlichkeit besprochen habe, welche die
Bevölkerung, wäre sie nicht so mutig, beunruhigen könnte. Nach=
dem auf diese Weise festgestellt war, daß alle von den Deutschen
errichteten Verschanzungen und alle ihre Kanonen nichts zu be=
deuten hätten und nicht im geringsten ein Hindernis für einen
Massen=Ausfall bildeten, wurde entwickelt, daß es in der Kriegs=
geschichte eine unerhörte, ja unbegreifliche Begebenheit sein würde,
wenn diese zweihunderttausend Mann Besatzung nicht irgendwo
durchbrächen, anstatt sich eingesperrt halten zu lassen. „Man spreche
nur hier nicht von Unmöglichkeit; es gibt keine; am wenigsten darf
das Mißlingen von zwei oder drei teilweisen Ausfällen vorgeschützt
werden; es gilt, die ganze Besatzung auf einem Punkte zu ver=
einigen, wobei man den großen Vorteil der inneren Linien vor den
Belagerern voraus hat. Sitzt man aber stille, was soll aus den
Zweihunderttausend werden? Dann wird, so sicher wie Pfingsten
auf Ostern folgt, das Schicksal von Sedan und Metz auch über sie
kommen, während doch alles daran gelegen ist, diese Streitmacht
zu erhalten für die Verteidigung des Landes. Wenn man davon
spricht, daß man niemals seine Unterschrift unter die Übergabe von
Paris setzen, und sich lieber in ein Außenwerk zurückziehen werde,
so mag es eine persönliche Genugthuung sein, irgend einer städ=
tischen Behörde den bittern Kelch der letzten Stunde zu überlassen.
Davon haben wir andern aber nichts; in unsern Augen hat die
Pariser Streitmacht die Aufgabe, sich durchzuschlagen, das freie
Feld zu gewinnen und die Heere im Lande zu verstärken. Die
Regierung muß also vor Aufzehrung der Lebensmittel den Massen=
Ausfall ins Werk setzen, indem es keine sichere Rechnung sein
würde, auf Entsatz zu warten. Die Frage ist: Wie erhält man
dem Lande die Pariser Streitmacht auch dann, wenn der Hunger
die Hauptstadt nötigen wird, dem Feinde ihre Thore zu öffnen?"

Wie man sieht, entsprang hier die Forderung einer energischen
Offensive der Neigung zur Kapitulation. Wohl mancher Bürger
und Nationalgardist sah die Sache so an, daß, wenn nur erst die
Linie und die Mobilgarden durch einen Massenausfall das freie
Feld gewonnen hätten, alsdann eine mehr bürgerliche Regierung
in Paris ans Ruder kommen und die Freiheit erlangen möchte,
in einem beliebigen Zeitpunkt wegen Übergabe sich mit dem Be=
lagerer zu vergleichen. Die Bürgerschaft war der mancherlei Plagen

müde, und wie sie Anfang November harmlos genug war, von dem
Feinde die Gestattung der Zufuhr während eines sogenannten
Waffenstillstandes zu verlangen, so konnte man ihr auch zutrauen,
daß sie neuerdings nicht ungern Trochu oder Ducrot sich hätte
durchschlagen sehen, um die Heldenrolle der guten Stadt Paris ein
wenig abzukürzen. Daher die grimmigen Mahnungen aus dem
Munde der Pariser Kinder, Trochu solle einen Massenausfall machen,
und ohne Zaudern! Der Gouverneur war für seine Person gewiß
einsichtig genug, bei dem jetzigen Stande der Belagerung die Sache
für unausführbarer denn jemals zu halten; er glaubte aber ein
Versprechen für den Fall von Chanzys oder Faidherbes Ankunft
getrost geben zu können, bis er denn schließlich, da diese Befreier
sich nicht blicken ließen, auch ohne sie das Seinige zu versuchen
nicht länger ablehnen konnte. Und ebenso wie er, erkannten auch
die andern Generale in Paris die Schwierigkeit des Unternehmens,
so daß Trochu sprechen konnte, wenn ein andrer an seine Stelle
treten wolle, so werde er gern wieder ein einfacher Divisionsgeneral
werden. Sein Plan war, nachdem er auf den Durchbruch über die
Halbinsel Gennevilliers, an den er im Anfange der Belagerung
gedacht zu haben versicherte, verzichtet hatte, im wesentlichen nur
defensiver Natur. Die Ausfälle, welche mit einem entschiedenen
Fiasko endigten, unternahm er nicht auf eigenen Antrieb, sondern
infolge politischen Parteidrucks, und falls ihn nicht ein überwäl=
tigender Ausdruck der öffentlichen Meinung abermals dazu zwang,
war zu erwarten, daß er keinen Angriff mehr unternehmen würde,
sondern es vorziehe, den Angriffen des Feindes möglichst großen
Widerstand zu leisten und die Aussichten auf einen Entsatz von
Chanzy abzuwarten. Begreiflicherweise lagen dem ungestümen
Drängen von Leuten, wie Felix Pyat und Maurice Joly (beide
waren gegen Kaution auf freien Fuß gesetzt, nachdem sie seit dem
4. November sich in Haft befunden hatten), sowie der ganzen
Kommunistenpartei nach rücksichtsloser Offensive andre Motive zu
Grunde, als dem der friedensbedürftigen Bevölkerung. Ihrer Sache
war das Unterbleiben des Ausfalls, also der Widerstand gegen ihr
Drängen so günstig, als ein glücklicher oder unglücklicher Versuch.
Entweder wurde die Regierung diskreditiert, oder, sollte Trochu sich
durchschlagen, so gehörte Paris den Kommunisten.

Der Pessimismus gewann seit der Räumung des Mont Avront
dermaßen an Terrain, daß die Regierung den Zeitungen das Lo=
sungswort erteilte, das Bombardement als erfolglos und Paris

als noch für zwei bis drei Monate mit Lebensmitteln versehen darzustellen. Sie meldeten: „Das Bombardement der Pariser Ost= forts und der umliegenden Dörfer dauert seit dem 27. Dezember fort, ohne uns ernstliche Beschädigungen zuzufügen. Diese Beschä= digungen sind während der Nacht leicht wieder ausgebessert. Die Preußen schicken täglich ungefähr 4000 Bomben auf die Forts und bis jetzt (4. Januar abends) werden keine andern Punkte bombar= diert. Auf den Geist unserer Truppen hat das Bombardement durchaus keinen Eindruck gemacht." Das amtliche Blatt brachte die folgende Note:

„Wir wissen über die Bewegungen Chanzys und Faidherbes nichts Genaues, aber die Vorsicht, mit welcher die preußischen Blätter dieselben verheimlichen, kann uns nur ermutigen. Wir dürfen uns ohne Zweifel nicht in Chimären wiegen: wir stehen vor den ernstesten Gefahren, die eine Nation niederbeugen können. Indessen wir fühlen alle, daß unser republikanisches Frankreich sie überwinden muß. Paris hat das Beispiel gegeben, dem das Land in edler Weise nachstrebt. Paris will nicht unterliegen. Seine ganze Bevölkerung, mit den Männern, welche die ausgezeichnete Ehre genießen, ihre Verteidigung zu leiten, vollständig einig, stößt laut jeden Gedanken an Kapitulation zurück. Paris und die Re= gierung wollen kämpfen — darin liegt ihre Pflicht — und da das ganze Land rückhaltslos sich uns anschließt, so wird es, welche vorübergehende schwere Prüfung ihm auch auferlegt ist, sich nicht vor dem Feinde demütigen."

Am 5. Januar, wo die Preußen die Beschießung der Südforts eröffneten, fielen die Bomben zum ersten Male nach Paris hinein; Montrouge und Montparnasse, welche dicht an der Ringmauer liegen, waren die ersten Punkte, welche die preußischen Wurfgeschosse erhielten. Die Pariser liefen neugierig nach den getroffenen Stadt= teilen und lachten abermals über den „psychologischen Moment". Dieser schien übrigens richtig gewählt zu sein. Der Tag war grimmig kalt; es glatteiste und die Straßen waren fast nicht zu passieren; die Leute selbst der besseren Klasse froren in ihren Häusern, unfähig, Brennmaterial zu erhalten; die Bäcker hatten schon vor Mittag ihre Läden geschlossen, weil ihnen die Mehlvor= räte ausgegangen; Belleville, La Villette und die ärmeren Quar= tiere waren in einem Zustande unbeschreiblicher Gährung, reif für Unheil, indem sie glaubten, man sei am Ende der Vorräte. Die

Nachrichten aus den Provinzen waren schlecht, und die Regierung, so hieß es, war auf dem Punkte, sich zu teilen und von den Kommunisten gestürzt zu werden ... Und trotzalledem — wurde gelacht! Man machte sich lustig über das Feuer der deutschen Geschütze, und in demselben Augenblick wurde das „unschädliche Spiel" als eine fürchterliche und verruchte Freveltat der zivilisierten Welt denunziert. Man spottete des geringen Schadens und zählte voll Entrüstung die große Anzahl von Verheerungen auf. Die Gassenjungen trieben ihren Spott mit den unschuldigen Granaten, welche wirkungslos das Straßenpflaster trafen, und die Bevölkerung verließ in Karawanen die erreichten Stadtteile. Die Männer saßen in bombenfesten Weinstuben und klagten die preußische Grausamkeit an, welche ihre Frauen und Kinder auf den Straßen nicht verschonte. General Schmitz hatte den gefangenen deutschen Offizieren, die im Dezember bei ihm dinierten, erklärt, die Pariser wünschten nichts sehnlicher, als die baldige Eröffnung des Bombardements, und als dieses eintrat, protestierte die Regierung gegen diesen Akt der Barbarei. Am 6. früh ließ die Regierung eine Proklamation anschlagen, in welcher sie Akt nimmt von dem „barbarischen" Bombardement, „das nicht nur die Wälle unserer Stadt, sondern auch unsere Häuser, unsere Familien bedroht." Ferner garantierte sie die Widerstandskraft der Verteidiger der Forts und drückte die Hoffnung aus, daß die Pariser Bevölkerung „sich würdig zeigen werde der Loire-Armee und der Armee des Nordens, welche zu unserer Hilfe herbeieilen." Das offizielle Journal enthielt den folgenden militärischen Bericht des General Schmitz: „In der verflossenen Nacht hat der Feind ungefähr dreißig Schüsse in der Stunde gegen die Südforts, Montrouge und Bicêtre mit eingerechnet, abgefeuert; auf der Seite von Nogent hat er sein Feuer von 3 Uhr morgens an eingestellt, um es um 8 Uhr wieder lebhaft aufzunehmen. Von dieser Stunde an hat er auf der ganzen Linie das Feuer erneuert, ohne uns erheblichen Schaden zu bereiten. Die äußeren Batterien und die Ringmauern haben Teil an dem Kampfe genommen und kräftig die hartnäckigen Angriffe der feindlichen Artillerie ripostiert. Die in die Stadt in großer Anzahl gefallenen Wurfgeschosse haben gar keine Bestürzung hervorgerufen. Die Standhaftigkeit, die Ruhe der diesem heftigen Bombardement ausgesetzten Bevölkerung und Armee sind der Höhe der Situation angemessen, und das vom Feinde gebrauchte Einschüchterungsverfahren kann nur ihren Mut erhöhen. Jedermann begeistert sich durch die

Pflichten, welche das Vaterland den Verteidigern von Paris auf=
erlegt.

Paris, den 6. Januar 1871.   Abends.

Der Gouverneur von Paris.

Auf Befehl, der Generalchef des Generalstabs Schmitz."

Die Journale erzählten der Bevölkerung, daß die Preußen nur
bombardierten, weil ihnen selbst das Feuer auf den Fingern brenne;
sie müßten Paris schrecken, bevor die neuen französischen Heere
unter ihren jungen Offizieren ihnen das Handwerk legten; schon
hätten dieselben begonnen, die Invasion zurückzutreiben. Diese An=
nahme wurde durch eine Brieftaube bestätigt. In einer dritten,
von 7¹/₂ Uhr abends datierten Ausgabe war der „Electeur libre"
am 9. Januar, dank seinen Verbindungen mit Herrn Ernest Pi=
card, imstande, die Ankunft einer solchen anzukündigen. Sie trug
die Zahl 43; die letzte, welche ankam, hatte die Nummer 36. Sechs
Tauben waren daher entweder verloren gegangen, oder sie hatten
sich auf ihrem Wege aufgehalten. Die angelangte Taube war in
der Umgegend von Tours losgelassen worden. Der Abend war
der Entzifferung der Depesche gewidmet, was eine ziemlich lang=
wierige Arbeit war. Die Regierung verblieb in Permanenz und
nahm von dem Inhalt der Depeschen von Paragraph zu Paragraph
Kenntnis. Das „Journal officiel" veröffentlichte den Inhalt der=
selben. Die amtlichen Depeschen hatten eine unbestimmte Fassung.
Glücklicherweise war die Taube auch Trägerin einer anderen Depesche
an die Agentur Havas, welche die Lücken der ministeriellen De=
peschen ausfüllte. Noch kein Tag hatte eine solche Fülle guter
Nachrichten gebracht: daß Faidherbe bei Pont=Noyelles gesiegt, fer=
ner, daß sich Chanzy noch immer bei le Mans hielte und dem
Feinde starke Verluste beibrächte. Bourbaki stand in einer ausge=
zeichneten Position. Die Preußen hätten Nogent=le=Rotrou ge=
räumt, glänzendes Gefecht bei Nuits und hierbei erfolgter Tod des
Prinzen Wilhelm von Baden. Der Feind hätte 100000 Kranke,
und Belfort, auf acht Monate verpflegt, machte kräftige Ausfälle.
Große Aufregung der Bevölkerung des Elsaß, der Franche Comté
und von Lothringen gegen die Eindringlinge. Zerwürfnisse zwischen
den preußischen und den süddeutschen Truppen, Räumung Dijons
und anderer Städte von seiten der Preußen. Bedrohung der
Rückzugslinie des Feindes u. s. w. Die „Liberté" gab einige Tage
darauf folgende Charakteristik der Situation: „Nancy bedroht, Bel=

fort befreit, Baden besetzt; Hamburg im Begriff, bombardiert zu
werden. Dies ist Frankreichs Erwiderung auf das Bombardement
von Paris. Die Stunde ist gekommen. Die Preußen, die nicht mehr
wissen, wo hinaus, suchen Zuflucht in Paris. Dies ist ihre letzte Hoff=
nung, ihre letzte Zuflucht." Diese glückliche Lage der Dinge forderte
zu einem kräftigen Eingreifen der belagerten Armee in die Operationen
der herbeieilenden Hilfsarmee auf. Das „Siècle" brach in folgenden
Jubelschrei aus: „Endlich! Der Würfel ist geworfen! Paris er=
greift die Offensive, und eine scharfe Offensive. Mit den halben
Ausfällen à la Bazaine ist es aus; die große Periode der ent=
scheidenden Schlußaktion beginnt. Man hat beraten und abgestimmt
und unter der Pression des Volkes haben alle Chefs sich einig ge=
funden, und im Publikum hat jedermann geschworen, einen Ruhmes=
anteil an dem Unternehmen zu erringen. Bewunderungswürdige Be=
völkerung! Ha, wir haben nie an ihr gezweifelt, wir! Und wenn nun
das Vaterland gerettet ist, so wird das Vaterland den Kultus der
Tapferen, die gefallen, einrichten. Dies ist der dritte Sieg, den
die öffentliche Meinung feiert, wir sagen nicht, über Trochus Plan,
denn der ist beseitigt, sondern über jene Fraktion der Regierung,
die mit mehr oder weniger Ehrlichkeit vor den Schwierigkeiten eines
Ausfalles zurückschrak, und deren Plan, wäre er befolgt worden,
direkt zur Kapitulation und Schande geführt hätte. Dieser Sieg
ist der dritte, doch er kann noch nicht der letzte sein. Die öffent=
liche Meinung fordert noch andere Genugthuungen gebieterisch."

Das energische Vorgehen unterblieb, weil gerade auf dem Aus=
fallpunkte die Preußen sich in Massen zeigten, doch „die Festigkeit
der Pariser blieb auf der Höhe ihrer Vernunft," und „die Ruhe
von Paris wurde nur gestört durch das Krachen der preußischen
Wurfgeschosse." Die Blätter predigten: „Kombinierte Aktion, doch
keine leeren Versuche, denn von dem Heile der Pariser hängt Frank=
reichs Heil ab." Der Umstand, daß der Punkt, auf welchem man
den Durchbruch versuchen wollte, sehr stark von den Preußen besetzt
worden war, gab Anlaß zu neuen Gerüchten von Verrat. Trochu,
Ducrot, Vinoy und Schmitz allein hatten den Plan gekannt, von
ihnen allein konnte also der Feind den Angriffspunkt erfahren haben.
Da irgend jemand den Verrat begangen haben mußte, so war
man endlich glücklich einer Kammerfrau habhaft geworden, die aus
Preußen gebürtig, an den Kammerdiener eines Generalstabs=Offiziers
verheiratet, die nötigen Enthüllungen gemacht haben sollte. Diese
Ableitung des Verdachtes auf die Kammerfrau verfehlte indessen

ihren Zweck. Die Verräter wurden in einer höheren Sphäre ge=
sucht, so daß General Trochu es für notwendig hielt, mit einer
öffentlichen Erklärung im „Journal officiel" jenen verleumberischen
Verdächtigungen entgegenzutreten, die gegen mehrere seiner Offiziere,
insbesondere aber gegen General Schmitz gerichtet waren.

Die Anarchisten oder Kommunisten schienen, nachdem die
anständigeren Leute die Opposition gegen die Regierung in die
Hand genommen, fast zurückgedrängt; doch sie waren ebenso un=
ruhig wie zuvor. Am 6. fand wieder eine Demonstration der
„Roten" vor dem Stadthause statt. Am 6. abends wurden in
den Klubs die Redner, welche einen Aufstand der Kommune pre=
digten, von der Nationalgarde festgenommen; man hatte vorgehabt,
durch einen Maueranschlag die falsche Nachricht zu verbreiten, Favre
und Trochu hätten wegen Zwistigkeiten abgedankt. Trotzdem er=
schienen wiederholt rote Affichen an den Straßenecken, worin offene
Insurrektion gepredigt und angezeigt wurde, daß Jules Favre und
Trochu ihre Demission gegeben hätten. Eine solche Affiche, unter=
zeichnet von sozialistischen Namen ohne Klang — es war weder
Pyat, noch Delescluze, noch Ledru-Rollin darunter — welche dem
Gouvernement ein wahres Sündenregister vorhielt, ward von den
Ecken entfernt und durch folgende Antwort des Generals Trochu
ersetzt: „Im Augenblicke, wo der Feind seine Anstrengungen ver=
doppelt, um uns einzuschüchtern, sucht man die Bürger von Paris
durch Fälschungen und Verleumbungen irre zu leiten. Man beutet
unsere Leiden und Opfer zu Ungunsten der Verteidigung aus.
Dennoch wird nichts uns vermögen können, die Waffen aus den
Händen zu legen. Mut, Vertrauen, Patriotismus! Der Gouver=
neur von Paris wird nicht kapitulieren, gez. Trochu." Weder
solche Proklamationen noch die zahlreichen Verhaftungen von Rädels=
führern hinderten die erneuerten Versuche von Emeuten, noch
weniger zähmten sie die Sprache der Klubs.

In einer Sitzung, die der Klub „Reine Blanche" am Mont=
martre den 9. hielt, nahm während der Verhandlung plötzlich der
Geschützdonner zu. „Bürger," rief der Redner, welcher sich gerade
auf der Tribüne befand, „sollte nicht die Sprache der Kanonen
uns das Gefühl unsrer Lage zurückrufen? Ein Blatt, welches eines
Übermaßes an Liebe für die republikanische Regierung nicht ver=
dächtig ist, das „Siècle", erklärte gestern, daß wir nur noch für
vierzehn Tage Brot hätten. Was bedeutet das, Bürger? Das
bedeutet, daß wir noch vor vierzehn Tagen an die Preußen aus=

geliefert werden, wenn wir uns nicht selber retten, indem wir die Kommune proklamieren. Wollt Ihr Euch den Preußen ausliefern lassen? (Nein! Nein! Niemals!) Nun wohlan, dann proklamieren wir die Kommune; wir haben nicht einen Tag, nicht eine Stunde zu verlieren. Man spricht uns von Wahlen, von allgemeinem Stimmrecht. Handelt es sich darum etwa heute? Das allgemeine Stimmrecht mag gut sein, wenn Frankreich aufgehört haben wird, durch die Petits-pères erzogen zu werden, wenn alle Welt unentgeltlichen, obligatorischen Unterricht empfangen haben wird; aber in der gegenwärtigen Stunde kann nur die revolutionäre Kommune uns retten." (So ist es!) — Der Vorsitzende machte darauf der Versammlung von einer Anzahl „vermischter Nachrichten" Mitteilung: 1) Der Bürger Jaclard ist in Freiheit gesetzt, aber mehrere andere Bürger sind verhaftet worden, insbesondere zur Ausgleichung der der Versammlung wohlbekannte Bürger Dupont (Murren). 2) General Prim ist von einer rächenden Kugel getötet worden. (Das ist ein gutes Exempel!) 3) Im Louvre ist von mehreren Generalen ein Kriegsrat abgehalten worden; es war auch ein als General verkleideter Pfarrer darunter. (Gelächter.) Am nächsten Tage waren die Preußen wie gewöhnlich von dem Ergebnis der Beratungen genau unterrichtet. (Murren.) Nachdem ein letzter Redner die Ohnmacht der Männer auf dem Stadthause, die Unfähigkeit und Unthätigkeit der militärischen Leitung konstatiert hatte, rief er: „Wenn sie fortfahren, uns von den Preußen bombardieren zu lassen, werden wir sie im Stadthause bombardieren" (Beifall). Unter dem Rufe: „Es lebe die Kommune!" wurde die Sitzung aufgehoben.

Im Saale Valentino herrschte ein anderer Geist. Herr Ratisbonne vom „Journal des Debats" war dort einer der Vorsitzenden. Von demagogischen Reden kam daher wenig vor. Nichtsdestoweniger ereignete sich am 10. Januar folgendes:

Es erschien ein Abgesandter der Klubs der Montagnards, der Bürger Sans, welcher die „Kommune" zu verteidigen bestrebt war, und dessen Auftreten allgemeine Aufmerksamkeit erregte, weil derselbe in den sozialistischen Versammlungen sich bereits eine gewisse Volkstümlichkeit erworben hatte. Der Bürger Sans führte im Klub Valentino natürlich nicht die nämliche Sprache, wie am Boulevard de Strasbourg. Er zeigte sich von sehr versöhnlichen Gesinnungen beseelt und seine Definition der „Kommune" würde seine Montagnards wohl schwerlich befriedigt haben. „Was wollen, so fragte er, die Bürger, welche die Kommune verlangen? Eines

14*

Tages sind sie nach dem Stadthause gezogen und beim Anblick der
von Arbeitslast erdrückten Mitglieder der Regierung haben sie sich
gesagt: Das sind sehr beschäftigte und mit Arbeit schrecklich über-
lastete Leute; es ist patriotisch, ihnen diese Last zu erleichtern.
Was scheidet uns also? Nichts als der Abstand einer Interpretation.
Thue ein jeder einen Schritt und wir werden uns begegnen. Die Versammlung nahm die entgegenkommenden Schritte des Bürgers Sans
sehr gut auf und sie wollte sich eben unter Beifallsrufen trennen,
als Herr Ratisbonne das Wort verlangte, um über eine Sitzung
der Montagnards zu berichten, welcher er beigewohnt hatte. „Ist
General Trochu ein Schwachsinniger oder ein Verräter?" Das
war die Frage, welche dort zur Diskussion stand. Man entschied,
daß er beides sei. Da der Bürger Sans angekündigt hätte, er
wisse aus sicherster Quelle, daß der Ausfall, den er ironisch den
„großen Fla=fla" nannte, an dem und dem Tage stattfinden würde,
hätte Ratisbonne nicht umhin gekonnt, ihn zu unterbrechen. Auf
die Tribüne gerufen, hätte er erklärt, daß, wenn der Bürger Sans
in der That von dem Tage des Ausfalls unterrichtet sei, die Thatsache dieser Erklärung in einer öffentlichen Versammlung eine
schlechte Handlung wäre. Heftig unterbrochen, hätte Ratisbonne
sich genötigt gesehen, die Tribüne unter einem Kreuzfeuer von
Schimpfworten zu verlassen, worunter sich auch der Ruf „Kapuziner"
befand. Dieser Bericht trug sehr zur Erheiterung der Versammlung
im Saale Valentino bei. Am folgenden Tag herrschte dort große
Aufregung wegen des den ganzen Tag hindurch in Paris um-
laufenden Gerüchtes von dem Verrate und der Verhaftung des
General Schmitz. Dieses Gerücht wurde indessen vom Vorsitzenden
des Klubs, Herrn Brignault, sehr energisch dementiert.

Eine große Erquickung brachte den Parisern in den ersten
Tagen der Beschießung der Stadt der Umschlag der Witterung.
Die Temperatur stieg vom 5. bis zum 7. Januar von 9 Grad
Kälte auf 7 Grad Wärme. Das Terrain, welches die Geschosse
bereits in ihren Bereich zogen, dehnte sich in der folgenden Weise
aus: Am 6. erreichten die Bomben die Sternwarte, den Luxembourg
und Auteuil, letzteres zwischen der Seine und dem Boulogner Gehölz. Die Kirche St. Sulpice, die ungefähr fünf Minuten weiter
hin nach der Seine liegt als der Luxembourg, wurde ebenfalls erreicht, sowie das Pantheon und die Rue Soufflot. Die meisten
Bomben waren auf das Pantheon gerichtet, wo Frauen zu Hunderten und Männer zu Zwanzigen um Rettung der Stadt zur

Sainte Géneviève flehten, die schon während der ganzen Belagerung vergebens angerufen war. Vom 7. wurde gemeldet: „Viele Bomben beschädigten die Häuser äußerlich, ohne besonderen Schaden anzurichten. Eine grub sich in der Rue Gay-Lussac so tief in den Boden, daß, als man die Erde sechs Fuß tief aufgewühlt hatte, sie noch nicht aufgefunden worden war. In der Rue d'Enfer schlug eine Bombe vor dem Hause eines Weinwirtes ein und verwundete mehrere Personen ziemlich schwer. In derselben Straße drang eine Kugel durch den ersten Stock hindurch; die Erschütterung war so stark, daß alle Möbel in der Wohnung buchstäblich in Stücke zerschlagen wurden. Eine Bombe, die in den Luxembourg-Garten fiel, grub sich in den Boden, machte dann einen neuen Sprung von 60 Fuß, riß drei Pflastersteine mit sich fort, zersprang und verwundete schwer zwei Damen, Mutter und Tochter. In der Rue St.-Jacques zerschmetterte eine Bombe eine vier Stockwerke hohe Mauer, zerplatzte dann auf dem Pflaster und die Stücke zertrümmerten die Läden und Fenster von sechs Häusern. In der Rue de Vanves schlug eine Kugel in den zweiten Stock eines Hauses ein, ging durch die Wohnung hindurch und zerplatzte in dem Zimmer des Nachbarhauses, wo sich eine Frau und ihre zwei Töchter befanden, ohne jedoch dieselben zu treffen. Auf dem Boulevard Pont Royal drang eine Bombe in die Wohnung eines Schneiders zwischen den Wiegen von zwei Kindern ein und zerplatzte im Zimmer. Die Mutter stürzte herbei; sie glaubte nur noch Leichen zu finden, aber nur eines der Kinder hatte eine leichte Verletzung erhalten. Im Faubourg St. Jacques fiel des Nachts um 2 Uhr eine Bombe in einen Entresol. Sie traf das Bett, in welchem jemand schlief, ließ diesen unverletzt und schlug in den darunterliegenden Laden ein, wo sie alles vernichtete. Die „Correspondence-Havas" aus Paris vom 8. Januar berichtete: „Die Preußen schicken uns täglich ungefähr 20000 Kugeln, wovon 400 bis 500 in der Enceinte von Paris, besonders in Montrouge, Vaugirard, Grenelle, Auteuil und Point du Jour niederfallen. Diese Bomben haben 22 Zentimeter im Durchmesser, 65 Zentimeter Höhe und ein Gewicht von 80 Kilo. Die äußersten Punkte, welche bisher getroffen wurden, sind die Rue Soufflot, Rue Vanneau und die Avenue Breteuil bei den Invaliden. Die einzelnen Wirkungen stehen keineswegs im Verhältnis mit den ungeheuren Dimensionen der Geschosse und der entsetzlichen Verschwendung, welche die preußische Artillerie treibt. Es regnet fortwährend Bomben auf den

Faubourg St. Germain. An diesem Morgen 6 Uhr fielen vier
Stück in die Rue Madame, drei auf die Chaussee vor den Häusern
37 und 19 und auf die Schriftgießerei von Rene Nr. 30. Die
letztere Bombe riß mehrere Planken los und verheerte das Innere
der Lokale. Diese vier Wurfgeschosse waren von sehr starkem Kaliber. Zwei Bomben fielen in den Garten der Dames Répara-
trices des heiligen Sakramentes, Rue Gay-Lussac, ohne Schaden zu
verursachen. Eine andere Bombe platzte auf dem Pflaster der Rue
St. Jacques bei der Taubstummenanstalt um 10 Uhr, in dem
Momente, wo die Leute aus der Messe der Kirche St. Jacques
gingen. Um 11 Uhr fiel eine Bombe in den Garten des Luxembourg, wühlte sich in die Erde ein, während sie eine kreisförmige
Bewegung machte, und that keinen Schaden. In den Umgebungen
des Luxembourg kamen einige materielle Schäden vor. Die Mauer
des Hauses Nr. 140 auf dem Boulevard St. Michel wurde in der
Höhe des dritten Stockes vollständig durchbrochen und man sieht
daselbst eine klaffende Lücke von einem Meter Länge. An der Ecke
der Rue St. Jacques und des Boulevard Port Royal wurde eine
Fassade von gehauenen Steinen zertrümmert. Die Bewohner der
von den Kugeln des Bombardements bedrohten Stadtteile wandern
teilweise aus und werden in den Häusern der abwesenden Bewohner
und in leer stehenden Lokalen untergebracht."

In der Nacht vom 8. zum 9. war das Bombardement von
außerordentlicher Intensität. Man berechnete, daß in dieser Nacht
2000 Granaten in das Quartier des Jardin des Plantes, des
Luxembourg, nach Montrouge, Vaugirard, Grenelle und Auteuil
fielen. Sie reichten bis zum Odeon, der Rue Grenelle, St. Germain und den Invaliden. Eine ziemlich große Anzahl von Weibern
und Kindern wurde getötet. Der größte Teil der Kaufläden blieb
in den vom Bombardement betroffenen Stadtteilen geschlossen, und
man konnte zahlreichen Möbelwagen, Karren und sonstigem Gefährt
begegnen, welche sämtlich mit Effekten derjenigen Einwohner bepackt
waren, die sich in die von den Geschossen weniger bedrohten Stadtteile flüchteten. Ein anderer Teil der Einwohner hielt jedoch in
seinen Wohnungen aus und flüchtete sich mit den kostbarsten Gegenständen in die Keller. Dasjenige Projektil, welches am weitesten
geflogen war, explodierte in der Rue du Faubourg St. Germain,
nachdem es den Platz St. Sulpice durchflogen hatte. Während das
Bombardement insbesondere im Quartier latin immer noch verlacht
wurde, veröffentlichte der Direktor des Museums des „Jardin des

Plantes" folgende Protestation: „Der durch Edikt des Königs Lud=
wig XIII. vom 3. Januar 1636 gegründete „Jardin des Plantes
mébicales", der am 23. Mai 1794 das „Musée d'histoire naturelle"
geworden ist, wurde in der Nacht vom 8. auf den 9. Januar 1871
unter der Regierung Wilhelm I., Königs von Preußen, als Graf
von Bismarck Kanzler war, von der preußischen Armee bombardiert.
Bis dahin war er von allen Parteien und von allen nationalen
und fremden Regierungen respektiert worden. Paris, 9. Januar
1871. E. Chevreul." Die Ärzte des Hospitals Charité erließen
ebenfalls eine Protestation. Sie lautete: „Die Unterzeichneten,
Ärzte des Hospitals Charité, protestieren gegen das Bombardement,
dessen Zielpunkt diese Anstalt war. Acht Bomben sind auf unser
Hospital gefallen, welches 800 Kranke und Verwundete, Bürgerliche
und Militärs, in sich schließt. Mehrere andere Wurfgeschosse zer=
platzten in seiner nächsten Nähe. Dr. Lannelongue u. s. w." Ähn=
liche Proteste folgten, wie der des Hospitals Enfant Jésus u. s. w.
Die Ärzte der Salpetrière drückten ihre Entrüstung in den folgenden
Worten aus: „Die Salpetrière ist ein Hospiz, in welchem in nor=
malen Zeiten aufgenommen werden: 1) mehr als 3000 alte und
gebrechliche Frauen, und jetzt bei dieser schmerzlichen Zeit die Be=
wohner des Asyls von Ivry und 300 unserer Verwundeten. Das
ist eine Vereinigung von Leiden, welche Respekt hervorrufen und
anbefehlen; aber der Feind, der uns jetzt bekämpft, respektiert nichts.
In der Nacht vom Sonntag auf Montag, vom 9. auf den 10. Ja=
nuar hat er die Spitäler des linken Ufers, die Salpetrière, die
Pitié, die Enfants=Malades, Val=de=Grace und die Schuppen der
Ambulancen zu seinem Ziele ausgesucht. In die Salpetrière haben
wir mehr als 15 Bomben einfallen sehen. Deren sehr hohe Kuppel
ist mit der internationalen Fahne geschmückt; dasselbe ist bei der
Kuppel des Val=de=Grace der Fall. Es ist dies ein scheußlicher
Akt, gegen welchen die unterzeichneten Ärzte protestieren und welchen
man der Verachtung unseres Jahrhunderts und der künftigen Gene=
rationen signalisieren muß. Die Doktoren Cruveilhier, Chirurg en
Chef der Salpetrière" u. s. w. Die Akademie beschloß, den oben
mitgeteilten Protest des Herrn Chevreul an der Spitze ihrer
Sitzungsberichte drucken zu lassen, und das Professorenkollegium
des Museums entschied, in der Gallerie der Anstalt ein Denkmal
errichten zu lassen, welches von den eingedrungenen Geschossen um=
geben den Protest des Direktors als Inschrift tragen sollte.

Die Regierung schickte eine Proklamation, in der sie gegen das

Bombardement protestierte, an ihre Delegation nach Bordeaux, um
sie in allen Gemeinden anschlagen zu lassen und dadurch zum
„Kriege bis zum Äußersten" aufzumuntern. Diese Proklamation
sagte: „Wir zeigen den europäischen Kabinetten, der öffentlichen
Meinung der Welt die Behandlung an, welche die preußische Armee
sich nicht scheut, der Stadt Paris anzuthun. Es sind nun bald
vier Monate, daß sie diese große Hauptstadt umschließt und ihre
zwei Millionen vierhunderttausend Bewohner gefangen hält. Sie
hat sich geschmeichelt, sie in wenigen Tagen zu bezwingen.

„Sie rechnete auf den Aufruhr und die Entmutigung. Diese
Hilfen schlugen fehl; so hat sie denn die Hungersnot zu Hilfe gerufen. Da sie die Belagerten ohne Armee, ohne Unterstützung und
sogar ohne organisierte Nationalgarde überrascht hatte, so konnte
sie dieselben gemächlich mit furchtbaren Arbeiten, gespickt mit Batterien, die den Tod auf acht Kilometer schleudern, umschließen. Hinter
diesem Wall verschanzt hat die preußische Armee die Vorstöße der
Besatzung zurückgeschlagen und dann einige Forts zu bombardieren
angefangen. Paris ist fest geblieben. Darauf nun hat die preußische
Armee ohne vorhergehende Anzeige enorme Geschosse gegen die
Stadt gerichtet, mit denen ihre furchtbaren Feuerschlünde ihr gestatten, aus zwei Meilen Entfernung sie zu überschütten. Seit
vier Tagen ist diese Gewaltthat im Gange. In voriger Nacht
haben mehr als 2000 Bomben die Quartiere Montrouge, Grenelle,
Auteuil, Passy, Saint Jacques und Saint Germain beschossen.
Es scheint, als seien sie mit Lust auf die Hospitäler, Ambulancen,
Gefängnisse, Schulen und Kirchen gerichtet worden. Kinder und
Frauen sind in ihren Betten zermalmt worden. Im Val de Grace
wurde ein Kranker auf der Stelle getötet; mehrere wurden verwundet. Diese harmlosen Opfer sind zahlreich, und kein Mittel
ist ihnen gewährt, sich gegen diesen unerwarteten Angriff zu schützen.
Die Moralgesetze verurteilen einen solchen laut, sie qualifizieren als
Verbrechen den Tod, der außerhalb der grausamen Notwendigkeiten
des Krieges gegeben wird. Nun haben solche niemals die Beschießung von Privatgebäuden entschuldigt. Die Hinmordung der
friedlichen Bürger, die Zerstörung von gastlichen Zufluchtsstätten
für das Leiden und die Schwäche, haben stets vor der Gewalt
Gnade gefunden und wenn sie dieselbe nicht entwaffnet, so haben
sie sie entehrt. Die militärischen Regeln stimmen mit diesen großen
Prinzipien der Humanität überein. Es ist Gebrauch, sagt der be-
währteste Schriftsteller in diesem Fache, daß der Belagerer, sobald

ihm dies möglich ist, seine Absicht anzeigt, den Platz zu bombar=
dieren, damit die Nichtkämpfenden, die Frauen und Kinder sich ent=
fernen und für ihre Sicherheit sorgen können. Es kann indessen
nötig sein, den Feind zu überraschen, um schnell die Position zu
nehmen, und in diesem Falle wird die Nichtankündigung des Bom=
bardements keine Verletzung der Kriegsgesetze enthalten. Der Aus=
leger dieses Textes fügt hinzu: Dieser Gebrauch knüpft sich an die
Gesetze des Krieges, der ein Kampf zwischen zwei Staaten, nicht
zwischen Privaten ist.

„Übet so viel Schonung wie möglich gegen diese letzteren, das
ist der unterscheidende Charakter des zivilisierten Krieges. So er=
klärt man denn auch, um die großen Zentren der Bevölkerung
gegen die Gefahren des Krieges zu schützen, dieselben am häufigsten
für „offene Städte". Die Menschlichkeit erheischt, daß die Bewohner
zuvor von dem Anfang der Eröffnung des Feuers in Kenntnis ge=
setzt werden, wenn immer die militärischen Operationen dies ge=
statten. Hier ist der Zweifel nicht möglich. Das Paris auferlegte
Bombardement ist nicht die Einleitung einer militärischen Aktion,
es ist eine kalt überlegte Verheerung, systematisch ausgeführt, und
hat keinen andern Zweck, als mittelst Mord und Brand Schrecken
in die bürgerliche Bevölkerung zu schleudern. Preußen ist es, dem
diese nicht näher zu bezeichnende Unternehmung auf die Hauptstadt,
die ihm so viele Male ihre gastlichen Mauern eröffnet hat, vorbe=
halten war. Die Regierung der nationalen Verteidigung protestiert
laut angesichts der zivilisierten Welt gegen diesen Akt nutzloser
Barbarei und schließt sich von Herzen den Gefühlen der entrüsteten
Bevölkerung an, die, weit entfernt, sich durch diese Gewaltthat
niederschlagen zu lassen, daraus eine neue Kraft schöpft, um den
Schimpf der fremden Invasion zu bekämpfen und zurückzuschlagen."

Der Umstand, daß Lazarette von den preußischen Kugeln ge=
troffen wurden, führte zu dem folgenden Schriftwechsel:

General Trochu an Graf Moltke:

Seitdem das deutsche Heer das Feuer seiner Batterien im
Süden von Paris eröffnet hat, hat eine große Anzahl Bomben
Krankenhäuser und Hospitäler (folgt die Namensnennung) erreicht.
Die Genauigkeit des Schusses und die Ausdauer, mit welcher die
Wurfgeschosse unter einer beständigen Neigung ihr Ziel erreichen,
gestatten nicht, dem Zufall die Schüsse beizumessen, welche die Frauen,
Kinder, Unheilbaren, Verwundeten oder Kranken in den Kranken=
häusern treffen. Der Gouverneur von Paris erklärt hierdurch feier=

lich dem Herrn Generalſtabschef, Graf Moltke, daß keines der
Pariſer Hoſpitäler ſeiner bisherigen Beſtimmung entzogen iſt. Er
iſt alſo überzeugt, daß, in Gemäßheit der internationalen Verträge
wie der Geſetze der Sittlichkeit und Menſchlichkeit, die preußiſche
Behörde Befehle erteilen werde, damit jenen Zufluchtsſtätten die
Achtung vor den Flaggen geſichert werde, welche auf ihren Spitzen
flattern.

Paris, 11. Januar 1871.   General Trochu.

Graf Moltke an General Trochu:

Der Chef des Generalſtabes der deutſchen Armeen proteſtiert
entſchieden gegen die Vorausſetzung, daß von den diesſeitigen Batterien die Hoſpitäler zum Ziele genommen worden ſeien. Die Humanität, mit der die deutſchen Armeen den Krieg geführt haben, ſo-
weit der Charakter, welcher franzöſiſcherſeits demſelben ſeit dem
4. September gegeben worden, es zuließ, ſichert hinlänglich gegen
jeden derartigen Verdacht. Sobald klare Luft und kürzere Entfernungen geſtatten, die Kuppeln und Gebäude, welche durch weiße
Fahnen mit dem roten Kreuz bezeichnet ſind, zu erkennen, wird es
möglich ſein, auch die zufälligen Beſchädigungen zu vermeiden.

H.-Qu. Verſailles, 15. Januar 1871.
gez. Graf Moltke.

Es ſcheint, daß das Schreiben des Generals Trochu nicht durch
einen Parlamentär dem Grafen Moltke überbracht wurde, da die
Miſſion eines ſolchen am 11. Januar an der Sèvres-Brücke ſchei-
terte, ſondern daß erſt ein Artikel des „Journal officiel,“ in welchem
jenes Schreiben reproduziert wurde, den Grafen Moltke mit demſelben bekannt machte. Das amtliche Blatt ſchrieb am 14., indem
es den Brief mitteilte:

„Der Kapitän d'Hériſſon, Träger dieſer Erklärung, begab ſich
um Mittag mit der parlamentariſchen Fahne nach der Sèvres-
Brücke. Nach dem üblichen Blaſen wurde die weiße Fahne ebenfalls vom Feinde aufgezogen; aber kein preußiſcher Offizier ſtellte
ſich ein, und die preußiſche Batterie zu Betreuil ſchoß fortwähre
in der Richtung von Point du Jour. Nach einer halben Stunde
zog der Feind ſeine weiße Fahne wieder ein. Der Kapitän
d'Hériſſon ließ noch mehreremal blaſen, damit das Feuer eingeſtellt
werde, man antwortete ihm nicht mehr. Die Schildwachen begannen ſogar auf ihn und den Kommandanten Mutel zu ſchießen,

und er war genötigt, sich zurückzuziehen, ohne seine Mission erfüllen zu können."

Die Mitglieder des diplomatischen Korps protestierten in der
folgenden Weise gegen das Unterlassen der Anzeige des Bombardements:

„Herr Graf! Seit mehreren Tagen sind Bomben in großer
Anzahl, welche aus den von den Belagerungstruppen besetzten Lo-
kalitäten kamen, bis in das Innere der Stadt Paris gedrungen.
Frauen, Kinder und Kranke wurden von denselben getroffen. Unter
den Opfern gehören mehrere den neutralen Staaten an. Das
Leben und das Eigentum der in Paris ansässigen Personen aller
Nationalitäten ist fortwährend in Gefahr. Diese Thatsachen haben
sich ereignet, ohne daß die Unterzeichneten, die zum größten Teile
nur die Mission haben, über die Sicherheit und die Interessen ihrer
Landesangehörigen zu wachen, durch eine dem Bombardement
vorausgehende Ankündigung in den Stand gesetzt wurden, diese
gegen die Gefahren zu schützen, von denen sie bedroht sind, und
denen sich zu entziehen sie durch von ihrem Willen unabhängige
Gründe, namentlich durch die Schwierigkeiten, welche die Kriegführenden ihrer Abreise entgegenstellten, verhindert wurden. Angesichts von Ereignissen, die einen so ernsten Charakter haben, erach-
teten die Mitglieder des diplomatischen Korps, denen sich in
Abwesenheit ihrer resp. Botschafter und Legationen die unterzeichneten Mitglieder des Konsular-Korps angeschlossen haben, es in
dem Gefühle ihrer Pflichten gegen ihre Landesangehörigen für
nötig, sich über die zu nehmenden Beschlüsse zu verständigen. Diese
Beratungen haben die Unterzeichneten zu dem einstimmigen Beschluß
geführt, zu verlangen, daß den anerkannten Prinzipien und Gebräuchen des Völkerrechtes gemäß Maßregeln ergriffen werden,
welche ihren Landesangehörigen gestatten, sich und ihr Eigentum in
Schutz zu bringen."

Graf Bismarck, der schon einmal das Verlangen der in Paris
eingeschlossenen fremden Diplomaten, jede Woche einen Kurier mit
Depeschen an ihre Regierungen abzusenden, gebührend zurückgewiesen, antwortete jetzt: „Ich bedaure, mich nicht überzeugen zu
können, daß die Reklamation, welche an mich zu richten die Herren
Unterzeichner mir die Ehre erwiesen haben, in dem Völkerrechte
ihre Begründung findet. Die ungewöhnliche, in der neueren Geschichte einzig dastehende Maßregel, die Hauptstadt eines großen
Landes in eine Festung und ihre Umgebung mit fast 3 Millionen

Bewohnern in ein verschanztes Lager zu verwandeln, hat allerdings
für die letzteren ungewöhnliche und sehr bedauernswerte Zustände
zur Folge gehabt. Dieselben sind von denen zu verantworten,
welche diese Hauptstadt und ihre Umgebung zur Festung und zum
Schlachtfelde gewählt haben, in jener Festung aber von denen zu
tragen, welche in einer solchen freiwillig ihren Wohnsitz nehmen
und im Kriege beibehalten. Paris ist die wichtigste Festung des
Landes, und Frankreich hat in derselben seine Hauptheere gesam=
melt; diese greifen aus ihrer festen Stellung inmitten der Bevölkerung
von Paris durch Ausfälle und Geschützfeuer die deutschen Heere an.
Angesichts dieser Thatsachen kann den deutschen Heerführern nicht
zugemutet werden, auf den Angriff der Festung Paris zu verzichten
oder denselben in einer Weise zu führen, welcher mit dem Zwecke
jeder Belagerung unverträglich wäre. Was geschehen konnte, um
den unbewaffneten neutralen Teil der Pariser Bevölkerung vor den
Nachteilen und Gefahren der Belagerung zu bewahren, das ist von
deutscher Seite geschehen. Durch ein Zirkular des Staatssekretärs
Herrn von Thile vom 26. September v. J. wurden die in Berlin
beglaubigten Gesandten und durch mein Schreiben vom 10. Oktober
wurden Seine Eminenz der päpstliche Nuntius und die übrigen
damals noch in Paris verweilenden Mitglieder des diplomatischen
Korps daran erinnert, daß die Einwohner von Paris fortan dem
Gange der militärischen Ereignisse unterworfen seien. In einem
zweiten Zirkular vom 4. Oktober wurde auf die Folgen hinge=
wiesen, welche für die Zivilbevölkerung aus einem aufs äußerste fort=
gesetzten Widerstande erwachsen müßten; und den Inhalt dieses
Zirkulars habe ich unter dem 29. desselben Monats dem Herrn
Gesandten der Vereinigten Staaten in Paris mit dem Ersuchen
mitgeteilt, den übrigen Mitgliedern des diplomatischen Korps davon
Kenntnis zu geben. Es hat also an vorgängiger Warnung, an
Aufforderung, die belagerte Stadt zu verlassen, den Neutralen
nicht gefehlt, obwohl der Erlaß solcher Warnungen und die Ge=
stattung der Entfernung wohl von humanem Gefühl und von
Rücksicht auf die Angehörigen neutraler und befreundeter Staaten,
aber keineswegs durch einen Satz des Völkerrechts diktiert sind.
Noch weniger ist durch Gesetz oder Gewohnheit die Verpflichtung
begründet, den Belagerten von den einzelnen militärischen Opera=
tionen, zu denen die Belagerung fortschreitet, vorher Anzeige zu
machen, wie ich schon mit Bezug auf das Bombardement in meinem
an Herrn J. Favre gerichteten Schreiben vom 26. September v. J.

zu konstatieren die Ehre gehabt habe. Daß bei fortgesetztem Wider=
stande eine Beschießung der Stadt erfolgen werde, darauf mußte
man gefaßt sein. Obwohl er kein Beispiel einer befestigten Stadt
mit so großen Heeren und Kriegsmitteln wie Paris vor Augen
hatte, bezeugt Vattel: Détruire une ville par les bombes et les
boulets rouges est d'une extrémité à laquelle on ne se porte
pas sans de grandes raisons. Mais elle est autorisée cependant
par les lois de la guerre, lorsqu'on n'est pas en état de réduire
autrement une place importante de laquelle peut dépendre le
succès de la guerre ou qui sert à nous porter des coups dan=
gereux. Gegen die Beschießung von Paris ist ein rechtsbegründeter
Einwand um so weniger zu erheben, als es nicht unsere Absicht
ist, die Stadt, wie Vattel es zulässig hält, zu zerstören, sondern
nur die feste zentrale Stelle unhaltbar zu machen, in welcher die
französischen Armeen ihre Angriffe auf die deutschen Truppen vor=
bereiten und nach deren Ausführung Deckung finden. Ich erlaube
mir endlich, Ew. u. s. w. und die übrigen Herren Unterzeichner
des geehrten Schreibens vom 13. d. M. daran zu erinnern, daß
nach den oben erwähnten diesseitigen Ankündigungen und War=
nungen Monate lang alle Neutrale, die es wünschten, ohne weitere
Bedingung als die Feststellung ihrer Identität und Nationalität
durch unsere Linien gelassen wurden, und daß bis zum heutigen
Tage nicht allein den Mitgliedern des diplomatischen Korps, son=
dern auch anderen Neutralen, wenn sie von ihren Regierungen
resp. Gesandten reklamiert wurden, Passierscheine bei unseren Vor=
posten zur Verfügung gestellt worden sind. Viele der Herren
Unterzeichner des Schreibens vom 13. sind seit Monaten von uns
benachrichtigt, daß sie unsere Linien passieren können, und sie sind
seit lange im Besitze der Erlaubnis ihrer Regierungen, Paris zu
verlassen. In analoger Lage befinden sich Hunderte von Ange=
hörigen neutraler Staaten, deren Herauslassung durch ihre Ge=
sandten bei uns beantragt wurde. Weshalb dieselben von der
Ermächtigung, die sie seit so langer Zeit besitzen, keinen Gebrauch
machten, darüber fehlen amtliche Nachrichten. Aus glaubwürdigen
Privatmitteilungen darf ich aber schließen, daß die französischen
Behörden seit längerer Zeit den Angehörigen neutraler Staaten,
auch den Diplomaten derselben, nicht gestatten, Paris zu verlassen.
Wenn dies der Fall ist, so würde es sich empfehlen, daß die zum
Verbleiben in Paris Gezwungenen ihre Proteste bei den dortigen
Machthabern anbringen. In jedem Falle bin ich nach dem Vor=

stehenden berechtigt, die Annahme in dem Schreiben vom 13. b. Mts.,
daß die Neutralen ont été empêchés de se soustraire au danger
par les difficultés opposées à leur départ par les belligérants,
rücksichtlich der deutschen Heerführung zurückzuweisen. Die den
Mitgliedern des diplomatischen Korps erteilte Ermächtigung werden
wir als eine Sache internationaler Kourtoisie aufrecht erhalten, so
schwierig und störend auch die Ausführung in dem gegenwärtigen
Stadium der Belagerung werden muß. Ihre zahlreichen Lands=
leute den von der Belagerung einer Festung unzertrennlichen Ge=
fahren zu entziehen, habe ich gegenwärtig zu meinem Bedauern
kein anderes Mittel mehr, als die Übergabe von Paris. Wir be=
finden uns in der traurigen Notwendigkeit, die militärische Aktion
nicht unserem Mitgefühl für die Leiden der Zivilbevölkerung von
Paris unterordnen zu können; unser Verfahren ist uns streng vor=
gezeichnet durch das Gebot des Krieges und die Pflicht, die deutschen
Heere gegen neue Angriffe der Pariser Armee zu sichern. Daß
die deutsche Artillerie nicht absichtlich auf Gebäude schießt, welche
zum Aufenthalt von Frauen, Kindern und Kranken bestimmt sind,
braucht kaum versichert zu werden, bei der Gewissenhaftigkeit, mit
welcher unsererseits die Genfer Konvention auch unter den schwie=
rigsten Verhältnissen beobachtet worden ist. Wegen der Bauart
der Festung und der Entfernung, aus der die Batterien jetzt noch
feuern, ist eine zufällige Beschädigung solcher Gebäude schwer zu
verhüten, gleichwie die Verwundung und Tötung nicht militärischer
Personen, welche bei jeder Belagerung zu beklagen sind. Daß die
peinlichen und von uns lebhaft beklagten Vorfälle in einer Stadt
wie Paris in größerem Maßstabe als in anderen Festungen mit
einer Belagerung verbunden sein müssen, hätte von der Befestigung
oder von hartnäckiger Verteidigung derselben abhalten sollen. Aber
keiner Nation kann gestattet werden, ihre Nachbarn mit Krieg zu
überziehen und im Laufe desselben ihre Hauptfestung durch Bezug=
nahme auf die dort wohnenden unbewaffneten und neutralen Ein=
wohner und auf die vorhandenen Hospitäler schützen zu wollen, in
deren Mitte die bewaffneten Heere nach jedem Angriffe ihre Deckung
suchen und sich zu neuen Angriffen rüsten können."

  Das Bombardement bildete auch ein Hauptthema der Note,
welche Jules Favre in bezug auf seine Teilnahme an der Lon=
doner Konferenz unterm 12. Januar an seine Agenten im Aus=
lande richtete. Ob er zur Konferenz gehen würde oder nicht, ergab
sich aus dem Aktenstücke nicht klar. Daß Frankreich in London

sich vertreten lassen müßte, wurde als unbedingt notwendig hinge=
stellt. Die Konferenz sollte aber nicht eine Verhandlung zum Zweck
haben, in welcher die Gesandten der europäischen Mächte über eine
ganz bestimmte Frage die ihnen von ihren Regierungen zugehenden
Instruktionen austauschten, sondern Herr Favre dachte sich darunter
ein „Parlament der Vereinigten Staaten von Europa," in welchem
jedes Mitglied alle möglichen Dinge zur Sprache brächte, die ihm
gerade zunächst am Herzen lägen. So äußerte er sich denn auch
in seiner Depesche nicht im mindesten über die Pontusfrage, sondern
benutzte diese Gelegenheit, um seine Empfindungen über die Lage
Frankreichs und namentlich das Bombardement von Paris in die
europäische Presse zu bringen. Seit vier Monaten überschütteten
die Pariser nicht nur die Zernierungsarmee mit Granaten, sondern
sie schossen auch eine Ortschaft um ihre Stadt, das Schloß von
St. Cloud mit inbegriffen, nach der andern ein, ganz unbekümmert,
ob noch Einwohner darin steckten oder nicht. Sie rühmten sich fort=
während, daß nicht nur der Gürtel der Forts und die Enceinte der
Stadt uneinnehmbar wären, sondern eine besondere Barrikaden=Kom=
mission war eingesetzt, um jede Straße, jedes Haus in eine Festung
zu verwandeln. Unter den Trümmern des letzten Hauses wollte
der letzte Pariser sich begraben. Jetzt erhob Herr Favre feierlichen
Protest gegen eine militärische Aktion, welche der Kriegsgebrauch
stets gegen jede Festung verhängt hat, ein Gebrauch, gegen welchen
er kein Wort zu sagen wagte, so lange er sich auf die elsässischen
und lothringischen Festungen beschränkte. Herr Favre versicherte
einmal, daß er durchaus der Konferenz beiwohnen müsse, dann aber
wieder, daß er unmöglich gehen könne, so lange Paris bombardiert
werde. Sein Gedanke schien zu sein, daß die Konferenz vor allem
das Beschießen der Welthauptstadt zu inhibieren habe.

Die Pontus-Konferenz.

Am 31. Oktober (1870) hatte der russische Kanzler Fürst Gortschakow in einem Rundschreiben an die europäischen Kabinette im Namen des Kaisers die Erklärung abgegeben, daß Rußland sich durch diejenigen Bestimmungen des Pariser Vertrages vom 30. März 1856, welche seine Souveränitätsrechte im Schwarzen Meere beschränkten, fernerhin nicht gebunden erachte, daß es sich vielmehr für berechtigt halte, dem türkischen Sultan die Zusatzkonvention zu kündigen, welche die Anzahl und Größe der von beiden Uferstaaten im Schwarzen Meere zu haltenden Kriegsschiffe festsetzte. Der Kanzler begründete diesen Schritt durch die folgende Auseinandersetzung:

Zarskoje-Selo, 19. (31.) Oktober 1870.

Die mehrfach auf einander folgenden Veränderungen, welche die als die Grundlage des europäischen Gleichgewichtes angesehenen Transaktionen in den letzten Jahren erlitten, haben das kaiserliche Kabinett in die Notwendigkeit versetzt, die daraus für die politische Stellung Rußlands hervorgehenden Konsequenzen zu erwägen.

Unter diesen Transaktionen ist jene, welche Rußland am unmittelbarsten berührt, der Vertrag vom 18./30. März 1856.

Die Spezial-Konvention zwischen den beiden Schwarzen-Meer-Uferstaaten, welche einen Anhang zu diesem Vertrage bildet, enthält für Rußland die Verpflichtung, seine Seestreitkräfte bis auf das geringste Maß zu beschränken.

Dagegen bot ihm dieser Vertrag das Prinzip der Neutralisierung dieses Meeres.

Nach der Meinung der unterzeichnenden Mächte sollte dieses Prinzip jede Möglichkeit von Konflikten, sei es unter den Uferstaaten, sei es zwischen ihnen und den Seemächten, beseitigen. Es sollte die Zahl der durch einhellige Übereinkunft Europas zum Genusse der

Wohlthaten der Neutralität berufenen Gebiete vermehren und solcher=
gestalt Rußland selber vor jeder Gefahr eines Angriffes sicherstellen.
Eine fünfzehnjährige Erfahrung hat dargethan, daß dieses Prinzip,
von welchem die Sicherheit der Grenzen des russischen Reiches nach
dieser Richtung in ihrer vollen Ausdehnung abhängt, nur auf einer
Theorie beruht.

In Wirklichkeit, während Rußland im Schwarzen Meere ab=
rüstete und sich sogar durch eine in den Konferenz=Protokollen nieder=
gelegte Erklärung loyalerweise die Möglichkeit versagte, Maßregeln
zu wirksamer maritimer Verteidigung in den angrenzenden Meeren
und Häfen zu treffen, bewahrte die Türkei das Recht, unbegrenzte
Seestreitkräfte im Archipel und den Meerengen zu unterhalten, und
blieb es Frankreich und England freigestellt, ihre Geschwader im
mittelländischen Meere zusammenzuziehen.

Überdies ist, nach dem Wortlaut des Vertrages, die Einfahrt
ins Schwarze Meer förmlich und für immerwährende Zeiten der
Kriegsflagge, sei es der Uferstaaten, sei es irgend einer anderen
Macht untersagt; allein kraft des sogenannten Meerengen=Vertrages
ist die Durchfahrt durch diese Meerengen nur in Friedenszeiten für
die Kriegsschiffe gesperrt. Aus diesem Widerspruche ergibt sich, daß
die Küsten des russischen Reiches allen Angriffen, selbst von Seite
minder mächtiger Staaten, von dem Augenblick an preisgegeben sind,
wo diese über Seestreitkräfte verfügen, denen Rußland nichts als
einige Schiffe von geringem Umfange gegenüberzustellen hätte.

Der Vertrag vom 18./30 März ist übrigens nicht den Ab=
weichungen (dérogations) entgangen, wovon die Mehrzahl der euro=
päischen Transaktionen betroffen worden ist, und angesichts deren
es schwer wäre, zu behaupten, daß das auf die Achtung der Ver=
träge, als Grundlage des öffentlichen Rechtes und Regel für die
Beziehungen. zwischen den Staaten, begründete geschriebene Recht
dieselbe moralische Sanktion bewahrt habe, die es zu anderen Zeiten
gehabt haben mag.

Man hat gesehen, wie die Fürstentümer Moldau und Walachei,
deren Geschick durch den Friedensvertrag und die sich ihm anreihen=
den Protokolle unter der Bürgschaft der Großmächte festgesetzt
worden, eine Reihe von Umwälzungen vollbracht haben, die eben=
sosehr dem Geiste wie den Buchstaben dieser Transaktionen zuwider=
liefen und sie zuerst zur Union und dann zur Berufung eines aus=
wärtigen Fürsten geführt haben. Diese Thatsachen haben sich voll=
zogen mit Einwilligung der Pforte, mit Zustimmung der Großmächte,

oder wenigstens ohne daß diese für notwendig erachtet hätten, ihrer
abweichenden Meinung Achtung zu verschaffen (de faire respecter
leurs arrêts).

Der Vertreter Rußlands war der einzige, welcher seine Stimme
erhob, um die Kabinette darauf aufmerksam zu machen, daß sie sich
durch diese Duldsamkeit in Widerspruch mit den klaren Bestimmungen
des Vertrages setzten.

Gewiß, wenn diese einer der christlichen Nationalitäten des
Orients gewährten Konzessionen aus einem allgemeinen Einverständ=
nisse zwischen den Kabinetten und der Pforte in Gemäßheit eines
auf sämtliche christliche Bevölkerungen der Türkei anwendbaren
Prinzipes hervorgegangen wären, das kaiserliche Kabinett hätte
dem nur seinen Beifall zollen können. Sie waren jedoch exklu=
siver Art.

Das kaiserliche Kabinett mußte also betroffen sein, zu sehen,
daß kaum einige Jahre nach seinem Abschlusse der Vertrag vom
18./30. März 1856 angesichts der zu Paris in Konferenz ver=
sammelten und in ihrer Gesamtheit die hohe Kollektiv=Autorität, auf
welcher der Friede des Orients ruhte, darstellenden Großmächte
ungestraft in einer seiner wesentlichsten Bestimmungen übertreten
werden konnte.

Diese Verletzung war nicht die einzige. Zu wiederholten Malen
und unter verschiedenen Vorwänden ist die Einfahrt in die Meer=
engen fremden Kriegsschiffen und jene in das Schwarze Meer ganzen
Geschwadern geöffnet worden, deren Anwesenheit eine Verletzung
des diesen Gewässern beigemessenen Charakters unbedingter Neu=
tralität bildete.

In dem Maße, als solchergestalt die von dem Vertrage dar=
gebotenen Unterpfänder und namentlich die Bürgschaften einer wirk=
samen Neutralität des Schwarzen Meeres an Wert verloren, ver=
mehrte die Einführung der zur Zeit der Abschließung des Vertrages
von 1856 unbekannten und nicht vorhergesehenen Panzerschiffe für
Rußland die Gefahren eines etwaigen Krieges, indem dadurch die
ohnehin schon offenkundige Ungleichheit der betreffenden Seestreit=
kräfte in sehr bedeutenden Verhältnissen gesteigert wurde.

Bei dieser Lage der Dinge mußte sich Se. Majestät der Kaiser
die Frage vorlegen, welches die Rechte und welches die Pflichten
sind, die für Rußland aus diesen Modifikationen der allgemeinen
Lage und aus diesen Abweichungen (dérogations) von den Ver=
pflichtungen sich ergeben, denen es unausgesetzt gewissenhaft treu

geblieben ist, wiewohl sie im Geiste des Mißtrauens gegen Rußland abgefaßt worden waren.

Nach einer reiflichen Prüfung dieser Frage gelangte Se. kaiserliche Majestät zu folgenden Schlußfolgerungen, welche Sie angewiesen werden, zur Kenntnis der Regierung, bei welcher Sie beglaubigt sind, zu bringen.

Unser erlauchter Herr vermag de jure nicht zuzulassen, daß Verträge, die in mehreren ihrer wesentlichen und allgemeinen Klauseln überschritten worden sind, in denjenigen Klauseln, welche die direkten Interessen seines Reiches berühren, verbindlich bleiben sollen.

Se. kaiserliche Majestät kann de facto nicht zugeben, daß die Sicherheit Rußlands von einer Fiktion abhänge, die der Probe der Zeit nicht widerstanden hat, und daß diese Sicherheit durch die Achtung russischerseits derjenigen Verpflichtungen gefährdet werde, die in ihrer Integrität nicht beobachtet worden sind.

Im Vertrauen auf das Billigkeitsgefühl der Mächte, welche den Vertrag von 1856 unterzeichnet haben, sowie auf das Bewußtsein, das diese Mächte von ihrer eigenen Würde haben, befiehlt Ihnen der Kaiser zu erklären:

„Daß Se. kaiserliche Majestät an die Verpflichtungen des Vertrages vom 18./30. März 1856, insoweit dieselben seine Souveränitätsrechte im Schwarzen Meere einschränken, sich nicht länger mehr gebunden erachten kann;

„daß Se. kaiserliche Majestät sich berechtigt und verpflichtet glaubt, Sr. Majestät dem Sultan die Spezial- und Zusatzkonvention zu dem besagten Vertrage zu kündigen, welch letztere die Zahl und die Größe der Kriegsschiffe, welche die beiden Ufermächte im Schwarzen Meere sich vorbehalten, feststellt;

„daß Allerhöchstdieselbe den Mächten, welche den allgemeinen Vertrag, dessen integrierenden Bestandteil diese Konvention bildet, unterzeichnet und gewährleistet haben, davon in loyaler Weise Kenntnis gibt;

„daß Allerhöchstdieselbe in dieser Beziehung Sr. Majestät dem Sultan den Vollgenuß seiner Rechte wieder zurückgibt und ebenso diesen Vollgenuß für sich selber wieder zurücknimmt."

„Indem Sie sich dieser Pflicht entledigen, werden Sie für den Nachweis Sorge tragen, daß unser erhabener Gebieter nur die Sicherheit und Würde seines Reiches im Auge hat. Se. kaiserliche Majestät trägt sich keineswegs mit dem Gedanken, die orientalische

Frage anzuregen. Auf diesem Punkte, wie überall sonst, hegt Se.
kaiserliche Majestät keinen anderen Wunsch, als den des Fortbe=
standes und der Befestigung des Friedens. Allerhöchstdieselbe ver=
harrt vollständig in der Zustimmung zu den allgemeinen Prinzipien
des Vertrages von 1856, welche die Stellung der Türkei im euro=
päischen Konzerte festgestellt haben. Se. kaiserliche Majestät ist
bereit, sich mit den Mächten, welche diese Transaktion unterzeichnet
haben, zu verständigen, sei es, um deren allgemeine Stipulationen
neu zu bestätigen, sei es, um sie zu erneuern, sei es endlich, um
an deren Stelle jedes andere billige Abkommen (arrangement) zu
setzen, das geeignet erschiene, die Ruhe des Orients und das euro=
päische Gleichgewicht zu sichern."

Se. kaiserliche Majestät ist überzeugt, daß dieser Friede und
dieses Gleichgewicht eine Bürgschaft mehr erhalten, wenn sie auf
gerechter und festerer Grundlage ruhen, als auf derjenigen, welche
aus einer Stellung hervorgeht, die keine Großmacht als eine nor=
male Bedingung ihrer Existenz hinnehmen kann."

Die Antworten, welche damals Rußland von England, Öster=
reich und von Italien erhielt, zeigen, wie es den leitenden Ministern
in den Fingern zuckte und wie sie Mühe hatten, die innere Er=
regung niederzukämpfen, welche ihnen vielleicht noch mehr wie der
Hohn der „Aufkündigung" eines europäischen Vertrages der unver=
hüllte und beleidigende Spott der Motivierung einflößte. Die
europäische Lage zwang den Kanzler des norddeutschen Bundes in
einer so eingeleiteten Aktion eine erste Rolle zu übernehmen und
das Zusammentreten der Londoner Konferenz zu betreiben; seinen
Empfindungen hat aber Graf Bismarck dem nach Versailles ge=
sandten englischen Bevollmächtigten Odo Russell gegenüber einen
kräftigen und scharfen Ausdruck gegeben. „Sehr unangenehm über=
rascht" erklärte sich Graf Bismarck durch einen Schritt, der weder
opportun, noch reif sei; Fürst Gortschakow hatte eben über Deutsch=
lands Kopf weg agiert, und es auch nicht der Mühe wert gehalten,
es vorher zu avertieren.

Während aber der russische Kanzler den Krieg der zwei
Nationen benutzte, um Europa diesen Nasenstüber zu versetzen, war
die russische Diplomatie bemüht, mit schmeichelnden und gönner=
haften Versicherungen das republikanische Frankreich für sich zu
interessieren. Die Note, welche der russische Geschäftsträger in Tours
übergab, zeichnete sich durch ihre feindselige Haltung gegen Napo=
lon III. zu einer Zeit aus, während Deutschland sich noch die Mög=

lichkeit eines Friedens mit diesem offen halten mußte. Noch inter=
essanter sind jedenfalls die Eröffnungen, die Herr Okouneff damals
dem Grafen Chaudordy mündlich machte. Er entwickelte ihm, daß
die Interessen Rußlands und Frankreichs identisch seien. Als Graf
Chaudordy entgegnete, daß die gegenwärtige Lage eine geradezu
einzige Gelegenheit biete, um diese These aus dem Gebiete der spe=
kulativen Ideen in die der praktischen Kombinationen überzuführen,
erklärte freilich Herr Okouneff, daß in der Politik die Gegenwart
nicht alles sei, daß man mit der Zukunft rechnen müsse und nur
dadurch allein zu soliden und dauerhaften Allianzen komme.

Die öffentliche Meinung in England hatte das Rundschreiben
des Fürsten Gortschakow von 19. Oktober 1870 sehr übel aufge=
nommen. Sie warf der englischen Diplomatie vor, sie habe des
Scharfblickes ermangelt und sich durch Preußen täuschen lassen.
Sie sah die Engländer schon in Konstantinopel. Mr. Odo Russell
wurde nach dem großen Hauptquartier in Versailles geschickt. Er
hatte den Auftrag, sich zu beklagen, Äquivalente zu verlangen und
vor allem seine Regierung über die Natur und Tragweite der Ver=
einbarungen des Berliner Hofes mit dem Petersburger aufzuklären.
Herr v. Bismarck zeigte sich zwar, wie oben bemerkt, von dem eng=
lischen Vorgehen „unangenehm überrascht", betonte aber, daß
Deutschland bei dieser Frage nicht interessiert sei. „Wie aber wird
Ihre Haltung sein, wenn ein Konflikt ausbrechen sollte?" frug Mr.
Russell. Herr v. Bismarck antwortete, daß er kein Verehrer der
Konjekturalpolitik sei, daß er seine Haltung nach den Umständen
bestimmen werde und daß er an diesem Tage, zu dieser Viertel=
stunde keine Veranlassung habe, sich in eine Sache zu mischen, die
Deutschland nur indirekt berühre. Er fügte hinzu, daß, wenn auch
Dankbarkeit und Politik zwei unversöhnbare Begriffe seien, er nichts=
destoweniger gezwungen sei, anzuerkennen, daß Kaiser Alexander sich
immer Deutschland gegenüber außerordentlich sympathisch gezeigt habe,
während die Haltung Österreichs zweideutig, die Englands nichts
weniger als liebenswürdig war. Was die Zukunft betrifft, so kenne
er sie nicht und ziehe vor, nicht von ihr zu reden. Übrigens finde
er, daß man sich bezüglich der Geschicklichkeit der russischen Politik
in sonderbaren Übertreibungen ergehe; man betrachte sie als von
subtiler Freiheit, voll von List, Umwegen und Kunstgriffen, wäh=
rend sie ganz einfach harmlos (candide) ist; wäre sie gewitzigter,
sie hätte den Pariser Vertrag vollständig zerrissen, dann hätte man
ihr Dank dafür gewußt, wenn sie einige Stücke davon wieder auf=

genommen und sich mit der Herstellung ihrer Souveränität im Schwarzen Meere begnügt hätte."

Lord Granville beschwerte sich über die russische Zumutung in einer Depesche, die er an Sir A. Buchanan, den englischen Botschafter in Petersburg richtete. Er bemerkte darin, Baron Brunnow, der russische Gesandte in London, habe ihm die Mitteilung bezüglich der Konvention zwischen dem Kaiser von Rußland und dem Sultan gemacht, und fuhr dann fort:

„Fürst Gortschakow erklärt seitens Sr. kaiserl. Majestät, daß der Vertrag von 1856 in verschiedenen Beziehungen zum Nachteile Rußlands verletzt worden sei, besonders auch in dem Falle der Donaufürstentümer gegen den ausdrücklichen Protest seines Vertreters, und daß infolge dieser Verletzungen Rußland berechtigt sei, die Vertragsstipulationen, welche direkt seine Interessen berühren, aufzugeben. Es wird sodann angekündigt, daß es sich nicht ferner durch die Verträge, welche seine Souveränitätsrechte im Schwarzen Meere beschränken, gebunden halten wird.

Wir haben hier die Behauptung, daß gewisse Thatsachen sich ereignet haben, welche nach Rußlands Urteil in Widerspruch mit gewissen Vertragsstipulationen sind, und die Annahme wird aufgestellt, daß Rußland auf Grund seines eigenen Ermessens über den Charakter jener Thatsachen berechtigt sei, sich von gewissen anderen Stipulationen jenes Aktenstückes frei zu machen. Diese Annahme wird in ihrer praktischen Anwendung auf einige Bestimmungen des Vertrages beschränkt, allein die Annahme des Rechtes, sich von einigen Bedingungen desselben loszusagen, schließt die Annahme des Rechtes, sich von dem Vertrage im ganzen loszusagen, nicht in sich. Diese Erklärung ist durchaus unabhängig von der Billigkeit (reasonableness) oder Unbilligkeit an sich, welche Rußlands Verlangen, von der Beobachtung der Vertragsbestimmungen von 1856 über das Schwarze Meer befreit zu werden, für sich haben mag. Denn die Frage ist, in welchen Händen liegt die Macht, einen oder mehreren der Beteiligten von allen oder einzelnen Bestimmungen des Vertrages zu erlösen? Es ist stets als feststehend betrachtet worden, daß dieses Recht nur den Regierungen eigentümlich ist, welche bei dem ursprünglichen Aktenstücke beteiligt waren.

Die Depeschen des Fürsten Gortschakow scheinen anzunehmen, daß irgend eine von den Mächten, welche den Vertrag unterzeichnet haben, angeben könne, daß Vorkommnisse stattgefunden haben, welche nach ihrer Meinung im Widerspruche stehen mit den Be=

stimmungen des Vertrages, und daß sie, obschon diese Ansicht weder
von den mitunterzeichneten Mächten geteilt noch zugestanden werde,
auf diese Angabe nicht ein Gesuch an die übrigen Mächte um Erwägung des Falles, sondern eine einfache Ankündigung gründen
könne, daß sie sich emanzipiert habe oder doch sich als emanzipiert
betrachte von solchen Stipulationen, die sie etwa zu mißbilligen
für angemessen findet. Es ist indessen durchaus klar, daß die
Wirkung einer solchen Lehre und von etwaigen Schritten, welche
eingestandener oder uneingestandener Maßen auf dieselbe basiert
werden, darauf hinausläuft, das ganze Ansehen und die Wirksamkeit von Verträgen dem willkürlichen Verfügen (discretionary con-
trol) jeder einzelnen von den Mächten, welche dieselben unterzeichnet
haben, anheim zu geben. Das Ergebnis hieraus wäre aber die
vollständige Zerstörung von Verträgen in ihrem inneren Wesen.
Denn während ihr ganzes Ziel darauf hingeht, die eine Macht an
die andere zu binden, und während zu diesem Zwecke jede von den
Parteien einen Teil ihrer Bestimmungsfreiheit aufgibt, bringt nach
der jetzt in Frage stehenden Lehre und dem entsprechenden Verfahren
jede der Parteien in ihrer gesonderten Stellung und aus eigenem
Vermögen die ganze Sache wieder unter ihre eigene Gewalt und
bleibt nur sich selbst verpflichtet.

Nach diesem Ideengange hat Fürst Gortschakow in diesen
Depeschen Rußlands Absicht angekündigt, gewisse Bestimmungen
des Vertrages auch ferner zu beobachten. Wie befriedigend das
nun in sich selbst auch sein mag, so ist es doch augenscheinlich nur
ein Ausdruck des freien Willens jener Macht, welchen sie jederzeit
ändern oder zurücknehmen könnte und in diesem Punkte ist auch
jene Erklärung denselben Einwürfen ausgesetzt, wie die übrigen
Teile der Mitteilungen, weil sie Rußlands Recht voraussetzt, den
Vertrag auf Grund von Angaben, über welche es sich zum alleinigen
Richter aufwirft, zu annullieren.

Es entsteht deshalb die Frage, nicht ob ein von Rußland
ausgedrückter Wunsch in freundlichem Sinne von den übrigen
Mächten, welche mitunterzeichnet haben, sorgfältig zu erwägen wäre,
sondern ob die Mächte von Rußland die Ankündigung hinnehmen
sollen, daß es durch sein eigenes Vorgehen ohne ihre Zustimmung
sich von einer feierlichen Vereinbarung losgemacht hat. Ich brauche
kaum zu sagen, daß Ihrer Majestät Regierung diese Mitteilung
mit tiefem Bedauern vernommen hat, weil dieselbe eine Erörterung
eröffnet, welche das von ihr so ernstlich angestrebte herzliche Ein-

vernehmen mit Rußland aus dem Geleise bringen könnte. Aus
den obenerwähnten Gründen ist es für Ihrer Majestät Regierung
unmöglich, zu dem von dem Fürsten Gortschakow angekündigten
Verfahren ihre Genehmigung zu erteilen. Wenn statt einer der=
artigen Erklärung, die russische Regierung an die diesseitige Regie=
rung und die übrigen Mächte, welche bei dem Vertrage von 1856
beteiligt sind, einen Vorschlag zur gemeinschaftlichen Erwägung
gerichtet hätte, ob sich etwas zugetragen habe, was man für eine
Vertragsverletzung halten könnte, oder ob sich unter den Beding=
ungen etwas befinde, was unter den veränderten Verhältnissen mit
übermäßiger Härte auf Rußland drücke, oder was im Laufe der
Ereignisse unnötig geworden sei für die schuldige Beschützung der
Türkei, so würde Ihrer Maj. Regierung sich nicht geweigert haben,
die Frage im Einverständnis mit den Mitunterzeichnern des Ver=
trages zu untersuchen. Was immer auch die Ergebnisse derartiger
Mitteilungen gewesen sein möchten, die Gefahr fernerer Verwicke=
lungen und ein sehr gefährlicher Präzedenzfall für die Gültigkeit
internationaler Verbindlichkeiten wäre vermieden worden."

Am 17. November erhielt Favre als Minister der Auswärtigen
Angelegenheiten durch eine, Tours den 11. November datierte, von
Chaudordy abgesandte Depesche die Nachricht, daß aus Wien ge=
meldet worden, die russische Regierung erachte sich durch die Stipu=
lation des Vertrages von 1856 für nicht mehr gebunden. Favre
antwortete sofort, indem er bis auf Eingang offizieller Benachrich=
tigung strenge Zurückhaltung empfahl, doch ohne zu versäumen, bei
jeder Gelegenheit das Recht Frankreichs zu betonen, nach welchem
dasselbe zur Beratung der russischen Erklärung zugezogen werden
müsse. Es wurden dann mündliche und schriftliche Verhandlungen
über die Sache zwischen verschiedenen Mächten und der provisorischen
Regierung gepflogen, bei denen man sich von französischer Seite
bemühte, die Vertreter jener Mächte zur Anerkennung der Behauptung
zu gewinnen, daß der Repräsentant Frankreichs „bei der Konferenz
die Pflicht haben werde, in derselben eine Erörterung von ganz
anderer Bedeutung (als die Diskussion der Verträge von 1856) zu
eröffnen, in betreff deren man keine abschlägige Antwort erteilen
könnte." Die Delegation von Tours teilte diese Meinung, glaubte
indes, daß man die Einladung Europas zur Konferenz, wenn sie
erginge, annehmen müsse, selbst wenn man vorher weder ein Ver=
sprechen noch einen Waffenstillstand erhalten hätte. Gambetta schrieb
unterm 31. Dezember an Favre: „Sie müssen bereit sein, Paris

zu verlassen, um sich zur Londoner Konferenz zu begeben, wenn, wie man behauptet, es England gelungen ist, einen Passierschein zu erhalten." Ehe diese Zeilen eintrafen, hatte Favre Chaudordy gemeldet, die Regierung habe den Beschluß gefaßt, daß Frankreich, „wenn man es auf regelmäßige Weise berufe," sich auf der Londoner Konferenz vertreten lassen werde, wofern seinem Pariser Vertreter von England, welches mündlich dazu eingeladen, der erforderliche Passierschein verschafft werde. Dies wurde von dem englischen Kabinett angenommen, und Chaudordy setzte Favre durch eine Depesche, die am 8. Januar in Paris eintraf, davon in Kenntnis und unterrichtete ihn zugleich, daß er, Favre, von der Regierung zum Vertreter Frankreichs auf der Konferenz bestimmt worden sei. Diese Mitteilung wurde durch ein vom 20. Dezember datiertes und am 10. Januar in Paris eingetroffenes Schreiben des Lord Granville an Favre bestätigt, in welchem es hieß:

„Herr de Chaudordy hat Lord Lyons benachrichtigt, daß Ew. Exzellenz in Vorschlag gebracht worden ist, um Frankreich auf der Konferenz zu vertreten, und er hat zugleich gebeten, ich möge ihm einen Passierschein besorgen, der Ew. Exzellenz gestatte, die preußischen Linien zu durchschreiten. Ich ersuchte sofort den Grafen Bernstorff, diesen Passierschein zu verlangen und Ihnen denselben durch einen als Parlamentär abzusendenden deutschen Offizier zustellen zu lassen. Herr von Bernstorff ließ mich gestern wissen, daß ein Passierschein Ew. Exzellenz zur Verfügung gestellt werden solle, sobald er durch einen von Paris nach dem deutschen Hauptquartier abgehenden Offizier verlangt werde. Er fügte hinzu, daß er von einem deutschen Offizier nicht überbracht werden könne, so lange dem Offizier, auf den als Träger einer Parlamentärfahne geschossen worden, keine Genugthuung gegeben worden sei. Ich bin von Herrn Tissot in Kenntnis gesetzt worden, daß viel Zeit vergehen würde, ehe diese Mitteilung Ihnen von der Delegation in Bordeaux übersandt werden könnte, und so habe ich dem Grafen Bernstorff einen anderen Weg angeraten, Ihnen dieselbe zukommen zu lassen. — Ich hoffe, daß Ew. Exzellenz mir erlauben werde, diese Gelegenheit zu ergreifen, um Ihnen meine Befriedigung auszudrücken, zu Ihnen in persönliche Beziehungen zu treten" u. s. w.

Favre sah in dieser Zuschrift eine Anerkennung der jetzigen französischen Regierung und eine Einladung, die er benutzen könne, um in London vor den Mächten das Wort in Frankreichs Ange-

legenheiten zu ergreifen. In dem Rundschreiben, das er am 12. Januar an die französischen Gesandten erließ, sagte er:

„Durch diese Depesche direkt aufgefordert, konnte die Regierung,
ohne dem Rechte Frankreichs zu entsagen, die Einladung nicht zurück-
weisen, die sie in seinem Namen erhielt. Nun kann man ohne
Zweifel dagegen geltend machen, daß die Stunde zu einer solchen
Erörterung der Neutralisation des Schwarzen Meeres nicht glücklich
gewählt ist. Aber gerade dadurch, daß in dieser Entscheidungsstunde,
wo Frankreich allein für seine Ehre und Existenz kämpft, dieser
offizielle Schritt der europäischen Mächte bei der französischen Republik gethan wird, erhält er einen ausnehmenden Ernst. Es ist
ein verspäteter Anfang, Gerechtigkeit zu üben, eine Verpflichtung,
von der man sich nicht mehr lossagen kann. Er heiligt mit der
Autorität des Völkerrechts den Regierungswechsel und läßt auf der
Szene, auf welcher es sich um die Geschicke der Welt handelt, die
trotz ihrer Wunden freie Nation erscheinen angesichts des Oberhauptes,
das sie zum Untergange geführt hat, und der Prätendenten, welche
über sie verfügen wollen. Wer fühlt übrigens nicht, daß Frankreich,
zugelassen zu den Vertretern Europas, das unbestreitbare Recht
erhält, vor ihnen seine Stimme zu erheben? Wer wird es hindern
können, wenn es sich auf die ewigen Regeln der Gerechtigkeit stützend,
die Grundsätze verteidigen wird, welche seine Unabhängigkeit und
seine Würde sicher stellen? Es wird keinen derselben aufgeben.
Unser Programm bleibt unverändert dasselbe, und Europa, welches
denjenigen einladet, der es aufgestellt hat, weiß sehr wohl, daß er
den Willen und die Pflicht hat, es aufrecht zu erhalten. Man
durfte daher nicht zaudern, und die Regierung hätte einen schweren
Fehler begangen, wenn sie die ihr gemachte Eröffnung zurückgewiesen hätte.

Indem sie dies anerkannte, dachte sie doch, wie ich, daß der
Minister des Auswärtigen, wenn es sich nicht um höhere Interessen
handelte, Paris während des Bombardements, das der Feind auf
die Stadt richtet, nicht verlassen könnte. (Folgt eine lange senti-
mentale Klage über den Schaden, den die „Wut der Angreifer"
absichtlich, „um Schrecken zu verbreiten," durch ihre Bomben an
Kirchen, in Lazaretten, Kinderstuben u. dgl. angerichtet habe. Dann
heißt es weiter:) Unsere brave Pariser Bevölkerung fühlt mit der
Gefahr ihren Mut steigen. Fest, gereizt, entschlossen, ist sie ent-
rüstet und beugt sich nicht. Sie will mehr als je kämpfen und
siegen, und wir wollen es mit ihr. Ich kann nicht daran denken,

mich in dieser Krisis von ihr zu trennen. Vielleicht setzen unsere an Europa gerichteten Proteste wie die der in Paris anwesenden Mitglieder des diplomatischen Korps derselben bald ein Ziel. Eng= land wird begreifen, daß bis dahin mein Platz in der Mitte meiner Mitbürger ist."

Dies hatte Favre auch in der zwei Tage vorher erfolgten Be= antwortung des Granvilleschen Schreibens ausgesprochen, aber nur in der ersten Hälfte, wo er sagte: „Ich schreibe mir nicht das Recht zu, meine Mitbürger in dem Augenblicke zu verlassen, wo sie das Opfer dieser Gewaltthat (gegen eine „waffenlose Bevölkerung" hatte er in den Zeilen unmittelbar vorher aus einer starken Festung mit ungefähr 200000 Soldaten und Milizen geschrieben) sind." Dann aber fuhr er fort: „Übrigens sind die Verbindungen zwischen Paris und London durch die Schuld des Kommandanten der Be= lagerungsarmee (wie naiv!) so langsam und ungewiß, daß ich un= geachtet meines guten Willens Ihrer Aufforderung nicht nach dem Wortlaut Ihrer Depesche entsprechen kann. Sie haben mich wissen lassen, daß die Konferenz am 3. Februar zusammentreten und sich dann wahrscheinlich für eine Woche vertagen wird. Am 10. Januar abends benachrichtigt, würde ich nicht zu rechter Zeit von Ihrer Einladung Gebrauch machen können. Außerdem hat Herr von Bismarck, als er mir dieselbe übersandte, keinen Passierschein hin= zugefügt, der doch unumgänglich notwendig ist. Er verlangt, daß ein französischer Offizier sich ins Hauptquartier begebe, um ihn abzuholen, indem er sich auf eine Reklamation stützt, die er bei Gelegenheit eines Vorfalles, über welchen sich ein Parlamentär am 23. Dezember zu beklagen gehabt, an den Gouverneur von Paris gerichtet hat, und Herr von Bismarck fügt hinzu, daß der preußische Oberkommandant, bis Genugthuung gewährt sei, jede Mitteilung durch Parlamentäre verboten habe. Ich untersuche nicht, ob ein solcher den Kriegsgesetzen zuwiderlaufender Beschluß nicht die unbe= dingte Verneinung der höheren Rechte ist, welche die Notwendigkeit und die Menschlichkeit immer zu Gunsten der Kriegführung aufrecht erhalten haben. Ich begnüge mich, Ew. Exzellenz zu bemerken, daß der Gouverneur von Paris sich beeilt hat, eine Untersuchung über die vom Grafen von Bismarck bezeichnete Angelegenheit zu befehlen, und daß er, indem er dies ankündigte, viel zahlreichere Fälle zu seiner Kenntnis gebracht hat, welche den preußischen Schildwachen zur Last gelegt worden sind, auf die er sich aber nie gestützt hat, um den Austausch der gewöhnlichen Mitteilungen zu unterbrechen.

Der Herr Graf von Bismarck scheint, wenigstens teilweise, die
Richtigkeit dieser Bemerkungen zugegeben zu haben, weil er heute
den Gesandten der Vereinigten Staaten beauftragt hat, mich wissen
zu lassen, daß er heute unter dem Vorbehalt gegenseitiger Unter=
suchungen die Verbindungen durch Parlamentäre wieder herstelle.
Es liegt also keine Notwendigkeit vor, daß ein französischer Offizier
sich in das preußische Hauptquartier begebe, und ich werde mich
mit dem Gesandten der Vereinigten Staaten in Verbindung setzen,
um den Passierschein zu erhalten, den Sie für mich ausgewirkt
haben. Sobald ich denselben in den Händen haben werde, und die
Lage von Paris es mir gestattet, werde ich den Weg nach London
nehmen, im voraus sicher, nicht vergeblich im Namen meiner Re=
gierung das Prinzip des Rechtes und der Moral anzurufen, dem
Achtung zu verschaffen Europa ein so großes Interesse hat."

Soweit Herr Favre. Die Lage von Paris hatte sich nicht
verändert, die an Europa gerichteten Proteste hatten der Krisis noch
kein Ziel gesetzt, dies auch noch nicht gekonnt, als Favre am
13. Januar, drei Tage also nach seinem Schreiben an Granville
und am Tage nach Erlaß seines Rundschreibens an die Vertreter
Frankreichs im Auslande folgende Depesche an den deutschen Bun=
deskanzler abgehen ließ:

„Herr Graf! Lord Granville benachrichtigt mich durch seine
Depesche vom 29. Dezember v. J., die ich am 10. Januar abends
erhielt, daß Ew. Exzellenz auf das Ersuchen des englischen Kabinetts
einen Passierschein zu meiner Verfügung halten, welcher für den
Bevollmächtigten Frankreichs zur Londoner Konferenz notwendig ist,
um die preußischen Linien passieren zu können. Da ich in dieser
Eigenschaft designiert bin, beehre ich mich, von Ew. Exzellenz die
Zusendung dieses Passierscheines in meinem Namen in möglichst
kurzer Frist zu beanspruchen."

Der Kanzler antwortete Favre am 16. Januar folgendermaßen:

„Ew. Exzellenz nehmen an, daß auf den Antrag der königlich
großbritannischen Regierung ein Geleitschein für Sie bei mir bereit
liege, zum Zwecke Ihrer Teilnahme an der Londoner Konferenz.
Diese Annahme ist indessen nicht zutreffend. Ich würde auf eine
amtliche Verhandlung nicht haben eingehen können, welcher die Vor=
aussetzung zu Grunde gelegen hätte, daß die Regierung der natio=
nalen Verteidigung völkerrechtlich in der Lage sei, im Namen
Frankreichs zu handeln, so lange sie nicht mindestens von der fran=
zösischen Nation selbst anerkannt ist.

Ich vermute, daß die Befehlshaber unsrer Vorposten Ew. Ex=
zellenz die Ermächtigung erteilt haben würden, die deutschen Linien
zu passieren, wenn Ew. Exzellenz dieselbe bei dem Kommando des
Belagerungsheeres nachgesucht hätten. Letzteres würde nicht den
Beruf gehabt haben, Ew. Exzellenz politische Stellung und den
Zweck Ihrer Reise in Berücksichtigung zu ziehen, und die von den
militärischen Führern gewährte Ermächtigung, unsere Linien zu pas=
sieren, welche von ihrem Standpunkt kein Bedenken gefunden, würde
dem Botschafter Seiner Majestät des Königs in London freie Hand
gelassen haben, um in betreff der Frage, ob nach dem Völkerrecht
Ew. Exzellenz Erklärungen als Erklärungen Frankreichs anzusehen
wären, seine Stellung zu nehmen und seinerseits Formen zu finden,
welche jedes Präjudiz verhütet hätten. Diesen Weg haben Ew. Ex=
zellenz durch ein an mich unter amtlicher Angabe des Zwecks Ihrer
Reise gerichtetes amtliches Gesuch um einen Geleitschein behufs der
Vertretung Frankreichs auf der Konferenz durch Ew. Exzellenz ab=
geschnitten. Die oben angegebenen politischen Erwägungen, zu deren
Unterstützung ich mich auf die Erklärung beziehe, welche Ew. Ex=
zellenz veröffentlicht haben, verbieten mir, Ihrem Wunsche nach
Übersendung eines solchen Dokuments zu entsprechen.

Indem ich Ihnen dies mitteile, kann ich Ihnen nur überlassen,
für sich und Ihre Regierung zu erwägen, ob sich ein anderer Weg
finden läßt, auf welchem die angeführten Bedenken zu beseitigen
sind, und jedes aus Ihrer Anwesenheit in London fließende Prä=
judiz vermieden werden kann.

Aber auch wenn ein solcher Weg gefunden werden sollte, er=
laube ich mir doch die Frage, ob es ratsam ist, daß Ew. Exzellenz
Paris und Ihren Posten als Mitglied der dortigen Regierung jetzt
verlassen, um persönlich an einer Konferenz über das Schwarze
Meer teilzunehmen, in einem Augenblicke, wo in Paris Interessen
auf dem Spiele stehen, welche für Frankreich und Deutschland wich=
tiger sind, als der Artikel XI des Vertrages von 1856. Auch
würden Ew. Exzellenz in Paris die diplomatischen Agenten und die
Angehörigen der neutralen Staaten zurücklassen, welche dort ge=
blieben oder vielmehr zurückgehalten worden sind, nachdem sie längst
die Erlaubnis zum Passieren der deutschen Linien erhalten, und
welche daher um so mehr auf den Schutz und die Fürsorge Ew.
Exzellenz als des Ministers der faktischen Regierung für die aus=
wärtigen Angelegenheiten angewiesen sind. Ich kann daher kaum
annehmen, daß Ew. Exzellenz in der kritischen Lage, an deren Her=

beiführung Sie einen so wesentlichen Anteil hatten, sich der Mög=
lichkeit werden berauben wollen, zu einer Lösung mitzuwirken, wo=
für die Verantwortlichkeit auch Sie trifft."

Die Lehre war bitter, aber Jules Favre selbst mußte ihre
Wahrheit anerkennen. „Herr v. Bismarck hatte Recht, mich darauf
aufmerksam zu machen," schreibt er; „er sprach mir gerade zum
Herzen, wenn er die von mir übernommene Verantwortlichkeit und
die mir auferlegte Pflicht anrief, mit meinem Leibe Paris zu decken
in der verhängnisvollen Stunde, wo seine letzte Hoffnung schwinden
würde. In einer anderen Lage würden diese Ratschläge eines
Feindes mich beleidigt haben; mein Unglück war zu groß, um der
Empfindlichkeit Raum zu geben, und ich konnte nicht in Zorn auf=
wallen, weil die Sprache unseres unerbittlichen Siegers mit der=
jenigen meines Gewissens übereinstimmte."

An Favres Stelle wurde der Herzog von Broglie nach Lon=
don geschickt, wo die Konferenz am 17. Januar eröffnet worden
war. Er selbst aber begab sich am 23. Januar nach Versailles.
Der verunglückte Massenausfall am 19., der Aufstand der Sozial=
demokraten vom 22. und die Erwägung, daß der Proviant höchstens
noch auf 8 bis 14 Tage ausreiche, nötigten die Pariser Regierung,
in das Unvermeidliche sich zu fügen und Favre den Auftrag zu
geben, mit Bismarck über die Kapitulation von Paris und über
Abschluß eines Waffenstillstandes für Frankreich zu unterhandeln.

Der Gipfel der Not in Paris.

Die Beschießung von Paris hatte während dieser verschiedenen politischen und militärischen Schriftwechsel ihren Fortgang. Vom 10. wurde gemeldet: „Das Bombardement war heute etwas weniger lebhaft, nachdem seine Resultate bedauernswert, aber nicht zahlreich waren. Im Hospital Val de Grace (dem Militär-Hospital) wurden zwei verwundete Soldaten getötet. Trochu hat infolge dessen die preußischen Verwundeten nach Val de Grace bringen lassen." Am 11. nahm die Beschießung Dimensionen an, die sie noch nicht gehabt hatte. Es folgten sich Salven auf Salven; von 9 Uhr morgens bis gegen Mittag und dann wieder während einiger Nachmittagsstunden war das Geräusch einem ununterbrochen rollenden Donner ähnlich, ein wahres Schnellgeschützfeuer. Die Pariser antworteten mit großer Lebhaftigkeit und die französische Marine-Artillerie bewährte ihren alten Ruf. Wenn alle ihre Anstrengungen das Endresultat höchstens um eine Spanne Zeit verzögern, in keinem Falle vereiteln oder fraglich machen konnten, so suchten sie doch den Platz mit Ehren zu halten, solange es menschenmöglich war. Die ganze Stadthälfte auf dem linken Ufer der Seine lag jetzt bereits unter den deutschen Geschossen. Der siebente Tag der Beschießung hatte auch den Brand der Kasernen von Issy und den einiger Häuser innerhalb der Enceinte in den Vorstädten Vaugirard und Gobelins, sowie im Südosten von Paris zu registrieren. Zu den Späßen des Tages gehörte die Idee, daß die 360 000 Kilo Eisen, welche in der Umgebung der Forts von Paris und in den Straßen der französischen Hauptstadt als von den preußischen Kugeln herrührend aufgesammelt sein sollten, umgeschmolzen und mit freundlichem Protest zurückgeschickt würden. Der „Siècle" erzählte die Reise einer preußischen Haubitze, die in die Mündung eines französischen Geschützes hineingeflogen war. Der Anprall

bewirkte die Entladung des Geschützes und beide Geschosse, das
preußische wie das französische, nahmen nun zusammen ihren Weg
nach der feindlichen Batterie. „Unsere Haubitze," fügte der „Siècle"
triumphierend bei, „ist also auf einer preußischen hinten aufsitzend
davongeritten" (ein Calembourg: monté en Krupp und monté en
croupe). In der Nacht vom 11. auf den 12. fielen mehrere
Bomben in die Rue des Ecoles und richteten starke Verheerungen
an. Eine derselben zertrümmerte eine Gaslaterne, machte dann
drei Sätze die Straße entlang und ihre zerplatzten Splitter bedeckten
die ganze Fassade eines Hauses, einige drangen durch den eisernen
Verschlag eines Buchhändlerladens und richteten im Innern Ver=
heerungen an. Am 11. drang eine Kugel in eine kleine Wohnung
der Rue St. Médard zur ebenen Erde und erschlug zwei Arbeiter,
die sich dort befanden. Auf das Dach eines andren Hauses dieser
Straße fielen mehrere Bomben und richteten großen Schaden an.
Eine zerplatzte in einem Appartement, wo sich zwei Damen im
Bett befanden, ohne diese jedoch zu beschädigen. In der nämlichen
Straße schlug eine Kugel in einen Keller, wo sich zehn Personen
befanden, ohne daß eine einzige verletzt wurde. Die Rue de l'Ecole
Polytechnique, die des Tour St. Jacques, des Place de Reims
und der Sept=Voies wurden stark mitgenommen; desgleichen ein
Haus in der Rue Monsieur le Prince. Die Bombe, die dort ein=
schlug, zerplatzte in einem Zimmer des dritten Stockes; ein Kind,
das sich dort befand, wurde leicht verletzt, dagegen die Katze, die
einen Schritt von demselben lag, in zwei Stücke zerrissen. Die
Ecole de Médecine erhielt ebenfalls eine Bombe. In der Rue
Mabillon ereignete sich ein sehr merkwürdiger Fall. Eine Bombe
schlug durchs Dach, fiel in ein Appartement des vierten Stockes,
wo eine junge Frau im Bette lag und las, und zerplatzte. Die
Wände, welche die drei Zimmer des Appartements bildeten, ver=
schwanden in einem Nu, so daß dasselbe nur noch ein Zimmer
bildete. Alle Möbel wurden zertrümmert, die Decke und die Wände
von den Splittern zerrissen und das Bett von der einen Seite des
Zimmers nach der andern geschleudert. Man eilte herbei und
glaubte, die Dame sei tot oder doch schwer verletzt. Dieselbe war
aber ganz unversehrt, obgleich ein zehn Pfund schwerer Bomben=
splitter in ihr Kopfkissen eingeschlagen war. In die Rue Mange
fielen viele Bomben, eine derselben verwundete schwer einen Fuhr=
mann und sein Pferd. In derselben Straße schlugen des Nachts
zwei Kugeln in das Haus eines Kaufmanns ein. Die eine fuhr

in das Bett des Sohnes vom Hause; glücklicherweise war derselbe aber abwesend, da er (er war erst 17 Jahre alt) gegen den Willen seines Vaters in ein Marsch-Regiment eingetreten war. Der Vater war natürlich nun entzückt, daß sein Sohn nicht auf ihn gehört hatte. In der Rue du Transit fiel eine Bombe in einen Holzspeicher, derselbe geriet in Brand und das Feuer teilte sich einer Wachstuch= fabrik mit; beide brannten vollständig ab. In den Garten des Luxembourg waren viele Bomben gefallen; das Palais du Luxem= bourg selbst war aber noch verschont geblieben. Vom 5. bis 13. Januar betrug die Zahl der mehr oder weniger beschädigten Privatgebäude nach den offiziellen Meldungen am 6. 26, am 9. 60, am 11. 50 (und 8 Brände), am 12. 43 (und 3 Brände), am 13. 58; außerdem zahlreiche öffentliche Gebäude. Am 7. und 8. waren viele Privatgebäude beschädigt worden; am 10. hatten erhebliche Brände stattgefunden. Die Zahl der vom 5. bis 13. Getöteten betrug 51, die der Verwundeten 138.

Die bisher von den deutschen Geschossen erreichten Stadtteile, Straßen und Gebäude in Paris liegen auf dem linken Ufer der Seine und in der südlichen Hälfte der Stadt. Es wurden als beschossen namhaft gemacht die Stadtteile des Jardin des Plantes, des Luxembourg, des Foubourg St. Germain, die Gegend des Hotel des Invalides, Montrouge, Vaugirard, Grenelle und Auteuil, die Straßen Gay=Lussac, Babylone und du Bac, von Gebäuden die Kirche St. Sulpice, die Sorbonne und das Hospital Val de Grace. Der Jardin des Plantes (botanisch=zoologischer Garten) liegt hart am linken Seine-Ufer zwischen den großen Gebäuden der Weinhallen und dem Boulevard de l'Hopital, der zur Place d'Italie führt, von welcher südwärts die beiden Straßen nach den Forts de Bicètre und d'Jvry abgehen. Die Stadtteile des Luxem= bourg, von St. Germain und bei dem Hotel des Invalides schließen sich von Osten nach Westen an die Quartiers um den Jardin des Plantes, die Weinhallen und das Pantheon an. In einer vorderen Reihe zwischen den hier genannten Teilen der Hauptstadt und den südlichen Forts, jedoch noch innerhalb der Stadtenceinte, liegen von West nach Ost die Vorstädte Auteuil, Grenelle, Vaugirard und Montrouge, in ziemlich direkter Richtung von den deutschen Batte= rien über die Forts d'Jssy, de Vanvres und de Montrouge hinweg. Auteuil liegt genau nördlich des Point le jour, zwischen der Seine einer= und der Verbindungsbahn und der Südwestspitze des Bois de Boulogne andererseits; es ist von den bis jetzt beschossenen Vor=

städten oder Stadtteilen der einzige, der auf dem rechten Seine=
Ufer gelegen ist. Grenelle ist von Auteuil nur durch den Fluß
und von dem ostwärts sich anschließenden Vaugirard durch die
Rue Lacourbe getrennt, eine der längsten Straßen von Paris,
welche die südlichen Teile der Hauptstadt fast in ihrer ganzen
Breite durchschneidet. Von Vaugirard ist das Stadtviertel Mont=
rouge scharf durch die Eisenbahn von Paris über Versailles (nach
le Mans) geschieden; es ist durch die Chaussee du Maine von dem
nordostwärts ihm anliegenden Kirchhof du Mont Parnasse oder
du Sud getrennt. Die Rue Gay=Lussac führt vom Luxembourg=
Garten in gerader Richtung südostwärts, die Rue de Babylone in
westlicher Richtung auf die Gebäude der Ecole militaire und die
Rue du Bac von jener direkt nach dem Pont Royal, jenseit dessen
Schloß und Park der Tuilerien liegen. Die Kirche St. Sulpice
liegt nicht weit nordwestlich vom Palais du Luxembourg und in
direkter Richtung von diesem auf das Schloß der Tuilerien; die
Sorbonne, das für drei Fakultäten bestimmte Pariser Universitäts=
gebäude, ist auf dem Wege von der ebengenannten Kirche nach dem
Pantheon zu suchen, südlich dessen und des Boulevard de Port
Royal das Hôpital du Val=de=Grace gelegen ist.

Von Sonnabend (14.) 10 Uhr abends an regnete es buch=
stäblich Granaten am linken Seine=Ufer, namentlich über das schon
hart mitgenommene 14. Arrondissement. Am Morgen waren die
Straßen Vanvres und du Maine wie mit einem Wolkenbruch über=
schüttet; die Beschießung wurde den ganzen Sonntag hindurch fort=
gesetzt. Die Kuppel des Pantheon wurde durchlöchert, und eine
Bombe platzte im Innern der Kirche; die Sorbonne und die Kirche
Sainte Géneviève erlitten neue Beschädigungen. Vom Pantheon
und Odeon an wurde in allen Straßen das Pflaster aufgerissen.
Die Häuser erbebten, die Fensterscheiben klirrten in Trümmern,
durch die Kellerlöcher hindurch sah man die Haushaltung der
Familien. Abermals beschossen wurden die Rue Taranne, de
Rennes, de la Harpe und der Boulevard Saint Michel, wo ein
verlassenes deutsches Bierhaus vollkommen zertrümmert ward. Auch
die berühmte Irren=Anstalt des Dr. Blanche in Passy erhielt
Kugeln. Am Tage zuvor (am 14.) fand zum Besten der Opfer
des Bombardements eine Vormittagsvorstellung im Theater français
statt. Alle deklamierten Dichtungen hatten Bezug auf die gegen=
wärtige Lage. Das Bombardement war die „Krönung von Paris".
Unter dem Titel „Le Sacre de Paris" sprach Herr Agar ein Ge=

dicht von Leconte de Lisle. Herr Saint Germain las eine humo=
ristische Satire von Lanville: „Le Bavarois et Marguérite Schneider."
Man hatte nämlich bei einem deutschen Gefangenen den Brief
seiner Verlobten Frl. Schneider gefunden, welche ihm ans Herz
legte, ihr aus Paris ja brillantene Ohrgehänge zurückzubringen.
Einen außerordentlichen Erfolg hatten zwei Dichtungen von eben
auftauchenden Dichtern. „Die Soldaten von 1792" und „die Bauern
der Ardennen 1870." Stürmischer Beifall begrüßte das neueste
Gedicht Viktor Hugos „der Vatermörder". Die unedelsten Leiden=
schaften und fanatischen Beifall erregte eine Ballade „der Schul=
meister" von einem erst 18 jährigen bisher unbekannten Dichter,
dem eine glänzende Zukunft versprochen wurde. Die Ballade zeigt
einen Schulmeister, welcher der Dorfjugend den Deutschenhaß und
den Racheburst einimpft, und eine jugendliche Witwe, welche mit
einem ähnlichen Liede den Säugling an ihrem Busen einlullt,
während die Bräute einen Rachechor dazu singen. Man versprach
sich in dieser Richtung eine neue Litteratur, da inmitten der Ereig=
nisse mehrere Dichter von erstaunlichem Talent sich Bahn brachen.
Dem Krieg selbst wurde in der erwähnten Theater=Vorstellung eine
wehmütig=heitere Seite abgewonnen in den sehr eleganten und
geistreichen Kouplets von Herrn Meudès: „L'Odelette guerrière."
Sonntags, 15. Januar, gab die große Oper ihre 14. musikalische
Abend=Unterhaltung. Man exekutierte die Symphonie „die Wüste".
Dann den 4. Akt des „Propheten", da Meyerbeer zu den
Franzosen und namentlich den Parisern gerechnet wird. Nach dem
Chor der Jüdinnen und Sabäerinnen aus der „Königin von Saba"
wurde die Einsegnung der Dolche aus den „Hugenotten" gesungen.
An demselben Sonntag gab das Kasino ein drittes überaus ein=
trägliches Konzert zum Besten der Lazarette. Inmitten der heftigsten
Beschießung wurde auch am 15. Januar im Theater français der
Geburtstag Molières gefeiert. Außer dem Theater français und
der großen Oper spielten noch sechs Theater: Odeon, Gaité,
Variétés, Porte Saint=Martin, Ambigu und Beaumarchais. Die
Lieblingsstücke: „Les Prussiens en Lorraine," „Les Paysans lor=
rains," „Drogène," „Charlotte Corday," „Lion amoureux," und
ein Vaudeville: „La Bombe glacée!"

Nach kurzer Unterbrechung begann am 16. um 10 Uhr abends
das Bombardement mit erneuter Heftigkeit gegen die östlichen Forts
und Drancy auf der einen, sowie gegen den Point=du=Jour und
das Fort Issy auf der anderen Seite. Der Donner der Geschütze

dauerte die ganze Nacht hindurch und war im Mittelpunkte von
Paris so gut wie an den entlegensten Punkten der Stadt hörbar.
Die heftigsten Angriffe waren hier wieder gegen das Invalidenhôtel
gerichtet. Um 11 Uhr abends hatte dieses Gebäude bereits 16
Haubitzen erhalten. In der Rue Grenelle, Saint Germain, de
l'Université und du Bac waren die Beschädigungen noch weit bedeutender, als an den früheren Tagen. Häuser und Wohnungen
wurden stark mitgenommen; alle Fensterscheiben zerbrachen und
selbst die Keller boten einen sehr bedenklichen Schutz. Die ganze
Bevölkerung hatte sich unter die Erde geflüchtet und jeder sich, so
gut es anging, eingerichtet. Man hatte in den unterirdischen Zu-
fluchtsorten Betten aufgeschlagen, Öfen errichtet und sie überhaupt
zu Wohnstätten für die Familien hergerichtet. Jedoch als man am
Morgen in aller Frühe ein Nachlassen des Feuers wahrnahm, beeilte sich jeder, auf Karren, Lastwagen u. s. w. seine notwendigsten
Habseligkeiten aufzupacken und nach dem andern Ufer auszuwandern.
Während die Batterien von Meudon auf diese Weise die Stadtteile
von Grenelle, Vaugirard und des Faubourg St. Germain durch-
fegten, schossen die Geschütze von Chatillon und Bagneux ebenso
kräftig auf die Viertel in der Umgebung des Pantheon und der
Sorbonne. Denselben Abend schlugen hintereinander drei Haubitzen
in die Kuppel des Pantheon ein, gerade in einer Zeit, wo in diesem Tempel die neuntägige Andacht der heiligen Genoveva, der
Schutzpatronin von Paris, stattfand. Eine Stunde früher hätten
diese Geschosse das größte Unheil unter der andächtigen Menge an-
richten können; glücklicherweise war aber die Kirche leer. Das College de France erlitt noch mehr Beschädigungen als das Pantheon.
Die Saint-Sulpice-Kirche wurde ebenfalls aufs neue getroffen:
zwischen 2 und 3 Uhr morgens schlugen daselbst die Haubitzen ein.
Der Stadtteil Saint-Jacques fand sich fortwährend schwer heimgesucht. Die Zirkulation war auf dem größten Teile des linken Ufers
sehr gefährlich, und doch sah man noch Wagen und Omnibusse
fahren. Im untern Teile der Rue de Sèvres wurde ein Omnibus
getroffen und eine Person darin getötet, zwei verwundet. An der
Ecke der Rue du Bac erschlug ein Granatsplitter ein Fiakerpferd.
Kaum war das Tier gefallen, so liefen von allen Seiten Männer,
Weiber und Kinder herbei, welche das vierbeinige Opfer in Stücke
schnitten und diese fortschleppten, trotz aller Flüche und Verwünschungen des Kutschers, der sein Eigentumsrecht geltend machen
wollte. — Die Regierung sah sich genötigt, des Bombardements

wegen die schleunige Entfernung der großen Masse von Spirituosen anzuordnen, die noch in den Docks von Bercy und der großen Weinhalle lagerten, um sie mehr in der Mitte der Stadt unterzubringen. Kaum war diese Arbeit gethan, so schlugen die Bomben in Bercy ein.

Vom 13. bis 16. hatten die Bomben 7 Kinder, 3 Frauen und 16 Männer getötet und 6 Kinder, 20 Frauen und 30 Männer verwundet. Die Zahl der Bomben, welche die Pariser Quais bis zum 17. Januar erreichten, betrug vier. Sie fielen auf die Quais Bethune und Orleans, die sich auf der Südseite der Insel St. Louis befinden, welche am Ende der „Cité" liegt. Auf diese Entfernung sollen die Bomben keine besondere Kraft mehr gehabt haben; sie zersprangen jedoch. Zwei fielen auf das Pflaster und die dritte schlug in ein Dach, durch das sie mit Mühe in eine Mansarde gedrungen sein soll, wo sie alles verwüstete. Eine vierte Bombe fiel in der Nähe der Brücke Tournelle in die Seine, wo sie aber noch zerplatzte. Die Oberfläche des Wassers bot nämlich Widerstand genug zur Entzündung der Bombe dar. Am 18. Januar fielen mehrere Bomben auf das Ackerbau- und Handelsministerium, ohne jedoch besonderen Schaden zu thun. Viel beschossen war auch das Haupttelegraphenamt, wo sich die Brieftauben befanden. Besonders stark litten die Viertel Italie, Jardin des Plantes und Pantheon. Viele Häuser wurden beschädigt und die Bewohner zogen massenhaft fort. Auf den Orleaner Bahnhof fielen auch viele Geschosse. Am 19. Januar, als der Professor Levasseur seine Vorlesung in dem College de France hielt, fiel eine Bombe auf die Treppe, die zu seinem Katheder führte. Der Professor bricht ab, und nachdem er sich vergewissert, daß die Bombensplitter niemand verwundet, sagt er, ohne im mindesten seine Ruhe verloren zu haben, zu seinen Zuhörern: „Wenn es Ihnen nicht unbequem ist, so werde ich die Vorlesung fortsetzen." Beispiele ähnlicher Kaltblütigkeit wurden in unerschöpflicher Menge erzählt und rivalisierten mit den Kraftstücken, die außerhalb der Enceinte täglich ausgeführt wurden. Sehr barmherzig benahm sich eine Bombe, welche in ein Haus der Rue de Condé fiel. Sie schlug in ein Dach ein und gelangte bis in den dritten Stock, wo sie am Kamin auf einem gut gepolsterten Sessel, der sich dem Bewohner des betreffenden Appartements gegenüber befand, Platz nahm, ohne zu zerspringen. Weiter als bis auf die Quais der Isle St. Louis waren Bomben bis zum 20. nicht gefallen.

In den Quartieren des linken Seineufers, welche den Kugeln zumeist zugänglich waren, hatte man einen permanenten Dienst eingerichtet, der von Architekten und Zivilingenieuren geleitet wurde, und zum Zwecke hatte, sofort die nötigen Ausbesserungen der durch Granaten bewirkten Verwüstungen auszuführen. Die Bewohner von Häusern, in die Sprenggeschosse einschlugen, hatten davon nur auf der Mairie Anzeige zu machen. Das Ausziehen der gefährdeten Familien dauerte fort. Die Barrikadenkommission visitierte seit Beginn des Bombardements fleißig alle Häuser und Terrains des Quartiers Montrouge. Außer der Entpflasterung der Höfe und Straßen hatte sie die Erneuerung der durch den Frost zusammengesunkenen Erde und Sandschichten angeordnet, welche Dächer und obere Stockwerke der Häuser gegen allzu starke Wirkung der Geschosse sichern sollten. Man organisierte auch ein Korps Dynamitoren; bei der Verteidigung von Paris sollte Dynamit die Hauptrolle spielen. Wiederholt wurde erzählt, daß die nach Paris hineingeworfenen Bomben beim Explodieren eine Art von Petroleumgeruch verbreitet hätten. Daraus entstand das Gerücht, daß die Feinde Petroleumbomben in die Stadt würfen, und wurde dasselbe zuletzt so stark, daß die Regierung sich genötigt sah, demselben entgegenzutreten. Wenigstens fand sich eine Widerlegung dieses Gerüchts in der „Corr. Hav." Allerdings, wurde darin gesagt, hätten die preußischen Projektile verschiedene Bettvorhänge, Matratzen, Holzvorräte und auch einige Häuser entzündet, aber dieser Schaden sei nicht durch Petroleumbomben angerichtet. Bomben könnten überhaupt nur auf mäßige Distanzen geworfen werden; Projektile, welche bis an das Observatorium und den Boulevard St. Michel gelangten, könnten daher nicht Bomben, sondern nur wirkliche Granaten sein. Natürlich machte diese Widerlegung keinen großen Eindruck. Nicht nur die Pariser glaubten steif und fest an den Gebrauch von Petroleumbomben, sondern Karl Voigt entschuldigte die Kommune einige Monate später wegen ihrer Petroleurs mit dem Vorgange der Preußen. Bis zu welcher Höhe der Haß und die Erbitterung der Pariser durch die Beschießung gebracht wurde, ergab sich aus folgender Stelle einer Proklamation des ersten Beamten des Unterrichtsministeriums, des Herrn Dumesnil, Generaldirektors des öffentlichen Unterrichtswesens. „Wenn alles vorüber sein wird," sagte er darin, „so werde ich nur einen Wunsch haben, das ist, daß jedes dieser durchlöcherten Häuser stets die sichtbaren Spuren der ihnen durch die preußischen Haubitzen angethanen Schmach bewahre. Überall sollen unverwischbare Inschriften uns das Vergessen verbieten, und wenn selbst unsere Toten verschwinden, sollen diese zertrümmerten Steine als Zeugen zurückbleiben. Ich erkenne den Gott des occidentalen Kaisers an, mit ihm jedoch zerreiße ich das Evangelium. Hassen wir uns einander auf ewig! soll es von nun an heißen."

Nachdem das Bombardement von Paris am 21. im Norden der Stadt eröffnet worden war, befand sich die ganze Stadt in der Gefahr, unter das Feuer der deutschen Belagerungs-Artillerie zu geraten, was die Katastrophe jedenfalls beschleunigen mußte. Vor St. Denis war die den preußischen Artilleristen obliegende Aufgabe allerdings eine ganz besonders schwierige.

Die Opfer des Bombardements waren bis dahin durch die Flucht aus den gefährdeten Stadtteilen und durch die Okkupation der Kellerräume in mäßigem Umfange geblieben. Man rechnete nur 300 getötete Personen. Einige Häuser wurden stark mitgenommen, ungefähr 200 leicht beschädigt. Die Nahrungsnot war größer. Das schwarze Brot, gemischt mit Reis und Hafer, wurde in unzureichender Menge, 300 Gramm pro Tag, verabreicht. Das Pferdefleisch, 25 bis 30 Gramm pro Tag, wurde zweimal pro Woche verteilt und man war genötigt, dann im tiefsten Schmutz oder bei furchtbarer Kälte drei bis vier Stunden lang auf der Straße zu warten. Das Brennmaterial fehlte fast gänzlich. Altes Holz, zur Hälfte verfault, wurde mit 5 Frank (100 Pfund) verkauft. Es war aber für die meisten zu teuer. Besonders peinlich für die Pariser war es, daß die Waschweiber infolge des Mangels an Brennmaterial ihre Arbeiten einstellen mußten. Nur noch sehr wenige arbeiteten, und reine Wäsche wurde ein ungeheurer Luxus. Um den Vorrat an Brennholz zu vermehren, brach man zahlreiche in der Seine liegende Barken zusammen. Alle Arten Erdharz mußten jetzt auch der Regierung ausgeliefert werden; man wollte ein Mittel entdeckt haben, dasselbe in ein vortreffliches Brennmaterial, namentlich auch für Dampfkessel, zu verwandeln; auch der Rückstand, eine Art Coaks, sollte für Öfen sehr brauchbar sein. In Grenelle wurde eine große Fabrik zur Anwendung des neuen Verfahrens eingerichtet. Geringen Erfolg für Verlängerung der Kapitulationsfrist hatte die folgende Verordnung: „Das Mitglied der Regierung der nationalen Verteidigung, Delegierter bei der Mairie von Paris: In Anbetracht, daß zu Paris in den Wohnungen der abwesenden Personen Brennmaterial und Lebensmittel verschiedener Art sind, welche im Interesse der nationalen Verteidigung requiriert werden müssen, verordnet: Haussuchungen werden in Paris und im Seine-Departement in den Wohnungen aller abwesenden Personen zu dem Zwecke gemacht, Brennmaterial, Eßwaren und Getränke aller Art, welche dort sein können, wegzunehmen."

Der große Durchbruchsversuch vom 19. Januar scheitert wie alle frühern. Die „Korresp. Havas" glaubte aber noch am 20. die folgende Sprache führen zu können:

„Die Bevölkerung von Paris, die gestern in fieberhafter Aufregung sich befand, hat erst heute Morgen den Mißerfolg des Generals Trochu erfahren. Nachdem die erste Regung des Schmerzes vorüber, schlug die patriotische Wut durch, und alle, Nationalgarden und Truppen, wünschten nur eins, die Wiederaufnahme der Feindseligkeiten und keine Waffenruhe, um den Feind ohne Unterlaß zu beunruhigen, ihn zu überraschen, wenn es wie gestern möglich ist, und ihm so viel Leute als möglich zu töten, um allmählich den Feuerkreis, der uns umgibt, zu sprengen. Die Gerüchte über günstige Erfolge Bourbakis versüßen das bittere Gefühl der gestrigen Niederlagen. Es ist klar, daß man die Annäherung einer Armee aus der Provinz abwarten muß, um ein Loch zu stoßen, und wenn der gestrige Angriff nicht zum Ziele führte, so ist das ohne Zweifel den Verzögerungen zuzuschreiben, welche die Armee Chanzys erfahren hat. Aber nichts wird Paris entmutigen und ihm seine Hoffnungen auf einen schließlichen Erfolg rauben." Unter dem 21. fügte die „Corr. Havas" hinzu: „Heute zeigt sich keine Spur von Aufregung mehr in Paris, aber in den Gruppen, die sich überall auf den Boulevards und in der Umgebung des Stadthauses bilden, hört man wiederholen, daß die Lage nicht so verzweifelt ist, daß man Mut fassen und den Kampf aufs neue beginnen muß."

Die Regierung sprach sich trotz der verzweifelten Lage, trotzdem sie schon an Kapitulation dachte, nicht weniger mutig aus. Sie publizierte am 20.:

„Paris zeigt in diesem Augenblicke wiederum, wie groß seine Beharrlichkeit in dem Kampfe, den es mit den Armeen der Provinz gegen den unversöhnlichen Feind besteht, welcher, nachdem er uns zerstückelt und ausgeplündert hat, uns schließlich sowohl als militärische Nation, wie als Inhaberin der Oberherrschaft der Ideen vernichten will. Paris erhielt, ohne seinen patriotischen Stoizismus zu verleugnen, gleichzeitig die Nachricht von der Niederlage Chanzys und von dem plötzlichen Einhalten unserer Bewegungen gegen die feindlichen Stellungen, welche dem Mont Valerien und unseren

Verteidigungslinien des Westens gegenüber liegen. Sein Mut, der ohne zu wanken so vielen Unglücksfällen die Stirn geboten, würde gewiß noch grausamere Unfälle beherrschen. Man hat darum nicht daran zu zweifeln, daß Paris den Anprall der Preußen bis zu seiner letzten Granate, bis zu seinem letzten Stück Brot aushalten wird. Deutschland wird trotz allem leicht ermüdet und zurückgedrängt werden.

Die gestern auf Befehl Trochus veröffentlichten Nachrichten melden übrigens keine Niederlage für uns auf den Höhen von Garches, Buzenval und Celle St. Cloud. Unser Generalstab, der ohne Zweifel während der Schlacht über die Rückzugsbewegung Chanzys benachrichtigt worden war, hat nur größeres, nur nutzlos gewordenes Blutvergießen vermeiden wollen. Es handelte sich vor allem für den Präsidenten der Regierung darum, erstens möglichst den Abzug der um unsere Enceinte gruppierten feindlichen Truppen nach den westlichen Provinzen zu verhindern, zweitens aber eine mächtige Diversion zu machen, die dem Bombardement Einhalt thun sollte. Dieser letzte Teil des Programms ist seit zwei Tagen vollständig gelungen. Es ist Grund zu glauben, daß der erste Teil ebenfalls gelungen sein wird.

Wie dem auch sei, Paris hat der Sprache der von Chaudordy gesandten Depesche Beifall gezollt, welche meldet, daß weder Chanzy noch seine tapfere Armee, noch die Departements entmutigt sind. Es hat in dieser Versicherung den Ausdruck seiner eignen Bestrebungen gefunden, die es entschlossen bis zum Ende festhalten wird."

Wenn hier behauptet wurde, daß der zweite Teil des Programmes, dem Bombardement Einhalt zu thun, durch den Ausfall vollständig gelungen sei, so war das eine offenbare Übertreibung. Allerdings zeigte sich das preußische Feuer in den nächsten beiden Tagen nicht mehr so lebhaft, richtete aber größeren Schaden an, als früher. Es fielen keine Bomben mehr auf das Val de Grace (Militär-Hospital), das Spital Pitié, die Zentral-Bäckerei und das Pantheon. Das 5. Arrondissement genoß daher eine relative Ruhe, nur fiel eine Bombe auf das Kolleg de France und eine andere in das Haus Nr. 7 der Rue de la Parcheminerie. Sie erschlug zwei Kinder und verwundete schwer ihre Mutter, die nach dem Hotel Dieu gebracht wurde. Der Vater wurde leicht verletzt. Das Viertel des Jardin des Plantes erhielt täglich Bomben. Eine drang in die Wohnung des Professors Edward Milne ein und verwüstete dieselbe. Man hatte bemerkt, daß die Preußen ihre Geschütze während

der nebeligen Nächte weiter vorschoben und Stadtviertel mit ihren
Geschossen erreichten, welche sich vor dem Bombardement sicher
wähnten. So waren Bomben auf das Telegraphenbureau in der Straße
Grenelle St. Germain, nahe der Straße Bellechasse niedergefallen.

Am 22. und 23. Januar (18. und 19. Tag des Bombarde=
ments) nahm die französische Artillerie noch einmal ihre volle Kraft
zu dem Geschützkampf auf der Südfront von Paris zusammen. Am
Sonntag dem 22. war ihr Feuer besonders heftig von den Batte=
rien des Eisenbahn=Viaduktes und am Point=du=jour, von der Stadt=
Enceinte und von den Emplacements zwischen den Forts Issy,
Vanvres, Montrouge, sowie von Montrouge selbst; auch aus Fort
Bicêtre wurden einige Schüsse vernehmbar. Am 23. feuerte nament=
lich die Stadt=Enceinte mit großer Lebhaftigkeit und in schnellerem
Tempo, als dies bisher zu geschehen pflegte. Außerdem konnte an
diesem Tage bemerkt werden, daß die Ingenieure in Paris mit dem
Bau einer neuen Batterie am Gitterthore des „Bois de Boulogne"
beschäftigt waren. Während der früheren Epochen der Belagerung
waren an verschiedenen Stellen des Gehölzes zeitweise einige Em=
placements in Thätigkeit gewesen, die Geschütze dann aber entfernt
worden. Die Witterung, die mit Ausnahme einiger klarer Stunden
am Sonntag Vormittag außerordentlich nebelig und meist regnerisch
war, gab den Franzosen die Möglichkeit, an einzelnen Stellen der
stark beschädigten Forts, besonders hinter zertrümmerten Mauer=
werken, wenn auch nicht mehr vollständige Batterien, so doch einzelne
Geschütze aufzustellen und eine Kanonade aus denselben zu eröffnen.
Es gelang jedoch der preußischen Artillerie jedesmal nach kurzer
Zeit, diese neuen Aufstellungspunkte zu erreichen, und den Feind
aus denselben zu vertreiben. Die wesentlichste Veränderung, die
sich in dem Geschützkampf französischerseits wahrnehmen ließ, war,
daß seitdem man über eine größere Anhäufung von Artillerie gebot,
man sich nicht lediglich auf die Erwiderung des preußischen Batte=
riefeuers beschränkte, sondern in gewissen Intervallen sein Feuer auf
die deutschen Vorposten erneuerte.

Diese neue Taktik war nicht mehr das Werk Trochus, sondern
seines Nachfolgers. Die Regierung setzte ihn als Oberkommandanten
der Armee ab, nachdem während seiner Abwesenheit am 19. ihn schon
Leflô vertreten hatte. Trochu sprach sich später in der Versailler
Versammlung über sein Geschick mit den Worten aus: „Die Re=
gierung selbst wendete sich von mir ab und beriet sich insgeheim
mit Offizieren über diesen großen Ausfall; keiner von diesen aber

wollte dem Obergeneral das Kommando aus den Händen nehmen. Man drang gleichwohl in mich, meine Entlassung zu nehmen, ich weigerte mich dessen und wurde abgesetzt. Nach fünfmonatlichem Martyrium glaubte ich etwas Besseres verdient zu haben. Man hielt mir vor, daß ich in einer Proklamation gesagt hätte: „Der Gouverneur von Paris wird nicht kapitulieren!" Damit hatte ich aber nur gemeint, daß ich nicht gegen einen Angriff des Feindes kapitulieren würde; es konnte aber niemals meine Absicht sein, eine Stadt von zwei Millionen Seelen zum Hungertode zu ver= urteilen."

Vinoy übernahm das Oberkommando mit einem Tagesbefehle, worin es hieß: „Die Regierung der nationalen Verteidigung stellt mich an eure Spitze, sie appelliert an meinen Patriotismus, an meine Hingebung; ich habe nicht das Recht, mich dem zu entziehen; es ist eine schwere Aufgabe, welche ich auf mich nehme, man darf sich über die Gefahren keinen Täuschungen hingeben. Nach einer mehr als viermonatlichen Belagerung, welcher von den Armeen und der Nationalgarde glorreich Stand gehalten wurde, während die Pariser Bevölkerung sie männlich ertrug, sind wir nunmehr zu einem kritischen Momente gelangt; in einem derartigen gefährlichen Augenblicke die Ehre des Kommandos ablehnen, hieße dem in mich gesetzten Vertrauen schlecht entsprechen; ich bin Soldat und nicht gewohnt, vor der Gefahr zurückzuweichen, und übernehme diese große Verantwortung in einem Augenblicke, in welchem die Partei der Unordnung im Innern wühlt, während die Kanonen donnern. Ich will Soldat sein bis ans Ende. Ich nehme diese Gefahr auf mich in der Überzeugung, daß der Beistand der guten Bürger, sowie der Armee und der Nationalgarde nicht ermangeln wird, die Ordnung aufrecht zu erhalten und das allgemeine Wohl zu schützen."

Die Maßregeln der Regierung befriedigten nicht. Am 20. ging es in den Klubs stürmischer als je her. Es erscholl der Ruf: Zu den Waffen! Nieder mit Trochu! Ein Volkshaufen zog aus der Rue du Temple nach dem Stadthause. Indessen er verlief sich. Die Organisatoren des Aufstandes hatten ihren Koup erst für den 21. beschlossen, um die Herren Flourens und Millière aus dem Gefängnis von Mazas zu befreien. Zum ersten male floß Blut im Streit während der Belagerung. Obwohl durch die wilden Reden in den Klubs hinlänglich gewarnt, ließ die Regierung sich doch auch in diesem Falle wieder überraschen. Als das Bataillon

Nationalgarde, das am Sonnabend (21.) morgens die Wache am
Gefängnis von Mazas abzulösen hatte, dort ankam, stellte sich
heraus, daß bereits ein anderes, Herrn Flourens und Genossen er=
gebenes Bataillon unbefugter Weise die Wache übernommen hatte.
Sofort wurden nun zwar Maßregeln getroffen, um etwaigen Ruhe=
störungen vorzubeugen, aber vergebens. Am Abend umringte ein
Pöbelhaufe, mit Chassepots bewaffnet, das Gebäude, erzwang sich
den Eingang und führte die Gefangenen im Triumphe davon.
Sofort nach seiner Befreiung begab sich Flourens mit dem ihm
ergebenen Pöbelhaufen nach der Mairie des zwanzigsten Arron=
dissements, welches die unruhigen Quartiere Belleville, St. Forgeau,
Père la Chaise und Charonne umfaßt, um hier das Hauptquartier
für ihre Gegenrevolution einzurichten. Als sie indessen fanden,
daß ihre Zahl verhältnismäßig nur gering sei, beschlossen sie, die
Mairie zu räumen, nahmen aber vorher 2000 Brotportionen an
sich, welche morgens darauf in dem halbverhungerten Bezirk von
Belleville hatten verteilt werden sollen. Ehe sie jedoch die Mairie
verließen, leisteten sie einen Eid, tags darauf sich um die Mittags=
stunde auf dem Platze vor dem Hotel de Ville einzufinden. Einige
Hundert von ihnen erschienen denn auch am 22. um die verabredete
Stunde, meist vom 101. Bataillon der Nationalgarde. Im ganzen sam=
melte sich eine mäßig große Menge an, einige Uniformierte hielten
feuerspeiende Reden, und während innerhalb des Gitters vor der mitt=
leren Thür des Gebäudes ein Oberst der Nationalgarde dazu ermahnte,
dem Feinde nicht durch innere Zwietracht in die Hände zu arbeiten,
befürwortete außerhalb ein junger Mensch — seiner Mütze nach zu ur=
teilen, ein Zivilingenieur — in heftigen Worten das Gegenteil. In
demselben Augenblicke, als er seine Rede schloß und unter dem Beifall
der Menge mit dem Rufe: „Vive la Commune!" die Gitter hinauf=
kletterte, öffneten sich im Hotel de Ville drei Fenster, in deren
mittleren ein Moblot mit dem Chassepot in der Hand erschien.
Die Wirkung dieses Warnungssignals — bei dem Aufstand am
31. Oktober hatten die Mobilgarden sich am loyalsten gehalten —
war eine elektrische. Der Zivilingenieur sprang auf den Boden,
und die kleine Menge, welche sich um ihn versammelt hatte, nahm
mit lobenswertem Eifer Reißaus. Jetzt gelangten die schrecklichsten
Gerüchte in Umlauf. Es hieß, hinter jeder Thür des Hotels de
Ville seien zwei geladene Mitrailleusen aufgestellt, um das Volk
zu massakrieren; und in allen öffentlichen Gebäuden der Umgebung
seien Truppen aufgehäuft, bereit, in jedem gegebenen Augenblicke

auf die versammelte Menge loszustürzen. Infolge dessen begann
man eine strategische Bewegung auszuführen; aber bald kehrte die
Kühnheit zurück, als von der anderen Seite der Seine zwei Kompagnien Nationalgarden herangekommen waren. Die Menge wogte
und drängte, aber offenbar ohne eigentlichen Plan, bis gegen drei
Uhr abermals eine Abteilung Nationalgarden erschien, welche etwa
200 Mann stark mit einer roten Fahne an der Spitze geradezu
auf das Gitter vor dem Hotel de Ville, rechts vor der mittleren
Thür, losmarschierte. Jemand kletterte das Gitter hinauf und
fing an, die Nationalgarden mit heftigen Worten aufzureizen, als
er plötzlich mit ganz unnatürlicher Eile zu Boden sprang. Fast
im nämlichen Augenblicke hörte man einen Schuß krachen. Hierauf
folgten etwa zehn Schüsse und dann wieder mehrere Salven. Die
Fenster im Hotel de Ville füllten sich rasch mit Mobilgarden,
welche auf die Menge feuerten, während die Nationalgarden das
Feuer auf die Fenster des Hotel de Ville erwiderten. Die Panik
war allgemein. Männer, Frauen und Kinder fielen zu Boden und
andere liefen über sie weg, so lange noch das Gewehrfeuer zu
hören war. Die Ruhestörer mußten sich eilig vor den Verteidigern
des Hotel de Ville zurückziehen, suchten Deckung hinter Bäumen,
Kiosks und Straßenecken, und sogar aus den Fenstern einiger
Häuser auf der Ostseite des Platzes setzten sie das Gewehrfeuer
fort. Um Ordnung zu stiften rückte General Mallerof mit zwei
oder drei Bataillonen Nationalgarden und einem Regiment der
republikanischen Garde an und säuberte den Platz. Die Aufrührer
zogen sich unter dem Rufe: „Zu den Waffen, Rache, Rache!" zurück, ohne jedoch damit Gehör zu finden. Infolge dieser Ereignisse
entstand große Aufregung, welche neue Unruhen befürchten ließ.
Gegen Abend war das Stadthaus vollständig sicher. Indes schlug
man auf vielen anderen Punkten Generalmarsch und ungeachtet
des Regens gab es noch immer viel Zusammenrottungen. Am
Tage darauf wurden die folgenden Dekrete erlassen: „Die Regierung
der nationalen Verteidigung, in Erwägung, daß infolge ver-
brecherischer Aufreizungen, deren Herd gewisse Klubs waren, der
Bürgerkrieg von einigen von der ganzen Bevölkerung gemißbilligten
Agitatoren begonnen worden ist; daß es wichtig ist, diesen verab-
scheuungswürdigen Umtrieben ein Ende zu machen, die unter den
gegenwärtigen Umständen eine Gefahr für das Vaterland sind und
welche, wenn sie sich erneuerten, die bis jetzt vorwurfsfreie Ehre
der Verteidigung von Paris beflecken würden — dekretiert: 1. die

Klubs werden bis zum Ende der Belagerung unterdrückt. 2) Die
Lokale, wo ihre Sitzungen stattfinden, werden sofort geschlossen.
3) Die Zuwiderhandelnden werden den Gesetzen gemäß bestraft
werden.

Die Regierung der nationalen Verteidigung, in Erwägung,
daß die Notwendigkeit, den öffentlichen Frieden angesichts des
Feindes aufrecht zu erhalten, eine schnelle Aktion der militärischen
Justiz erfordert, — dekretiert: Art. 1. die Zahl der Kriegsgerichte
der 1. Militär-Division wird von zwei auf vier vermehrt. Art. 2.
die neuen Kriegsgerichte werden unverzüglich vom Kriegsminister
eingesetzt.

Die Regierung der nationalen Verteidigung, in Erwägung,
daß die Journale Réveil und Combat jeden Tag Aufreizungen
zum Bürgerkrieg enthalten; daß ihre Veröffentlichung angesichts
der Verbrechen, welche jeden Tag gegen die Sicherheit des Staates
begangen werden, eine öffentliche Gefahr wird, welcher die Stadt
und die Verteidigung nicht länger ausgesetzt bleiben dürfen; daß
die gegenwärtige Lage von Paris der Regierung eine Pflicht daraus
macht, zu Maßregeln ihre Zuflucht zu nehmen, welche der Belage-
rungszustand gestattet — dekretiert: Art. 1. Das Journal Réveil
(Organ Ledru-Rollins) und Combat (Felix Pyat) werden unterdrückt. Art. 2. Der Polizei-Präfekt ist mit der Ausführung des
gegenwärtigen Dekrets betraut."

Am 23. gab es keine Ruhestörungen mehr. Am 24. ging
Favre nach Versailles.

Der Friede.

Am Morgen des 24. Januar 1871 brachte Graf d'Hérisson, Ordonnanzoffizier des Generals Trochu, zu den preußischen Vorposten in Sèvres ein Billet Jules Favres, welcher um eine Unterredung mit dem Kanzler nachsuchte. Des Nachmittags um 5 Uhr war er mit der lange erwarteten Nachricht zurück. Sie machten sich sogleich auf, Jules Favre, sein Schwiegersohn und Graf d'Hérisson. Sie fuhren in dem Koupee des Kaisers, von dessen Schlägen die Wappenschilder ausgekratzt worden waren. In Paris weiß oder errät man schon alles. Schon hieß es, Jules Favre wolle mit dem Feinde unterhandeln gehen, und die wackeren Nationalgardisten waren entschlossen, ihn nicht durchzulassen. An den Thoren, bei den Wachtposten drängte Graf d'Hérisson sich vor, füllte das Fenster mit seinem Körper aus und zeigte seinen Passierschein, während Jules Favre sich in der entgegengesetzten Ecke zu verbergen suchte. Von Sèvres führte sie ein alter Rumpelkasten, den Reiter eskortierten, rasch nach Versailles in das Hotel der Frau von Jessy. Sie stiegen sogleich in das erste Stockwerk hinauf, und fanden sich dem Grafen Bismarck gegenüber. Er trug die weiße Oberstenuniform der Küraissiere. Für den Grafen d'Hérisson lag, wie er erzählt, ein schmerzlicher Kontrast zwischen diesem Koloß, der in seinen Rock eingepreßt war, mit der gewölbten Brust, den breiten Schultern, strotzend von Gesundheit und Kraft, dem Vertreter Deutschlands, und zwischen dem gebückt einhergehenden hageren, langen, in seinem Überzieher schlotternden Advokaten, dem Vertreter Frankreichs, welchem das weiße Haar über die Backen herabhing. Nach dem üblichen Austausch von Höflichkeiten sagte Jules Favre, er sei gekommen, die in Ferrières abgebrochenen Unterhandlungen wieder aufzunehmen. Bismarck aber platzte heraus: „Die Lage ist nicht mehr dieselbe, und wenn Sie an Ihrem

damaligen Prinzipe festhalten: „Keinen Zoll breit unsres Gebietes,
keinen Stein unsrer Festungen", so ist es überflüssig, weiter zu
reden. Meine Zeit ist kostbar, die Ihrige auch, und ich sehe nicht
ein, warum wir sie vergeuden sollen." Dann änderte er den Ton
und sagte: „Sie sind seit Ferrières stark ergraut, Herr Minister."
Jules Favre deutete auf die Regierungssorgen hin. „Übrigens,"
fuhr Bismarck fort, „sind Sie zu spät gekommen. Dort, hinter
jener Thür steht ein Abgesandter Napoleons III. und ich will mit
ihm unterhandeln." Es wäre schwer, die Verwirrung und den
Schrecken zu malen, welche diese einfachen Worte auf den Minister
hervorbrachten. Der Kürassier ermaß mit einem einzigen Blick den
ungeheuren Vorteil, den er errungen hatte, und sprach, indem er
beständig die Augen auf die Thür geheftet hielt, die vielleicht nur
zu einem Wandschrank gehörte, weiter: „Warum sollte ich denn
eigentlich mit Ihnen unterhandeln? Warum sollte ich Ihrer Re=
publik einen Schein der Gesetzlichkeit gewähren, indem ich mit ihrem
Vertreter einen Vertrag abschließe? Im Grunde sind Sie nur ein
Haufen Empörer! Ihr Kaiser hat, wenn er zurückkommt, das Recht,
Sie als Verräter und Rebellen niederschießen zu lassen." — „Wenn
er aber zurückkommt, rief Jules Favre außer sich, dann gibt es
Bürgerkrieg, dann haben wir die Anarchie!"— „Wissen Sie denn das
so genau? Übrigens sehe ich nicht ein, wie der Bürgerkrieg uns
Deutschen schaden könnte." — „Fürchten Sie sich denn nicht davor,
Herr Graf, uns zum äußersten zu treiben, unsern Widerstand noch
erbitterter zu machen? — „Ach ja, Ihr Widerstand," rief der
Kanzler mit schallender Stimme, „Sie sind wohl stolz auf Ihren
Widerstand? Daß Sie es nur wissen, mein Herr, wenn Herr Trochu
ein deutscher General wäre, so ließe ich ihn noch heute erschießen.
Man hat kein Recht — hören Sie mich wohl an — man hat
kein Recht, angesichts der Menschheit, vor dem Antlitz Gottes, um
eines armseligen militärischen Ruhmes willen, eine Stadt von mehr
denn zwei Millionen Seelen der Hungersnot preiszugeben. Die
Eisenbahnschienen sind von allen Seiten abgeschnitten, und wenn
wir sie nicht binnen zwei Tagen — was gar nicht sicher ist —
wiederherstellen können, so werden Ihnen jeden Tag hunderttausend
Personen wegsterben. Sprechen Sie nicht von Ihrem Widerstand,
denn er ist ein Verbrechen!" Dann stand der Bundeskanzler auf,
als wollte er Abschied nehmen und die Hand auf den Knopf der
Thür legen, hinter welcher der Vertreter Napoleons III. stehen
sollte. Jules Favre springt auf, eilt ihm nach und ruft: „Nicht

doch! Alles, was Sie wollen, nur wälzen Sie nicht auf Frankreich nach all dem Mißgeschick noch die Schande, einen Bonaparte ertragen zu müssen." Und als sie sich gesetzt hatten, fing Jules Favre an, die Vorteile der Republik zu preisen, des unpersönlichen Regiments, welches allein die harten oder schmählichen Bedingungen zu tragen vermag, ohne darum gestürzt zu werden; welches allein imstande ist, Deutschland die Durchführung der Verträge zu sichern u. s. w. Bismarck lächelte. Fünf Minuten später war das doppelte Prinzip einer Gebietsabtretung und einer Kriegsentschädigung aufgestellt. Es war sieben Uhr, Herr v. Bismarck lud die französischen Gäste zum Diner ein. Es ging dabei lebhaft zu, aber der arme Jules Favre saß eingesunken, unter seinen Haaren begraben, auf seinem Stuhle. Wenn man das Wort an ihn richtete, so rüttelte er sich wie aus einem Traum auf, und von Zeit zu Zeit wischte er sich die Augen mit der Serviette.

Die größten Schwierigkeiten bei den Verhandlungen machte die Frage, welches das Schicksal der Besatzung und der Nationalgarde von Paris sein sollte und ob die deutsche Armee in Paris einmarschieren werde. Auf der Kriegsgefangenschaft der Besatzung mußte Bismarck, welcher dem Kriegsrat vom 24. angewohnt hatte, bestehen; dafür, daß die Nationalgarde ihre Waffen behalten durfte, verwandte sich Favre energisch, obgleich die Kommune bereits einige Versuche zu ihrer Konstituierung gemacht hatte. Auch die Idee eines Einmarsches in Paris, der übrigens nicht über die Champs Elysées hinausgehen sollte, bekämpfte er aufs lebhafteste. Graf Bismarck versetzte: „Ich würde Ihnen den Nichteinmarsch in Paris zugestehen, aber der König und die Militärs bestehen darauf. Dies ist die Belohnung für unsre Armee. Wenn ich nach der Rückkehr in die Heimat einem armen Teufel mit einem Stelzfuß begegnen werde, dann wird er sagen: „Das Bein, das ich vor den Mauern von Paris gelassen habe, gab mir das Recht, meine Eroberung zu vervollständigen; dieser Diplomat, der im Besitze seiner gesunden Gliedmaßen ist, hat mich daran verhindert." Wir können uns dem nicht aussetzen, in diesem Punkte das öffentliche Gefühl zu verletzen. Wir werden in Paris einziehen, aber nicht über die Champs Elysées hinausgehen, und dort die Ereignisse abwarten. Wir werden den 60 Bataillonen der Nationalgarde, welche zuerst gebildet wurden und Sinn für Ordnung haben, die Waffen lassen." Die Frage Bismarcks, ob für die während des Waffenstillstands vorzunehmenden Wahlen volle Freiheit gesichert werde und ob wohl Gambetta

den Anordnungen der Pariſer Regierung gehorchen würde, glaubte
Favre bejahen zu dürfen. Nachdem Favre ſich mehrmals mit
ſeinen Amtsgenoſſen in Paris beſprochen hatte, wurde am 28. Ja=
nuar die Waffenſtillſtands-Konvention von Verſailles von Bismarck
und Jules Favre unterzeichnet, wonach die Pariſer Forts der
deutſchen Armee übergeben, die Beſatzungstruppen für Kriegs=
gefangene erklärt wurden und ein Waffenſtillſtand von 21 Tagen
eintreten ſollte.

Aber Gambetta wollte, wie Bismarck geahnt hatte, den Waffen=
ſtillſtand nur dazu benützen, „um die jungen Truppen einzuüben
und die Organiſation der Verteidigung und des Krieges mit größerer
Energie als je zu betreiben,“ und forderte in ſeiner Proklamation
vom 31. Januar das franzöſiſche Volk auf, „alles aufzubieten, daß
an Stelle der von den Fremden erhofften reaktionären und feigen
Kammer eine wahrhaft nationale und republikaniſche Verſammlung
zuſammentritt, welche den Frieden will, wenn derſelbe die Ehre und
die Integrität unſeres Landes ſichert, die aber ebenſo fähig und
bereit iſt, den Krieg zu wollen, um zu verhindern, daß ein Mord
an Frankreich begangen werde.“ Um eine ſolche Verſammlung zu=
ſtande zu bringen, veröffentlichte er am 31. Januar ein Wahldekret,
wodurch alle Mitſchuldigen der Napoleoniſchen Regierung für nicht
wählbar erklärt wurden. Es war einleuchtend, daß, wenn der
Waffenſtillſtand von Frankreich nur zu Kriegsrüſtungen benützt
wurde und wenn von den Wahlen alle konſervativen Elemente aus=
geſchloſſen waren, ein auf Abtretung des Elſaß und Deutſch-
Lothringens baſierender Friedensvertrag niemals zuſtande kommen
und unmittelbar auf den Waffenſtillſtand ein Krieg von den äußer=
ſten Dimenſionen folgen werde, daß alſo, wenn der Diktator von
Bordeaux die Oberhand über die Pariſer Regierung gewann, durch
den Waffenſtillſtand Frankreich nur Vorteile, Deutſchland nur Nach=
teile geboten wurden. Am 3. Februar proteſtierte daher Bismarck
in einem an Gambetta gerichteten Telegramm gegen deſſen Pro=
ſkriptionsliſte und fragte in einem Schreiben an Favre, ob er dieſes
Wahldekret mit der Beſtimmung der Konvention, daß die Verſamm=
lung „frei gewählt“ werden ſolle, verträglich erachte. Nicht vergebens
appellierte Bismarck an Favres „Ehrenhaftigkeit“. Die Pariſer
Regierung erklärte das von der Delegation in Bordeaux erlaſſene
Wahldekret für null und nichtig und nötigte dadurch Gambetta,
ſeine Entlaſſung (6. Februar) einzureichen.

Die Nationalverſammlung wurde am 12. Februar in Bordeaux

eröffnet und wählte am 17. Thiers zum Chef der Exekutivgewalt der französischen Republik. Dieser wurde beauftragt, in Gemeinschaft mit den Ministern Favre und Picard und unter dem Beirat einer Kommission von 15 Abgeordneten mit dem deutschen Hauptquartier über den Frieden zu verhandeln. Da Thiers als die einzig mögliche Politik bezeichnet hatte: „Frieden machen, reorganisieren, den Kredit heben, die Arbeit beleben," so durfte ein günstiges Ergebnis von den Verhandlungen erwartet werden. Bismarck stellte folgende Forderungen auf: Abtretung des Elsaß nebst Belfort und Deutschlothringens nebst Metz und Zahlung einer Kriegskontribution von 6 Milliarden Frank.

Da Thiers diese Summe als eine unerschwingliche bezeichnete, deren Zahlung alle Kapitalisten und Eigentümer Frankreichs ruinieren und eine vollständige Verwirrung auf allen Geldmärkten Europas hervorrufen würde, so stellte Graf Bismarck ihm zwei Finanzmänner aus Deutschland, die Herren von Bleichröder und Graf Henckel, vor, welche bereit waren, den französischen Unterhändlern Vorschläge für die Erledigung der Kriegsschuld in einer für Frankreich wenig empfindlichen Weise zu machen.

Beide Herren erschienen auf besonderen Wunsch des Herrn Thiers am folgenden Tage (23. Februar) im Hotel der Auswärtigen Angelegenheiten zu Paris, um das von ihnen ersonnene System vor der Fünfzehnerkommission in längerem Vortrage darzulegen. Sie scheinen jedoch hier nach den Mitteilungen des Herrn Favre nicht vielen Beifall gefunden zu haben. Derselbe schreibt: „Jedermann in Europa, der mit Geldangelegenheiten zu thun hat, kennt wenigstens dem Namen nach, die Herren Bleichröder und Graf Henckel. Ihr unermeßliches Vermögen, ihre Notorietät und ihre unbestrittene Geschicklichkeit stellen sie in die vorderste Reihe. Dies und der besondere Umstand, daß sie sich im rechten Augenblicke im Hauptquartier einfanden, bereit, auf ein Zeichen unseres unerbittlichen Siegers Münze zu prägen, gab ihnen zu ihren persönlichen Verdiensten einen für diesen Zweck sonderbar geschickten Charakter . . . Sie verweilten unter uns längere Zeit und hatten Antwort auf alle Einwürfe, mit Ausnahme derjenigen, welche die Höflichkeit auf unseren Lippen zurückhielt. Man mußte zum Schlusse kommen. Wir gaben ihnen zu verstehen, daß, ungeachtet seines Unglücks, Frankreich sich selbst genügen würde."

Nach der Auseinandersetzung mit den beiden deutschen Finanzmännern begaben sich die Herren Thiers und Jules Favre nach

Versailles (23. Februar). Graf Bismarck empfing sie mit der Nachricht, daß der König ihm die Genehmigung erteilt habe, die geforderten Kriegsgelder auf fünf Milliarden zu ermäßigen. Auf ihre Einwendungen, daß auch diese Summe eine erdrückende Last für Frankreich sei und daß Deutschland mit zwei Milliarden hinreichend entschädigt sein würde, erklärte Bismarck ihnen, daß die Kriegskosten allein zwei Milliarden überstiegen. Er rechnete hinzu die Pensionen für die Verwundeten, die Unterstützungen an Witwen und Waisen, die Unkosten aller Art, welche der Regierung zur Last fielen, Belohnungen an die Armee, Wiederherstellung des zerstörten Materials, Entschädigungen an die beim Ausbruch des Krieges aus Frankreich vertriebenen Deutschen, sowie an die Reeder und Mannschaften der von Frankreich gekaperten Schiffe, Unterhaltung und Besoldung der französischen Gefangenen, und sagte, daß Deutschland auf der Forderung von 5 Milliarden bestehen müsse, ohne gegen die unter den Völkern herkömmlichen Grundsätze der Gerechtigkeit und Billigkeit zu verstoßen.

Auch Lord Granville glaubte, in der Milliardenfrage ein billiges Wort zu Gunsten Frankreichs sprechen zu sollen und that es in einem Telegramme, welches er dem Botschafter in Berlin, Lord Loftus übersandte, und dessen Inhalt an demselben Tage (24. Februar) dem Grafen Bismarck in Versailles durch Odo Russell mitgeteilt wurde.

Aber es ging Russell wie Benedetti in Nikolsburg. Auch jener konnte Bismarck nicht eher sprechen, als bis die Verhandlungen mit Thiers abgeschlossen waren, und mußte nach London zurückberichten, daß der Kanzler durch die französischen Unterhändler zu sehr in Anspruch genommen sei, um irgend jemand empfangen zu können. Noch mehr Schwierigkeiten machte die Forderung, daß die Festungen Metz und Belfort abgetreten werden sollten. Die Verhandlungen schienen daran zu scheitern. Thiers machte verschiedene Versuche, Metz für Frankreich zu retten. Aber alle Kombinationen, welche Thiers vorschlug, wurden von Bismarck abgelehnt, weil Metz in militärischer Beziehung für wichtiger galt als Straßburg und durch kein anderes Zugeständnis aufgewogen werden konnte. Da jedoch Bismarck sah, daß er ohne eine zweite Konzession nicht wohl zu einem raschen Frieden kommen könne, so bot er, nach einer Unterredung mit dem Kaiser und mit Moltke, die Zurückgabe Belforts an, welche zwar für die Verteidigung des südlichen Elsaß von großer Wichtigkeit war, aber für Deutschland doch nicht die Bedeutung von

Metz und Straßburg hatte. Er setzte hinzu, daß er auf den Ein=
marsch der Truppen in Paris verzichten werde, wenn Frankreich
Belfort den Deutschen überlasse: aber so sehr sich auch Thiers
gegen die Demütigung des Einmarsches sträubte, so war ihm doch
die Rettung Belforts noch wichtiger.

Fürst Bismarck äußerte sich später einmal dahin: „Die Fran=
zosen sind gegen den armen Thiers nicht gerecht gewesen. Er war
ein wahrer Patriot und die ausgeprägteste Gestalt, welche ich in
dem zeitgenössischen Frankreich getroffen habe! Es überkam mich
eine Art Mitleid für jenen armen, alten, kleinen Mann, welcher
inmitten der Härten des Winters durch Europa reiste, um unmög=
liche Hilfe zu suchen, welcher die uns von Paris trennenden Linien
hin und her kreuzte, darum besorgt, Frieden zu machen, geplagt
durch die Forderungen derjenigen, welche in Paris zurückgeblieben
waren, die Schüsse passierend, welche unsere Posten auf ihn ab=
gaben, obgleich sie die bestimmtesten Befehle erhalten hatten. Ich
erinnere mich eines Zwischenfalls, den ich nie vergessen werde. Wir
waren zusammengekommen, um eine Frage zu diskutieren, über
welche wir uns auch nicht einigen konnten. Thiers kämpfte wie
ein beau diable. Jules Favre weinte, machte tragische Be=
wegungen und die Sache ging nicht vorwärts. Plötzlich fing ich
an, deutsch zu sprechen. Thiers blickte erstaunt auf mich und sagte:
„Sie wissen sehr gut, daß ich kein Deutsch verstehe.“ „Gerade
deshalb,“ sagte ich, „wenn ich mit Männern, mit denen ich schließ=
lich zu einer Verständigung zu gelangen erwarte, unterhandle,
spreche ich ihre Sprache; aber wenn ich sehe, daß es nutzlos ist,
mit ihnen zu diskutieren, so spreche ich meine eigne Sprache;
schicken Sie nach einem Dolmetscher.“ Die Wahrheit ist, ich hatte
Eile, die Sachen zu erledigen. Seit einer Woche war ich wie auf
Dornen. Ich erwartete in jeder Nacht, durch ein Telegramm er=
weckt zu werden, welches eine englische, russische, österreichische oder
italienische Forderung zu Gunsten Frankreichs bringen würde. Ich
weiß in der That, daß ich dieselbe nicht beachtet hätte, allein es
wäre nichtsdestoweniger eine indirekte Intervention und Einmischung
in den Streit zwischen Frankreich und Deutschland gewesen. Das
war um jeden Preis zu vermeiden und deshalb, trotz meiner Be=
wunderung für Thiers' patriotische Hartnäckigkeit sprach ich so aus
dem Stegreif deutsch. Diese Taktik hatte einen seltsamen Effekt.
Jules Favre streckte seine langen Arme gen Himmel, sein Haar
sträubte sich, und während er sein Gesicht mit den Händen bedeckte,

eilte er in eine Ecke des Zimmers und drückte sein Haupt gegen
die Wand, als wenn er nicht Zeuge der Erniedrigung sein wollte,
welche den Vertretern Frankreichs zugefügt wurde, indem man sie
zwang, die Verhandlungen deutsch fortzusetzen. Thiers sah über
seine Brille hinweg mit ärgerlicher Miene, eilte dann zu einem
Tisch am Ende des Zimmers und ich hörte seine Feder fieberhaft
über das Papier eilen. In kurzer Zeit kehrte er wieder zu mir
zurück. Seine kleinen Augen flammten hinter den Augengläsern,
sein Mund hatte sich vor Ärger verzogen, mit einer haftigen Bewegung reichte er mir das Papier und sagte mit einer heiseren,
fast rauhen Stimme: „Ist es das, was Sie wünschen?" Ich blickte
auf das, was er geschrieben hatte; es war bewunderungswürdig auf-
gesetzt und ziemlich genau, was ich wünschte. Ich fing dann wieder
französisch zu sprechen an und die Verhandlungen wurden in dieser
Sprache vollendet."

Der Vorgang, auf den Bismarck hier anspielte, war der folgende. Bei einer seiner Forderungen fuhr Thiers mit den Worten
auf: „mais, c'est une indignité!" Auf dies hin verhandelte Bismarck, der sich indessen der französischen Sprache bedient hatte,
deutsch mit ihm, und als Thiers, welcher eine Zeitlang verblüfft
zugehört hatte, in kläglichem Tone sagte: „mais, Monsieur le
comte, vous savez bien, que je ne sais point l'allemand," erwiderte ihm Bismarck, und zwar wieder in französischer Sprache,
er verstehe nicht genug französisch, um ihm, wenn er von indignité
rede, in den hier passenden Ausdrücken zu antworten, und so habe
er es vorgezogen, deutsch zu sprechen, wo er genau wisse, was er
sage und höre. Diese Lektion veranlaßte Thiers, das, was er soeben als eine unwürdige Forderung bezeichnet hatte, sofort zuzu-
gestehen. Am Abend des 25. Februar war über sämtliche Artikel
des Präliminarvertrags von Versailles ein Einverständnis erzielt.
Am nächsten Tage erfolgte die Unterzeichnung in der Rue de Provence. Bismarck unterzeichnete mit der goldenen Feder aus Pforz-
heim. Thiers konnte den Schmerz, welchen die Unterzeichnung
dieses Vertrages ihm verursachte, nicht verbergen. Als er seinen
Namen unterschrieben hatte, reichte Bismarck ihm die Hand mit
den Worten: „Sie sind der letzte, welchem Frankreich diesen Schmerz
hätte auferlegen sollen, denn von allen Franzosen haben Sie ihn
am wenigsten verdient."

Unter den Deutschen gab es eine einflußreiche Partei, welche
um jeden Preis auf dem Besitze Belforts bestand, welches gleichsam

ein Dorn im Fuße Deutschlands sei. Thiers wehrte sich gegen die
Abtretung dieses Platzes mit dem Mute der Verzweiflung, während
Graf Bismarck nicht ganz die Begeisterung derjenigen teilte, welche
in ihn drangen, Belfort festzuhalten. „Damals," so äußerte sich
Bismarck im Jahre 1878, „war Frankreich in unseren Händen,
Paris war niedergeworfen, die Kommune im Anzuge, alles war aus
Rand und Band. Wäre ich ein Ignatiew gewesen, so hätte ich die
Pikardie und Champagne verlangt. Daran dachte aber niemand,
und selbst als man in mich drang, mit Metz zugleich auch Belfort
zu nehmen, widerstand ich und sagte: „Nein, Belfort ist in den
Händen der Franzosen geblieben; und darin muß es gelassen werden."
Gerade wie bei den Friedensverhandlungen, so war Belfort auch
bei den späteren Verhandlungen über die teilweise Räumung Frankreichs der Gegenstand lebhafter Erörterungen. Die Deutschen wünschten Belfort bis zum Ende der Räumung besetzt zu halten. Sie
glaubten, daß, wäre erst Belfort geräumt, sie keine fernere Bürgschaft für die Zahlung des Restes der Kriegskosten in Händen
haben würden. Anderseits sah Thiers voraus, daß die öffentliche
Meinung in Frankreich sich gegen eine verlängerte Besetzung Belforts entschieden auflehnen würde und er wünschte daher um jeden
Preis die französische Flagge sobald als möglich wieder auf den
Wällen der tapfer verteidigten Festung wehen zu sehen. Graf
Arnim hatte damals alle Hände voll zu thun. „Nicht einmal
Sonntags," so sagte er ärgerlich, als er sich eines Sonntags abends
nach Versailles begeben mußte, zum Times-Korrespondenten, „hat
man mehr Ruhe. Der eigensinnige alte Mann (Thiers) will auf
nichts hören. Er will eher die Verhandlungen abbrechen, als Belfort in unseren Händen lassen. Aber ich werde ihm die eigenen
Worte des Kaisers überbringen und ich glaube, er wird dann nachgeben." Wer aber trotz der eigenen Worte des Kaisers nicht nachgab, war Thiers. „Ich will weder Frankreich, noch mir selber
solchen Schmerz anthun," sagte er; „so lange die Deutschen in Belfort bleiben, wird Frankreich nicht an die Befreiung glauben. Ich
achte des Kaisers Worte, aber die Worte eines Kaisers werden nicht
in einen Vertrag zwischen zwei Nationen hinein gesetzt." Der
Kaiser fühlte sich verletzt. „Ich kann," so sagte er, „Herrn Thiers
nicht gestatten, mein Wort in Zweifel zu ziehen. Ich verpfände
meine Worte, daß Belfort zur festgestellten Zeit bei Beendigung
der Okkupation geräumt werden wird. Die Verhandlungen waren
auf dem Punkte, abgebrochen zu werden. Thiers blieb unnachgiebig.

Er schrieb Depesche um Depesche an Herrn de Gontaut-Biron; er versicherte, bat, erklärte, aber weder er noch irgend ein anderer bezweifelte des Kaisers Wort. Für die unberechenbare öffentliche Meinung Frankreichs war die Räumung Belforts das Symbol der Evakuation überhaupt; alles andere konnte nichts helfen. Eines Abends, gerade als der nächste Tag den gänzlichen Abbruch der Verhandlungen bringen sollte, waren gegen Mitternacht nur wenige Personen im Salon des Präsidenten zu Versailles. Thiers hatte eben ein kleines Schläfchen im Armstuhl gehalten und wachte, wie gewöhnlich, geistig bedeutend erfrischt auf. Er sprach von dem bevorstehenden Abbruch der Verhandlungen und erwähnte dessen Ursache. „Ich kann nicht begreifen," sagte einer der anwesenden Offiziere, „weshalb sie (die Deutschen) gerade Belfort eher als irgend einen Platz besetzt halten wollen." Die Unterhaltung wandte sich andern Sachen zu, ohne daß diese Bemerkung weiter erörtert wurde, und die Gesellschaft brach bald darnach auf. Thiers überflog noch rasch einige Depeschen und ging gegen 1 Uhr zu Bett. Aber er konnte nicht einschlafen. Plötzlich ging ihm die Bemerkung des Offiziers durch den Kopf. Er sprang auf; es war 3 Uhr. Er rief seinen Sekretär Herrn Andrieux, der in einem Nebenzimmer schlief und ließ einen Chiffriersekretär holen. Um 5 Uhr ging ein chiffriertes Telegramm nach Berlin ab, worin der Vorschlag gemacht wurde, Verdun anstatt Belforts bis zum Ende der Okkupation besetzt zu halten. Bismarck genehmigte den Vorschlag, und wenn Graf Arnim am nächsten Sonntag wieder nach Versailles fahren mußte, so war er doch in besserer Laune, denn nun waren die Bedingungen betreffs der allmählichen Evakuation geregelt und es fehlte nur noch die formelle Bestätigung.

Es ist oben gesagt worden, wie bei den mit Frankreich geführten Friedensverhandlungen die von deutscher Seite geforderte Kriegsentschädigung namentlich von Herrn Thiers als eine unerschwingliche und unmöglich zu leistende bezeichnet wurde. Frankreich sei zwar ein reiches Land, so führte ungefähr Herr Thiers damals aus, aber auch sein Reichtum habe seine Grenzen und diese würden durch die deutsche Forderung überschritten. Die englische Regierung wurde um Intervention zum Zweck einer Herabminderung der Kriegskontribution angegangen und unsere guten Freunde jenseits des Kanals waren auch bereit. Leider kam Lord Granville damals mit seinen guten Diensten zu spät, da Graf Bismarck inzwischen Herrn Thiers bereits eine letzte Frist für den Abschluß der Friedenspräliminarien

gestellt hatte. Wenige Monate darauf bekundete Thiers über die
Leistungsfähigkeit Frankreichs andere Ansichten. Im Monat Juni
erklärte er die Abzahlung der Kontribution für eine Sache, die sich
bequem machen werde und stellte auch eine Steigerung der mili=
tärischen Kräfte Frankreichs trotz der erlittenen Einbuße an Land
in Aussicht, eine Ankündigung, deren Eindruck in Berlin kein be=
sonders angenehmer war. Fürst Bismarck ließ darauf die Antwort
in der „Nord. Allg. Z." erfolgen. Diese sagte: „Wir erblicken in
der Rede des Herrn Thiers den deutlichen Beweis, daß man in
den Kreisen der Versailler Regierung den Gedanken, daß Frankreich
zur Beherrschung Europas berufen sei, noch keinesweges aufgegeben
hat, und daß man nach wie vor an der Redensart festhält, die bei
Gelegenheit der Rundreise des Herrn Thiers im letzten Herbst die
Hoffnung und das Selbstgefühl der französischen Politiker aus=
drückte: „l'Europe ne veut pas changer de maître." Wenn nun
aber die französische Regierung dasselbe Militärbudget wie vor dem
Kriege aufzustellen gedenkt, wenn die Franzosen, wie es scheint, ohne
zu erliegen, unter Verhältnissen, ungünstiger wie die früheren, die
alte Militärlast vertragen zu können glauben, so muß die ihnen
abverlangte Kontribution eher zu niedrig als zu hoch bemessen ge=
wesen sein. Ferner aber: nirgends ist Frankreich gefährdet oder
bedroht und so verrät die Absicht zu so formidabler Rüstung offen=
bar aggressive Gedanken, so ist ihre Äußerung eine Drohung
und setzt uns über jede moralische Verpflichtung hinweg, in Sachen
der Kontribution Nachsicht zu üben." Diese Nachsicht zu üben,
schien sich gerade damals nicht notwendig zu erweisen. Der fran=
zösische Finanzminister hatte eben in der Nationalversammlung be=
richtet, daß am ersten Tage der Subskription auf die französische
Anleihe nach Verlauf von sechs Stunden schon vier und eine halbe
Millionen Frank gezeichnet gewesen seien. Dieses Ergebnis gestattete,
bemerkte Herr Pouyer=Quertier, die Deutschland gegenüber einge=
gangenen Verpflichtungen zu erfüllen und so die Befreiung der
Provinzen von der Okkupation zu beschleunigen. Die Regierung
werde hierbei die im Friedensvertrage gestellten Termine nicht ab=
warten. Gleichwohl ging die erste Abzahlung nicht leicht von statten.
Wenige Tage vor dem Termin, an dem die erste halbe Milliarde
fällig war, hatte man für die Deckung der Riesensumme noch nicht
gesorgt. Fünf französische Banquiers hatten sich wohl bereit erklärt,
die Summe vorzustrecken, allein gegen eine Provision von 20 Milli=
onen Frank. Thiers war darüber erzürnt, ließ den Finanzminister

kommen und richtete an ihn die Forderung, nach Berlin zu gehen. Pouyer-Quertier sträubte sich anfangs, zeigte sich aber schließlich zu der Reise bereit, jedoch unter der Voraussetzung, daß ein nach 8 Tagen widerrufbarer Vertrag mit den Bankiers abgeschlossen würde und er für alle Fälle eine Anweisung auf eine halbe Milliarde erhielte.

Der Reichskanzler empfing Herrn Pouyer-Quertier im ersten Augenblick sehr brüsk. Nach ganz kurzer Zeit stellte es sich heraus, daß die Annahme, von welcher Fürst Bismarck ausgegangen war, eine irrtümliche gewesen; der Fürst bekannte das selbst mit der entgegenkommendsten Liebenswürdigkeit und von da ab ging die Verhandlung ziemlich glatt. Von einer Verschiebung der Zahlung wollte der Fürst gar nichts hören. Endlich sagte er dem französischen Bevollmächtigten: „Sprechen Sie darüber mit dem Kaiser, ich werde Ihnen eine Audienz vermitteln und Ihrem Wunsche meinerseits nicht hinderlich sein.“ An demselben Tage empfing Kaiser Wilhelm den französischen Bevollmächtigten mit seltener Auszeichnung. Der Kaiser war vollkommen über die Verhandlungen aufgeklärt. Er äußerte wiederholt, die französische Regierung sei bisher ihren Verbindlichkeiten mit Loyalität nachgekommen und als er schließlich den französischen Bevollmächtigten entließ, geschah dies in so wohlwollender Art, daß Herr Pouyer-Quertier sofort nach Versailles berichten konnte, er hoffe, die Negotiationen zu einem guten Abschluß zu bringen. Am nächsten Morgen gegen 7 Uhr befand sich Herr Pouyer-Quertier, seinen Pariser Gewohnheiten entsprechend, noch im tiefsten Schlafe, als er plötzlich durch lebhafte Gespräche im Nebenzimmer geweckt wurde. Er hatte sich noch kaum den Schlaf aus den Augen gerieben, als die Thür schon geöffnet wurde und Fürst Bismarck in seiner bekannten Kürassieruniform eintrat. Herr Pouyer-Quertier stammelte verlegen Entschuldigungen. „Glauben Sie denn,“ lachte der Reichskanzler, „daß ich mich vor einem nackten Manne fürchte?“ Ohne Umstände nahm der Reichskanzler Platz und begann die Konversation. „Sie haben gewonnen. Der Kaiser gesteht Ihnen alles zu.“ — „Wie?“ sagte Herr Pouyer, „Sie haben noch gestern Se. Majestät gesehen?“ — „Gestern,“ antwortete Fürst Bismarck, „nein, sondern heute, es ist ja schon 7 Uhr morgens.“ — Und nun begann der Fürst mit der größten Nonchalance die wichtigen Fragen, um welche es sich handelte, zu besprechen, als säße er mit dem Diplomaten in seinem Kabinett. Es wurde Schreibzeug gebracht und auf einem kleinen Nachttischchen wurden die Entwürfe zu den drei Konventionen zwischen Frankreich und Deutschland geschrieben. Das Bild wäre eines Malers würdig gewesen! Auf der einen Seite der eiserne Kanzler in seiner vollen Uniform, auf der andern Seite der ebenfalls sehr robuste französische Bevollmächtigte und zwischen beiden dieses Nachttischchen, auf welchem Fürst Bismarck schrieb. Er schrieb die Punktationen, nach der Verabredung, in deutscher Sprache nieder und bemerkte: „Sie haben ja einen Sekretär, der deutsch versteht. Sie können also verifizieren lassen." Herr Pouyer-Quertier lehnte natürlich ab. In kurzer Zeit waren die Entwürfe fertig, sodaß die Sekretäre den Rest besorgen konnten. Nach den Verhandlungen frühstückte Herr Pouyer-Quertier beim Fürsten. In der Unterhaltung kam die Rede auf die Eisenbahnen und Fürst Bismarck behauptete, die deutschen Eisenbahnen beförderten wohlfeiler, als die französischen. Herr Pouyer-Quertier bestritt das und meinte unter anderem: „Ja, ich habe für einen Extrazug von Köln nach Berlin 1500 Mark bezahlt. Ich beklage mich nicht gerade und verlange mein Geld nicht zurück, aber Sie werden zugeben, daß das auch keine wohlfeile Beförderung ist." — „Oh," scherzte der Fürst, „da haben Sie gewiß auch Ihr Retourbillet bezahlt." — Herr Pouyer-Quertier bestritt dies eben so heiter. Aber wie erstaunte er, als er bei seiner Abreise auf dem Bahnhofe erschien, und sein Sekretär, der für ein Koupee sorgen wollte, die Nachricht brachte, es sei bereits ein Salonwagen bezahlt. Die deutschen Herren aus dem auswärtigen Amte, welche Herrn Pouyer-Quertier das Geleite gaben, meinten lächelnd: „Sie sehen, der Fürst war im Rechte, als er sagte, Sie hätten Ihr Retourbillet bezahlt." — Und von da ab wiederholte sich das bis an die französische Grenze. Auf einer Station war ein glänzendes Diner für Pouyer-Quertier und seine Begleiter serviert, so reichlich, als es einem solchen Esser und Trinker, wie der französische Bevollmächtigte, nur angenehm sein konnte, und als die Rechnung begehrt wurde, hieß es, alles sei schon bezahlt. Herr Pouyer-Quertier war von diesen, in so humoristischer Form angebotenen Aufmerksamkeiten enchantiert und, an der französischen Grenze angelangt, sandte er in bester Stimmung an den Fürsten Bismarck eine Depesche nach Berlin mit den wenigen Worten: „Ich danke Ihnen, mein Fürst; es ist jedenfalls angenehmer, von Ihnen zu gehen, als zu Ihnen zu kommen."

Was den andern Siegespreis, Elsaß-Lothringen, betrifft, so war schon bei Ausbruch des Krieges seitens der preußischen Regie-

rung Bayern die Aussicht auf Landerwerb für den Fall eines glück=
lichen Verlaufes der kriegerischen Ereignisse eröffnet worden. Die
anfangs allgemein gehaltenen Verheißungen nahmen eine bestimm=
tere Gestalt an bei der schon in den ersten Kriegswochen erfolgen=
den Besetzung des größten Teiles des Elsaß. Der Kreis Weißen=
burg sollte der Lohn für die bayrische Bundestreue sein und wurde
von vornherein als zu Bayern gehörig betrachtet, die Beamten,
welche nach Beseitigung der französischen Staatsgewalt im Weißen=
burger Kreise angestellt wurden, waren ausschließlich bayrische. Die
preußische Regierung war an ihre im Anfange des Krieges gemachten
Zusagen gebunden und würde ihrerseits Bayern keinen Widerstand
in der Erfüllung seiner Wünsche geleistet, vielmehr ihren Einfluß
für dieselbe verwendet haben. Die bayrische Regierung aber hielt
sowohl in München, als auch durch ihre in den Bundesrat ent=
sandten Vertreter in Berlin an der Verfolgung ihres Gedankens
fest und würde es unternommen haben, denselben durch ein zu dem
Gesetzentwurf über Einverleibung von Elsaß=Lothringen in das
deutsche Reich eingebrachtes Amendement zur Ausführung zu
bringen. Die bayrischen Bundesbevollmächtigten überzeugten sich
indessen in Berlin von der den Wünschen Bayerns sehr entschieden
abgeneigten Stimmung des Reichstages und der öffentlichen Mei=
nung. Der bayrische Minister v. Lutz namentlich erkannte in dem
persönlichen Verkehr mit den Reichstagsmitgliedern, daß nur die
bayrischen „Patrioten" und ihre Genossen aus dem Zentrum des .
Reichstages unbedingt Bayern zur Seite stehen würden, und außer=
dem noch auf einen erheblichen, durch Rücksichten auf die preußische
Regierung bestimmten Teil der konservativen Partei zu rechnen sein
würde. Die nationalliberale und Fortschrittspartei und ebenso die
kleinen Mittelparteien würden gegen eine Teilung des Elsaß ge=
wesen sein, selbst die bayrischen Liberalen nicht ausgeschlossen. Unter
allen Umständen würde, selbst wenn sich eine knappe Mehrheit des
Reichstages zu einer Unterstützung der bayrischen Sonderbestre=
bungen herbeigelassen hätte, der durch die Verhandlungen des
Reichstages herbeigeführte Eindruck ein solcher gewesen sein, der die
Genugthuung darüber, seinen Willen durchgesetzt zu haben, für
Bayern sehr beeinträchtigt hätte. Herr v. Lutz war der Dolmetscher
der in Berlin herrschenden Stimmung gegenüber den in München
bestehenden Vergrößerungsplänen. Seine in den Ostertagen (1871)
dorthin von Berlin unternommene Reise hatte die Aufklärung des
Münchener Hofes über die Weißenburger Angelegenheit zur Auf=

gabe. Der Erfolg war ein schneller und glücklicher. König Ludwig
fand es angezeigt, einen neuen Beweis seiner deutschen Gesinnung
zu geben, indem er sich entschloß, nicht schon die Flitterwochen der
jungen Ehe von Nord und Süd durch eigensinniges Verharren bei
einem höchstens dem Glanz der bayrischen Dynastie zu gute kom=
menden Gedanken zu trüben.

Über das Verhältnis Deutschlands zum Kommune=Aufstande
sprach sich am 10. April Jules Favre aus: „Ich komme, um die
Kammer über einen Gegenstand zu unterhalten, welcher sie fort=
während beschäftigt. Ich bedaure, Ihnen nicht tagtäglich Mittei=
lungen darüber machen zu können und Sie auf dem Laufenden
betreffs der Bemühungen zu halten, welche die Regierung zur
Wiederherstellung des Friedens und zur Befreiung unseres Gebiets
macht. Ich will Ihnen von den Beziehungen sprechen, die zwischen
uns und den deutschen Behörden in der letzten Zeit hergestellt
worden sind. Es gingen in der letzten Zeit Gerüchte um, über
welche die Kammer Aufschluß erhalten muß, ohne daß wir jedoch
aus der notwendigen Zurückhaltung heraustreten. Sobald die
Nachricht von dem Pariser Aufstande in Europa sich verbreitete,
gaben sich von allen Seiten für die Regierung Sympathien kund,
welche sich nicht allein durch die Bemühungen unserer tapferen
Armee, so verbrecherische Unternehmungen zurückzuweisen, sondern
auch dadurch erklärten, daß die Regierung begriff, es sei die Sache
der Zivilisation, welche wir verteidigen. (Sehr gut.) Was die
deutsche Behörde anbelangt, so gab sie sehr legitime Besorgnisse
kund; sie befürchtete, daß die Konventionen durch die neue Lage
der Dinge, die unvorhergesehene Gefahren schaffe, gefährdet seien.
Wichtig ist jedoch, zu konstatieren, daß die deutsche Regierung der
Versammlung gegenüber ein Vertrauen gezeigt hat, welches sich nie
verleugnete. Sie glaubte an die Legitimität ihres Rechtes. Wir
haben nichts zu verheimlichen: was auch die Verleumdungen unserer
Feinde sagen mögen, wir haben uns nicht allein bemüht, die Be=
sorgnisse der deutschen Behörden zu zerstreuen, sondern wir haben
auch beständig die Unterstützung zurückgewiesen, welche sie uns an=
boten, (Sehr gut.) überzeugt, wie wir sind, daß wir in diesem
Kampfe allein gegen die Insurrektion triumphieren werden.

Es ist von einiger Wichtigkeit, die Rolle der deutschen Behörde
dem Aufstande gegenüber genau anzugeben. In dem Urteile, welches
dieselbe über uns gefällt, hat sie nie aufgehört, die aus dem all=
gemeinen Stimmrechte hervorgegangene Versammlung als allein

legitim zu betrachten. Alles, was dem Entgegengesetztes gesagt wird,
ist vollständig ungenau. Gewisse an und für sich gleichgültige
Thatsachen haben dazu beitragen können, eine gewisse Erregung
hervorzurufen. Man sagte, daß der Kommune angehörige Indivi=
duen nach St. Denis berufen worden seien, um mit dem deutschen
Generalstabe zu konferieren. Es ist in der That richtig, daß am
4. April eine der Kommune angehörige Person der deutschen Be=
hörde eine Mitteilung gemacht hat. Sie wurde mir von dem
General Fabrice vorgelegt. Dieses Aktenstück ist von äußerster
Wichtigkeit, da es die arge Betrügerei derer darthut, welche die
Regierung in Paris usurpiert haben. Jeder von Ihnen wird die
Albernheit dieses Dokumentes vom Standpunkte der Staatsange=
legenheiten erkennen. Hier ist dieses Dokument: „Auswärtige=Be=
ziehungen=Delegation. Freiheit, Gleichheit, Brüderlichkeit." Ja,
meine Herren, an der Spitze dieses Dokuments finden wir diesen
unsterblichen Wahlspruch, der, von Paris ausgehend, und im Zu=
sammenhange mit den Ereignissen, die dort vorgehen, von Freiheit
zu sprechen wagt im Namen der blutdürstigen Männer, die morden
und einkerkern, die alle Gewaltthätigkeiten gegen die Personen aus=
üben und was die Gleichheit anbelangt, so kann sie nur die Gleich=
heit im Elend und in der Schande sein, welche diese Hand voll
Aufrührer geschaffen hat; ich lasse mich nicht weiter darüber aus,
denn in Wahrheit, wer kann von Brüderlichkeit im Namen derer
sprechen hören, die seit acht Tagen unsere brave Armee mit Kar=
tätschen überschütten! Ich bitte Sie wegen der Abschweifung um
Entschuldigung und fahre mit der Verlesung des Dokumentes fort:
„Kommune von Paris. An den Oberkommandanten des
3. Korps. General! Der Delegierte der Kommune von Paris bei
den auswärtigen Angelegenheiten hat die Ehre, Ihnen folgende
Bemerkungen zu unterbreiten: Die Stadt Paris ist mit dem näm=
lichen Rechte, wie das übrige Frankreich, bei der Beobachtung der
mit Preußen abgeschlossenen Friedenskonventionen beteiligt; sie hat
also die Pflicht zu erfahren, wie der Vertrag ausgeführt wird.
Ich würde Sie deshalb bitten, mich namentlich wissen zu lassen,
ob die Versailler Regierung eine erste Zahlung von 500 Millionen
geleistet hat, und ob infolge dieser Zahlung die Führer der
deutschen Armee den Tag festgesetzt haben, an welchem sie den noch
von ihnen besetzten Teil des Seine=Departements und auch die
Forts räumen werden, welche einen integrierenden Bestandteil des
Territoriums der Pariser Kommune ausmachen. Ich würde Ihnen,

General, sehr verbunden sein, wenn Sie mir in dieser Hinsicht Aufschluß geben wollten. Der Delegierte bei den auswärtigen Angelegenheiten. Paschal Grousset."

Wir müssen Ihnen sagen, daß dem Unterzeichner dieses Dokuments keine Antwort erteilt wurde. Der General v. Fabrice hat, wie ich, geglaubt, daß die beste Antwort durch Sie erteilt werden könnte, und daß dieselbe der legitime Ausdruck Ihrer Entrüstung und — obgleich ein solches Gefühl denen gegenüber, welche man bekämpft, gewöhnlich nicht besteht — Ihrer gerechten Verachtung sein werde. (Sehr gut!) Die nämliche Persönlichkeit, welche das in Rede stehende Dokument redigiert hat, hat, so sagt man mir, an die Repräsentanten der fremden Mächte bereits ein Zirkular gerichtet, in welchem sie dieselben ihrer brüderlichen Gesinnungen versicherte und die Absicht ankündigte, mit der ganzen Welt, Frankreich natürlich ausgenommen, in Frieden leben zu wollen. Ich habe so wenig wie die Mitglieder des diplomatischen Korps dieses Dokument als die Enthüllung einer Einmischung in unsere auswärtigen Angelegenheiten betrachten wollen; ich kannte bis dahin nur die Wegnahme des Silberzeuges des Ministeriums der auswärtigen Angelegenheiten, welches sich diese Herren angeeignet, ich glaube, dieses ist der einzige charakteristische Akt, durch den sie sich enthüllt haben. (Sensation.) Es kommt nicht ungelegen, zu sehen, was in diesem Dokumente liegt, um zu wissen, welche Leute es sind, denen wir uns gegenüber befinden, und wie ungeheuer man die Stadt Paris betrügt, wenn man ihr sagt, daß sie für ihre Gemeindefreiheiten kämpft. Der, welcher das Dokument unterzeichnet, tritt er nicht als Minister des Äußeren auf? Diese Kommune, welche damit anfing, die Versammlung zu ächten, die ihr den Krieg erklärte, welche die insurrektionellen Kolonnen gegen sie marschieren läßt, die den Tod der Männer dekretierte, die Sie ernannt haben, — es ist diese Versammlung von Aufrührern, welche die Kammer an den Schandpfahl stellt, gleichzeitig sie aber noch als bestehend betrachtet, wenn es sich darum handelt, Deutschland gegenüber die Friedensbedingungen auszuführen, und welche verlangt, daß die Ost- und Nordforts ihr übergeben werden, infolge der Ausführung von Verpflichtungen, welche Sie erfüllen sollen, damit die Kommune das Gebiet erweitert, auf welchem sie ihre gehässige Tyrannei ausübt. Ist es nicht die letzte Demütigung für uns, solche Lächerlichkeiten konstatieren zu müssen! Jene Leute haben eine Regierung ohne Namen, ohne Tragweite errichtet: eine Regierung, welche nur die Plünderung zum Zwecke hat; es ist nicht möglich, daß der gesunde Sinn in dieser großen Stadt nicht aufwacht und wir dort nicht eine Unterstützung finden, welche uns gestattet, ohne zu großes Unglück die Insurrektion zu ersticken, welche die große Stadt unterdrückt. Die Geschichte wird diese Männer der öffentlichen Entrüstung preisgeben. Sie haben sich nur enthüllt durch den Mord und die Angriffe gegen die Freiheit. Wir werden unsere Pflicht thun bis zum Schluß mit Hilfe unserer tapferen Armee, welche ihr Werk bis zum Ende ausführen wird; wir können auf ihre Aufopferung zählen, wie sie auf unsere Erkenntlichkeit rechnen kann.“

Dieselbe Versammlung, welche an jenem Tage Jules Favre beklatschte, spendete wiederum ihren Beifall, als im Juni Trochu es versuchte, die preußische Regierung für den Aufstand der Pariser Kommune verantwortlich zu machen. Trochu sagte: „Ich kann nicht vergessen, ich sage dies mit Schmerz, daß Fürst Bismarck, welcher der Pariser Insurrektion zweimal die Ehre angethan hat, sich mit ihr in seinen offiziellen Reden zu beschäftigen, nicht den Abscheu ausgedrückt hat, welchen der ganzen Welt, der allgemeinen Moral die Verbrechen der Kommune eingeflößt haben — und daß er endlich gefunden hat, daß die Kommune doch noch etwas gesunden Menschenverstand besitzt.“ Diese Worte fanden in den üblichen französischen interruptions auf allen Bänken der Versammlung Beifall und Zustimmung bei allen Parteien. „Es ist ein Wort, was von oben herab kommt und bleiben wird“, rief ein Mitglied bei den zuletzt angeführten Worten Trochus dazwischen.

Die Greuel der Kommune fielen in die Tage vom 20. bis 25. Mai; die Auslassungen des Fürsten Bismarck über die Kommune, namentlich über das geringe Quantum gesunden Menschenverstandes, welches in jeder französischen Revolution stecke, datieren vom 2. Mai. Später hat der Reichskanzler die Kommune nur noch einmal erwähnt, indem er bemerkte, man werde nicht erwarten, daß er auf Bebels Lobpreisungen der Thaten der Kommune auch nur ein Wort erwidere, und unmittelbar darauf — ein gutes deutsches Gegenstück zu dem französischen Verhalten — die Ehre der französischen Minister und Friedenshändler in Schutz nahm.

Schluß.

Die Thätigkeit Bismarcks in Versailles hatte sich nicht darauf beschränkt, französischen Hochmut und die Einmischungsgelüste der Neutralen zurückzuweisen: es galt auch, das den deutschen Norden mit dem Süden verbindende Band fester zu knüpfen und den Norddeutschen Bund zu einem Deutschen Bund zu erweitern. Die schönste Trophäe, welche die Sieger von Sedan in die Heimat zurückbrachten, war unstreitig die Einheit Deutschlands.

Die erste Anregung kam von Bayern. Die bayerische Regierung gab im Laufe des Septembers dem Bundes-Präsidium zu erkennen, daß die Entwickelung der politischen Verhältnisse Deutschlands, wie sie durch die kriegerischen Ereignisse herbeigeführt sei, nach ihrer Überzeugung es bedinge, von dem Boden der völkerrechtlichen Verträge, welche bisher die süddeutschen Staaten mit dem Norddeutschen Bunde verbanden, ab zu einem Verfassungsbündnisse überzugehen. Die Vorbesprechungen in München fanden statt und wurden wesentlich gefördert dadurch, daß die württembergische Regierung durch eines ihrer Mitglieder an diesen Besprechungen teilnahm.

Während das Ergebnis dieser Besprechungen der Erwägung des Bundes-Präsidiums unterlag, wurde von Stuttgart aus der Wunsch ausgesprochen, die in München eingeleiteten Besprechungen in Versailles fortzusetzen und zu ergänzen. Gleichzeitig mit dieser Anregung erfolgte der offizielle Antrag Badens auf Eintritt in den Norddeutschen Bund. Das Präsidium konnte nicht zögern, diesen Anregungen zu entsprechen, und sowohl die württembergische, als die badische Regierung zur Entsendung von Bevollmächtigten nach Versailles einzuladen.

Endlich erklärte auch die hessische Regierung ihren Entschluß, mit dem südlichen Teil ihres Gebiets in den Bund einzutreten, und so geschah es, daß in der zweiten Hälfte des Oktober Vertreter der sämtlichen süddeutschen Staaten in Versailles zusammentraten, um über die Gründung eines Deutschen Bundes zu verhandeln.

Es erschienen daselbst die Minister Graf Bray, Lutz und von Prankh für Bayern, von Mittnacht und von Suckow für Württemberg, Jolly und von Freydorf für Baden, endlich v. Dalwigk und Hofmann für Hessen. Nach Feststellung der Grundlagen hielt sich Graf Bismarck persönlich von den Verhandlungen größtenteils fern und überließ es Delbrück und — soweit es sich um militärische Dinge handelte — dem erfahrenen Roon, die Einzelheiten mit den süddeutschen Ministern zu besprechen. Der sächsische Minister von Friesen stand ihnen darin bei. Auch die von Bismarck ins Hauptquartier geladenen Reichstagsabgeordneten von Bennigsen und Friedenthal wurden bei den Verhandlungen zu Rate gezogen.

Die Verhandlungen mit Württemberg, mit Baden und mit Hessen führten sehr bald zu der Überzeugung, daß es ohne große Schwierigkeiten gelingen werde, auf Grundlage der Verfassung des Norddeutschen Bundes zu einer Verständigung zu gelangen; die Verhandlungen mit Bayern boten anfangs größere Schwierigkeiten, und es war auf den eigenen Wunsch der bayerischen Bevollmächtigten, daß zunächst die Verhandlungen mit den drei andern süddeutschen Staaten fortgesetzt wurden. Die bayerischen Bevollmächtigten fühlten das Bedürfnis, nicht ihrerseits durch die sich darbietenden Schwierigkeiten den Abschluß mit den andern Staaten zu verzögern. So kam es, daß gegen Mitte des November die Verständigung mit den drei andern süddeutschen Staaten zum Abschluß gekommen war. Ein unvorhergesehener Zufall verhinderte es, daß gleich am 15. November Württemberg an der mit ihm bereits in allen Hauptpunkten festgesetzten Verständigung teilnahm. Es wurde deshalb zunächst mit Baden und mit Hessen abgeschlossen. Währenddem wurden die Verhandlungen mit Bayern wieder aufgenommen oder fortgesetzt; sie führten rascher, als es anfangs erwartet werden durfte, zum Abschluß, der in dem Vertrage vom 23. November vorliegt. Am 25. November erfolgte alsdann auf Grund der in Versailles bereits festgestellten Verständigung der Abschluß mit Württemberg.

Als der Vertrag mit Bayern an dem genannten Tage spät in der Nacht unterzeichnet war, sagte Bismarck zu seiner Umgebung: „Es ist ein Ereignis." Dann bemerkte er nach einigem Nachsinnen:

„Die Zeitungen werden nicht zufrieden sein, und wer einmal in der gewöhnlichen Art Geschichte schreibt, kann unser Abkommen tadeln. Er kann sagen, der dumme Kerl hätte mehr fordern sollen; er hätte es erlangt, sie hätten gemußt, und er kann Recht haben — mit dem Müssen. Mir aber lag mehr daran, daß die Leute mit der Sache innerhalb zufrieden waren — was sind Verträge? wenn man muß! — und ich weiß, daß sie vergnügt fortgegangen sind. Ich wollte sie nicht pressen, die Situation nicht ausnutzen. Der Vertrag hat seine Mängel, aber er ist so fester. Ich rechne ihn zu dem Wichtigsten, was wir in diesen Jahren erreicht haben. — Was den Kaiser betrifft, so habe ich ihnen den bei den Verhand= lungen damit annehmbar gemacht, daß ich ihnen vorstellte, es müsse für ihren König doch bequemer und leichter sein, gewisse Rechte dem deutschen Kaiser einzuräumen als dem benachbarten Könige von Preußen."

Bei der Beratung des Norddeutschen Reichstages über die Verträge machte der Minister Delbrück die Mitteilung, daß König Ludwig der Zweite von Bayern an König Wilhelm das Ansuchen gerichtet hatte, die deutsche Kaiserwürde anzunehmen und dem neuen Bunde den Namen „Reich" zu geben (30. November). Er hatte sich gleichzeitig an seine deutschen Mitfürsten und an die Senate der Freien Städte mit der Aufforderung gewandt, diesem Antrage beizutreten. Der Reichstag nahm am 9. Dezember die Versailler Verträge mit dem neuesten Zusatze an.

Die Deputation, welche dem Könige die Adresse des Nord= deutschen Reichstages überreichen sollte, war am 16. abends in Versailles eingetroffen. Für den Empfang bei dem Könige war der Sonntag, 18. Dezember, bestimmt. In einfacherer und er= greifenderer Weise ist wohl nie ein Staatsakt von höchster welt= historischer Bedeutung vollzogen worden. Die Umstände der Zeit und die äußere Umgebung, in welcher das königliche Versprechen der Annahme des Kaisertitels vor den Vertretern der Nation ab= gelegt wurde, konnten nicht ohne Einfluß auf den Charakter der feierlichen Handlung bleiben. Inmitten eines deutschen Heeres= lagers, das seine siegreichen Waffen mitten in Feindesland hinein= getragen, drängte sich noch einmal der Gedanke auf an die schweren Opfer, mit welchen das deutsche Volk in blutigen Kämpfen gegen die herrschsüchtige Politik einer benachbarten Nation, das lang er= strebte und nun endlich erreichte Ziel seiner inneren Einigung er= kaufen mußte. Gleichzeitig aber gelangte an dieser Stelle zum

reinsten Ausdruck die Überzeugung, daß die Würde, welche der einstim=
mige Wunsch des Volkes dem Könige von Preußen entgegenbrachte,
nicht das Werk persönlichen Ehrgeizes, sondern daß die Nation,
fern von jeder Überhebung, ein heiliges Recht und die Pflicht hatte,
für das, durch ihre Waffenthaten geeinte deutsche Reich einen Namen
anzunehmen, dem durch Jahrhunderte hindurch in allen Landen die
höchste Ehrfurcht gezollt ward. Ein Blick auf die Versammlung,
die in der Stunde eines hochwichtigen Entschlusses Se. Majestät
den König umstand — die Fürsten des deutschen Reiches, die ihre
Hand zu einem machtvollen Bunde reichten, die Führer der deutschen
Armeen, welche die Schlachten von 1870 geschlagen hatten, die Ver=
treter des deutschen Volkes, die durch ihre Beschlüsse die begeisterte
Erhebung einer beleidigten Nation mit vaterländischer Opferwillig=
keit unterstützten, — ein Blick auf diese Versammlung sagte jedem
Anwesenden, daß das künftige deutsche Kaisertum auf einen felsen=
festen Unterbau gegründet sein würde, der nicht verfehlen konnte,
dem deutschen Namen Achtung durch alle Welt zu verschaffen.

Es war des Königs Wunsch gewesen, daß der Empfang der
Reichstagsdeputation nach beendigtem Gottesdienste stattfinden solle.

Gegen 10 Uhr versammelte sich vor der Schloßkapelle auf der
„Place d'Armes", um das Denkmal Ludwigs XIV., der Kronprinz
mit seinem Stabe, die Prinzen des Königlichen Hauses, die deutschen
Fürsten, die Generäle und Offiziere, um Se. Majestät zu erwarten.
Der König betrat, dem glänzenden Gefolge um wenige Schritte
voran, die Kirche, nach allen Seiten den Gruß der versammelten
Soldaten erwidernd, und nahm Platz zur Rechten des Altars, an
Seiner Seite die Prinzen und Fürsten. Die vordersten Reihen
der linken Seite waren von den Abgeordneten eingenommen. Nach
dem Gesang eines Militärchors: „Ehre sei Gott in der Höhe", und
einem von der Militärmusik begleiteten Choral hielt der Hof= und
Divisionsprediger Rogge aus Potsdam die Predigt, die auf die
Bedeutung des Tages Bezug nahm.

Die Überreichung der Adresse fand um 2 Uhr in dem großen
Empfangssaale der Präfektur statt. Auf den Korridoren, welche
die Eintretenden passieren mußten, versahen Manschaften von der
Stabswache des großen Hauptquartiers die Ehrenposten. Einge=
laden waren die Fürsten mit den höchsten Chargen ihrer persön=
lichen Umgebung, der Bundeskanzler, die Generäle, die höheren Be=
amten des Königlichen Hofstaates.

Der König nahm am Ende des Saales Platz. Zur Rechten

standen der Kronprinz, die Prinzen Karl und Adalbert von Preu=
ßen, die Großherzöge von Baden, Sachsen und Oldenburg, die
Herzöge von Koburg und Meiningen, der Prinz Wilhelm von
Württemberg, die Erbgroßherzöge von Sachsen, Mecklenburg=Schwe=
rin, Mecklenburg=Strelitz und Oldenburg, der Herzog Eugen von
Württemberg, der Erbprinz von Hohenzollern. Es folgten die
Generale v. Roon, v. Podbielski, v. Blumenthal, v. Hindersin,
v. Kirchbach u. a. General Graf von Moltke hatte sich den Depu=
tierten angeschlossen, die in der Mitte des Saales vor Sr. Majestät
Aufstellung genommen hatten. Zur Linken des Königs stand der
Bundeskanzler, die Herren vom Zivil= uod Militärkabinett, die
Flügeladjutanten, der Hofstaat.

Tiefe Stille herrschte, als der Präsident Dr. Simson die
Adresse des Reichstages vorlas.

**„Allerdurchlauchtigster König,
Allergnädigster König und Herr!**

Ew. Königliche Majestät haben huldreich gestattet, daß die von dem
Reichstage des Norddeutschen Bundes am 10. d. M. beschlossene Adresse
Allerhöchstdemselben in Ihrem Hauptquartier zu Versailles überreicht wird.

Dem Beschlusse der Adresse war die Zustimmung zu den Verträgen
mit den deutschen Südstaaten und zu zwei Verfassungsänderungen vor=
ausgegangen, mittelst deren dem künftigen deutschen Staat und seinem
höchsten Oberhaupt Benennungen gesichert werden, auf denen die Ehr=
furcht langer Jahrhunderte beruht, auf deren Herstellung das Verlangen
des deutschen Volkes sich zu richten niemals aufgehört hat.

Ew. Majestät empfangen die Abgeordneten des Reichstages in einer
Stadt, in welcher mehr als Ein verderblicher Heereszug gegen unser
Vaterland ersonnen und ins Werk gesetzt worden ist. Nahe bei derselben
sind — unter dem Drucke fremder Gewalt — die Verträge geschlossen,
in deren unmittelbarer Folge das Reich zusammenbrach.

Und heute darf die Nation von eben dieser Stelle her sich der Zu=
sicherung getrösten, daß Kaiser und Reich im Geiste einer neuen lebens=
vollen Gegenwart wieder aufgerichtet und ihr, wenn Gott ferner hilft
und Segen gibt, in Beiden die Gewißheit von Einheit und Macht, von
Recht und Gesetz, von Freiheit und Frieden zu teil werden.

Ew. Majestät wollen geruhen, den Befehl zu erteilen, daß der
Wortlaut der Adresse verlesen und die Urkunde in Ew. Majestät Hände
gelegt werde.“

Nachdem Se. Majestät Allerhöchstihre Zustimmung gegeben,
verlas der Präsident Dr. Simson die Adresse, welche auf Perga=
ment geschrieben, in rotem Einband eingeschlossen, Sr. Majestät

überreicht und von Allerhöchstdemselben dem Flügeladjutanten Grafen
Lehndorff eingehändigt wurde. Der König verlas darauf die Ant=
wort an die Deputation.

Nach beendeter Rede schritt er auf den Präsidenten Dr. Sim=
son zu, begrüßte ihn auf das Huldvollste und kündete ihm die Ver=
leihung des Sterns zum Roten Adlerorden zweiter Klasse an. Er
reichte dann allen Mitgliedern die Hand, und sprach mit jedem
einige Worte. Ein Hoch des Präsidenten auf den König Wilhelm,
den obersten Feldherrn des deutschen Heeres, schloß die Feier.

Um 3 Uhr waren die Abgeordneten in die Villa „Les Om=
brages" geladen, wo der Empfang von seiten des Kronprinzen statt=
finden sollte. Derselbe unterhielt sich etwa eine Stunde lang mit
den einzelnen Mitgliedern der Deputation, befragte sie über die
politischen Verhältnisse und schloß die Audienz mit einer längeren
Ansprache an die Deputation.

Um 5 Uhr war Festdiner bei Sr. Majestät dem Könige in
der Präfektur. Vor dem Diner überreichte der König dem Präsi=
denten Dr. Simson den ihm verliehenen Stern.

Am 19. verließ die Deputation Versailles und traf am 23.
wieder in Berlin ein.

Bis zum Schlusse des Jahres hatten die badischen, hessischen
und württembergischen Kammern ihre Zustimmung zur Verfassung
des neuen Reichs und zur Übertragung der Kaiserwürde an die
Krone Preußen gegeben. Nur die Entscheidung der bayerischen
Kammer stand noch aus, weil hier die Partei der „Patrioten" trotz
der Bayern zugestandenen Sonderrechte und Ausnahmebestimmungen
gegen das Einigungswerk arbeitete. Bei dem offenkundigen Wunsche
der national gesinnten Bevölkerung und des jungen Königs für die
deutsche Sache vermochten indessen diese Parteibestrebungen die An=
nahme des Vertrages nicht zu hintertreiben, sondern nur zu ver=
zögern. Nach zehntägigen Verhandlungen erfolgte in der bayerischen
Kammer mit großer Stimmenmehrheit die Annahme (21. Januar),
nachdem die Veröffentlichung der Verträge mit Baden, Hessen und
Württemberg nebst der Zusatzbestimmung, die Wiederherstellung der
Kaiserwürde und die Erweiterung des Norddeutschen Bundes zum
Deutschen Reich betreffend, als mit dem 1. Januar 1871 in Kraft
tretend, bereits am 30. Dezember durch das Gesetzblatt des Nord=
deutschen Bundes stattgefunden hatte.

Den Jahrestag der Krönung Kurfürst Friedrichs III. von
Brandenburg in Königsberg mit der preußischen Königskrone (18.

Januar) wählte 170 Jahre später König Wilhelm in Versailles zur Verkündigung des deutschen Kaisertums.

Im Monat Dezember, wo die Neugestaltung Deutschlands auf Grund der Verträge des Norddeutschen Bundes mit den süd= deutschen Staaten ihren Abschluß erhalten sollte, richtete sich der Blick der deutschen Politik auch auf die Beziehungen des neuen deutschen Reiches zur österreichisch=ungarischen Monarchie, teils mit Rücksicht auf den Prager Frieden, in welchem Preußen und Öster= reich sich über ihre Auffassung von der damals erwarteten Gestal= tung der deutschen Verhältnisse verständigt hatten, teils und vor allem in dem Wunsche, mit dem mächtigen Nachbarreiche Be= ziehungen zu pflegen, welche der gemeinsamen Vergangenheit ebenso wie den Gesinnungen der beiderseitigen Bevölkerung entsprächen.

In dem Prager Frieden war in Aussicht genommen, daß die süddeutschen Regierungen sich zu einem Bunde vereinigen würden, welcher neben einer eigenen unabhängigen Stellung zugleich in engere nationale Beziehungen zu dem Norddeutschen Bunde treten sollte. Diese Voraussetzung war seitens der süddeutschen Staaten nicht verwirklicht worden: dieselben hatten nur die nationalen Be= ziehungen zu Norddeutschland und zwar zunächst in der Erneuerung des Zollvereins und in den Schutz= und Trutzbündnissen angeknüpft.

Niemand mochte voraussetzen, daß unter dem nationalen Auf= schwunge, welchen der unerwartete französische Angriff hervorrief, die deutsche Entwickelung ihren Abschluß in der Errichtung eines neuen deutschen Reiches finden würde. Norddeutschland aber konnte diese aus dem Geiste des deutschen Volkes in freier Bewegung her= vorgegangene Entwickelung nur freudig begrüßen.

Was Österreich betrifft, so durfte dasselbe auf die Neugestal= tung der deutschen Verhältnisse mit dem berechtigten Vertrauen blicken, daß alle Genossen des neuen deutschen Bundes von dem Verlangen beseelt waren, aufrichtig freundschaftliche Beziehungen zu dem österreichisch=ungarischen Nachbarstaate zu pflegen, wie solche in den gemeinsamen Interessen und in der Wechselwirkung ihres geistigen und Verkehrslebens begründet waren.

Schon vor Abschluß mit den Süddeutschen war vom Kanzler des Norddeutschen Bundes der österreichischen Regierung ange= kündigt worden, daß ihr eine im Geiste aufrichtigen Entgegen= kommens gehaltene Mitteilung über die bevorstehende Neugestaltung der deutschen Verhältnisse zugehen werde. Darauf hatte Graf Beust geantwortet: „Die Regierung Österreich=Ungarns werde die ange=

kündigte Mitteilung so günstig aufnehmen, wie es von seiten Preußens nur immer gewünscht werden könne." Es erfolgte dann unter
dem 14. Dezember 1870 von Versailles aus die in Aussicht ge-
stellte Eröffnung, welche ausdrücklich durch den Wunsch Preußens
begründet wird, „mit dem mächtigen und befreundeten Nachbarreiche
Beziehungen zu pflegen, welche der gemeinsamen Vergangenheit
ebenso, wie den Gesinnungen und Bedürfnissen der beiderseitigen
Bevölkerung entspreche," und in welcher der Bundeskanzler schließlich die Hoffnung ausdrückte: „daß Deutschland und Österreich-
Ungarn mit den Gefühlen des gegenseitigen Wohlwollens aufein-
ander blicken und sich zur Förderung der Wohlfahrt und des
Gedeihens beider Länder die Hand reichen werden." In der Antwort des österreichischen Kanzlers vom 26. Dezember wurde versichert, daß die preußische Regierung in der Kundgebung jener
Hoffnung nur dem Ausdruck der Empfindungen Österreichs zuvor-
gekommen sei, daß in allen maßgebenden Kreisen Österreich-Ungarns
der aufrichtigste Wunsch vorherrsche, mit dem mächtigen Staats-
wesen, dessen Gründung sich nunmehr vollziehe, die besten und
freundschaftlichsten Beziehungen zu pflegen und daß diese Gesinnung
auch in der Person des Kaisers einen erhabenen Schützer und
Förderer finde.

Generalregister

zu

————

Generalregister.

Erklärung: Die römischen Ziffern verweisen auf die betreffenden Bände, wie solche auf dem voranstehenden Blatte verzeichnet sind.